叛逆的巴爾幹

從希臘主義的解體到斯拉夫主義的崩潰

劉仲敬——著

編輯說明

本書是在明鏡新聞網「劉仲敬思想」系列節目的基礎上彙編整理而成，內容保留劉仲敬本人演說的白話特色，並為他引述的各種比喻或典故添加注解，以及附上相關插圖解說和製作重要大事記年表。

下列為本書各講次的原始節目名稱及播出時間：

一、《希臘：薛定諤的奧斯曼主義》／第10期／2017年10月19日
二、《羅馬尼亞：希臘主義的叛逆子孫》／第11期／2017年10月26日
三、《保加利亞：漢兒學得胡兒語，卻向城頭罵漢人》／第12期／2017年11月2日
四、《馬其頓：一個希臘，兩種表述》／第13期／2017年11月9日
五、《塞爾維亞：五族共和的殘山剩水》／第14期／2017年11月16日
六、《波斯尼亞：從三族共和到五族共和》／第15期／2017年11月23日
七、《黑山：歐洲黑龍會的孤兒》／第16期／2017年12月7日
八、《阿爾巴尼亞民族：突厥聯邦主義的無奈發明》／第17期／2017年12月14日
九、《克羅地亞：反革命的民族發明》／第18期／2017年12月21日
十、《斯洛文尼亞：赫爾德的龍牙武士》／第19期／2017年12月28日
附錄、《中印衝突的歷史背景》／第1期／2017年8月8日

目次

希臘

Hellenic Republic

Ελληνική Δημοκρατία

獨立時間：1821年3月25日

首都：雅典

一、希臘

「薛丁格」的奧斯曼主義

今天我們的題目是「薛丁格」的奧斯曼主義。「薛丁格的貓」（Schrödinger's cat）是什麼意思呢？它是指量子力學上的一個假定：在觀察者觀察到貓之前，無從判斷貓是死是活，實際上，牠是死的狀態、活的狀態和無數可能狀態的一個疊加，但觀察者觀察到貓之後，這種量子不確定性就正式坍縮為死的狀態或者活的狀態。

民族發明有很多模式，但歸納後只有三種：一種是「帝國模式」，也就是奧斯曼主義的假民族國家模式；一種是「文化民族主義模式」，像斯拉夫主義、泛突厥主義、泛伊斯蘭主義這樣的；一種就是我們現在最常看到的「小民族主義模式」，這是大多數國家最終走上的道路。希臘代表了一個很特殊的狀態，它實際上是奧斯曼主義模式在失敗以後像「薛丁格的貓」一樣坍縮成為的小民族主義模式，但是在這個過程中間沒有改名字。

希臘主義的過去式和現在式是兩種不同的狀態：最初希臘主義這個詞發明的時候，它指的是一種奧斯曼主義在希臘的對應物，我們可以更加準確地稱之為拜占庭主義①；而今天的希臘共和國採取的是小民族主義，儘管它也叫希臘主義，但實際上是跟波蘭民族主義沒有什麼兩樣的東西。這兩者之間的差異之大，相當於辛亥革命後一九一二年由「十八省」②建立的那個中華民國和現在台灣的小中華民國之間的差異一樣。

要理解希臘民族發明的歷史，我們得先回顧希臘所處的地理環境和歷史背景。近代以前的希臘和全世界所有地方——尤其是東亞、西亞和歐洲一樣，沒有所謂的「民族」，只有統治者和臣民。然而希臘也有它自己的特殊之處：它之前有兩個帝國，一個是拜占庭帝國，一個是奧斯曼帝國。兩個帝國的疆土及人口都是重疊的[③]。奧斯曼帝國於一四五三年征服了拜占庭帝國，繼承了西起多瑙河、東至托魯斯山脈（Taurus Mountains）這一塊核心疆土。這塊核心疆土在奧斯曼主義或拜占庭主義的意義上，相當於東亞歷史構建中的「大明國十八省」。我們要清楚無論是拜占庭帝國的各省還是奧斯曼帝國的各省，無論是大明國的十八省還是大清國的十八省，都只有臣民而沒有所謂「民族」的。但是明清易代以及拜占庭、奧斯曼的易代仍然有一種文化意義上的

① 本書提及的「奧斯曼主義」（Ottomanism）、「斯拉夫主義」或「泛斯拉夫主義」（Pan-Slavism）、「泛突厥主義」（Pan-Turkism）、「希臘主義」（Greek nationalism）及「拜占庭主義」，為本書主要論述脈絡，故不另行解釋，請參閱各講內容。

② 大清國對轄下漢人地區的通行稱謂，包括江蘇、浙江、安徽、江西、湖北、湖南、四川、福建、廣東、廣西、雲南、貴州、直隸、河南、山東、山西、陝西、甘肅共計十八個行省。清末革命黨人最初想建立的民國，是在「驅除韃虜、恢復中華」的口號下由十八省的漢地構成的。

③ 拜占庭帝國（Byzantine Empire），即「東羅馬帝國」，是西元五世紀崩潰後的羅馬帝國在其東部領土的殘留部分。設都於君士坦丁堡，信奉基督教東方教會（西元十一世紀後形成東正教），以希臘語為官方語言，歷代君主仍以正統羅馬皇帝自稱。西元七世紀後，在阿拉伯人、斯拉夫人、塞爾柱人、西歐人和奧斯曼人的相繼打擊下，領土和人口不斷削減，後期僅能控制君士坦丁堡周邊和愛琴海及其沿岸一帶，一四五三年被奧斯曼帝國滅亡。奧斯曼帝國（Ottoman Empire），繁體中文一般譯為「鄂圖曼帝國」，「鄂圖曼」一詞源於英語Ottoman，但本書為配合作者「奧斯曼主義」的語境，故採用源於土耳其語Osmanlı的「奧斯曼」翻譯。

衝擊。對於朝鮮和日本來說，就是所謂的「華夷變態」[4]；對於希臘東正教徒來說，這就是異教徒和穆斯林入主中原。君士坦丁十一世猶如崇禎皇帝一樣，「天子守國門，國君死社稷」留下的傳說並沒有完全消失[5]。但是東正教的臣民在奧斯曼帝國的統治之下還是乖乖地當了順民，接受奧斯曼帝國各省總督的統治。只不過他們在奧斯曼帝國當中，依據「米勒特制度」[6]或稱「教團制」，就被發明成為一個比穆斯林低下的等級了。

奧斯曼帝國統治的原則是，依據宗教歸屬來確定臣民的政治身分。如果你是穆斯林，無論你是波士尼亞的穆斯林還是安納托利亞的穆斯林，都是屬於穆斯林這個

覆滅於切什梅海灣的奧斯曼艦隊　由日耳曼畫家哈克特（Jacob Hackert）創作於1771年的繪畫作品，描繪第五次希臘土耳其戰爭的決定性戰役「切什梅海戰」，奧斯曼帝國海軍在此役全軍覆沒。

米勒特；如果你是東正教徒，無論你是亞美尼亞人、塞爾維亞人還是其他什麼地方的人，都是屬於東正教徒這個米勒特；猶太人當然也有猶太教的米勒特，以此類推。臣民若屬於某一個宗教的米勒特，例如是東正教的米勒特，聖經就是你的法典；穆斯林的米勒特，古蘭經就是你的法典；猶太人的米勒特，舊約就是你的法典。相同的，伊斯蘭的教法學家是穆斯林的長官，東正教的大主教是東正教的長官，猶太人的拉比（Rabbi）則是猶太人的長官。韃靼皇帝或者奧斯曼皇帝如果要錢的話，就去找那些主教、拉比、教法學家要，要不到錢，可以把你們吊起來打。如果你們自己的教民犯上作亂，那麼蘇丹也是找米特勒的教長負責。若教長管不住臣民，就是教長的錯。

④ 日本德川幕府（1603–1868）在長崎港設立「唐通事」，負責搜集來自東亞和東南亞各國的商船攜帶的情報，稱「唐船風説書」。後幕府官員林春勝、林信篤父子將一六四四年至一七二四年間的二千三百餘件有關東亞大陸形勢的「唐船風説書」陸續編輯成《華夷變態》一書，為研究明清易代史的重要資料。該書命名緣由，據林春勝在序言中稱：「崇禎登天，弘光陷虜，唐、魯才保南隅，而韃虜橫行中原，是華變於夷之態也。」故後世又將內亞征服者取代「中華正統」帝國後，對東亞各國形成的文化震撼和重新自我定位過程稱為「華夷變態」。

⑤ 君士坦丁十一世（Constantine XI Palaiologos, 1405–1453），拜占庭末代皇帝，於一四五三年奧斯曼帝國攻陷君士坦丁堡時戰死；《禮記．曲禮下》：「國君死社稷，大夫死眾，士死制。」該語在近年常被中國皇漢分子與「天子守國門」結合，用以稱頌明國最後一代皇帝崇禎在李自成攻陷北京時自殺於煤山的事蹟，如同近代希臘人懷念君士坦丁十一世的歷史情感。

⑥ 米勒特（Millet）制度創始於奧斯曼蘇丹穆罕默德二世統治時期，他在攻占君士坦丁堡後，允許非穆斯林宗教團體或氏族在服從奧斯曼帝國並承擔捐稅的基礎上，保有自身的宗教文化和教育機構，並維持原有的語言文字及習慣法，充分享有自治權。

某個米特勒的臣民造反，就把教長殺頭或者絞死。這就是奧斯曼帝國的統治原則。在這個統治原則之下，原屬於拜占庭帝國的東正教徒臣民在奧斯曼帝國的統治下仍然是屬於順民狀態的。順民跟近代的「民族」沒有什麼共同之處，他們沒有產生建立或者建構民族的想法。但是法國大革命和拿破崙戰爭以後，西方列強開始染指整個近東，這樣就把新的思想輸入到近東地區，此時無論是穆斯林還是東正教徒，都開始考慮自己的未來，開始覺得原有的統治形式也許不是世界上唯一的、也不是最正確的統治形式。

列強的刺激各有不同，而俄國對於希臘的影響特別重要。俄國對近代希臘的作用，涉及到一個同文同種的問題，就有點像明治維新後的近代日本，對中華民國的作用一樣。我們都知道，拜占庭帝國滅亡以後，拜占庭皇帝的子女逃到了莫斯科，跟莫斯科大公結婚[7]。莫斯科大公原來只是一個微不足道的土大公，娶了這位拜占庭公主以後就自稱是「沙皇」（Tsar）了。「沙皇」源於羅馬時期的拉丁語稱號「凱撒」（Caesar），「凱撒」本來是「奧古斯都」[8]的副手，是羅馬帝國的副皇帝，但在中古的教會斯拉夫語中一般被用來翻譯拜占庭皇帝的頭銜。換句話說，莫斯科大公娶了拜占庭公主以後，就是第二羅馬帝國——拜占庭帝國的繼承者，因此莫斯科升格為第三羅馬。沙皇以後就不再是莫斯科的大公，而是全俄羅斯的沙皇了，他的地位陡然上升了一級。所以莫斯科的法統既然源於拜占庭帝國，它對東正教世界懷有特殊的關切，這是很自然的。這就像是日本人覺得東亞同文同種，日本作為東亞最先進的國家，凡是孔子和孟子的子孫，日本人都要插一手，這是同一個道理。

隨著奧斯曼帝國的衰微，俄國人在凱薩琳女皇的統帥之下開始染指中東。她派出去的奧爾洛夫兄弟的艦隊在俄土戰爭中，不僅在希臘海岸上打敗了奧斯曼的艦隊，而且登陸以後號召希臘東正教徒起來復辟拜占庭帝國[⑨]。這種做法也是跟日本人完全一致的。奧爾洛夫兄弟在歷史上起的作用相當於伊藤博文[⑩]，第五次俄土戰爭對於奧斯曼帝國統治下的東正教徒的意義，便類似於甲午戰爭對東亞的意義：「日本軍隊在旅順口登陸以後到處散發傳單，號召大明國的子民們武裝起

⑦ 拜占庭帝國滅亡後，君士坦丁十一世的侄女索菲亞·帕列奧羅格（Sophia Palaiologina）流亡羅馬，在教皇保羅二世安排下，於一四七二年底與莫斯科大公伊萬三世結婚，其孫即伊凡四世，自稱沙皇。

⑧ 奧古斯都（Augustus），古羅馬榮譽頭銜，意為「神聖」、「尊貴」，帶有宗教意涵，此稱號自羅馬帝國首任皇帝屋大維（63–14 BC）採用後，成為歷代羅馬皇帝的固定頭銜。

⑨ 「俄土戰爭」為十七至十九世紀期間，俄羅斯帝國與奧斯曼帝國為爭奪黑海出海口及沿岸土地所發生的軍事衝突，共發生十次，本段提及的五次俄土戰爭（1768–1774）發生於凱薩琳二世統治時期，她是俄羅斯史上在位時期最長的女皇，對外積極擴張領土。這次戰爭的俄軍指揮官為奧爾洛夫兄弟（Grigory Grigoryevich Orlov & Alexei Grigoryevich Orlov）。他們於一七七〇年二月率領俄國遠征艦隊到達伯羅奔尼薩半島南端，支持當地的希臘革命者奪取了一些奧斯曼要塞，但迅速遭到奧斯曼當局鎮壓。這次事件被視為希臘獨立戰爭的起源之一。

⑩ 伊藤博文（1841–1909），日本明治維新時期的政治家，策劃日本對大清國的甲午戰爭，戰後簽訂《馬關條約》（1895），將台灣和澎湖納入日本版圖。

來，抵抗萬惡的韃靼人，並且告訴他們：『日本軍隊跟大明國是一家，大明國的孤臣孽子都是在日本避難的。我們到這裡來不是為了維護日本的國家利益，而是為了把你們從韃靼人的暴政之下解放出來，使你們重新恢復大明的衣冠。』」這個宣傳當時起了多大作用，不好說。奧爾洛夫兄弟在今天的希臘境內作戰的時候，也從事類似的宣傳。

這次戰爭有很多後果，除了領土方面的調整以外還有一個後果就是，俄國沙皇從此獲得了奧斯曼帝國統治下所有東正教臣民的保護權[11]。這個權利如果放到東亞，就等於說是日本天皇獲得了十八省孔孟信徒的保護權一樣。有了這個保護權以後，韃靼皇帝或者穆斯林皇帝的權力自然就會岌岌可危了。試想，假如湖北巡撫或者江蘇巡撫轄下有任何一個孔教徒在本地的衙門被滿洲人或者蒙古人欺負了，都可以跑到東京去，向日本天皇和內閣哭訴，請求日本軍隊為他主持公道，那麼韃靼皇帝還怎麼樣能夠在湖北或者江蘇實行有效統治呢？奧斯曼帝國被俄羅斯帝國打敗以後就淪落到這種處境。自然，原先是順民的希臘東正教徒就開始產生了新的思想。這些思想中間就有一個流派覺得，我們東正教徒為什麼要受穆斯林的統治呢？為什麼不把我們的命運託付給俄羅斯的沙皇？他跟我們同樣都是東正教徒。

接下來就是法國大革命和拿破崙戰爭。拿破崙在跟奧地利瓜分威尼斯共和國的時候分到了愛奧尼亞群島，俄國人又在島民的幫助下趕走了法國人，在愛奧尼亞群島上建立了七島共和國（塞普丁修拉共和國）[12]。這也是法國革命軍經常做的事情，例如它在瑞士建立赫爾維蒂共和國，在義大利建立阿爾卑斯山南共和國，在荷蘭建立巴達維亞共和國[13]。法國革命軍所到之處，就把法國的政治制度向外推廣，即使在中東也不例外。法國人宣稱，法蘭西才是中東所有基督教徒的保護者，要按照啟蒙主義的原則，把他們從伊斯蘭教徒中世紀的統治之下解放出來。七島共和國存在的時間很短，不久就因為法俄簽訂和約並移交給法國軍隊了，後來又落到了英國人手裡面，但是七島共和國是奧斯曼帝國境內的東正教徒第一次獲得地區自治權。他們第二次獲得自治權是在黎巴嫩，這一次是拿破崙三世利用奧斯曼帝國境內天主教徒保護人的身分干涉黎巴嫩基督徒和穆

⑪ 一七七四年七月，俄土戰爭結束後兩國簽署《庫楚克開納吉和約》，奧斯曼帝國將北高加索和第聶伯河口的部分土地割讓給俄國，放棄克里米亞汗國的宗主權，允許俄國船隻在黑海海峽自由通行。此外也允許俄國在君士坦丁堡建造一所東正教教堂。俄國由此獲得了對奧斯曼帝國境內東正教徒的保護權。

⑫ 一七九七年五月，威尼斯遭到拿破崙率領的法軍占領，威尼斯共和國滅亡，其領地被法國和奧地利瓜分，其中科孚島（Corfu）和愛奧尼亞群島（Ionian Islands）歸法國。法國在島上徵收重稅，打擊東正教會和貴族勢力，引起居民不滿。一七九八年，俄奧聯軍奪回愛奧尼亞群島。在俄國支持下，有七座島嶼成立名義上附庸於奧斯曼的「塞普丁修拉（意為七島）共和國」，實行聯邦體制，先後頒布三部憲法。但一八〇七年，法國再次兼併該共和國。

⑬ 法國革命軍在瑞士邦聯成立赫爾維蒂共和國（Helvetic Republic, 1798–1803）；在義大利建立阿爾卑斯山南共和國（Cisalpine Republic, 1797–1802），此乃是義大利王國的前身；在荷蘭建立巴達維亞共和國（Batavian Republic, 1795–1806），巴達維亞為古代日耳曼人的部落名稱。

斯林總督之間的糾紛，強迫穆斯林總督不得再像他們以前習慣的那樣欺壓基督教徒，要求君士坦丁堡[14]的蘇丹給予他們自治權。這樣建立起來的黎巴嫩山自治省就是近代黎巴嫩的起源[15]。這兩次行動的模式是大同小異的，第一次建立起來的七島共和國是近代希臘的起源，第二次建立起來的黎巴嫩山自治省則是近代黎巴嫩的起源。

希臘東正教徒就在法國和俄國輸入的兩種思想之下開始考慮自己的未來了，也就是說，他們開始考慮民族構建的問題了。以前的東正教徒沒有民族概念，只有宗教分歧的概念。拜占庭帝國行將滅亡的時候，他們考慮的是，既然我們自己維持不住了，大明國維持不住了，我們是乾脆投降了韃靼皇帝，還是向日本天皇求援呢？希臘東正教徒考慮的就是，到底是向穆斯林的蘇丹投降呢，還是向西方的法蘭克人或者北方的俄羅斯人投降呢？現在，他們考慮的就是要建立一個新的共同體的問題了，可能的選項有：到底是全世界的東正教徒都納入沙皇俄國的統治之下，等沙皇俄國有朝一日出兵收復了君士坦丁堡、復興了第三羅馬的偉業以後，我們跟著沙皇走呢？還是效仿法蘭西共和國的模式，建立起一個西方式的民族國家呢？如果要效仿法蘭西共和國的模式，這個新的希臘民族國家應該是有多大？什麼人才是希臘人，什麼人不是希臘人？於是類似於梁啟超和汪精衛在東京展開的那些爭論，就在奧斯曼帝國的希臘東正教徒當中迅速展開了。

對於他們來說，有利之處和不利之處是相同的。許多地方的民族發明，例如韓國或波蘭，它們在歷史上缺乏一個巨大帝國的光榮遺產，但也沒有帝國的重大負擔，它們的民族是比較好發明的，只要本地的王公把他的祖先發明成本地民族的始祖就足夠了，或者把本地以前反抗外國侵略者的起義領袖發明成本地民族的領袖就行了。但是黃興、宋教仁、汪精衛這些人面臨著的情況就更加複雜：他們是大清國的臣民，大清國則是征服了大明國才得到的江山，更早以前還有孔子、孟子和「三皇五帝」等各種傳說。這樣一來，在一方面可以說，他們發明民族的材料太豐富了，簡直是多到讓波蘭或捷克等這些小國無法想像；但在另一方面也可以說，他們的負擔太重了，波蘭或捷克只要發明出一個小國就行了，但是他們要發明希臘民族，就面臨一個問題：你這個希臘

⑭ 君士坦丁堡（Constantinople），建立於西元三三〇年，位於歐洲與亞洲交會點的歷史古城，其名稱源於古羅馬帝國皇帝君士坦丁一世，十世紀以後，突厥人和阿拉伯人開始以「伊斯坦堡」（İstanbul）稱呼該城，此二種不同語言的名稱於一四五三年奧斯曼帝國征服君士坦丁堡後，都可見於官方的文獻紀錄。新建立的土耳其共和國於一九三〇由凱末發布命令，規定「伊斯坦堡」為該城的官方及外交名稱，不過東正教會至今依然使用「君士坦丁堡」的名稱。本書方便敘述起見，一律使用「君士坦丁堡」稱呼該城。

⑮ 一八六〇年，黎巴嫩山地區的基督教徒和德魯茲教徒（Druze）之間爆發大規模種族衝突。為消弭衝突，英、法、俄等列強與奧斯曼帝國組成國際調查委員會，建議在該地區建立新的自治體制。一八六一年，黎巴嫩山地區脫離大馬士革行省，成立黎巴嫩山自治省（Mount Lebanon Mutasarrifate），由當地各教派分享權力，省督由天主教徒專任。

民族跟《荷馬史詩》[16]的希臘是什麼關係？跟伯里克里斯和蘇格拉底的希臘又是什麼關係[17]？跟類似於大明國的拜占庭帝國是什麼關係？跟類似於大清國的奧斯曼帝國又是什麼關係？自然，在十九世紀初期，大多數希臘民族發明家都無法抗拒誘惑，覺得這麼多偉大的先人和這麼多偉大的帝國，如果不把他們發明成我們的祖先，那就太不夠意思了。

當然這些事情真要嚴格說來的話，也是說不過去的。例如《荷馬史詩》和「三皇五帝」一樣都是傳說，是否存在是無法確定的。孔子和孟子雖然是歷史上存在的偉大人物，蘇格拉底和伯里克里斯也存在於文明的輝煌時代，但是孔子和蘇格拉底時代的希臘人和華夏人的後裔到哪兒去了呢？他們早已經被消滅了，早已在漢魏帝國垮台的永嘉之亂[18]和羅馬帝國垮台的蠻族入侵[19]當中消失得無影無蹤了。在這一次大規模的蠻族入侵以後，還有過三、四次蠻族入侵[20]，所以形成近代希臘和近代東亞的人口結構的真正的時間，不會超過六百年。對於東亞而言，元末明初時才重新形成穩定的人口結構；對於希臘而言，從拜占庭帝國末期到奧斯曼帝國初期形成的人口結構才是穩定的，在這之前，不僅是傳說，還存在非常矛盾的現象，比如說，近代的阿提卡人[21]和近代的山東人如果要說自己是蘇格拉底和孔子的後代，再查查家譜的話就會發現，其實呢，他們的祖先都是內亞來的遊牧民。這些遊牧民在入侵中原以後消滅了原先當地的孔子、孟子時代留下來的居民，或者是，這些居民在張獻忠式的內戰[22]中相互屠殺而自取滅亡，遊牧民便接管這片無人的空地。結果，他們非但不是孔子、孟子時代的華夏人後代，反而是華夏人鄙夷的塞外蠻夷子孫。近代的希臘人其實也不是伯里克里斯和蘇格拉底的後代，而是當時希臘人鄙視的蠻夷子孫。所以若要按照帝國的原則、按照「奧斯曼主義」的原則來發明民族的話，勢必得面對這些問題。

這一步還好，你一定要把實際上只有六百年的歷史發明成五千年也沒關係，這只是嘴上說說，並不涉及現實政治，只是一個增加凝聚力的問題；但另一個更嚴重的就是疆域問題。大明國和大清國的疆域都是有基本盤和殖民地的，十八省是它的基本盤，同時也有許多有點像屬地又有點像殖民地的藩屬國。拜占庭和奧斯曼帝國的基本盤是從多瑙河到安納托利亞的托魯斯山脈，在

⑯ 古希臘由盲詩人荷馬創作的兩部口傳史詩《伊利亞德》與《奧德賽》的統稱，分別以神話中的特洛伊戰爭和奧德修斯歸鄉航行為主題。一般認為其內容混合了希臘文明早期各時代的片斷，由不同時代的眾多創作加工者合力完成。

⑰ 伯里克里斯（495–429BC），雅典民主派政治家，其執政時期被視為古雅典城邦的黃金時代。他在希波戰爭後，對內打擊雅典貴族勢力，對外加強控制提洛同盟（Delian League），最後於伯羅奔尼薩戰爭（431–404 BC）初期感染瘟疫去世。蘇格拉底（469–399BC），古雅典哲學家，其哲學思想依靠柏拉圖等弟子的紀錄傳世。晚年遭到雅典公民大會指控藐視宗教、腐化青年、反對民主制度而被處以死刑。

⑱ 指三世紀末以後被統稱為「五胡」（匈奴、鮮卑、羯、氐、羌）的各種內亞征服者集團在黃河流域造成的大規模戰亂，起自於晉懷帝永嘉五年（311），西晉首都洛陽被匈奴人攻占，故以此命名。永嘉之亂開啟了五胡十六國時代（304–439），秦漢以來的中國居民大部分被滅絕，中國地區被「五胡」人口替代，殘餘的中國居民則遷入吳越地區。

⑲ 指四至七世紀之間在歐洲發生的一系列游牧民族遷徙運動。西方歷史稱為「民族大遷徙時期」（Migration Period）；從古代羅馬和希臘人的角度而言，這一連串遷徙活動也被稱為蠻族入侵（Barbarian Invasions），起自於三七八年西哥德人在阿德里安堡戰役（Battle of Adrianople）中擊敗羅馬軍隊、並入侵巴爾幹。而二百餘年後，新興的古代斯拉夫人部落於六至七世紀之間，也陸續遷徙至巴爾幹地區定居。

國勢強盛的時候還擁有敘利亞、埃及、突尼斯、克里米亞、高加索這些殖民地或附庸國，在國勢衰落的時候這些地方便以獨立、半獨立或者各種方式喪失了。如果要發明一個「希臘民族」的話，你是不是要把這個基本盤統統發明成為希臘的一部分？

如果是這樣的話就出現一個問題了：儘管歷史上曾有過大明國和拜占庭帝國，但是目前你們畢竟還是大清國和奧斯曼帝國的屬民，而不是過去那些已經滅亡的政權屬民，在這種情況下，若要按照奧斯曼帝國的方式發明民族的話，就會一下子發明出兩個民族。這種情況在清末也出現過：梁啟超主張發明中華民族[23]，意思就是說，大清國的臣民是一家，發明成為一個民族，但是你們滿洲人要承認，你們也是黃帝的子孫，你們也是中華民族的一部分。但肅親王[24]和滿洲的改革派主張發明一個大清民族，這個大清民族的組成跟梁啟超的中華民族一模一樣，他們也同樣主張大清的滿洲人和十八省的漢人都是黃帝的子孫，但是應該吸納到大清之下。如果你們不用大清而一定要用中華的話，你們就是反賊，你們就是流亡的民運人士，是在帝國主義的支持下成心想要瓦解我們大清的陰謀家。

所以按照奧斯曼主義的方式發明民族，不可避免地就出現了兩種同樣是奧斯曼主義的發明模式：一種是蘇丹自己提倡的奧斯曼主義，也就是說，希臘東正教徒和穆斯林從此以後是一家，過去歷史上的仇怨都不計較了，以後大家都是一家了，但是以後我們大家都是奧斯曼人；而希臘人對這種做法很不高興，因為這樣一來，皇帝和貴族必定都是穆斯林了，因此他們的意見是，希臘人和穆斯林可以一家親、拜占庭和奧斯曼的江山也可以是一個國家，但是這個國家要由我們希臘東正教徒當家作主，我們要發明一個希臘民族，並建立一個希臘民國[25]，這種想法當時稱之為「希臘主義」，在希臘獨立後又稱為「偉大理想」[26]。希臘主義的主要發明者就是里加斯・費拉伊奧斯[27]，他的出身和歷史定位，使我們完全有理由把他稱之為奧斯曼帝國的「梁啟超」。費拉伊奧斯是奧斯曼帝國的臣民，出生於今天的希臘境內，就血統而言不是純正的希臘人，而且他一生的絕大部分時間，也不是在今天的希臘境內度過的。在希臘獨立以前，費拉伊奧斯便制定了第

⑳ 十二世紀以後，阿爾巴尼亞人入侵伊庇魯斯地區（今阿爾巴尼亞和希臘西北部），建立一系列封建政權。第四次十字軍東征（1202–1204）後，西歐領主在希臘本部陸續建立雅典公國、亞該亞公國等封建政權。十五世紀以後，奧斯曼帝國的入侵又為希臘地區帶來其他亞洲族群。現代希臘人與早期斯拉夫人和這些族裔的血緣聯繫，更強於與古典希臘人的血緣聯繫；「希臘人」一詞不再專指古典異教希臘人，而轉化為巴爾幹等地以希臘文作為上層菁英語言的各族群的自我身分認同。

㉑ 阿提卡（Attica），巴爾幹地區名，指科林斯地峽以東伸入愛琴海的三角形半島，雅典為該區域的中心城市。近代的阿提卡人實際上是斯拉夫人的後裔，而非古代希臘人的後裔。

㉒ 作者術語，意指陷入長期戰亂、秩序全面崩潰，並爆發大規模人道災難的社會狀態，該術語來自明代末年的張獻忠政權在四川地區的大屠殺。

㉓ 一九〇一年，梁啟超在《中國史敘論》中提出「中國民族」；一九〇二年，梁啟超在《論中國學術思想變遷之大勢》一文，首次以「中華民族」指代漢族，而後又在《歷史上中國民族之觀察》一文中提出了「現今之中華民族自始本非一族，實由多數民族混合而成」。

㉔ 即善耆（1866–1922），愛新覺羅氏，鑲白旗人。清末新政中曾任工巡總局管理事務大臣、民政部尚書等職，主持警政等各項改革。在汪兆銘謀刺載灃案（1910）中促成清廷對汪等革命黨人從輕治罪。曾言：「《民報》所鼓吹之三民主義，餘以為過狹，世界一家，何分五族？君〔汪兆銘〕等何不擴充範圍，而言大同主義。」辛亥革命期間組織宗

一部希臘民國憲法，企圖建立一個大的希臘共和國。

另一位希臘主義的民族發明家是阿扎曼蒂奧斯．科萊斯[28]，他出生在安納托利亞，也就是今天土耳其的腹地。我們要知道，奧斯曼土耳其帝國的宗教結構（因為當時還談不上什麼民族結構），在安納托利亞大體上是穆斯林占七成、東正教徒占三成；在巴爾幹半島上則是東正教徒占七成、穆斯林占三成，任何一個地區的宗教結構都不是單一的，如同有些中華民族的發明家說，中華民族是一個「大雜居、小聚居」的結構。如此一來，若要按照西方原則發明民族的話，無論邊界怎麼劃，總會在邊界之內製造出非常複雜的族群結構。科萊斯作為一個安納托利亞的東正教徒，他發明出來的希臘民族或者希臘主義締造了今天巴爾幹半島的這個小希臘；而另一位生在今天巴爾幹半島的小希臘境內的塞薩洛尼基[29]人，他就是我們都知道的土耳其國父穆斯塔法．凱末爾[30]，他在巴爾幹半島上發明出了近代的小土耳其民族。這個小土耳其建立在科萊斯的老家安納托利亞，而不是建立在凱末爾的老家塞薩洛尼基；凱末爾的老家塞薩洛尼基，在雙方都發明了民族以後，卻被劃在了希臘境內。

於是就發生了一個非常奇妙的現象：希臘民族發明家發明希臘民族的結果，導致了他們全家老小、七大姑八大姨都像是納粹德國的猶太人或者像是蘇聯的黑五類那樣被掃地出門，從自己的老家安納托利亞被趕到了對岸的巴爾幹半島；而巴爾幹半島的塞薩洛尼基的土耳其民族發明家，或者不如說是希臘境內穆斯林出身的土耳其民族發明家，在對岸安納托利亞發明土耳其民族的結果就是，把他留在塞薩洛尼基境內的七大姑八大姨、三親六戚都被希臘人掃地出門，掃到了對岸的安納托利亞。當時他們都不覺得自己是希臘民族或者土耳其民族的一分子，而只會覺得自己是奧斯曼帝國的穆斯林臣民或者奧斯曼帝國的東正教臣民。但這樣一發明的結果就是導致雙方都要被掃地出門，因為你必須建立一個認同邊界和國界線基本一致的政治體系。這就是民族發明的一個奇妙結果。

民族發明最容易從抽象理論演化成政治現實的地方不是在奧斯曼帝國境內，而是在與希臘東

社黨，極力維護清室，反對袁世凱與獨立各省議和。中華民國成立後與日本合作，兩次組織滿蒙獨立運動未果。其女為川島芳子。

㉕「希臘民國」（Hellenic Republic）是比照「中華民國」的翻譯方式，意在突出希臘革命史與民國史的相似性，本書中亦經常稱希臘獨立戰爭為「希臘辛亥革命」，稱希臘反抗勢力為「希臘民軍」或「希臘革命軍」。

㉖「偉大理想」（Megali Idea），意指恢復拜占庭帝國舊疆、還都君士坦丁堡、建立橫跨「兩洲五海」（兩洲即歐洲和亞洲，五海即愛奧尼亞海、愛琴海、瑪律馬拉海、黑海和利比亞海）的大希臘國家的理想。其領土主張隨形勢發展屢有變動，但均包括色雷斯和馬其頓以南的巴爾幹半島、愛琴海諸島、克里特和賽普勒斯、安納托利亞西部等地。該意識形態在一九二〇年代之前一直是希臘對外政策的主導思想。

㉗里加斯·費拉伊奧斯（Rigas Feraios, 1757–1798），希臘政治活動家、思想家，出生於希臘的阿羅蒙人（Aromanian）家庭——阿羅蒙人在歷史和語言文化上與今天的羅馬尼亞人存在密切聯繫。他在參加第六次俄土戰爭（1787–1792）期間接觸法國大革命的思想，致力於推動希臘獨立運動，在維也納擔任希臘文報紙編輯，及撰寫各種文學作品和小冊子，包括《魯米利、安納托利亞、愛琴海諸島、摩爾達維亞和瓦拉幾亞公國的新政治憲法》，號召建立一個從喀爾巴阡山到地中海的大希臘共和制國家。他於一七九八年被奧地利引渡給奧斯曼當局，並遭到處決，死前留下遺言：「我播下了豐富種子，在不久的未來，將由我的祖國收穫那光榮的果實。」

正教徒有密切文化聯繫、但是又不受奧斯曼帝國統治的地方，這個地方就是俄羅斯帝國。在希臘民族發明的整個過程當中，俄羅斯帝國對奧斯曼帝國扮演的角色，類似辛亥革命時期，日本對大清國扮演的角色。大多數希臘民族發明家轉化為革命家後，都是在俄羅斯境內活動的，而且他們有很多人都是俄羅斯裔的希臘東正教徒。希臘東正教徒中有很多是經商的，所以他們的聚居地遍及整個東地中海沿岸和黑海沿岸。而俄羅斯和烏克蘭在歷史上的前身都在內陸，所以它們在民族發明時，引起的意象就是無邊無際的白樺樹林、廣袤無垠的中央俄羅斯大平原或者烏克蘭黑土地。這裡面沒有海洋，因為它們的發源地實際上是內陸，它們的內陸性格十分明顯。儘管今天的俄羅斯和烏克蘭都有海洋，但那是歷史政治演變的結果。今天的烏克蘭面臨黑海的那些地方，在俄羅斯帝國和奧斯曼帝國那個時代，主要的居民其實是希臘人和猶太人，他們比較善於經商，居住在海岸，後來布爾什維克革命成功以後把他們作為階級敵人給全盤清洗了。蘇聯有一位浪漫小說作家和兒童文學作家亞歷山大·格林，他有兩部著名的小說，一個叫《紅帆》，一個叫《踏浪女人》，這兩部小說描寫的童話式的海岸，其實就是少年時代的格林所見過的敖得薩（Odessa）。那時的敖得薩還是希臘人和猶太人的城市，經過布爾什維克清洗以後，就變成烏克蘭人和俄羅斯人的城市了。

希臘民族發明的主要核心就在聖彼得堡和敖得薩這兩個地方，他們在這兩個地方組織了一個叫「友誼社」[31]的團體，我們可以合理地把它稱之為希臘的「同盟會」。友誼社這個團體在希臘獨立革命當中所起的作用，相當於同盟會之於辛亥革命中所起的作用是差不多的。同盟會或者希臘友誼社有一半的人是日本人或者俄羅斯人，只有另一半才是大清國人或者奧斯曼人。同盟會的核心人物是內田良平[32]，沒有他，孫文和黃興是幹不出什麼大事。友誼社則有一位外援，比內田良平的地位還要更高一點，就是愛奧尼斯·卡波季斯第亞斯[33]，他當時的身分是俄羅斯帝國的外交大臣。如果孫文的老朋友內田良平在辛亥革命時也能當上日本帝國的外交大臣，那麼孫文就不會敗給袁世凱了。友誼社在俄羅斯帝國吸納了很多高官顯爵，然後在奧斯曼帝國境內也吸納了許

㉘ 阿扎曼蒂奧斯·科萊斯（Adamantios Korais, 1748–1833），希臘啟蒙運動和現代希臘文學的奠基人。生於希俄斯島商人家庭，成年後長期居住在歐洲，一生致力於希臘啟蒙運動及希臘獨立，並將大量古典希臘語經典（如《希波戰史》、《伊利亞德》）譯為現代希臘語，出版十七卷的《希臘文學文庫》。

㉙ 塞薩洛尼基（Thessaloniki, or Salonika），位於愛琴海北岸的港口城市，從西元前二世紀羅馬統治時期開始，便一直是馬其頓地區的政治、經濟和文化中心，現為希臘的第二大城。

㉚ 穆斯塔法·凱末爾·阿塔圖克（Mustafa Kemal Atatürk, 1881–1938），其名號「阿塔圖克」意為「土耳其人之父」，他在一次世界大戰後領導「凱末爾革命」，在建立土耳其共和國後擔任首任總統、總理及國民議會議長，奠定了土耳其的現代化及世俗化的國家體制基礎。

㉛ 友誼社（Filiki Eteria），希臘祕密革命團體，一八一四年九月於俄羅斯的敖得薩成立，旨在讓希臘人擺脫奧斯曼土耳其統治，獲得民族獨立。主要成員多為來自伊斯坦布爾和俄羅斯的法納爾希臘人（Phanariot Greeks），亦包括來自希臘本土和巴爾幹各地反對奧斯曼統治的革命者和地方實力派人物，在希臘獨立戰爭的發動中起了關鍵作用。

㉜ 內田良平（1873–1937），日本泛亞主義活動家，黑龍會骨幹。曾參與日韓合併（1910）的策劃，與清國、菲律賓、印度等地的民族主義人士均有聯繫。是孫文同盟會的創始人和主要成員，直接參與了一九〇〇年惠州起義。

多東正教徒的菁英。

他們設計的希臘民國計畫，我們從地圖上一看就知道，包括了今天的羅馬尼亞、保加利亞、塞爾維亞這些國家。在當時，這些地區還沒有把自己發明成為「羅馬尼亞」、「保加利亞」和「塞爾維亞」。在十九世紀二十年代，「塞爾維亞」只是一個地理名詞；「保加利亞」是一個歷史名詞，指的是歷史上的伏爾加河流域的保加爾人，「羅馬尼亞」的情況則更為特殊。「羅馬尼亞」這個詞，在奧斯曼帝國的詞彙表中指的是魯米利亞行省（Rumelia Eyalet）[34]，此行省以今天土耳其的東色雷斯（Eastern Thrace）和今天希臘的西色雷斯（Western Thrace）為中心、包括了大部分的保加利亞和希臘北部。而今天的羅馬尼亞[35]領土，在過去屬於摩爾達維亞公國[36]和瓦拉幾亞公國[37]，它們都是土耳其帝國的藩屬國。

為什麼這些國家後來在民族發明時，把自己發明成為羅馬尼亞民族和保加利亞民族，這是後來的事情，此時離希臘民族的發明還有很長一段時間。我們現在只需要知道，希臘主義思想在十九世紀初開始蔓延，開始吸引奧斯曼帝國境內羅馬尼亞、保加利亞和塞爾維亞地區的東正教菁英時，就像是辛亥年間，湖南人和四川人曾經支持過「炎黃子孫」和「漢族民族發明」一樣，這些菁英認為自己跟巴爾幹半島南端的希臘人都是希臘民族的一分子，並在一八二〇年前後參加了友誼社，參加了希臘的「辛亥革命」。也就是說，今天的羅馬尼亞人、保加利亞人和塞爾維亞人的祖先，他們都曾經認為自己是希臘人，就像是台灣的「馬英九」[38]，至今還認為自己是中華民族和漢族的一分子。

談到希臘的「辛亥革命」歷史，先不提那些具體的人名、地名和時間，這樣太複雜了，我們可以把故事簡化一下，把一九一二年辛亥革命發生前十年間，東京的同盟會的各派革命家在大清帝國境內鬧革命的經歷寫下來，然後複製黏貼一下，把裡面的人名、地名和時間替換一下，馬上就是希臘革命的故事了。故事是這樣的：在俄羅斯帝國境內的某位革命家，從敖得薩總督——相當於孫文從台灣總督那裡得到一批軍火或資助[39]，然後就從台灣登陸到某某地方發動起義。相同

㉝ 愛奧尼斯·卡波季斯第亞斯（Ioannis Kapodistrias, 1776–1831），出生於愛奧尼亞群島上的科孚島，俄羅斯帝國的希臘籍外交家，之後領導希臘獨立戰爭，並成為希臘第一共和國的總統，一八三一年被刺殺身亡。

㉞ 這裡的「羅馬尼亞」對應的單詞是「魯米利亞」（Rumelia）。魯米利亞行省（Rumelia Eyalet, 1365–1867）是奧斯曼帝國的行省。在奧斯曼帝國的大部分歷史當中，它被認為是最大也是最重要的一個行省。「Romania」（羅馬尼亞）與「Rumelia」（魯米尼亞）來自於相同的詞源，基本含義都是「羅馬人居住的地方」。若按照歷史原有的說法，「魯米尼亞行省」應該變成「羅馬尼亞民族國家」才對，但是它卻變成了保加利亞民族國家。這個案例說明了在民族發明的過程中，有時候會產生歷史名詞錯位現象。

㉟ 這裡的「羅馬尼亞」（Romania）指的是一八七七年成立的現代民族國家，後文若提及「今天的羅馬尼亞」，指的就是這種情況。

㊱ 摩爾達維亞（Moldavia）公國，一三四六年建立的瓦拉幾人（Vlach）政權，控制範圍大致為喀爾巴阡山與德涅斯特河之間的地區。一四九八年成為奧斯曼帝國藩屬。一七一一年後喪失自治地位，其大公由奧斯曼當局指派法納爾希臘人擔任。一八六二年與瓦拉幾亞成立聯合公國，即後來羅馬尼亞國家的前身。

的，希臘的革命家帶著敖得薩總督的錢，渡過了多瑙河，在奧斯曼帝國的某個地方發動了一次起義，然後被帝國鎮壓。下一次，友誼社的另外一個革命家，又從奧斯曼帝國的另一個地方，渡過了多瑙河或者渡過了愛琴海，在某某地方登陸後，發動了一次新的起義。最初十年，這些起義是零零星星的，每一次都被奧斯曼帝國鎮壓，但是到了一八二一年前後，革命軍的起義就越來越勢不可擋，而是像各地協同發動的武昌起義，三路並進，為了簡便起見，我們可以幽默一點，直接了當地把這三路稱之為希臘主義的黃興、宋教仁和陳其美。其實這三個人在巴爾幹各國的歷史敘事上有非常矛盾的地位：他們既是希臘的民族英雄，又是羅馬尼亞的民族英雄，同時也是塞爾維亞的民族英雄。

先看塞爾維亞這一路。當時的革命隊伍中，有一路是由相當於同盟會的友誼社的成員卡拉喬爾傑[40]率領的。這一撥人馬從俄羅斯出發，潛入今天的塞爾維亞境內發動起義。今天的希臘歷史把他稱之為「希臘辛亥革命」的民族英雄，過去南斯拉夫的歷史把他稱之為建立南斯拉夫的民族英雄，目前塞爾維亞的歷史又把他稱之為建立塞爾維亞的民族英雄。但是如果我們實事求是地講的話，在一八二一年前後這段時間內，「塞爾維亞」是地理名詞，「南斯拉夫」還沒有發明出來。卡拉喬爾傑本人是像大多數希臘東正教徒一樣，以為東正教徒就是希臘人，希臘人就是東正教徒，如同孔孟的信徒就是漢人，漢人就是孔孟的信徒。十八省的臣民當然都是漢人，無論我是湖南人還是廣東人。

第二位革命軍的英雄是米哈伊爾・蘇特佐斯㊶。按照今天的歷史，他既是希臘的民族英雄，又是蘇聯歷史上的民族英雄，又是今天摩爾達瓦共和國的民族英雄（因為他的老家就在今天的摩爾達瓦）。摩爾達瓦地區按照永遠沒有實行的希臘民國憲法，按照希臘主義的「偉大理想」，在希臘革命家推翻了奧斯曼帝國後，應該作為希臘民國的一個行省的，但是這個理想永遠沒有能夠實現。摩爾達瓦幾經波折，先是成為羅馬尼亞的一部分，再成為了蘇聯的一部分，今天又變成了獨立的摩爾達瓦共和國，於是蘇特佐斯這位同盟會會員、「希臘辛亥革命」的英雄，同時變成了

㊲ 瓦拉幾亞（Wallachia）公國，一三三〇年建立的瓦拉幾人政權，與摩爾達維亞公國並稱「多瑙河兩公國」。控制範圍大致為多瑙河下游北岸的平原地區。一四一七年成為奧斯曼帝國藩屬。一七一六年後喪失自治地位，統治者由奧斯曼當局指派法納爾希臘人擔任。一八六二年與摩爾達維亞成立聯合公國。

㊳ 作者使用馬英九、龍應台、洪秀柱、趙少康等台灣知名人士作為書中比喻，不代表出版社立場。

㊴ 孫文在一九〇〇年惠州起義時，曾與日本台灣總督兒玉源太郎約定，由革命黨在廣東、福建製造混亂，便利日本從台灣出兵占領廈門，並向革命黨提供補給。後因日本政府反對，計畫未能成功。

㊵ 卡拉喬爾傑（Karađorđe, 1768–1817），出身牧民，一七八七年前往奧地利參加軍隊，對土耳其人作戰屢立功勳。一八〇四年被推為起義領袖，攻下了包括貝爾格勒在內的領土。一八〇八年塞爾維亞國務委員會頒布了第一部憲法，宣布卡拉喬爾傑為最高世襲領袖。一八一三年土耳其人捲土重來，他戰敗逃亡，一八一七年回國活動時遇害。

㊶ 米哈伊爾・蘇特佐斯（Michael Soutzos, hospodar of Moldavia, 1784–1864），摩爾達維亞的法納爾希臘人貴族、友誼社成員。起義失敗後逃往西歐。希臘獨立後被國王鄂圖一世任命為希臘駐歐洲大使並活躍於法國巴黎社交圈。

四個國家的民族英雄。

第三位民族英雄是圖多爾・弗拉迪米雷斯庫[42]。按照當時的說法，他是奧斯曼帝國藩屬國——瓦拉幾亞公國的臣民。按照今天的歷史敘事，他是希臘的民族英雄及羅馬尼亞的民族英雄，但之所以沒有成為瓦拉幾亞的民族英雄，是因為瓦拉幾亞和摩爾達維亞的一部分、匈牙利的一部分都屬於今天的羅馬尼亞；至於它們為什麼會被發明成羅馬尼亞則請見本書第二講。要知道，奧斯曼的「羅馬尼亞行省」雖然包括了保加利亞和希臘，但是從來沒有包括過今天的羅馬尼亞，事實上，羅馬尼亞的民族發明，跟保加利亞的民族發明一樣，本身就是要對抗希臘民族發明的，不過這件事情在當時還沒有發生。

希臘民族革命軍三路挺進，「辛亥革命」就這樣在奧斯曼帝國境內全面爆發。奧斯曼帝國的蘇丹有能力鎮壓任何一路單獨的革命軍，但是多路同時出兵，四面著火，他就無法鎮壓了。尤其是他先前派出去鎮壓希臘人的大將——約阿尼納總督阿里帕夏[43]，他在希臘近代史上扮演的角色，差不多是東亞辛亥革命中的「袁世凱」，覺得蘇丹勢單力孤，可以敲詐一下，於是連他也宣告獨立。結果蘇丹除了君士坦丁堡以外，在巴爾幹半島孤立無援了。這些各路革命軍，從理論上講，當時都自認是希臘人，革命的前途在這一刻似乎很有希望。

但是在這個時候，奧斯曼蘇丹馬哈茂德二世[44]並不是大清國的隆裕皇太后那樣的孤兒寡婦，而是一個很有魄力和能力的人，他沒有灰心，採取了果斷的行動，他首先逮捕並絞死了君士坦丁堡的希臘東正教大主教格里高利五世（Gregory V），震懾叛亂的希臘臣民。因為叛亂的希臘人都是東正教徒，歸東正教大主教管理，他們叛亂就是大主教沒有盡到責任；然後蘇丹向英國人貸款被拒，於是他就把城裡面數十個非常有錢的希臘和猶太商人抄了家，弄出一大筆錢來；最後蘇丹向奧斯曼藩屬地埃及借兵，埃及總督及民族發明家穆罕默德・阿里[45]剛剛模仿拿破崙，從法國引進了很多軍事顧問，編練出了一支在中東數一數二的新軍。這樣，蘇丹有了錢，有了軍隊，便重新集結大軍，任命阿里的兒子易卜拉欣帕夏（Ibrahim Pasha）為埃及土耳其聯軍的統帥，重新

㊷ 圖多爾・弗拉迪米雷斯庫（Tudor Vladimirescu, 1780–1821），早年為隸屬俄國的羅馬尼亞軍官。一八二一年與友誼社結盟後，在奧爾泰尼亞發動起義，從瓦拉幾亞迅速擴展到蒙特尼亞，並波及摩爾達瓦和特蘭西瓦尼亞的一些地區，占領布加勒斯特。起義受挫後被部下殺害。

㊸ 約阿尼納總督阿里帕夏（Ali Pasha of Ioannina, 1740–1822），阿爾巴尼亞盜匪出身的軍閥。一七八八年被奧斯曼蘇丹任命為統治約阿尼納地區（在今希臘西北部）的帕夏，後逐漸將勢力擴充至伊庇魯斯全境、馬其頓和希臘中部。因與友誼社勾結而遭到蘇丹猜忌，遂於一八二〇年反叛蘇丹，但失敗而戰死。大仲馬的著名小說《基督山伯爵》裡，基督山伯爵從君士坦丁堡奴隸市場救回來的海黛的父親，就是這位阿里帕夏。

㊹ 馬哈茂德二世（Mahmud II, 1785–1839），奧斯曼帝國第三十任蘇丹，在希臘獨立戰爭爆發後，廢除數百年的「土耳其新軍」制度，開始建設現代化的陸軍以因應希臘革命危機。晚年致力於推動帝國的現代化，制定「坦志麥特」改革計畫，但在改革實施之前便於一八三九年病逝。

㊺ 穆罕默德・阿里（Muhammad Ali of Egypt, 1769–1849），奧斯曼帝國駐埃及總督，阿里王朝的創立者，創辦以軍事工業為主的埃及第一批近代工業，擴建陸軍，創建海軍，使埃及在十九世紀三十年代末成為地中海東部強國，被視為現代埃及的奠基人。一般認為他是阿爾巴尼亞人。

殺回巴爾幹半島，討伐各路希臘革命軍。

當時的希臘革命軍，長期得不到武器供應，論戰鬥力跟民兵和土匪差不了多少，在埃及土耳其正規軍的打擊之下，很快就潰不成軍。不過，前面提到的，扮演「袁世凱」角色的阿里帕夏，此時恰好占據了巴爾幹半島最核心、相當於大清國的河南、山東的四戰之地，從君士坦丁堡出發的聯軍，無論是北上或西進，甚或是南進鎮壓伯羅奔尼薩半島上的革命軍，都得經過阿里帕夏的轄區，如果不消滅他，埃及土耳其聯軍是沒有路走的。所以阿里帕夏首先遭到聯軍攻擊，最後不得不在一八二二年死於非命。

按照土耳其軍隊一般鎮壓叛亂的手法來說的話，軍隊如果發不起軍餉或者錢不夠多的話，在鎮壓叛亂以後就要趁勢燒殺搶掠一陣子，然後把受害者的妻子兒女賣為奴隸，到君士坦丁堡的市場上去出賣，為自己撈一筆錢。但是當時已經是十九世紀，西方的自由主義輿論開始興起，土耳其軍隊的暴行，包括燒毀邁索隆吉翁城的暴行[46]，在希俄斯島屠殺婦女兒童的暴行[47]，在西方廣為傳播，引起了非常嚴重的反應。西方輿論開始咆哮起來了，發出了我們現在非常熟悉的那種關於自由、人權如何如何的憤怒吼聲，覺得西方列強不應該跟這樣一個野蠻的奧斯曼帝國發生關係，而且有必要制裁它。

制裁行動起初由具有浪漫主義和理想主義的民間人士發起，他們在英國組織了倫敦親希臘委員會（London Philhellenic Committee），首先把各界捐款運到希臘去，支持希臘的各路革命軍，最後這些民間人士也組織起一批志願軍，親自前往希臘參戰了，就像是內田良平帶著日本的軍火和貸款跑到上海去支持宋教仁一樣。英國上議院議員拜倫就帶著軍火和大炮，跑到伯羅奔尼薩半島去支援希臘革命軍，最後死在那裡[48]。拜倫寫下的《哀希臘》（*The Isles of Greece*），也成為了希臘立國的一個重要靈感。拜倫在英國雖然只是一個議員和財主，好像算不了什麼，但是僅僅他的私人財產，在希臘這樣窮困的國家，恐怕比希臘臨時政府自己的全部財產還要多，所以他的支持對於當時的希臘人來說是非常寶貴的。更別說還有一位照現在的話說是「希臘裔」的俄羅斯

㊻ 邁索隆吉翁（Missolonghi），是獨立戰爭中希臘西部起義軍的主要基地。自一八二五年四月起，奧斯曼和埃及聯軍第三次圍攻邁索隆吉翁。次年四月奧斯曼軍進入城市大肆殺掠，並縱火焚燒了該城。該事件激起了西歐輿論對希臘獨立事業的強烈同情，最終促成了英、法、俄軍事介入的決定。戰後，為紀念守城軍民的重大犧牲，該城被希臘政府授予「聖城」稱號。

㊼ 希俄斯島（Chios）位於愛琴海東部，居民多為希臘人，以經商和航海著稱。一八二二年三月，奧斯曼海軍到達該島，屠殺了島上十二萬人口中的約五萬人，並將大量倖存者賣為奴隸。事件在西歐引起強烈反響，德拉克洛瓦的油畫名作《希俄斯島的屠殺》即描繪此事。

㊽ 拜倫勛爵（Lord Byron, 1788–1824），英國貴族出身，其作品被視為「浪漫主義文學」的代表。一八二三年拜倫前往巴爾幹半島參加希臘獨立戰爭，隔年病亡。

帝國臣民卡波季斯第亞斯，正擔任俄羅斯帝國的外交部長。

如此一來奧斯曼蘇丹的鎮壓先勝後敗，他本來已經將希臘各路革命軍鎮壓得差不多、眼看就要大功告成的時候，列強開始干涉了，以人道主義的名義要求奧斯曼蘇丹不應虐待他的基督教臣民。如果你非要這麼打下去的話，照現在的話說，列強就要組織國際維和部隊強行進駐，強迫交戰各方停火，以便維持人道主義和當地居民的生命財產安全。對於國際社會的人道主義干預，奧斯曼蘇丹和軍隊的軍官們很不高興，因為他們差一點就要打贏了；而希臘的各路革命軍領袖則是非常高興的，因為他們眼看就要打輸了，再多打兩年的話，他們的妻子兒女也都要被送到君士坦丁堡的市場上作為奴隸賣出了。所以英法俄列強的艦隊開到納瓦里諾灣[49]的時候，埃及和土耳其聯軍帶著一種悻悻然的態度，而希臘各路革命軍就像是得到了解放一樣。

接下來的發展就像是引起美西戰爭的緬因號事件[50]一樣，可能永遠是千古之謎了。英法俄的艦隊是派來維持和平的，它像聯合國的維和部隊一樣，理論上講不應偏袒任何一方。土耳其的蘇丹、埃及的總督以及希臘的各路革命軍領袖也給各自的部隊發了命令說：「無論如何，絕對不能攻擊聯合國的維和部隊。」但就在這個時候，發生了一次神祕事件：埃及軍隊的一位將領突然向英法俄的艦隊開炮，擊傷了一艘船隻，於是艦隊立刻還擊，在幾個小時之內就把埃及和土耳其的聯合艦隊全部打沉在海底了。消息傳到君士坦丁堡，蘇丹就知道自己已經徹底完蛋了，經此一役，他在整個地中海的主力艦隊就此覆滅了。

但這件事情到底是誰製造出來的，恐怕已是無解之謎了。君士坦丁堡的宮廷可以肯定不是罪魁禍首，他們最害怕的就是這種事情。但是確實不能夠排除前線的某一位將領因為受不了帝國主義干涉的氣，覺得我們堂堂奧斯曼帝國的內政憑什麼要由你們歐洲國家來干涉，很可能一時想不開，就突如其來地搞了一點報復和破壞活動。也可能是希臘革命軍當中的某一路，生怕英法俄聯軍和土耳其軍隊沒有發生衝突，結果對他們不利，於是故意唆使出這樣的事件。具體事件到底是怎樣發生的，恐怕是永遠搞不清楚了，但是對歷史發展的影響是非常巨大的。

這樣一來，英法俄列強在倫敦先後召開了幾次國際會議，決定奧斯曼蘇丹應該撤出「阿爾塔—沃洛斯線」（Arta–Volos line）以南的所有軍隊，然後各方相繼簽訂了《倫敦協定》和《君士坦丁堡條約》[51]，這就是希臘王國的起源。本來奧斯曼蘇丹已經把巴爾幹半島上各路希臘革命軍鎮壓得差不多了，只剩下伯羅奔尼薩半島上的一點點殘兵敗將。這樣一來，它不僅要撤出伯羅奔尼薩半島，而且還要撤出阿提卡地區和希臘的許多島嶼，把已經奪取的很多地方重新交出來。然後，這些地方在列強的保護之下成立了希臘王國。列強達成君子協定，為了保持歐洲列強之間的平衡不發生改變，英國人、法國人和俄國人都保證，不讓英國王室、法國王室和俄國王室的成員出任希臘王國的國王。於是他們一致同意，讓一個軟弱的巴伐利亞王國派出它自己的王子，最後選定巴伐利亞的鄂圖王子[52]去當這個希臘王國的國王。

希臘王國像今天的中華民國在台灣一樣，它並不是一個完整的主權國家，而是英法俄列強的保護國。英國簽署條約，負責保證希臘的安全，如果奧斯曼帝國的軍隊越過阿爾塔—沃洛斯線南下，英國的軍隊就要攻打奧斯曼帝國。這個條約是希臘安全的主要保證，但是希臘因此在外交上也受制於英法俄列強，尤其是受制於皇家海軍。列強不允許希臘做的事情，希臘是不能做的。雖然當時沒有聯合國，不存在像今天的台灣加入聯合國，或者說希臘加入聯合國的問題，但是希臘是沒有資格跟奧斯曼帝國平起平坐的。奧斯曼帝國可以

1832年《君士坦丁堡條約》簽訂後的南巴爾幹形勢圖　1832年的《君士坦丁堡條約》正式結束希臘獨立戰爭，奧斯曼帝國與新成立的希臘王國以「阿爾塔—沃洛斯線」（Arta–Volos line）作為兩國國界。

跟英法俄一起參加國際會議，但是希臘沒有資格參加國際會議。儘管希臘並不從屬於奧斯曼帝國，但是奧斯曼帝國在國際上是跟英國平起平坐的主權國家，而希臘從法理上講只是英國的一個保護國。《君士坦丁堡條約》和《倫敦協定》的重要意義，就相當於是今天的《舊金山和約》和《台灣關係法》對台灣的重要意義一樣[53]。只要大英帝國的霸權仍然在地中海存在的話，奧斯曼蘇丹是不敢打希臘的。

奧斯曼蘇丹雖然不敢打希臘，但是土耳其境內的東正教徒，以及小小的希臘王國境內的東正教徒並不肯善罷甘休。他們沒有忘記他們的希臘主義理想，沒有忘記在短暫的「辛亥革命」期

[49] 位於伯羅奔尼薩半島西南部，為奧斯曼海軍的主要行動基地之一。因奧斯曼及埃及艦隊於一八二七年九月抵達納瓦里諾灣（Navarino Bay），英、法、俄聯合艦隊於次月封鎖海灣入口，確保奧斯曼和希臘雙方保持停火狀態。

[50] 一八九八年二月十五日夜，美國在古巴（時為西班牙殖民地）訪問的裝甲巡洋艦緬因號（USS Maine）因彈藥庫爆炸，在哈瓦那港沉沒，二百六十一名船員喪生。美國輿論界普遍認為西班牙方面以水雷炸沉緬因號，這構成美西戰爭爆發的重要催化劑。關於爆炸發生的具體原因迄今尚無法得出一致意見。

[51] 一八二八年後，列強為處理希臘獨立問題，先後產生了四個倫敦協定（London Protocol, 1828, 1829, 1830, 1832）。按照這些協定，希臘應獲得完全獨立；希臘與奧斯曼的陸上邊界應確立在希臘中部的阿爾塔—沃洛斯線；希臘應建立君主政體，迎立巴伐利亞的鄂圖親王為希臘國王。

[52] 鄂圖一世（Otto I of Greece, 1832–1862），巴伐利亞國王路德維希一世的次子，希臘維特爾斯巴赫王朝（House of Wittelsbach）首任國王。在任前期因堅持君主專制，招致國內各政黨派系不滿，此後因天主教信仰、無子嗣、內外政策失當等原因，最終於一八六二年被推翻，並在流亡中病逝。

間，從來沒有實施的希臘民國憲法和希臘民國臨時約法，是要將整個巴爾幹半島、乃至於安納托利亞的東正教徒都包括在希臘民國的範圍之內的。因此儘管政權是列強保護的，不容許他們造次，不容許他們隨便反攻君士坦丁堡，但是這個小小的希臘王國，就像國民黨的台灣一樣，沒有忘記他們的「偉大理想」。按照一八四〇年至一八六〇年這段期間的希臘中學教科書內容及希臘的輿論，他們心目中的希臘民族不是今天這個小小的希臘，而是包括羅馬尼亞、保加利亞、塞爾維亞和安納托利亞西部的一個大希臘，所有這些人都是我們希臘人的同胞。瓦拉幾亞公國的人、伊士麥[54]的人和君士坦丁堡的人來到希臘，都是我們的同胞，正如北平、南京和武漢的人跑到台北一樣，他們都是我們中華民國的同胞。儘管國王陛下在列強的壓力之下不敢在外交場合公開這麼承認，但是民間的報紙和主要政黨都是這麼說的。

希臘王國實行議會制度後的第一任首相亞歷山大・馬夫羅科扎托斯[55]，用我們現在的角度來看，他是羅馬尼亞人。現在的希臘中學生看到這樣的故事就覺得大腦不斷地打轉：這到底是怎麼回事？為什麼我們希臘人的首相要由羅馬尼亞人擔任？二十二世紀的台灣中學生如果讀到二十一世紀初的台灣歷史也會感到很奇怪：我們堂堂的台灣的總統為什麼要讓一個名叫「馬英九」的湖南人來擔任？我們台灣的輿論領袖為什麼要由一個叫做「龍應台」的湖南人來擔任？但是一八四〇年左右的希臘王國就是這樣的，政府裡當首相的是今天的羅馬尼亞人，在民間當輿論領袖的也是今天的羅馬尼亞人。但是我們要注意，我剛才用「羅馬尼亞」這個詞其實是個誤會，當時「羅馬尼亞」這個詞根本不存在，當時只有一個地理名詞「瓦拉幾亞」。

按照希臘人對「偉大理想」的看法，「偉大理想」這個詞如果翻譯到現在的中文世界的語境的話，那就跟國民黨所謂的「反攻大陸」是差不多的。它的意義就是要打回君士坦丁堡去，君士坦丁堡自古以來就屬於希臘，君士坦丁十一世「天子守國門、國君死社稷」，是我們偉大的民族英雄，「驅除韃虜、恢復中華」的事業雖然還沒有進行到最後一步，但最後一步我們還是要打回君士坦丁堡的。這樣就產生了一個非常奇特的現象：按照我們現在中文世界的話說，朝廷是賣國

(53)《舊金山和約》，同盟國與日本於一九五一年在舊金山簽訂的和平條約，以解決日本於第二次世界大戰戰敗後的政治地位。和約中聲明日本放棄台灣島之主權並交由聯合國託管，造成日後台灣法律歸屬的主權爭議問題。一九七九年一月一日，美國在正式承認中華人民共和國，終止與中華民國的外交關係，由美國國會制定的《台灣關係法》也同時生效，用以規範美國與中華民國（台灣）之間的非官方外交關係。

(54) 伊士麥（izmir），安納托利亞西部古城、重要港口，希臘人口傳統上占多數。一九二二年，凱末爾的土耳其軍隊占領該城，焚毀了該城的希臘人和亞美尼亞人居住區，並驅逐了絕大部分希臘居民。

(55) 亞歷山大·馬夫羅科扎托斯（Alexandros Mavrokordatos, 1791–1865），出生於君士坦丁堡的法納爾人顯貴家庭。希臘獨立戰爭爆發後回到希臘參加起義，為親英派代表人物。戰後於國王鄂圖一世政府中數次出任首相。馬夫羅科扎托斯家族為法納爾希臘人世家，家族成員多次擔任瓦拉幾亞和摩爾達維亞的親王。

的，是帝國主義的傀儡，不敢承認希臘主義的概念，但是議會選出的首相和民間的輿論領袖，就像今天台灣的「馬英九」和「龍應台」一樣堅決地說：「瓦拉幾亞人、君士坦丁堡人跟雅典人沒有什麼區別，過去、現在和未來都是我們希臘民國的一部分。希臘王國儘管現在是一個希臘半島上的王國，但它早晚有一天會恢復成為歷史上的拜占庭和所有希臘人的國家的。現在的希臘國王在列強的壓力下只說自己是『希臘國王』，而不說自己是『全體希臘人的國王』[56]，這就是喪權辱國，我們早晚要推翻他。」於是接下來，在一八六〇年左右，在政府內部的「馬英九」和民間的知識分子「龍應台」的有力支持下，小小的希臘王國發生了自己的「五四運動」[57]。「五四運動」的結果就是，帝國主義支持的巴伐利亞國王被趕走了，希臘的革命青年占領了雅典。革命青年和革命軍官占領了雅典以後，決定迎接丹麥的威廉親王為國王，這就是希臘王國格呂克斯堡王朝的喬治一世[58]。

喬治一世繼位後，他的頭銜就不再是「希臘國王」，而是如「馬英九」和「龍應台」所希望的「全體希臘人的國王」。這兩者之間的差異就像是中華民國和「台灣國」的差異一樣大。「台灣國」就是美國《台灣關係法》中的「台灣治理當局」（governing authorities on Taiwan），它的領土只限於台澎金馬；中華民國就是自宋教仁以來，直到一九四六年為止，歷次中華民國憲法規定的那個「偉大的中華民國」，它的領土從俄羅斯的圖瓦共和國[59]，一直到聯合國成員國蒙古國，一直到中華人民共和國，一直到台灣，一直到日本控制的尖閣諸島，都是「憲法愛國主義」[60]規定的中華民國領土。希臘主義的領土也是根據同樣的方式規定的。所以國王如果說「我是希臘國王」，那就等於是李登輝說：「中華民國在台灣，我的領土只限於列強劃給我的巴爾幹半島南端這一個小小的三角形」；如果我像喬治一世國王說：「我是全體希臘人的國王」那就不得了了，我的國土跟古代的拜占庭帝國疆域一樣大，跟「辛亥革命時期」的希臘民國或中華民國是一樣大的，席捲整個巴爾幹半島和安納托利亞的西部。不用說，任何一個列強都容忍不了如此巨大的野心。這樣一來的話，就把希臘王國投入了一場永遠不會勝利的「反攻大陸」事業當中，

⑯ 希臘王國的國王中，只有第一位國王鄂圖一世的頭銜是「希臘國王」（King of Greece），後面的國王頭銜均為「全體希臘人的國王」（King of the Hellenes）。

⑰ 即希臘一八六二年革命（Revolution of 23 October 1862），鄂圖一世即位後，在制定憲法、巴伐利亞顧問團等問題上與希臘國內各派系發生矛盾，在對外關係上又連遭挫敗，引發國內不滿。一八六二年十月十八日，鄂圖一世前往伯羅奔尼薩半島訪問期間，首都爆發革命，革命者在二十三日於雅典召開大會，宣布廢黜鄂圖一世、著手選舉新君主。由於無法取得列強支持平亂，鄂圖一世被迫乘坐英國軍艦流亡國外。

⑱ 喬治一世（George I of Greece, 1845–1913），希臘格呂克斯堡王朝首任國王，在任期間以政治手腕對內緩和派系鬥爭、對外不斷擴張領土。在一九一二年巴爾幹戰爭中獲得了直至馬其頓地區的大片領土，一九一三年在塞薩洛尼基遭到刺殺，凶手動機不明。喬治一世來自日耳曼的奧爾登堡家族（House of Oldenburg），該家族成員曾多次擔任丹麥、挪威、冰島等地的統治者。

⑲ 圖瓦共和國（Tuva Republic），俄羅斯聯邦主體之一，位於中西伯利亞地區南部，東南邊境與蒙古國接壤。一九二一年在蘇聯策動下宣布獨立，成立「唐努圖瓦共和國」。一九四四年併入蘇聯，稱「圖瓦自治州」，一九九一年又更名為「圖瓦共和國」。一九九四年，中華人民共和國與俄羅斯簽訂《關於中俄國界西段的協定》，事實上承認了俄羅斯對該地區的主權，但中華民國政府迄今未予承認。

格呂克斯堡王朝的統治最終就是因此而中斷的。

希臘王國的格呂克斯堡王朝之所以能夠對自己的反攻大業抱有如此偉大的信心，當然不是因為小小的希臘這一點點人口或者資源。如果真的算人口或者資源的話，那麼結論大概是這樣的：台灣有兩千多萬人，海外華人有四千多萬人，中華人民共和國有十幾億人口，中華民國如果要實現「憲法愛國主義」的話，那它就要依靠台灣的兩千三百萬人，然後再通過「僑務委員會」[61]去統戰海外的四千多萬人，然後再把這十幾億人也爭取過來，實現偉大的「反攻大陸」大業。希臘主義的情況是這樣的：希臘王國的人口最初只有七十萬左右，到十九世紀中葉也只不

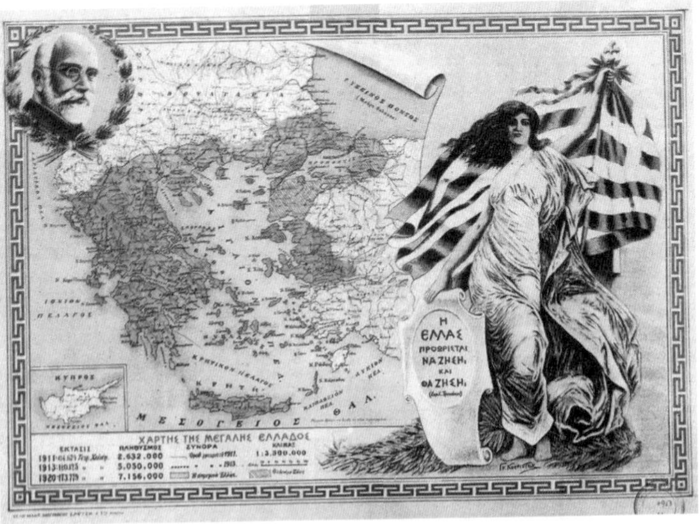

1920年代的「偉大理想」宣傳圖 理想的大希臘疆域包括巴爾幹半島南部、安納托利亞西部沿海地區、愛琴海諸島、克里特島及賽普勒斯島。此圖左上方人像為當時大力推動「偉大理想」的希臘首相韋尼澤洛斯。

過一百多萬，奧斯曼帝國境內可以算得上是東正教徒、可以發明成為希臘民族一員的人口大概是一千多萬，再加上海外和全世界的希臘僑胞，這些希臘僑胞的總人口大概也有幾百萬，於是一百多萬的希臘國的希臘人要統戰全世界大概幾百萬左右的希臘僑民，然後再要發動奧斯曼帝國境內的大概一千多萬的東正教徒起來革命，建立一個跟拜占庭帝國一樣大的希臘民國。這就是「所有希臘人的國王」和希臘人所謂的「偉大理想」所包含的民族發明學的實質內涵。

他們為什麼認為這種民族發明學是很容易成功的呢？這個邏輯跟蔣介石的邏輯是差不多的。蔣介石認為：「奧斯曼蘇丹在巴爾幹半島和安納托利亞的暴政不符合歷史潮流。他現在雖然有十

⑩ 二戰後，聯邦德國知識分子為替代已被納粹汙名化的德意志民族主義，提出「憲法愛國主義」（Constitutional patriotism）這個利基於多元主義、自由主義和民主主義價值的概念。該意識形態最初由雅斯佩斯（Karl Jaspers, 1883–1969）及其學生史騰貝爾格（Dolf Sternberger, 1907–1989）提出，而以哈伯瑪斯（Jürgen Habermas, 1929–）為理論的集大成者。這一話語對歐盟的建立具有極大影響，也是中文知識界所謂「普世價值」的主要理論來源之一。作者在此處特意提及「憲法愛國主義」在中華民國語境下具有的領土擴張內涵，顯示調侃意味。

⑪ 僑務委員會為中華民國政府主管僑民事務的最高行政機關，於戒嚴時期負有發展並動員海外僑民組織、並反對中華人民共和國的政治任務。

幾億人口，但是這十幾億人口都離心離德，專制獨裁早晚有一天會結束。獨裁結束了以後，湖南人黃興曾經是我們的同胞，湖南人「龍應台」現在是我們的同胞，未來湖南人的子孫為什麼不能是我們的同胞呢？大明國過去存在過，拜占庭帝國過去存在過，孫文和黃興的中華民國過去存在過，那麼等到共產主義者像泡沫一樣破滅以後，這些人難道不會自動地回歸到我們偉大的復興基地這一邊，建立我們偉大的中華民族嗎？」

同樣的道理，希臘王國的「馬英九」也是這麼認為的。他認為：「倒行逆施的奧斯曼帝國專制統治早晚會自動垮台。然後在垮台以後，奧斯曼帝國的東正教人口，無論你在塞爾維亞、瓦拉幾亞、伊士麥還是君士坦丁堡，最終都會像歷史上的蘇特佐斯和卡拉喬爾傑一樣回歸到希臘來。未來的希臘又將恢復到辛亥革命時期的輝煌狀態，從多瑙河到愛琴海，從愛琴海到托魯斯山脈，將會跟俄羅斯帝國和德意志帝國平起平坐。我們現在的希臘雖然只有台灣那麼一點點大，但是過去和未來的希臘都像俄羅斯帝國、拜占庭帝國和奧斯曼帝國一樣廣闊。我們為什麼會如此目光短淺，只盯著目前這個小小的台灣，忘記了大明國的十八省江山最終將會屬於我們呢？」當然這個邏輯聽起來也是很合理的，只是要有兩個前提：第一個前提就是，奧斯曼帝國的專制統治確實是像預言的那樣會垮台；第二就是，在奧斯曼帝國專制統治垮台的過程當中，淪陷區的幾千萬人民是真心向著希臘民國，真的願意跟你做一家人。事實上，這兩個前提都不是自然發生的。

歷史發展到了一八六〇年後很快就發生了波折。第一個波折就是，奧斯曼帝國的蘇丹、萬惡的韃靼皇帝並不像是希臘主義者設想的，就是不思進取的、純粹亞細亞的蠻夷，他們也會「改革開放」[62]，他們也會「悶聲發大財」。他們變法後也會跟列強打交道，而且他們也會給英法俄這些強國一些優惠待遇。這些優惠待遇也是有現成的台詞的：「奧斯曼帝國是一個橫跨歐亞的大國，它的人口有幾千萬。奧斯曼帝國的市場之大，相當於整個歐洲。如果英國人支持奧斯曼帝國解體，使奧斯曼帝國變成一系列小國了，那麼英國就要失去一個統一市場。相反，奧斯曼帝國如果掌握在親英政權的手裡面，能夠在奧斯曼『李鴻章』的領導之下實行改革開放，對英國商品開放市場，那無疑是對雙方都有利的。奧斯曼帝國從此擺脫了革命黨的威脅，而大英帝國得到了一個比歐洲市場還要大的市場，大英帝國的商人都可以發財了。難道這樣巨大的利益還不足以抵抗拜倫勳爵之流的浪漫主義者和理想主義者的叫囂嗎？」

於是大英帝國內部自然就形成了兩派。一派是以比肯斯菲爾德勳爵（Benjamin Disraeli, 1st Earl of Beaconsfield）為代表的保守黨人，他們是現實主義者。他們認為：「一個軟弱的奧斯曼帝國可以阻止強大的俄羅斯帝國南下，它符合大英帝國的國家利益。同時，奧斯曼帝國的巨大市場對英國的資本主義發展也有重大的利益。至於什麼人權民主那些價值，跟國家利益相比起來簡直不值一提。」另一派是格萊斯頓（William Ewart Gladstone）領導的自由黨，他用我們現在非常熟悉的民運人士那一套台詞說：「人權和自由才是普世價值。無論你是保加利亞的穆斯林還是阿富汗的山民，在全能上帝的眼中跟英格蘭的貴族是同樣有價值的。你們不要這樣勢利，更不要忘記，古老的希臘，孔子和孟子的希臘，是全世界文明的源頭，我們大家都是柏拉圖和蘇格拉底的學生。今天的希臘雖然已經淪落到這副慘狀，但是他們的祖先曾經是很偉大的。正如有些人說的那樣，我雖然鄙視現在的中國人，但是我還是很佩服孔子時代的中國人的。就算是他們現在的子孫如此不肖，你看在孔子和孟子的面子上難道不能援助他們一下嗎？如果是為了奧斯曼帝國給的那些卑鄙的、跟奴隸貿易沒有區別的經濟上的好處和政治上的好處，就拋棄了自由、民主、人權和基督教的基本原則，那麼你還配做一個基督教徒嗎？你還是高貴的英國人嗎？」諸如此類。當然這樣的台詞可以一直寫下去，一寫就是幾百萬字。

總之自由黨和保守黨是輪流執政的，一會兒是格萊斯頓的人權外交上台，那他就不管土耳其市場是多麼重要，奧斯曼蘇丹是一個多麼有價值的盟友，堅持制裁土耳其，要求土耳其交出保加利亞，；一會兒是比肯斯菲爾德勳爵上台，他就認為英格蘭在海外的最大敵人是俄羅斯沙皇，軟弱的奧斯曼蘇丹沒有什麼太大的威脅，我們為了政治上和經濟上的利益，為了市場和國家安全的目的，可以讓保加利亞的基督徒和穆斯林統統見鬼去，先支持一下奧斯曼蘇丹，阻止俄羅斯沙皇得到君士坦丁堡，這才是重要的。

可以說只要是奧斯曼蘇丹願意改革，第一是在政治上講要跟著英國人走，第二是在經濟上要給英國人開放市場，那麼奧斯曼土耳其帝國在英國的保護之下倖存下去的機會還是蠻大的。但是它在青年土耳其黨[63]的領導之下富國強兵到一定程度以後，它認為自己積攢的錢已經足夠多了，訓練出來的「北洋艦隊」已經足夠強大了，現在它已經不需要英國人了，可以向俄國收復失地，收復中亞那些被侵占的領土，而且還可以向英國收復失地，收復被英國人侵占的賽普勒斯島[64]，奧斯曼帝國走上「星辰大海」[65]之路，同時向英國人和俄國人挑戰，這樣一來就不再存在以前它依靠英國人的保護對抗俄國人的局面。走上這條道路以後，奧斯曼帝國才終於走向滅亡。如果它

62 即「坦志麥特」（Tanzimat, 1839–1876），在希臘獨立戰爭之後，奧斯曼帝國於一八三九年啟動的政治改革，力求經濟與政治的現代化，並提倡奧斯曼主義以維持帝國領土完整。

63 青年土耳其黨人（Young Turks），奧斯曼帝國於二十世紀初期的立憲運動人士，他們的基本主張為推翻蘇丹的專制統治，實行君主立憲並推行奧斯曼主義，於一九〇八年發動革命推翻蘇丹阿卜杜勒．哈米德二世（Abdul Hamid II）後，組成「聯合進步委員會」推動議會政治及經濟、軍事改革。

64 一八七八年，英國在斡旋俄土戰爭的柏林會議上以防範俄國入侵奧斯曼為名，向奧斯曼帝國租借了賽普勒斯島。一九一四年，奧斯曼帝國於一戰爆發後加入德奧一方的同盟國，英國便正式吞併該島。

65 「我們的征途是星辰大海」，最早出自日本作家田中芳樹的科幻小說《銀河英雄傳說》。目前中文網路上所謂的「星辰大海」則出自二〇一一年後在網上流傳的《那年那兔那些事兒》漫畫，專指中華人民共和國實現「偉大復興」、取代美國稱霸世界的意識形態願景，與「大國崛起」、「雖遠必誅」、「厲害了我的國」等中國近年來的納粹化宣傳用語基本同義。

不搞「星辰大海」的話，把市場開放給英國，那麼英國的兩黨當中，雖然「人權黨」那一方面總要跟它過不去，但是「現實利益黨」這方面是很願意維持奧斯曼帝國存在的。

但是在十九世紀後期，奧斯曼帝國勵精圖治、推動改革開放的那一段時間裡，對希臘的希臘主義者來說就不是好日子了。按照他們原先的預言，奧斯曼帝國將會在專制腐敗當中垮台，然後他們自然就會「反攻大陸」了。但是眼看著奧斯曼帝國如此勵精圖治，而且跟希臘的主要保護人大英帝國勾結在一起。英國人和土耳其人的關係一旦搞好了，希臘人反攻君士坦丁堡就永遠沒有機會了。要知道，在「中華民國人」或希臘人的眼中，台北或雅典都是微不足道的城市。希臘人的第一大城市是君士坦丁堡，第二大城市是伊士麥，第三大城市才是希臘王國的首都雅典。台北的中華民國政府認為「北平」和南京對它是非常重要的，台北只是一個地方性城市。雅典的「龍應台」和「馬英九」對小小的希臘王國的感受也是這樣的。他們看到英國人跟奧斯曼帝國勾結在一起了，真是看在眼裡、恨在心裡，然而卻又拿他們沒有辦法。

第二個問題則更加致命。在奧斯曼帝國統治下的這些希臘東正教徒，在萬惡的韃靼皇帝或者「共產主義者」統治下的這些大明國十八省居民，他們經過了幾代人的統治之後，會不會還像在「辛亥革命」時那樣願意支持「漢族」或者「中華民族」的發明呢？事實證明他們不願意。這倒不是說他們很順從奧斯曼帝國，他們在一八三二年希臘王國建立以後仍然在持續革命。結果就是，今天的塞爾維亞、羅馬尼亞和保加利亞都從奧斯曼帝國當中解放出來了，但是有一個很大的麻煩，他們並不認同「中華民國在台灣」的政府。道理很簡單：誰給我們援助、支持我們反對奧斯曼蘇丹，誰才是我的親人。小小的希臘王國根本支持不起「反攻大陸」的偉大事業，他們的支持都是嘴巴上的。革命是需要錢的，是需要槍炮的，錢和槍炮從哪來？多半要從俄羅斯沙皇那裡來。保加利亞的革命家帶著俄羅斯的盧布和軍隊建立了今天的保加利亞，瓦拉幾亞的革命家建立了今天的羅馬尼亞，塞爾維亞的革命家建立了今天的塞爾維亞，他們建立了國家後，便自然而然地產生一個感想：天下是我打下來的，如果要感恩圖報的話，我們酬謝俄羅斯沙皇和英國軍隊，他們幫了我們很大的忙，這就罷了，我們為什麼要酬謝你們希臘人呢？你們希臘人躲在「台灣海峽」的背後，既不出一毛錢給我們，也不出一個兵，然後我們還要迎立你們的國王做我們的國王，這是不是不公平？我們的革命領袖為什麼不能自己當國王呢？

你想一想在蒙古帝國滅了南宋以後，南宋的遺民志士也是企圖復辟大宋的。當年劉福通、韓林兒和朱元璋起兵反元復宋的時候，他們打出了兩條口號：一條就是「重開大宋之天」，改元龍鳳並自稱大宋皇帝；第二條就是借精兵於日本，希望日本的幕府出兵來援助他們。但是天下打定了以後，請問這個天下是姓朱還是姓趙？朱元璋在南京坐上了皇帝寶座以後，他就覺得天下是我打下來的，大宋皇帝算老幾？我打天下的時候，我怎麼沒看見大宋皇帝跑出來給我幫忙啊？你當年不給我幫忙，現在做皇帝的時候我為什麼要把皇帝的位子讓給你？於是他就自己建立了一個大明國。大明國被滿洲人滅亡的時候，鄭成功發兵北伐，到了長江口，他著紅衣祭天，著黑衣祭地，著白衣祭明太祖朱元璋，說出了一段台詞：「縞素臨江誓滅胡，雄師十萬氣吞吳。試看天塹投鞭渡，不信中原不姓朱。」雖然後來鄭成功打了敗仗，但如果他像朱元璋一樣「驅除韃虜、恢復中華」成功了，那麼他鄭成功在南京城建立的這個政權，他還肯還給朱家天子嗎？我們如果稍有政治常識就可以看出，他必然另外建立一個「鄭朝」，自己成為「鄭家天子」。朱家天子算老幾，天下不是你打下來的，你給我滾一邊去。我雖然在起兵時打著反清復明的旗號，但當我勝利以後，必然要建立新政權的。

巴爾幹半島的這些革命家也是這樣的：「我們革命勝利以後為什麼還要迎立你們希臘人的那個沒有立一點功勞的國王呢？我們難道不能到德意志去、到俄羅斯去迎立一些王子嗎？這些王子可以把德意志和俄羅斯的支援帶給我們。」當然他們實際上就這麼做了。這麼做的結果，自然會使希臘的希臘主義者很不高興。於是他們就大罵起來：「你們背叛了孫文先生的革命偉業，背叛了辛亥年的臨時憲法。希臘民國憲法寫得明明白白，布加勒斯特（Bucharest）是希臘民國自古以來的領土。當年辛亥革命的時候，是布加勒斯特的革命者打響了武昌起義的第一槍。你難道能夠想像武昌人發明一個『荊楚利亞民族』，然後建立一個『荊楚利亞王國』，並宣示『荊楚利亞王國』不是我們在『中華民國在台灣』的一部分嗎？武昌起義革命的先烈如果知道你們這麼幹的話，會從墳墓裡面翻身，罵你們這些不肖子孫的。」

但是實際情況正是這樣。一八二一年的「布加勒斯特起義」是「希臘辛亥革命」的第一槍[66]，換句話說，今天在雅典的這個希臘民國是由布加勒斯特的革命家建立起來的。但是同樣這一批布加勒斯特革命家的子孫，等到一八五九年再次革命成功、建立瓦拉幾亞和摩爾達維亞聯合大公國的時候，他們的腦筋就靈活了。他們覺得，憑什麼要把王位讓給你們那些躲在雅典，置身事外的親王？難道我們自己沒有親王嗎？我們沒有也可以到其他地方去請呀，於是我們自己建立了一個羅馬尼亞王國。這個王國為什麼叫羅馬尼亞呢？就是因為在我們瓦拉幾亞人民——我們「湖北人民」當中還有很多人抱著糊塗的想法，認為我們湖北曾經是中華民國的一部分，我們瓦拉幾亞曾經是希臘民國的一部分，所以現在我們仍然是希臘人。不是的，現在我們要把民族重新發明一下，我們要把我們自己叫羅馬尼亞人。

為什麼叫羅馬尼亞人呢？因為古羅馬皇帝圖拉真曾經打進過多瑙河以北的土地，在這裡建立了一個叫做「達基亞」（Dacia）的羅馬行省，然後早在蠻族入侵之前，古羅馬人覺得這塊土地最沒有價值，便迅速地放棄了。在羅馬尼亞漫長的歷史中，古羅馬人統治達基亞行省的這段歷史是最短暫的。近代的羅馬尼亞起源於奧斯曼帝國藩屬瓦拉幾亞公國，無論從人種上、政治上、法統上、歷史上和任何方面，都跟古羅馬皇帝圖拉真建立的達基亞行省沒有任何關係。但是羅馬尼亞的民族發明家在一八五九年面不改色地決定，今後我們不再是希臘人，而是羅馬尼亞人。雅典的「龍應台」和「馬英九」聽到這個消息的感受，就跟今天台北的國民黨人如果聽到武昌的革命家決定「我們要建立一個『荊楚利亞民國』，把自己發明成『荊楚利亞民國政府』，從此永遠不再認中華民國」的感覺是一模一樣的，但是他們的軍隊不夠強大，革命不是他們打響的，也不是他們打贏的，而且羅馬尼亞這撥革命家還有列強做後盾，所以他們最後只有乾瞪眼，沒有辦法。

保加利亞的情況也是這樣。保加利亞革命成功，除了本地的革命家以外，主要依靠俄國軍隊的支持，他們也很害怕希臘的國民黨人僅憑「嘴炮」就把他們的地盤拿去，於是他們就另外發明一套保加利亞的神話。保加利亞民族是怎麼產生的呢？「辛亥革命」時的保加利亞也是希臘的一部分，就像辛亥革命時，黃興和宋教仁的湖南是中華民國的一部分，這是沒問題的，但是在一八七八年的柏林會議時，保加利亞就已經發明出了另外一個「保加利亞民族」，祖先是保加爾人。保加爾人住在哪裡？住在伏爾加河沿岸。他們跟匈奴人、柔然人和中亞各遊牧民族是一家。在歷史上，這支保加爾人曾經帶著他們的騎兵，像突厥人、韃靼人、蒙古人、滿洲人圍攻北京城一樣，打到君士坦丁堡的城下，圍攻過拜占庭皇帝，從拜占庭皇帝那裡撈了很大一撥子女玉帛才走。但是近代的保加利亞的核心居民跟希臘東正教徒沒有任何區別，只是這些人當中有一部分後來改信了伊斯蘭教，因此他們七成是希臘東正教徒，三成是穆斯林，他們的祖父在一八二一年希臘的辛亥革命中曾說「我們是希臘革命軍的首領，跟布加勒斯特起義的希臘革命軍、跟伯羅奔尼薩半島的希臘革命軍是一家人」；但是現在他們改主意了，他們搞了第二次民族發明，他們把自己發明成保加利亞人。

至於為什麼要發明成保加利亞人也有一個很簡單的原因，這就跟芬蘭人要把自己的語言發明成為「芬蘭—烏戈爾語族」（Finno–Ugric languages）是一樣的，目的就是要跟瑞典人和俄國人劃清界限。你們不都是歐洲人嗎，那我們就要說自己是亞洲人。保加利亞人也是這樣的：「你們不是說我們是希臘人嗎，對不起，我們要告訴你們，我們自古以來就不是希臘人。我們不但不是希臘人，我們連歐洲人都不是，我們是中亞人。這下你們這些希臘『國民黨人』還有什麼話？你們希臘『國民黨人』不是最討厭那些中亞蠻夷嗎？你們不是一天到晚喊著『驅除韃虜、恢復中華』，跟那些中亞蠻夷不共戴天嗎？很好，我告訴你們，我們不是希臘人，我們跟你們不是同胞。我們『湖南人』可不是『漢族』，我們是『苗族蠻子』，看你還認不認我們是一家，還爭不爭我們的土地。」保加利亞人就根據這樣的邏輯進行二次發明，把自己從希臘人、希臘東正教徒、希臘主義者發明成為保加利亞的愛國者。

在這種情況下，希臘人的希臘王國就充滿了類似於「國民黨黃復興黨部」[67]的瘋狂和挫敗情緒。他們看到，歷史出了毛病，世界正往他們預見不到的方向運轉。一方面是，奧斯曼帝國不但沒有因為專制和腐敗迅速垮台，反而變得越來越富強了。原先極度歧視土耳其人、很想分裂奧斯曼帝國的西方列強，在英國人的帶領之下，居然還跟「改革開放」的奧斯曼帝國當局做起買賣來了。另一方面是，奧斯曼帝國統治下的這些十八省居民，原先被認為是自己的同胞、最親愛的「三民主義者」和「炎黃子孫」的這些人，居然發明起民族來了。他們居然說自己是「巴蜀利亞人」，說自己是「荊楚利亞人」，說自己是「湖湘尼亞人」，他們居然不承認自己是「漢人」了，這樣還能得了嗎？再過二十年，我們的事業豈不是要整個落空了？但是

1821年出版的德語傳單　此圖描繪希臘獨立戰爭初期的布加勒斯特起義中革命軍與土耳其軍隊激戰的場景，並透過印刷傳播流傳至歐洲各地。

他們的倒楣事情還不過是剛剛開始。如果剛才這兩件倒楣的事情只是發生在奧斯曼帝國境內，而不是希臘王國或「台灣」境內，這還有點可以安慰的話，那麼第三件事情——最不可忍受的事情發生了：希臘王國境內出現了一位新的知識分子，他叫亞歷山大．帕利斯[68]，他建議進行第二次文字改革，用通俗希臘語取代白話希臘語。[69]

我們要注意，希臘語其實有三種：第一種希臘語就是古典希臘語，就是荷馬史詩、柏拉圖的希臘語。這個古典希臘語雖然還有人能認識，但是認識它的人大部分都在西方國家，希臘本土已經沒幾個人看得懂了。這就好像是誰還認識孔子時代的漢語呢？大部分都在日本，孔子老家的那

[66] 在希臘境內，一八二一年獨立戰爭的公認起點是三月二十五日；但在瓦拉幾亞，弗拉迪米雷斯庫在布加勒斯特（今日羅馬尼亞的首都）起事的時間是一月十八日。

[67] 黃復興黨部，成立於一九五六年七月，正式名稱為「國軍退除役人員黨部」，寓意「炎黃子孫，復興中華」。是中國國民黨在台灣設立的非地區特別黨部，主要成員為退役官兵及其眷屬。由於黃復興成員占國民黨黨員比率高與高投票率，有左右黨內選舉及初選的影響力。

[68] 亞歷山大．帕利斯（Alexandros Pallis, 1851–1935）希臘教育家、語言改革家，致力於推廣使用通俗希臘語的文學創作和學術研究。其以通俗希臘語翻譯的《新約聖經》於一九〇一年十一月在雅典報紙上發表時引發街頭抗議，導致八人死亡，只得改在英國出版。

[69] 通俗希臘語（Demotic Greek），與教育領域通用的古典希臘語和公務領域通用的純正希臘語均有很大差異。一八八〇年代後，帕利斯等通俗希臘語提倡者推動了通俗語的文藝繁榮。一九一七年，為推動對新征服的馬其頓地區居民的同化，希臘首相韋尼澤洛斯（Eleftherios Venizelos, 1864–1936）推行語言改革，從小學教育中去除古典希臘語，將通俗語作為五年級之前的專用教育用語，從而決定性地加強了通俗語的地位。一九七六年立法最終將標準化的通俗語確立為唯一教育用語。

些人已經沒有幾個認識孔子時代的漢語了。第二種希臘語就是以古典希臘語為原料，發明的白話希臘語。這是前面提到的科萊斯——他相當於希臘的「胡適」，盡可能地為了奧斯曼帝國統治下的各地區希臘人都能使用而發明的標準語，不像文言文那麼難懂，但也是一種書面文字，並且跟各地的方言發音都不相同。科萊斯之所以要把希臘語發明成這樣，是因為他考慮到，將來獨立建國的「希臘民國」是從多瑙河到托魯斯山脈的一個巨大、碩大無比的「大希臘」，也就是說他發明的白話希臘語必須讓布加勒斯特人、君士坦丁堡人、伊士麥人、貝爾格勒人、雅典人和賽普勒斯人都能看懂。但是眾所周知，布加勒斯特、君士坦丁堡、伊士麥、貝爾格勒（Belgrade）、雅典和賽普勒斯各地的方言不一樣，他們彼此之間誰都聽不懂誰。所以他製造出來的這種白話希臘語跟原來的文言文一樣，是「啞巴語言」，是只有文字沒有發音的。如果講發音的話，各地的發音仍然互相聽不懂。

我們敬愛的帕利斯，他是十九世紀末期的希臘人，類似於「陳水扁時代」出生的一個新台灣人，他從來沒有見過大陸上的中華民國是怎麼回事，他只認識台南鄉下的阿公阿婆。然後他就感到，中華民國的國文課本上給我們講的這種文字，跟台南阿公阿婆說的方言土語不一樣，對他們來說真是太不方便了，而阿公阿婆畢竟占了台灣多數人口，我們不能僅僅服務受過教育的少數人，我們也要讓台灣人民有自己的鄉土文學。於是帕利斯就在希臘王國內部搞了一個通俗希臘語，這是今天的絕大部分希臘人都能使用的語言，也就是把阿公阿婆的方言土語用拼音的方式翻譯出來、寫下來，在英美傳教士的幫助之下把聖經之類的重要文獻翻譯出來，然後讓阿公阿婆受到教育。這種文字既好懂也好認，所以迅速地流傳開來。儘管在一八六〇年的時候只有最沒有教養、最沒有文化的人才講通俗希臘語，但是在一九六〇年的時候，絕大部分的希臘人，也就是今天的希臘共和國的居民，都已經講通俗希臘語了。

但是通俗希臘語剛剛產生的時候，立刻就遭到了希臘的「馬英九」和「龍應台」的憤怒譴責。他說：「你這樣太目光短淺了。這樣做，你雖然方便了台灣的阿公阿婆，但你要想想，等我們中華民國反攻大陸以後，湖北人怎麼辦，四川人怎麼辦，浙江人怎麼辦？你搞出來的這種台語也只有台南的阿公阿婆才能夠聽得懂。到了成都，成都人怎麼跟你交流？到了武漢，武漢人怎麼跟你交流？到了南京，南京人怎麼跟你交流？你這麼樣搞，名義上是把新文化運動進行到底，但是實際上是要斷送我們反攻大陸的希望，斷送我們反攻君士坦丁堡的希望。」然後雙方就舉行了我們都很熟悉的各種論戰。雙方之間對陣了幾十年，但是最後真正起作用的還是政治形勢。因為希臘人正如我們現在所看到的那樣，始終未能光復君士坦丁堡，等到希臘第二共和國建立以後，享有的領土仍然是列強劃給他們的巴爾幹半島南端的一小塊土地，當地使用的方言就是「台灣方言」，也就是通俗希臘語，所以最後的結果依然是方言勝利了。

最後在奧斯曼帝國於第一次世界大戰失敗後，面臨解體的最後關頭，希臘王國格呂克斯堡王朝的「馬英九」和「龍應台」看出，這次將是最後的機會了，如果我們再打不回君士坦丁堡和伊士麥，以後我們就再也沒有這樣的機會了。奧斯曼蘇丹垮台、奧斯曼帝國各地陷入大洪水狀態的時候，不正是解放各地的希臘人民的大好時刻嗎？於是這一次出兵就在康斯坦丁國王[70]的領導下進行。康斯坦丁國王之所以叫康斯坦丁國王，理由也是很「希臘主義」的，就跟台灣過去的新黨領袖趙少康取名「少康」的理由是一樣的。我們都讀過《羅馬帝國衰亡史》，知道拜占庭帝國滅亡的時候，最後一位皇帝叫做君士坦丁十一世，他死於亂軍之中，於是就自動變成了「皇漢青年」[71]的崇拜對象。於是「所有希臘人的國王」喬治一世在希臘主義者的教育之下，便把自己的兒子和將來的王位繼承人取名叫做康斯坦丁（「康斯坦丁」和「君士坦丁」是一個詞，只是翻譯方法不同），而且還叫「康斯坦丁十二世」。

這就很妙了，「康斯坦丁十二世」這個稱號就是「一個中國，各自表述」[72]的希臘版本。在列強的眼中，在英國人、法國人和俄國人眼中，希臘王國只有一個康斯坦丁一世，因為希臘王國是十九世紀才開始的，希臘王國維特爾斯巴赫王朝的國王叫做鄂圖，希臘王國格呂克斯堡王朝的第一位國王叫做喬治，喬治的兒子叫做康斯坦丁，他既然是第一個名叫康斯坦丁的希臘國王，那他當然應該是康斯坦丁一世。但是希臘人自己卻堅持要把這位國王叫做「康斯坦丁十二世」，為什麼呢？在他們心目中，你把他叫「康斯坦丁一世」，就等於說他只有統治小小的希臘王國的權利；但是既然他是「所有希臘人的國王」，也就是拜占庭皇帝繼承人，所以他的法統、君統來自於殉國的「崇禎皇帝」，也就是君士坦丁十一世，所以他是拜占庭帝國的康斯坦丁十二世，而不是希臘王國的康斯坦丁一世。這個區別很重要。比如，如果你說今年是西元二〇二〇年，那你就錯了、太政治不正確了；你應該說今年是中華民國一〇九年，從辛亥革命算起，這樣你才能把台灣的中華民國跟孫文和黃興的中華民國接上線。也就是根據這個理由，所以「康斯坦丁一世」必須變成「康斯坦丁十二世」；因為「少康復國」[73]，所以「趙少康」的名字中就必須有「少康」

[70] 康斯坦丁一世（Constantine I of Greece, 1868–1922），在位後期發動第二次希土戰爭遭到挫敗，致使他被罷黜下台，不久於西西里島的流放地逝世。

[71] 「皇漢」是中文網路流行用語，主要指漢種族優越論者，廣義上也包括單純的漢文化優越論者、儒家文明優越論者等。共同點是不滿於「漢人」當前在國內和世界上所處的地位，認為需要通過「本土文化」或「國學」的復興，對內強化「漢人」的主體民族地位，對外使中國成為世界強國。

[72] 「一個中國，各自表述」是國民黨於一九九五年提出、針對中華民國（台灣）及中華人民共和國關係的非官方政治性論述，又稱為「九二共識」。該論述主張中華民國（台灣）與中華人民共和國雙方都同意「一個中國」，但是對「一個中國」的內涵，雙方可以有各自不同的表述方式。

[73] 上古傳說中，夏代王子「少康」在勵精圖治後，擊敗仇敵「寒浞」，重新取回政權成為第六任夏代統治者。此「少康復國」傳說常被失去政權的統治者或統治階層作為激勵自身的典故。

二字。

從「康斯坦丁十二世」這個名字你就可以看出，他是在希臘人稱為「偉大理想」的教育之下長大的，希臘人的「偉大理想」翻譯成中華民國的術語就叫「反攻大陸」。也就是說，他是一位在反攻大陸的影響薰陶下長大的「黃復興」青年，我們可以簡單地把他稱為希臘的「洪秀柱」。這位希臘的「洪秀柱」看到了奧斯曼帝國垮台的絕佳時機，覺得這是我們「光復大陸」的最後時機，於是以希臘傾國之力，在安納托利亞登陸，跟土耳其的民族發明家、出生在希臘王國境內的塞薩洛尼基的穆斯塔法・凱末爾打了一場硬仗，結果被凱末爾打得大敗，丟盔卸甲地逃回雅典。最後雙方在一九二三年交換人口，希臘王國境內的穆斯林

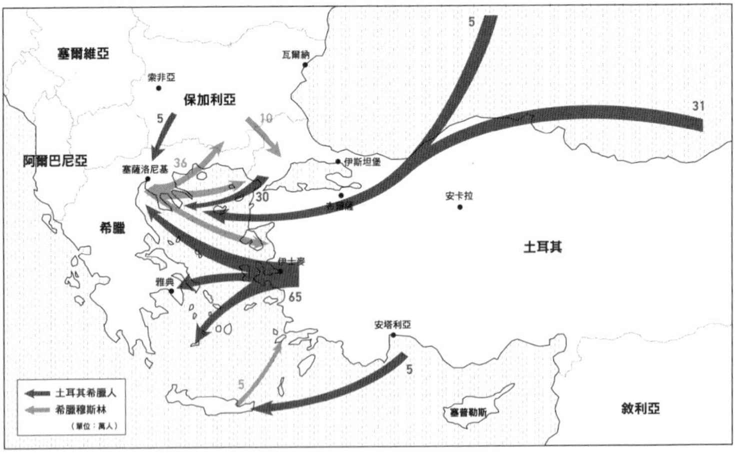

希臘與土耳其人口交換圖　一九二三年希臘與土耳其兩國基於《洛桑條約》，交換國內的希臘人與穆斯林人口，造成將近二百萬的難民。難民只得攜帶隨身財物，其原有的各種財產如（如土地、房屋、汽車）則由各國政府清點價值後再支付相等的款項。

全部搬到土耳其去，土耳其境內的希臘東正教徒全部搬到希臘王國[74]。也就是說，伊士麥和安納托利亞的那些本來是康斯坦丁十二世國王企圖解放的「中華民國遺民」，這一下是徹底背井離鄉了。這樣的事情如果發生在台灣，那就等於說將「台灣的國粉」（認同中華民國者）集體搬到大陸去，在大陸建立一個「中華民國」，而大陸的閩南語居民則集體搬到台灣去，在台灣建立一個台語國家。於是雙方就各安其所了，所有講普通話的人在中國大陸建國，所有講台語或者閩南話的人在台灣建國。康斯坦丁十二世以後的希臘就走上了這條道路，古典希臘語和白話希臘語都失敗了，「偉大理想」或者「反攻大陸」也失敗了，只剩下通俗希臘語。

但問題還沒解決，從土耳其遠征回國的殘兵敗將，以及從安納托利亞被迫背井離鄉的難民，對康斯坦丁國王是極度的痛恨。他們說，如果不是因為你一定要堅持反攻大陸的話，我們現在不至於落到這種下場，所以我們連王國都不要了，於是他們發動革命，建立了希臘第二共和國[75]。希臘王國的中斷和希臘第二共和國的成立是希臘民族發明的關鍵點，因為希臘第二共和國是希臘歷史上第一個放棄希臘主義的希臘國家。希臘第二共和國不再像以前的希臘王國那樣要跟保加利亞人、羅馬尼亞人和土耳其人爭奪領土，它承認列強劃定的小小希臘是它的法定領土。第二共和甚至連賽普勒斯都不爭了，願意滿足於一九二〇至三〇年代希臘和土耳其和解時相互劃定的小希臘邊界和小土耳其邊界，正式從奧斯曼主義的民族發明模式回到西歐常規的小民族主義發明模式，就等於是中華民國在台灣由「中華民國」正式改名為「台灣民國」一樣。

以後的希臘歷史，便是已經穩定共同體邊界的希臘民族歷史，雖然涉及到自由主義者和社會主義者之間的鬥爭，涉及到希臘在冷戰前的站隊問題，但是不再涉及希臘民族發明的問題。巴爾幹半島的大部分地區在「辛亥革命」的希臘民族發明以後，二次發明產生出來的羅馬尼亞和保加利亞、三次發明產生出來的阿爾巴尼亞，這些新民族從此走上了跟「希臘民族」各不相同的道路。二次發明的情況前面已經提過了，三次發明的阿爾巴尼亞，實際上是在塞爾維亞的二次發明的基礎上，由奧地利人和義大利人搞的第三次發明，跟「希臘民族」已經沒有什麼關係了。

所以我建議讀者，如果你想搞清楚「漢族」發明、「炎黃子孫」發明的來龍去脈以及它將來可能遭遇的各種命運，想要瞭解在第一次民族發明以後會不會必然產生第二次民族發明、第三次民族發明，民族發明和國際體系演變之間的關係到底是怎樣的，你有一個現成的參考，就是希臘主義的民族發明。

希臘主義的民族發明非常經典地呈現了一個像「大明國」和孔孟後裔這樣的古老文明帝國，企圖把自己古老的光榮和近代被韃靼人征服的恥辱結合起來，以帝國模式發明民族，最終失敗後以「薛丁格的貓」的方式坍縮回小民族主義的路徑上，是怎樣一個演變模式。你只要瞭解了「希臘民族」，就不會瞭解不了「漢族」。有些人認為「中華民族」是發明出來的而「漢族」不是發明出來的，其實恰好相反，這兩者基本上是同時發明出來的，雖然略有時間差。「中華民族」是梁啟超和肅親王大概在一九〇一至〇五年這段時間發明的，而「漢族」大概就是在辛亥革命前幾年時間發明出來的。「漢族」發明的過程及內容都跟「希臘民國」和希臘主義的發明方式非常相似，而希臘主義的命運跟國民黨的那一套大中華民國和民國法統的構建方式也是一模一樣的。你看到希臘就會明白，這些東西遠遠不像你想像得那麼獨特，事實上在太陽底下是沒有新鮮事的。

⑭ 希臘土耳其人口互換（Population exchange between Greece and Turkey, 1923），希臘土耳其戰爭（1919-1922）結束之後，戰爭失利的希臘與土耳其於一九二三年簽署《洛桑條約》，約定兩國互相交換位於對方國土的希臘人及穆斯林居民人口，總數約一百五十萬的安納托利亞希臘人及五十萬希臘穆斯林，共計二百萬人受到影響並成為政治性難民。

⑮ 康斯坦丁一世在其統治後期已經不受韋尼澤洛斯派和協約國（英、法）列強的歡迎，最終於一九一七年六月被迫退位離國。但他於一九二〇年九月回國復位，並持續進行希臘土耳其戰爭，引起國內的廣泛不滿。由於希臘遭到挫敗，國內輿論認為康斯坦丁一世須對此負責，並引發軍隊兵變，康斯坦丁一世被迫再度流亡國外。一九二三年底，韋尼澤洛斯第四次出任希臘首相，舉行全民公投廢棄君主制，希臘第二共和國建立。

希臘
民族發明大事記

時間	事件
西元前5世紀至前4世紀	**希臘古典時期是「偉大理想」的歷史根源** 西元前5世紀至4世紀的古代希臘世界被稱為希臘古典時期，是19世紀希臘民族主義者眼中的大希臘主義「偉大理想」的歷史根源。
330-1821年	**拜占庭帝國和奧斯曼帝國統治巴爾幹** 西元330年，君士坦丁大帝定都君士坦丁堡，開啟拜占庭帝國統治巴爾幹地區的時代，並推動希臘語和東正教成為主流文化。奧斯曼帝國於1453年攻占君士坦丁堡，拜占庭帝國就此瓦解。奧斯曼帝國採用「米特勒制度」統治巴爾幹半島，允許帝國境內的東正教希臘人維持一定程度的自治。
1768至1774年	**第五次俄土戰爭** 俄國的海軍艦隊在希臘沿海擊敗奧斯曼艦隊，第五次俄土戰爭以俄國勝利告終，沙皇取得希臘東正教民的保護權。
1800/3/21	**七島共和國建立** 巴爾幹半島西部沿海的愛奧尼亞群島中的七個主要島嶼，在1800至1807年間建立了一個希臘人自治國家，這是奧斯曼帝國境內的東正教徒第一次獲得自治權，是近代希臘的起源。
1814/9/14	**希臘友誼社的建立** 希臘民族發明家在俄國境內的敖得薩成立希臘友誼社。友誼社類似東亞的同盟會，主張「大希臘主義」，積極推動希臘民族發明運動。
1821/3/6	**希臘獨立戰爭爆發** 希臘友誼社在多瑙河兩公國策劃起義，信仰東正教的希臘人（當時還沒有保加利亞和羅馬尼亞）起兵反抗奧斯曼帝國的統治，揭開希臘獨立戰爭的序幕。
1833/2/6	**希臘王國的建立** 希臘獨立戰爭後，英法俄三國在均勢原則下達成協議，建立希臘王國，指派巴伐利亞王國的王子奧托一世擔任希臘國王。此時的希臘王國不是完整的主權國家，而是列強的保護國。

1844/1 **科萊斯發表「大希臘主義」演講**

希臘民族發明家阿扎曼蒂奧斯・科萊斯主張大希臘主義的「偉大理想」，主張建立一個以君士坦丁堡為首都、包括當時奧斯曼帝國境內所有東正教基督徒的「大希臘國」。

1897/4/18 **第一次希土戰爭爆發**

第一次希臘土耳其戰爭的爆發，源自於希臘試圖奪取克里特島，結果是希臘戰敗，「偉大理想」擴張計畫受挫。

1901/9/9 **通俗希臘語版本的《新約聖經》出版**

希臘語言學家亞歷山大・帕利斯發起第二次希臘語言改革運動，以通俗希臘語翻譯的《新約聖經〉取代科萊斯的白話希臘語。白話希臘語類似胡適在五四運動推動的白話文，而通俗希臘語則是類似台語文的地方語言。

1912至1913年 **兩次巴爾幹戰爭**

包括希臘在內的巴爾幹諸國組成聯盟，在1912至1913年的戰爭中擊敗奧斯曼帝國。原屬奧斯曼帝國的馬其頓地區被塞爾維亞、保加利亞及希臘瓜分，塞薩洛尼基被併入希臘，這是「偉大理想」的一次勝利。然而塞爾維亞和保加利亞就馬其頓的統治權產生分歧，導致1913年6月爆發第二次巴爾幹戰爭，巴爾幹同盟瓦解。

1913/3/18 **康斯坦丁一世繼位為希臘國王**

喬治一世在塞薩洛尼基被刺殺，他的長子康斯坦丁一世繼位為希臘國王。康斯坦丁代表了希臘民族主義的核心——東正教的神權和拜占庭帝國的繼承人，故希臘人希望他能實現大希臘主義的「偉大理想」，稱他「君士坦丁十二世」，即拜占庭帝國末代皇帝君士坦丁十一世的繼承者。

1919至1924年 **第二次希臘土耳其戰爭的影響**

康斯坦丁一世對奧斯曼帝國發動第二次希土戰爭，但以戰敗告終。1923年希臘與土耳其交換各自的東正教、穆斯林人口，造成大量的難民潮和屠殺事件，導致康斯坦丁一世在1924年被迫退位。

1924/3/25 **希臘共和國建立**

希臘人通過公投取消君主制度，並建立希臘第二共和國。新生的共和國放棄「偉大理想」的擴張計畫，承認歐洲列強劃定的「小希臘」為法定領土。「希臘民族」的共同體邊界得以確立，以後的希臘歷史與政治發展不再涉及民族發明的問題。

羅馬尼亞

Romania

România

獨立時間：1878年5月9日

首都：布加勒斯特

二、羅馬尼亞

希臘主義的叛逆子孫

我們今天的題目是「羅馬尼亞：希臘主義的叛逆子孫」。羅馬尼亞歷史的重要性在於，它的民族發明十分特殊。羅馬尼亞的整個近代史和民族發明的歷史和希臘民族發明的歷史，以及奧斯曼主義解體的歷史緊密糾纏、難解難分。而且整個過程的演化機制跟遠東的大清帝國解散和辛亥革命以後的漢族主義和中華民國在台灣的歷史驚人的相似，可以說體現出無論東西、帝國解體的歷史當中都會存在的某些共同規律，對我們將來的民族構建具有很大的參考價值。我們先強調一點，今天的羅馬尼亞其實跟古希臘和古羅馬的關係都非常小。今天的羅馬尼亞，儘管它是一個十九世紀中期才發明出來的名詞，但我們要講羅馬尼亞，就要先看看它的居民和政治體系的構成是怎麼來的。

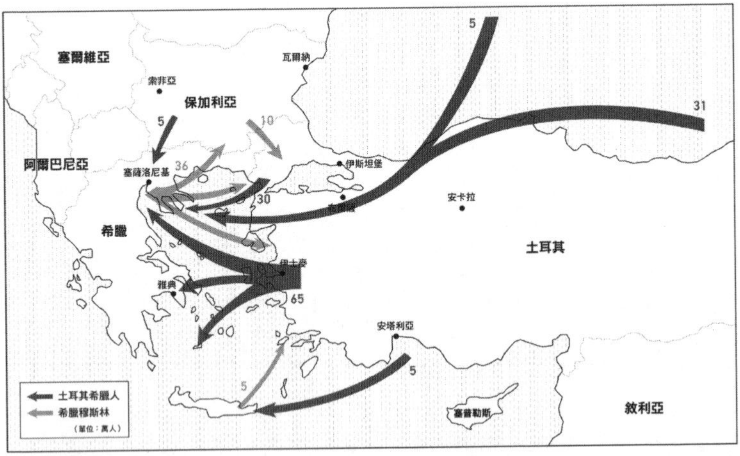

羅馬帝國末期的蠻族大遷徙圖　羅馬帝國晚期（4至6世紀）發生的民族大遷徙，又稱為蠻族入侵，一般認為開始於4世紀來自內亞的匈人入侵歐洲，最終結束於6世紀，此事件造成西羅馬帝國的滅亡及古歐洲人種分布的改變。

今天羅馬尼亞境內的這些居民，大體上跟今天希臘境內居民的基本盤相似。他們並不是在蘇格拉底和君士坦丁的時代[1]形成的，而是當羅馬帝國在五世紀解體以後，在蠻族入侵的巨浪中形成的。伯里克里斯時代的希臘人，經過古羅馬征服和羅馬帝國滅亡以後，除了在沿海的某些島嶼和半島以外，基本上沒有什麼殘留。整個巴爾幹半島上的居民主體，都是羅馬解體以後入侵巴爾幹的第一撥蠻族——就是我們熟悉的、跟俄羅斯人和烏克蘭人關係非常密切的斯拉夫蠻族的後裔[2]。無論羅馬尼亞、保加利亞、塞爾維亞還是希臘，無論他們在歷史發明中把自己說成是希臘人的後代還是拉丁人的後代，但是從血緣上講，他們主要是這撥斯拉夫人的後代。

① 君士坦丁的時代，指的是由古羅馬皇帝君士坦丁一世（Constantine I, 272–337）於三二四年時建立的拜占庭帝國的統治時代。君士坦丁一世以君士坦丁堡作為帝國新都，並召開尼西亞大公會議，扶持基督教勢力，其臨終前也受洗入教。

② 關於羅馬尼亞人早期起源的理論主要有兩種。羅馬尼亞官方支持的理論認為，瓦拉幾人是羅馬時代遺留下來的羅馬—達基亞人的後代；另一種理論認為，瓦拉幾人是早期斯拉夫人和其他遊牧民的後代。事實上，在十九世紀中期之前，羅馬尼亞傳統書面語一直是斯拉夫語和希臘語，本地的瓦拉幾方言也一直以西里爾字母而非拉丁字母拼寫。

在拜占庭帝國把蠻族占領的巴爾幹領土次第重新收復以後，又爆發了幾次新的入侵。新來的蠻族包括保加爾人、佩切涅格人[3]、庫曼人[4]諸如此類，名目繁多。他們大體上來講都是從今天的中亞地區越過伏爾加河和烏克蘭大草原，然後翻過喀爾巴阡山脈和多瑙河，入侵巴爾幹半島的。但是這些後來的蠻族的入侵跟最早的斯拉夫人的入侵不一樣，他們是有波動的，他們沒有能夠深入到巴爾幹半島的最南端。在最南端的今天的希臘共和國境內，大部分居民是第一波入侵的斯拉夫人的後代。而在半島北端，比較靠近喀爾巴阡山各山口的今天的羅馬尼亞境內，庫曼人、佩切涅格人、保加爾人或者其他內亞蠻族的血統就要比半島南端的希臘更多一些。但是總體上來講，他們在血緣上主要是斯拉夫人，是斯拉夫人以不同程度摻雜了內亞血統的產物。越往北走，摻雜的內亞血統就越多。

但是從文化上講，他們全都是希臘東正教徒。他們的文化來自於教會，他們在整個中世紀使用的語言，就是產生俄羅斯西里爾字母[5]和最古老的俄文的那一種源於希臘語的教會斯拉夫語，他們有一個共同的文化母體。在以宗教而非其他方式區隔共同體的中世紀，他們的身分很明確：他們都是東正教徒。在拜占庭帝國後期和奧斯曼帝國，「東正教徒」和「希臘人」這兩個詞是可以互換的，正如後來奧斯曼帝國的「穆斯林」和「奧斯曼人」是可以互換的概念一樣。在拜占庭帝國後期和奧斯曼帝國初期，大概距今六百年的時間內，包括今天的羅馬尼亞在內的巴爾幹半島的人口才基本穩定。當時他們還沒有想到自己跟古代的羅馬人或希臘人有什麼關係，只是簡單地把自己看成是君士坦丁堡東正教總主教屬下的希臘東正教徒。

在奧斯曼帝國境內，今天的羅馬尼亞所在的多瑙河地區兩大公國——瓦拉幾亞和摩爾達維亞的地位，相當於是大清國境內，由少數中央直轄的郡縣和大量的土司組成的「湖南」。今天的羅馬尼亞跟當時的羅馬尼亞行省（請見第一講關於魯米利亞的敘述，頁24）不一樣，它們是如同大清國「湖南」的偏遠地方。你可以理解成，大清國位於首都北京的中央政府首都統治安徽和河南的平原是不成問題的，因為這些完全漢化的平原地帶上，都是編戶齊民的順民，不存在土司；但

③ 佩切涅格人，突厥遊牧部族，傳說起源於中亞塔什干一帶的烏古斯（Oghuz）突厥人。八世紀中期突厥汗國崩潰後，他們開始西遷，九世紀後進入黑海北岸草原和喀爾巴阡山以東、以南一帶，與拜占庭帝國、基輔羅斯、保加利亞等國經常發生衝突。十一世紀後勢力轉衰，逐漸被周邊各國和後起遊牧部族吸收。

④ 庫曼人，突厥遊牧部族，又稱「波洛伏齊人」（Polovtsians）。可能起源於高加索以東地區，十一至十二世紀活動於黑海北岸草原，並與欽察人（Kipchaks）建立同盟，聯合控制中亞與東歐之間的商路，與北方的羅斯各公國經常發生衝突。十一世紀後期，一部分庫曼人進入喀爾巴阡山以東和以南地區，征服當地的佩切涅格人，並以此為基地攻掠拜占庭帝國。蒙古人於十三世紀前期入侵黑海北岸地區後，庫曼—欽察聯盟瓦解，庫曼人被迫散入東歐、東南歐各國，以傭兵身分謀生。

⑤ 西里爾字母（Cyrillic script）是通行於部分斯拉夫語族的字母書寫系統。七世紀時，聖西里爾與聖梅特迪烏斯兩兄弟（Saints Cyril and Methodius）將基督教傳入斯拉夫地區，為了將聖經翻譯成當地語言，參考希臘文字發明了「西里爾字母」。

是在遍布山地和複雜種族的「湖南」地方，郡縣制無法徹底實施，因此除了長沙、湘潭等重要城鎮周圍實施郡縣制以外，「湖南」的大多數地方實際上是由土司統治的。所以我剛才講到的真正的羅馬尼亞行省，是一個實行郡縣制、中央直接管轄的地方，因為它大部分是肥沃可耕的平原，居住的也是對中央政府沒有反抗能力的順民，在這裡徵稅、任官都很容易；但是在更靠北方，在瓦拉幾亞和摩爾達維亞這兩個公國，散居著許多歷次入侵的蠻族後代，地方又比較貧瘠，收稅也不大好收，因此周圍分布著大量的土司。

這些土司按照東正教徒、伊斯蘭教徒或者是歐洲的觀念來看都是相當野蠻的，所以中世紀才會產生所謂的吸血鬼伯爵德古拉[6]的傳說。這位仁兄當然不是真正的吸血鬼，只是一個以殘忍聞名的土司。他那個「伯爵」的爵號（Voivode）[7]，跟歐洲封建體制中的伯爵其實不是一個詞，但是近代的小說家都是西歐人，為了使西歐的讀者容易理解，就把巴爾幹更加野蠻的土司發明成為類似西歐的公爵和伯爵，於是產生了所謂的吸血鬼伯爵之類的傳說。這些傳說當然沒有歷史真實性，但是這種傳說之所以能夠產生本身也就證明，在比較文明的西歐人看來，這些地方的土司頭目是多麼的野蠻。比如說對於漢字世界的讀者來說，倪匡的「衛斯理系列」小說為什麼會把一些傳奇故事——什麼下毒、下蠱、各種巫術之類的故事都放在苗疆，讓衛斯理和白素之類的探險家不斷到苗疆去尋找這些神祕的遺跡呢？那就是因為，在香港人或者在自以為更加文明的廣東人或者上海人的眼中，苗疆、湘西這些地方就是既神祕又野蠻的地方。在奧斯曼帝國統治之下，瓦拉幾亞和摩爾達維亞兩公國的地位，就相當於包含著大量苗疆和土司領地的湖南在大清國當中的地位。

奧斯曼帝國征服拜占庭帝國也很像是大清國征服大明國，繼承了大明的十八省後，把大明搖搖欲墜的中央集權體制恢復起來，而且更加強化了。奧斯曼帝國也是這樣的，攻陷君士坦丁堡以後，迅速地占領了過去曾經臣服於拜占庭帝國的所有領土，特別是拜占庭的核心領土，相當於本部十八省的巴爾幹半島，在這些地方，原來拜占庭已經衰頹的中央集權體制被奧斯曼重新整頓起來。在邊境，原本拜占庭帝國有心無力、沒有辦法實施統治的很多土司領地，在異族的韃靼皇帝的統治之下反而可以進行整頓並「改土歸流」[8]了。瓦拉幾亞和摩爾達維亞這些地方也就是這樣的。在拜占庭時代，它們是由相當野蠻、但是基本上保持獨立的土司來管轄的；在奧斯曼時代，帝國的聖君賢相、中央集權主義者，我們可以把他理解為君士坦丁堡的「雍正皇帝」和「鄂爾泰」，經過一百多年的努力，最終把這些土司領地先是加以征服，然後一一削除。征服和削除的過程不完全是和平的，有很多情況下也需要有類似於君士坦丁堡的「張廣泗」這樣的八旗將領和綠營將領出來出力，打了敗仗的土司首領往往會被拖到君士坦丁堡來滿門抄斬，這個過程也是充滿了血腥的。我們可以跳過這一段令人不愉快的歷史。總之，經過了一百多年的開邊和改土歸流，奧斯曼帝國大體上制服了摩爾達維亞和瓦拉幾亞兩個地方的土司勢力。

奧斯曼帝國取代拜占庭的方式跟大清國取代大明國的方式的相似性也體現在另一方面。大清國並不是徹底消滅大明國原有的士大夫，只是讓他們在滿洲的統治之下充當二等公民，而且還是可以做官、甚至做到大官。只是最高一級的官職，在督撫、中央這一級，十八省的漢官要比關外八旗子弟低一等，做官要更難一些。但是八旗子弟和十八省漢官的區別並不是民族區別，而是等級區別。例如，只要是在入關以前投靠滿洲的大明國臣民，哪怕血統上講純粹是江蘇人或者廣東人，他們也會被列為八旗子弟，照樣跟出身蒙古和滿洲的八旗子弟同樣享有特權；相反，本來是蒙古或者滿洲的蠻族將領被大明收編當了總兵、然後隨著十八省被征服的這些本身是內亞血統的人，也會跟江蘇或者廣東的士大夫一樣變成二等公民。但是二等公民的權利還是相當多的，士大夫是從他們中間產生的，大多數發財的商人也是從他們中間產生的。奧斯曼帝國的米勒特制度差不多也是這樣，奧斯曼人當然是第一等，東正教希臘人組成的米勒特是第二等，但是後者當中也出了很多商人和行政官。奧斯曼帝國跟滿洲八旗或者說韃子皇帝的作法上的主要區別在於宗教，他們如果不肯改信伊斯蘭教、加入「土耳其新軍」⑨（相當於是加入八旗子弟的行列），而是要堅持東正教希臘人的信仰，那麼他們是無權掌握武器、無權當兵的。不能當兵、不能打仗，那麼他們在帝國的等級當中就只能屈居於二等公民了。

在這些居於二等公民的東正教徒希臘人當中，包含著各種在當時看來只是地域性和風俗性區別的族群，包括今天的亞美尼亞人、希臘人、保加利亞人、塞爾維亞人諸如此類的。只要是整個黎凡特中東地區和巴爾幹半島屬於拜占庭和奧斯曼兩帝國轄下的希臘東正教徒，無論我們今天二十一世紀的人認為他們是不是同一種人，在當時都被認為是同一種人。就像是大清帝國境內，只要是大明國舊疆域十八省裡面出來的儒家門徒，無論你血統上是怎麼樣的，他都會把你叫做漢人——但不是「漢族」，漢人只是一個政治等級而不是「民族」。同樣，奧斯曼帝國的希臘東正教徒這個米勒特也不是民族，而是一個「政治等級」。儘管十九世紀以後有些奧斯曼主義的發明

⑥ 即瓦拉幾亞王公「穿刺者弗拉德」（Vlad the Impaler，1428–1476），他經常將俘虜集體處以木樁穿刺刑，故被稱為「穿刺者」；另一綽號「德古拉」（Dracula，意為「小龍」）則來源於其父曾加入德意志的聖龍騎士團。德古拉的殘酷形象在他生前已流傳於歐洲，在十九世紀被愛爾蘭作家布拉姆·斯托克（Bram Stoker）借用為其恐怖小說《德古拉》（1897）的主人公，從此成為西方吸血鬼通俗文化的標誌性人物。

⑦ 中世紀流行於中東歐的貴族頭銜，意為「統帥」或「督軍」，被認為與西歐的公爵（Duke）或斯拉夫語的大公（Knyaz）居於相同等級。今塞爾維亞的伏伊伏丁那（Vojvodina）自治省名稱即來源於此。

⑧ 明清兩代將西南地區的土司制改為流官制的政策，後文提到的鄂爾泰與張廣泗，皆是大清國執行該政策的主要官員。

⑨ 土耳其新軍（Janissaries），奧斯曼蘇丹的禁衛部隊，也是伊斯蘭世界第一支現代常備軍。初建於穆拉德一世在位時期（Murad I, 1362–1389），帝國從其統治下的巴爾幹地區基督教臣民中強徵男童，並強制其歸化為穆斯林，以補充軍隊成員。十七世紀末高峰時曾接近七萬人，構成奧斯曼帝國的軍隊主力。於十七世紀後逐漸喪失戰鬥力，以操縱政府和發動宮廷政變為主業，最終在十九世紀初希臘革命爆發後，被蘇丹馬哈茂德二世廢除。

家企圖把這幾個米勒特發明成幾個不同的民族，那是另外一回事了，但是在奧斯曼帝國初期，這種情況還是不存在的。

奧斯曼帝國在瓦拉幾亞和摩爾達維亞兩公國境內完成改土歸流大業的最後一步，就是把政權從土司轉移到流官手中，這些流官就是君士坦丁堡的希臘人。他們聚集在君士坦丁堡城的法納爾區（Fener），因此也被很多人稱之為法納爾人（Phanariots）。他們既是今天希臘民族的鼻祖，也是今天羅馬尼亞民族的鼻祖。他們在奧斯曼帝國征服了拜占庭帝國以後不願意改變信仰做伊斯蘭教徒，就像是明國的臣民在大清國征服了大明國以後不願意做韃子那樣，但是他們還是可以做生意發財。經過幾百年的經營，他們在做生

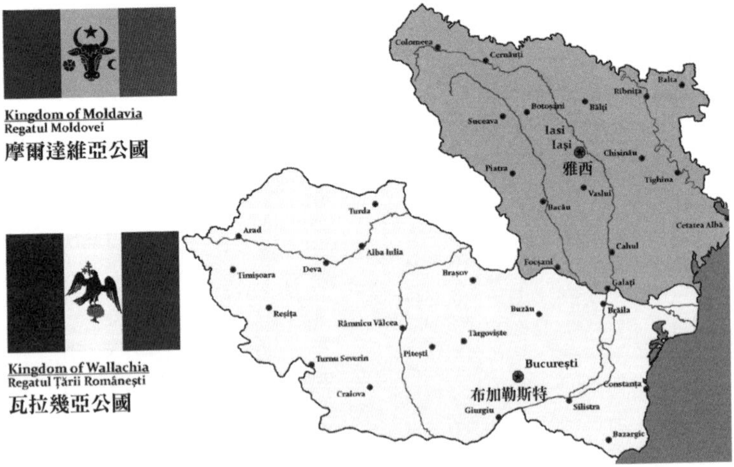

多瑙河兩公國區域圖　位於多瑙河下游流域的瓦拉幾亞和摩爾達維亞兩公國分別在1417年和1498年成為奧斯曼帝國的藩屬國。直到19世紀克里米亞戰爭結束，在奧地利帝國的支持下於1859年組成聯合公國，由羅馬尼亞民族發明家亞歷山大·庫札擔任統治者。

意這方面、在讀書這方面甚至是超過了征服他們的滿洲八旗或者奧斯曼帝國的穆斯林。因此奧斯曼帝國認為，在他們中間選拔行政官或者商業方面的官吏是合理的。在組成今天羅馬尼亞的摩爾達維亞和瓦拉幾亞兩公國已經居住了很多希臘語居民、基本上已經適合郡縣化的時候，就不用再讓當地土司去當官了，可以由流官來代替土司。

於是在奧斯曼帝國中期，組成今天羅馬尼亞的摩爾達維亞和瓦拉幾亞兩公國就交到了法納爾希臘人的士大夫階級手裡面[10]。當然他們在奧斯曼帝國境內是做很多不同類型的官的，包括外交官、貿易方面的官員、各地的督撫之類的，範圍不僅僅限於今天的羅馬尼亞。在今天的羅馬尼亞當官的那些法納爾人，統治了今天的羅馬尼亞一百多年（但是當時還沒有「羅馬尼亞」這個詞）。摩爾達維亞和瓦拉幾亞兩公國之所以會變成今天的羅馬尼亞，跟他們有一定的關係。但是當時這些做總督、巡撫的法納爾人，正如大清國末期在雲南、湖南擔任巡撫的漢官一樣，他們認為自己是大清帝國下的漢人，這些法納爾人也認為自己是奧斯曼帝國下的希臘人。他們不會認為自己是羅馬尼亞人，因為當時還沒有羅馬尼亞民族，而作為行政區劃的「羅馬尼亞行省」實際上並不包括瓦拉幾亞和摩爾達維亞這兩個公國。

他們認為自己是希臘人，因此在忠於帝國、替帝國收稅、管理行政事務之外，他們也還繼續發揚自身的文化。按照現在的話說，他們就是相當於大清國境內的曾國藩這一類的人物。他們一方面對滿洲皇帝忠心耿耿，另一方面又要建立各式各樣的書院，翻印或翻刻王船山、顧亭林之類的大明國遺民的書籍好復興大明文化。大清國朝廷認為，只要他們在政治上忠於大清國、能夠完成大清國交給他們的任務，在文化上搞一些學校教育、搞一些出版事業、復興大明文化，這對大清國是沒有損害的。統治改土歸流的多瑙河兩公國的法納爾希臘人總督也是這樣想的，他們一方面為奧斯曼帝國辦事，一方面振興東正教希臘語的教育。經過了他們一百多年的經營，今天組成羅馬尼亞的兩個核心——摩爾達維亞和瓦拉幾亞兩公國的上層和中層人物，接受過中高級教育的人，一般都會說希臘語，一般都是以希臘語為主要教育語言的。正如大清帝國末期的湖南巡撫治下的大多數書院，他們雖然到朝廷上跟滿洲人和蒙古人打交道的時候需要說一點滿語，但是在地方上，特別是在學校教育這方面，仍然是用漢字，特別是要復興王夫之這些大明國時代的湖南先賢的文化。法納爾希臘人就用這種方式，為未來的希臘民國和希臘語教育做好了準備。

當然在曾國藩之後必然會產生章太炎。首先振興希臘語教育的是對奧斯曼帝國忠心耿耿、沒有貳心的為韃子皇帝效力的希臘大臣、希臘巡撫、希臘總督，但是在他們的培養之下，講漢語或者是講希臘語的這些學生就自然而然會發現，在奧斯曼帝國的朝廷之上，他們是二等公民。無論他們如何努力，跟願意改信伊斯蘭教的韃靼人或者其他人（哪怕這些人原先跟他們是同胞，但是改信了伊斯蘭教以後就被劃入八旗子弟了）相比，他們是沒有平等待遇可言的。而他們又覺得，我們希臘文化和東正教信仰其實是比你們的內亞文化和伊斯蘭信仰更加高等的東西，我們在文化上比你們先進，但是在政治和軍事上卻被你們壓在腳下，心裡面自然產生了不平衡的感覺。於是就產生了希臘的新文化運動。希臘的新文化運動是類似於辛亥革命的希臘革命的真正起源。這就要涉及到希臘主義本身的演變。而這個演變的過程，東方的「漢族主義」和西方的希臘主義是一模一樣的。

希臘主義開始演變的時候，主要體現為包括法納爾人的督撫在內的所有東正教希臘人興辦的教育。這些教育當然不限於如瓦拉幾亞等比較偏僻的地方，不僅包括今天的羅馬尼亞，還包括今天的保加利亞、塞爾維亞、希臘和土耳其的大部分地方。希臘人和穆斯林之間的差別主要是文化上的差別，而不是種族上的差別。同樣是拜占庭和奧斯曼的臣民，你如果改信了伊斯蘭教、加入了「八旗」或者禁衛軍，哪怕你原來是拜占庭的東正教臣民，你也可以變成奧斯曼人和穆斯林；反過來，如果你皈依了東正教，哪怕你原來是內亞人，你也會被歸入東正教希臘人的範圍。所以無論是西部的、今天的羅馬尼亞和希臘所在的巴爾幹半島，還是東部的、今天的土耳其所在的安納托利亞半島，希臘人和土耳其人、東正教徒和穆斯林都是交錯居住的。雖然西部的東正教徒多一點，東部的東正教徒少一點，西部的突厥人和穆斯林少一點，東部的突厥人和穆斯林多一點，但是在安納托利亞和巴爾幹的任何一個地方都是東正教徒和穆斯林雜居、突厥人和希臘人雜居的。所以擔任督撫和奧斯曼帝國大臣的法納爾希臘人也是遍布著奧斯曼帝國各地，無論是在巴爾幹各地還是在安納托利亞各地，到處都有法納爾希臘人的大臣，到處都有他們興辦的學校。自然，各地的這樣的學校裡面都會產生希臘新文化運動的苗子。由於各種歷史的特殊原因，包括在瓦拉幾亞公國境內任職的法納爾人大臣特別勵精圖治，以及該地在地理上比較接近於奧地利帝國和俄羅斯帝國，接受的西歐先進影響比較多，總之是在興辦新學的過程當中，瓦拉幾亞暫時領先於奧斯曼帝國的各部分，包括領先於安納托利亞和今天的希臘。

這個時期出現的兩位主要的希臘新文化運動活動家，都跟瓦拉幾亞這個新文化運動中心有密切聯繫。一位是「希臘啟蒙運動」中著名的哲學家埃歐斯波．摩埃西歐達卡斯[11]。另一位是為希臘制定了第一部「民國憲法」的里加斯．費拉伊奧斯，他從血統上講其實比較接近瓦拉幾亞人，而且主要的教育經歷和政治活動也是在今天的羅馬尼亞境內展開的。里加斯所寫的那些小冊子經常提到瓦拉幾亞和摩爾達維亞，它們在奧斯曼帝國晚期的歷史地位相當於陳天華[12]在日本東京出版的《猛回頭》和《警世鐘》。瓦拉幾亞和摩爾達維亞就是組成現代羅馬尼亞、被發明成現代羅馬尼亞的拜占庭的土司領地和奧斯曼帝國的行省，由法納爾希臘人的督撫統治的這兩個行省。里加斯本人的政治理想當然不是要把瓦拉幾亞建立成為「瓦拉幾亞民國」或者「羅馬尼亞民國」，而是要把瓦拉幾亞建立成為「希臘民國的瓦拉幾亞大都督府」。希臘民國的疆域要包括羅馬尼亞、保加利亞、希臘、塞爾維亞和安納托利亞，也包括君士坦丁堡，他們要「驅除韃虜、恢復中華」。因此他們計畫的「希臘民國」首都並不是雅典，也不是布加勒斯特，而是君士坦丁堡。布加勒斯特在他們看來只是湖南省的省會長沙而已，建一個都督府就足夠了，根本不會考慮建立一個中央政府的問題。當然革命很快就由理論進入行動。

當時的希臘新文化運動者總結出來的白話希臘語和古典希臘語的差別，大體上就相當於胡適的白話文和孔子的文言文的差別。白話希臘語跟蘇格拉底、伯里克里斯的古典希臘語的關係，也就是白話文跟文言文的關係。白話文表面上看是像西歐各國的國語運動那樣，要用老百姓、阿公

⑩ 由於兩公國的親王圖謀與俄國、奧地利聯合反對奧斯曼，遂於一七一一年和一七一六年先後被奧斯曼蘇丹廢黜。此後，兩公國親王不再由本地貴族擔任，而改由蘇丹委派法納爾希臘人擔任。摩爾達維亞和瓦拉幾亞兩公國的經濟和文化領域逐漸由法納爾希臘人所支配。

⑪ 埃歐斯波・摩埃西歐達卡斯（Iosipos Moisiodax, 1725–1800），現代希臘啟蒙運動最偉大的哲學家之一。生於今羅馬尼亞的多布羅加（Dobrudja）地區。早年在塞薩洛尼基、伊士麥、帕多瓦等地接受希臘語教育和西歐教育，一七六五和一七七六年曾兩度出任摩爾達維亞的雅西親王學院（Princely Academy of Iaşi）院長。代表作《衛道書》（The Apology）推崇牛頓、伽利略、笛卡爾、洛克等人的理性主義研究方法，主張以數學手段改革傳統哲學思維。

⑫ 陳天華（1875–1905），湖南新化人，華興會創始人之一，一九〇三年在日本參與組織「拒俄義勇隊」和「軍國民教育會」，並撰《猛回頭》、《警世鐘》兩部小冊子，宣揚排滿民族主義，後因留日學生內部分歧激烈，對革命前途悲觀並投海自盡。

阿婆的通俗語言來取代只有高級教士、高級士大夫才能懂的書面文言文，但是實際上它沒有能夠達到這個目的。關鍵就在於，希臘主義像漢族的發明一樣，它不肯完全捨棄奧斯曼主義或者像「中華民族」這樣的帝國遺產，它只是想把帝國縮小一波，還是要把比如說湖南、廣東這些口語方言各不相同的地方發明成為同一個「大希臘民族」，因此它就不能走西歐路線。按照西歐路線，各地的方言分別發明成國語，那就變成瓦拉幾亞人發明瓦拉幾亞語，希臘人發明希臘語，君士坦丁堡人發明君士坦丁堡語，那麼他們辛辛苦苦革命、從八旗子弟和韃靼皇帝手中奪回來的這個江山自然就恢復不了大明國的十八省，實現不了他們為崇禎皇帝報仇、建立大國的理想了。

新發明出來的白話希臘語企圖讓「十八省」的居民都能夠同時使用，結果卻仍然是一種書面語言，只有受過學校教育的人才能看懂，沒有受過學校教育的阿公阿婆仍然是聽不懂的。布加勒斯特的阿公阿婆和雅典的阿公阿婆彼此之間講的方言是沒有辦法溝通的，特別是布加勒斯特人的蠻族成分比雅典人多，而雅典人當中各種阿拉伯人、敘利亞人的成分又要比布加勒斯特人多。但是通過科萊斯和里加斯這些人發明出來的共同的白話希臘語，他們就可以在書面這個層次上溝通了。口頭上溝通不了，這是梁啟超和胡適也同樣解決不了的問題。無論如何，事情就只能這麼辦了。他們拿著白話希臘語作為自己的文化武器，拿著「希臘民國憲法」作為自己的政治武器，在一八二一年掀起了轟轟烈烈的「希臘辛亥革命」。

「希臘辛亥革命」的第一槍是在瓦拉幾亞的布加勒斯特（也就是今天的羅馬尼亞的首都，當時只是相當於是武昌和長沙這樣一個省會的布加勒斯特）打響的，布加勒斯特起義建立了「希臘民國」。希臘民國的革命英雄很多都是瓦拉幾亞人和摩爾達維亞人，而不是今天的希臘人。當然這些人在當時還沒有想到要發明羅馬尼亞民族，所以也是理直氣壯地、像黃興和宋教仁那樣認為我們也是「中國人」的。希臘獨立戰爭的各路將領中，有一路是當時還沒有發明出來的羅馬尼亞、當時的瓦拉幾亞的圖多爾・弗拉迪米雷斯庫和亞歷山大・伊普斯蘭提斯[13]，還有一路是今天被發明成羅馬尼亞、在當時只是摩爾達維亞的米哈伊爾・蘇特佐斯。

希臘各路民軍在巴爾幹各地起事，但是打得最艱苦、貢獻也最大的還是布加勒斯特的瓦拉幾亞民軍。瓦拉幾亞民軍不僅因為他們畢竟還是沾染了一部分土司的遺產，比較彪悍善戰，不像是今天保加利亞、當時羅馬尼亞行省腹地中長期習慣郡縣地帶的農民那樣軟弱、不能打，另一方面，他們的地理位置比較接近於奧斯曼帝國的幾個邊疆要塞，容易接受來自俄羅斯和奧地利的援助，所以他們最先發難，同南下鎮壓的清軍（對奧斯曼帝國來說就是北上鎮壓革命的奧斯曼帝國軍隊）作戰，打得最努力。但是正因為如此，他們也是最先犧牲的一批。

而且各路起兵的民軍也正如辛亥革命起兵的民軍一樣，他們內部也是不和的。大都督是人人都想做的，而誰該做大都督、誰的功勞最大也是一個扯不清的事情。陳其美和李燮和為了爭上海都督，差點要打起來。陳其美和陶成章為了爭都督的職位，結果陳其美派蔣介石去刺殺了陶成章[14]。瓦拉幾亞民軍的情況也是這樣，兩位重要的革命領袖——弗拉迪米雷斯庫和伊普斯蘭提斯不和，最後弗拉迪米雷斯庫被伊普斯蘭提斯手下的人給刺殺了。當然這是現代實證主義史學家的看法。這件事情像民國初年的宋教仁遇刺案一樣，也是希臘歷史和羅馬尼亞歷史上的千古疑案，至今沒有一個確定的解答。

按照希臘中學教科書上的意見來說的話，他們兩人是情同手足的革命兄弟，根本談不上誰刺殺誰的問題。如果有人刺殺了他們，那肯定是奧斯曼帝國派來的奸賊或者是極少數領不到軍餉、自私自利、混進革命隊伍的流氓無產者幹的。羅馬尼亞方面的中學教科書呢，則把弗拉迪米雷斯庫看成羅馬尼亞獨立戰爭的主要英雄，把弗拉迪米雷斯庫的遇刺看成是希臘人迫害羅馬尼亞人的第一個例子（儘管這兩個人當時都還自以為是希臘人而不是羅馬尼亞人），變成羅馬尼亞脫離希臘另外發明民族的第一個依據，就像現在的烏克蘭人說俄羅斯人如何如何出賣他們，因此我們烏克蘭人要發明民族並尋求獨立一樣。

比較實證主義的歷史學家則認為，他們兩個人首先是有爭權奪利方面的鬥爭，意見不合，然後在兵變當中，弗拉迪米雷斯庫被叛軍殺害。這次兵變雖然不一定是伊普斯蘭提斯本人直接下令或者直接指使的，但他是兵變的主要受益者這沒問題。兵變以後，他變成了瓦拉幾亞大都督的唯一候選人，可以統一整個北方地區，變成一方大軍閥了。在還有另一位革命領袖的情況下，他這個位子做得並不是十分穩當。但是僅僅是這樣，這只是一個根據動機的合理懷疑，並不能說事情一定是他幹的，因為這件事情有可能是他為了爭權奪利而指使別人幹的，也有可能確確實實是出於偶然事件，因為軍餉或其他方面的關係，叛軍是自己想要殺人的，殺了人以後自然而然的為了害怕被追究責任，或者是害怕跟奧斯曼帝國打起來，然後他們自己就跑來歸附現在僅存的另一位名將，儘管這位名將並不是指使者，但是事情發生以後他確實是當地唯一能收拾殘局的人和唯一能保護他們的人。這兩種可能性，照現有的證據來看也是說不清楚的。

無論如何，各方在非常類似於辛亥革命以後的軍閥混戰的那種狀態中間打了一段時間，民軍和民軍之間也自相殘殺，民軍和奧斯曼帝國的軍隊之間也不斷打仗。打到一定程度以後，奧斯曼帝國還是從希臘革命初期的混亂中漸漸重整旗鼓，重新占了上風，在一八二一年攻陷了布加勒斯特，一年後砍下了約阿尼納總督阿里的頭。瓦拉幾亞殘餘的民軍在伊普斯蘭提斯的帶領之下越過喀爾巴阡山，逃到了奧地利。然後奧斯曼帝國的軍隊席捲巴爾幹，長驅南下，與從海路北上的埃及軍隊一起深入伯羅奔尼薩半島。現在，殘存的希臘民軍和希臘民國似乎已經是奄奄一息，眼看就要完蛋了，但是列強這時卻干預了。

列強干預有一個重要因素就是輿論的影響。奧斯曼帝國的軍隊鎮壓革命的當時，自然也免不了像內亞人和亞洲人常見的那樣要燒殺搶掠一番，但是時代不同了：在中世紀的時候東方人燒殺搶掠不算個事，而且也沒有什麼新聞記者來報導；但是現在已經是十九世紀，新聞記者來了，相應的報導傳遍了整個歐洲，輿論大嘩，什麼《希俄斯島的屠殺》這樣的油畫都產生出來了。這些油畫在當時的地位就相當於是現在伊斯蘭國砍頭的錄影一樣，在網路上一流傳，全世界都知道伊斯蘭國在砍頭了。如果是在中世紀，也沒有幾個人知道。十九世紀沒有網際網路，但是當時的詩歌、報紙和繪畫也就發揮了今天網路類似的作用。於是就有人跳出來組織「親希臘委員會」，由畫家畫出了《希俄斯島的屠殺》這樣的名畫來震動歐洲人的良心。

像雪萊[15]這樣的親希臘主義者，他的話很能代表當時歐洲的浪漫主義輿論或者說是開明人士的輿論。凡是熟悉十九世紀歐洲浪漫主義文學的讀者都非常清楚，基本上所有英國、法國、德國的浪漫主義文學家都寫過關於希臘革命的詩歌和文學，他們的調子都差不多的。以雪萊為代表，他們是這麼說的：「希臘是我們歐洲的祖先。我們的文化來自於希臘人，雅典城邦開創了我們的政治制度，希臘的藝術家教會了我們怎樣做雕塑和繪畫。我們之所以跟野蠻人有所不同，無非就是因為我們得到了希臘人的遺教。然而，今天的希臘人在伊斯蘭教徒和暴君的蹂躪下呻吟，而我們這些歐洲人卻視若無睹，好像我們沒有得到過古希臘人的恩惠一樣，這是多麼可恥。」最後一句就像是余杰在「九一一事件」爆發時期說的台詞：「今天晚上我們都是美國人」[16]，雪萊的台詞是，今天我們都是希臘人。然後拜倫寫了一首詩，「雅典牽著我的心和靈魂」（出自《雅典的少女》）。維克多・雨果一八二九年出版的《東方集》也大多是類似的內容。總而言之，大家現在不去援助希臘，就是沒有良知。

於是產生了兩方面的結果：一方面是拜倫勳爵這樣的人帶著錢財和軍火，赤膊上陣，去援助眼看就要垮台的希臘殘餘民軍；另一方面，英法等國的國內進步輿論向本國國會施加壓力，要求本國的議員出來管一管。拜倫就曾經說過，如果還有人能夠拯救歐洲，那就是自由派的領袖喬治・坎寧（George Canning）。但保守派的英國外交大臣卡斯爾雷（Viscount Castlereagh）準備

⑬ 亞歷山大・伊普斯蘭提斯（Alexander Ypsilantis, 1792–1828），希臘軍閥、民族主義活動家。出身於君士坦丁堡的法納爾人顯貴家庭。早年服役於俄羅斯帝國陸軍、官至中將，並參與過拿破崙戰爭。一八二〇年成為友誼社領導人，策劃在瓦拉幾亞、塞爾維亞、蒙特內哥羅、君士坦丁堡和希臘本土同時發動起義。因計畫洩露，於一八二一年一月二十二日提前率起義軍從俄國進入摩爾達維亞和瓦拉幾亞，但因得不到俄國支持，於當年六月即被奧斯曼軍鎮壓。伊普斯蘭提斯逃往奧地利，一八二八年病逝於維也納。

⑭ 一九一一年十一月三日，同盟會會員、孫文的親信陳其美和光復會會員、陶成章親信李燮和聯合上海商團勢力在上海發動起義。上海光復後，在推舉滬軍都督的海防廳會議上，陳的親信王鐘聲、劉福標、蔣介石等在會場中拔槍威脅，使與會者最終推陳為都督，原上海民軍臨時總司令李燮和則只被委任為都督府參謀。一九一二年，陳其美命令蔣介石刺殺浙江省臨時參議會議長，與李同為光復會系統的陶成章。

⑮ 珀西・雪萊（Percy Shelley, 1792–1822），英國浪漫主義後期著名的詩人，具有激進的民主思想，積極參與愛爾蘭反抗英國統治運動，亦是著名的親希臘主義者。

⑯ 在二〇〇一年九一一事件的隔天，包遵信、劉曉波、余杰等中國民運人士發表致布希總統和美國人民的公開信，信中以「今夜，我們是美國人」表達同情和聲援之意。

互不干涉，奧斯曼帝國的內政讓他們自己去管，我們英國人剛剛打完拿破崙戰爭，應該休養生息，好好做生意，悶聲大發財，沒有必要再勞師傷財去管那些不急之務。但是國際輿論還是發揮了作用。

卡斯爾雷死於一八二二年後，坎寧當上了外交大臣，英國的政策發生了變化，再加上相當於「同盟會」的希臘友誼社的一位外援在當時恰好又是俄羅斯帝國的外交大臣，於是英法俄幾個大國討論一下，覺得為了人道主義起見，必須派出維和部隊，強制雙方停火。然後接下來的故事，我已經在上一講提過，英法俄列強派出艦隊強制維和，土耳其和埃及艦隊拒絕接受，便發生了一八二七年的納瓦里諾灣事件，結果埃及和土耳其的聯合艦隊被列強殲滅，希臘人得救了。根據列強簽訂的《君士坦丁堡條約》和《倫敦協定》，在英法俄列強保護之下成立了獨立的小希臘國，但是這個希臘國不包括今天的羅馬尼亞、保加利亞和塞爾維亞，這些地方已經被土耳其重新占領了，也被列強承認為既成事實。

這個干涉是列強在巴爾幹半島南部（也就是今天的希臘境內）的聯合干涉，但是正如我們在東亞也經常看到的，俄國人總是另外有一手。大家都知道，在大清國末年庚子之亂、義和團起兵的時候，八國聯軍入京來保護傳教士、外國僑民和外國使館的時候，也包括俄國。然後在恢復了北京的秩序和安全以後，大家共同討論善後事宜，俄國也參加了。但是俄國還派出了另一支全由俄國人組成的軍隊，從璦琿一路打到山海關，把整個滿洲都占領了。俄國人的立場是，八國聯軍與北京的善後問題，由各國共同解決；但滿洲完全是俄國人自己的事情，英國、法國、日本、美國都不能干涉它的事情，滿洲全歸俄國。

俄國人在列強聯合干涉希臘這件事情上的做法也是一樣的。歐洲列強的聯軍從海路開進納瓦里諾灣，拯救了危在旦夕的「希臘民國」，這件事情是歐洲列強全都有分，俄國人也有分；但是與此同時，俄國人另外派了一支軍隊，越過喀爾巴阡山和多瑙河，把摩爾達維亞和瓦拉幾亞兩個公國完全占領了[17]，就像它在一九〇〇年順便把滿洲占領了一樣。俄國的外交政策是：希臘的事情，俄國和西歐列強一人一分，大家分蛋糕；摩爾達維亞和瓦拉幾亞的事情，對不起，俄國全部包辦，完全屬於俄國，其他人統統靠邊站。儘管俄國外交官在列強會議的時候也同意把摩爾達維亞和瓦拉幾亞兩公國交還給奧斯曼蘇丹，但這次交還只是表面上的。從法律上講，這兩個公國已經回歸到奧斯曼帝國的領土中，但是俄國已經在這兩個公國通過所謂「組織法」[18]建立了自己的一套體制，又通過雅西[19]和布加勒斯特的領事館間接控制著兩公國的內政，最後在一八四八年革命波及這一地區的時候又乾脆重新出兵占領了兩公國。總之，俄國人的勢力用熟悉東亞近代歷史的人都能夠想出來的各種手段，在摩爾達維亞和瓦拉幾亞兩公國賴著不走，一口氣賴了將近三十年，一直賴到一八五〇年代的克里米亞戰爭為止。

在這三十年當中，摩爾達維亞和瓦拉幾亞兩公國（當時還不存在羅馬尼亞）法律上的統治者是奧斯曼帝國，實際上的統治者是俄國駐瓦拉幾亞和摩爾達維亞占領軍。這件事不僅使奧斯曼蘇丹不高興，因為他自然就像滿洲皇帝想要收回滿洲一樣，想把這些地方收回來；這件事也讓希臘人不高興，希臘人本著希臘主義的原則，也是想在將來的下一輪革命當中把整個巴爾幹和安納托利亞重新拿回去的；同時也使所有的歐洲列強都不高興，覺得俄國人簡直是帝國主義背信棄義，大家說好了一人一分的，到希臘去就行了，誰知道你另外插一手，把這兩公國占去了，而且還是獨占的，不給我們分。但是無可奈何，俄國人就這麼蠻橫。而英法等西歐列強雖然對俄國不高興，但是還沒有不高興到願意為此對俄國開戰的地步。於是這兩公國就落到了俄羅斯的勢力範圍之內。

奧斯曼帝國於一八二一年鎮壓兩公國境內的「希臘辛亥革命」後，認為一切都是自己先前安插的統治代理人——法納爾希臘人背信棄義、背叛蘇丹所致，所以不僅封閉了雅西的希臘語學院，而且從此不再任命法納爾人擔任這兩公國的督撫，督撫的位子再次落到了本地貴族手裡。俄羅斯占領兩公國後，就像日本人在滿洲和台灣一樣，急於推行俄式新政，同樣看當地殘存的希臘語菁英不順眼。於是在希臘民國境內就出現了龍應台女士的著名作品《大江大海一九四九》[20]所描述的情況。瓦拉幾亞和摩爾達維亞的菁英在俄國軍隊、奧斯曼帝國軍隊以及「黃俄傀儡軍」[21]

的一路追殺之下，流著眼淚告別故土，踏上了駛向台北的最後一班船，對於他們來說就是踏上了駛向雅典的最後一班船。當然他們起兵的時候跟雅典、伯羅奔尼薩半島的革命軍領袖一樣，是要建立「大希臘民國」的。他們當然認為，台灣也是我們的家，台灣和湖南都是中華民國的一部分，湖南人在中華民國當總統還是在台灣當大都督，這兩者是沒有任何區別的事情。

好不容易流亡到雅典的革命軍，當然要論功行賞。革命軍當中的湖南人既然和台灣人同樣有分，那麼湖南人自然也就要當官。於是就造成了一種特殊的現象：對於今天的希臘中小學生恐怕很難理解，為什麼希臘實行議會制以後的首相馬夫羅科扎托斯居然是羅馬尼亞人。馬夫羅科扎托

⑰ 納瓦里諾海戰後，奧斯曼當局為報復俄國，禁止俄船出入達達尼爾海峽，導致俄土戰爭於一八二八年四月爆發。俄軍在巴爾幹和高加索戰線推進迅速，於一八二九年先後攻占多瑙河兩公國，同年俄土簽訂《阿德里安堡和約》，奧斯曼向俄國割讓多瑙河口和高加索地區大片土地，確認塞爾維亞和多瑙河兩公國的自治地位。

⑱ 俄軍自一八二八年占領多瑙河兩公國後，於一八三一至三二年在兩公國分別通過一部「組織法」。規定兩公國的親王由貴族、教士和商人組成的特別全體大會選舉產生，任期終身；每個公國設一個由六名大臣組成的委員會處理行政事務；立法部門稱為「國民大會」。一八三四年，按照俄土《聖彼得堡條約》規定，俄軍撤出兩公國，兩公國名義上恢復奧斯曼宗主權下的自治，但仍受俄國間接控制。

⑲ 雅西（Jassy），羅馬尼亞東部城市，一八五九年之前為摩爾達維亞公國首都，設有「雅西王子學院」。

⑳ 《大江大海一九四九》為台灣作家龍應台於二〇〇九年發表的作品，從文學角度敘述一九四九年前後，國共內戰（中國稱解放戰爭）倖存者的回憶與歷史。

㉑ 作者術語，「黃俄」指中國共產黨，即黃皮膚的俄國人。「黃俄傀儡軍」比喻羅馬尼亞境內俄羅斯支持的本土勢力。換成東亞的語境，則是指把國民黨驅逐到台灣的中國人民解放軍。

斯家族中既有今天希臘中學課本的希臘民族英雄，也出了很多今天的羅馬尼亞中學課本的羅馬尼亞民族英雄，因為在十九世紀中葉，羅馬尼亞的菁英階級和希臘的菁英階級都認為他們將會建立一個講白話希臘語的「大希臘民國」，而潰退到雅典的「希臘民國」跟「中華民國在台灣」一樣都是過渡時期，「反攻大陸」及反攻君士坦丁堡是早晚的事情。

接下來的希臘首相是與瓦拉幾亞有密切關係的愛奧尼斯．科萊蒂斯[22]。科萊蒂斯在希臘憲法史上有特別重要的地位，因為他是希臘政治制度和政黨制度的真正創始人——說白了，他創立的就是政黨分贓制。根據英國人的要求，希臘必須實行君主立憲制，因此就要召開國會，召開國會自然就要舉行政黨政治，但是當時的希臘還是一個比較落後的國家，政權實質上是壟斷在參加「希臘辛亥革命」的那些流亡到雅典的革命軍將士手裡面的。這些革命軍將士大多數是「大希臘民國」北部的人，照台灣的說法就是，他們屬於「中華民國淪陷區」而不是屬於「中華民國自由區」。中華民國自由區的人，因為在當初革命的時候參加革命軍的人數比較少，所以在封官的時候占的位置也比較少。但是如果舉行選舉，那麼問題就來了。一八六四年的希臘民國憲法[23]明文規定，希臘民國的公民包括全世界的使用白話希臘語的希臘人。也就是說，除了希臘王國境內、中華民國自由區、台澎金馬地區的希臘人以外，還包括奧斯曼帝國——也就是中華民國大陸地區、淪陷區或黃俄統治地區的十八省的希臘人，以及包括廣大僑胞，也就是居住在倫敦、聖彼得堡、敖得薩和全世界的所有希臘僑民。

這種做法使英國人、俄國人和歐洲列強都不大高興，因為這是引發戰爭的根源。英國簽訂的《倫敦協定》像《舊金山和約》和《台北和約》一樣明文規定，皇家海軍只負責保衛「阿爾塔—沃洛斯線」以南的希臘領土，就相當於是只保衛金門島以東的中華民國領土。所謂的「中華民國淪陷區」是中華民國單方面的說法，大英帝國不曾買單，大英帝國不會保護國民黨反攻君士坦丁堡或者反攻布加勒斯特，不會保護你反攻南京或者反攻武昌。你如果自己不去反攻，只打嘴炮，無論在自己的小學教科書上怎麼說，大英帝國也不來管你，但是你自己要清楚，你如果自己去打的話，責任是由你自己負的。這兩者之間的差別，就是後來一八九七年希臘「反攻大陸」戰役失敗的根本原因，但現在我們還沒有講到這一部分，先跳回來。

既然要舉行選舉，實際上淪陷區的十八省在奧斯曼帝國和俄羅斯帝國占領下的占希臘人口大多數的希臘人，出於現實政治的理由，他們根本沒有參加投票的可能性，也只有占中華民國合法選舉人極少數的台灣島居民才能選出中華民國的「萬年國代」㉔，那就產生了一個問題：第一年、第二年還好，流亡來的湖南人當當總統和總理、當當希臘的首相還沒有什麼關係，但是時間長了以後，就像萬年國代的情況一樣，本省人和外省人的矛盾必然會上升。在本省人看來，你這些講瓦拉幾亞方言的人跟難民沒有什麼區別，都是我們雅典人或者斯巴達人給你們提供了一個地方，你們才沒有被奧斯曼人和俄羅斯人殺絕，結果你們不但不感恩戴德，反而覺得你是上等人，你講的國語比我們講得標準，你倒是霸占了所有重要官職，好像我們是你們的殖民地一樣。我們推翻奧斯曼帝國為的是什麼，不就是為了不做殖民地嗎？結果奧斯曼帝國走了，來了你們這撥外省人，你們跟奧斯曼帝國有什麼區別？你們不是殖民者誰是殖民者？

這樣一來又緊跟著引起了爭奪教育權的鬥爭。當然流亡到雅典的外省人是很希望把全世界希臘人都通用的白話希臘語作為小小的希臘王國的標準語言的，但是小小的希臘王國的新一代改革家——像帕利斯這種人就覺得，台語、閩南語才是我們雅典和斯巴達的阿公阿婆習慣的語言。你們講的那些國語，讓湖南人「馬英九」、「龍應台」講起來很合適，我們的阿公阿婆聽不懂。我們既聽不懂土耳其人的突厥語，也聽不懂你們所謂的白話希臘語。你們白話希臘語一點都不白話，我們另外根據自己的方言土語再發明一種「通俗希臘語」（Demotic Greek）怎麼樣？於是他們就這麼做了。

搞到最後通俗希臘語的支持者終於在國會中占了多數。最終在二十世紀初，他們把本省的「閩南語」，也就是今天的通俗希臘語，改成了中小學的通用語言。這事放在台灣，就像是台灣的中小學廢除文言文和國語、把台語作為中小學的標準語言一樣。這樣一來，就把寄居在台灣的外省人——像「馬英九」和「龍應台」這種人判了政治上的死刑，他們以後就再也沒有辦法在政治上有任何出路了。於是他們在自己在政治上完蛋以前的最後機會發動了一八九七年的「北伐戰爭」，也就是第一次希臘土耳其戰爭[25]。

按照全世界大多數人的看法，《倫敦協定》是英國人偏袒希臘人，歧視土耳其人。它等於是規定，奧斯曼帝國如果越過「阿爾塔—沃洛斯線」進攻雅典的話，大英帝國的皇家海軍會干涉；但是如果希臘人「北伐」打到君士坦丁堡去，法案卻沒有說過英國人會保衛奧斯曼帝國。也就是說，英國人其實是不公正的，它保衛希臘，但是不負責保衛奧斯曼帝國。但是在台灣——也就是在雅典的「國粉」當中卻滋生了這樣一種輿論：「我們反攻大陸之所以沒有成功，就是因為美國

㉒ 愛奧尼斯・科萊蒂斯（Ioannis Kolettis, 1773–1847），希臘軍閥、政治家。出身於伊庇魯斯地區的阿羅蒙人（瓦拉幾人）家庭。早年供職於約阿尼納總督阿里帕夏麾下，一八二一年革命爆發後去往希臘中部參加革命，為親法派領袖。希臘獨立後，兩度出任希臘首相，任內提出「偉大理想」。

㉓ 一八六二年政變後，希臘人迎立丹麥王室的喬治一世為新國王，並推行君主立憲制。一八六四年頒布憲法（Greek Constitution of 1864），新憲法增加人民的權利和自由，立憲君主權力受到規範與限制，議會實行一院制，實行直接選舉和普選。

㉔ 萬年國會，是指中華民國一九四七年在中國大陸所選出的第一屆國民大會代表、第一屆立法委員、第一屆監察委員等中央政府民意代表，後被官方稱為「第一屆資深中央民意代表」。一九四九年，中華民國政府敗退來台後，停止改選中央民意代表，故此屆中央民意代表長期未曾改選，不斷自我延任，任期共四十多年，直到李登輝執政後，才分別全面改選國民大會及立法院。

㉕ 第一次希臘土耳其戰爭（Greco-Turkish War, 1897），希臘和奧斯曼帝國因爭奪克里特島而爆發戰爭，希臘失敗。經列強調停，雙方簽訂《君士坦丁堡和約》，希臘割讓部分領土並支付四百萬里拉賠款；列強組成國際財政委員會，對希臘的賠款償還事宜進行管理；奧斯曼帝國同意克里特島自治，該島後於一九〇八年宣布與希臘合併。

的甘迺迪總統一天到晚對我們管頭管腳，本來奧斯曼帝國在一九六〇年發生大饑荒、已經餓死了幾千萬人並搖搖欲墜的時候，我們蔣公眼看就要反攻大陸成功的時候，偏偏甘迺迪總統跳出來說，你力量不足，沒有資格反攻，等一等吧，結果把大好機會都耽誤了[26]。我們如果能夠擺脫美國人的約束、擺脫《台灣關係法》的保護、我們自己去北伐的話，在廣大的水深火熱之下的希臘同胞揭竿而起的配合之下，我們北伐一定會成功的。」

最後英國人被他們罵煩了，覺得這些人簡直是忘恩負義，你們能夠活到現在，全靠皇家海軍保護你們，結果你們還說我們是帝國主義，說我們壞了你們的好事，很好，我們讓你們去打。這就相當於是朝鮮戰爭時期美國參議院實行的那種「放蔣出籠」的政策。按照《光榮與夢想》[27]的說法，「放蔣出籠」的結果就是，他們很快發現，蔣介石沒有牙齒。蔣介石在籠子裡面的時候，在籠子的保護之下，共產黨不敢打他；「放蔣出籠」以後剛剛打了幾仗，結果是蔣介石不但沒有能夠反攻大陸，反而把浙東的一江山島和大陳島也丟給了共產黨。於是唯一的辦法就是蔣介石重新回到籠子裡面，由美國海軍保護。一八九七年戰爭的結果也是這樣的，希臘人剛剛跑出籠子去「北伐中原」、反攻君士坦丁堡，戰爭才剛剛打了四個星期就一敗塗地，奧斯曼帝國不但奪回了被希臘人奪去的所有領土，而且還越過「阿爾塔—沃洛斯線」，向希臘內地長驅直入。

這一次希臘人顧不得面子，只有無可奈何地再一次向大英帝國求救。大英帝國呢，按照「理想主義」的看法，為了自由民主，為了人權，為了基督徒的公義，為了反對亞細亞的野蠻人，諸如此類；按照「現實主義」的看法，為了勢力均衡，不讓任何一個國家占上風，使奧斯曼帝國的偌大疆土永遠不會統一在一個政權手裡，以便對英國人造成威脅。無論是理想主義的理由還是出於現實主義的理由，一八九七年英國首相索爾斯伯利勳爵（Marquess of Salisbury）派出了「兩艘航空母艦到台灣海峽」——那是一九九七年的柯林頓總統，我是說索爾斯伯利勳爵派出了海軍到地中海並要求雙方停火。奧斯曼蘇丹聽到炮響以後，想起俄羅斯帝國對它有重大的威脅，只有大英帝國能夠保護它免遭俄羅斯帝國的侵略，於是就及時地從希臘召回了他的部隊。

希臘人經過了一八九七年的危機，他們的「偉大理想」或者說「反攻大陸」遭到了第一次沉重打擊。最重要的是，隨著「大江大海一九四九」的運輸船逃到雅典的那些瓦拉幾亞流亡者已經是七老八十，凋零得快要差不多了。新一代的人，他們的孫子已經跟本省人基本上融合了，他們也不再會說科萊斯和里加斯的白話希臘語，而是只會說閩南語或者本省話——也就是通俗希臘語了，他們在議會選舉中會投票支持「柯文哲」或者是本土派政黨，對反攻君士坦丁堡逐漸失去了興趣，更不用說反攻布加勒斯特了。新一代的瓦拉幾亞菁英，是在俄羅斯的占領之下重新培養起來的。

在俄羅斯占領期間，在一九四九年沒有跟著「龍應台」和「馬英九」逃到台灣的那些菁英也像是湖南人反抗毛澤東那樣，不知天高地厚地發動了幾場起義，但是俄羅斯帝國比奧斯曼帝國更加強大，辛亥革命中反抗大清能夠成功的那些技術，反抗毛澤東和黃俄就不能成功了。所以這一批少不更事的少年革命家不但沒有能夠重演布加勒斯特起義的光榮戰績，還被俄羅斯帝國鎮壓得大敗，最後不得不逃到巴黎和維也納去避難。瓦拉幾亞和摩爾達維亞兩個公國在俄羅斯的軍事統治之下萬馬齊喑，「誰也不敢放屁」[28]。瓦拉幾亞人和摩爾達維亞人本土的新一代，完全沒有能力像推翻奧斯曼帝國一樣推翻俄羅斯，但是國際形勢的演變卻迫使俄羅斯人不得不撤出這些地方。

我們剛才提到過，俄羅斯占領這兩個公國，使得歐洲列強都覺得很不高興，但是還沒有不高興到直接去打它的地步。但是等到克里米亞戰爭快要爆發的時候，克里米亞問題引起英法跟俄羅斯打仗的時候，近在咫尺的奧地利哈布斯堡帝國也就扮演了日本在日俄戰爭中的那種位置。日本人本來跟英國人和美國人一樣，是很不高興俄羅斯獨占滿洲的，但是讓它單獨去打，它是不敢的；但是等到英國人也對俄國人十分不滿的時候，它得到英日同盟撐腰的時候，它就敢打了，於是發生了旅順口戰役和滿洲戰役。奧地利人的態度也是這個樣子的，讓奧地利人單獨去打俄國人，它是不敢打的，儘管它非常不滿意；但是等到英國人和法國人赤膊上陣、在克里米亞跟俄國人打起來的時候，俄國人勢單力孤，奧地利皇帝料定俄國人不敢在克里米亞和巴爾幹同時開闢兩個戰場，所以在英法軍隊駛向黑海的同時向俄羅斯帝國發出最後通牒，命令俄羅斯帝國要嘛撤出瓦拉幾亞和摩爾達維亞兩公國，要嘛奧地利帝國加入英法聯盟，向俄羅斯帝國宣戰。俄羅斯沙皇審時度勢，覺得不能開闢兩面戰場，兩害相權取其輕，就集中力量跟英法開戰，跟奧地利帝國維持和睦關係，把他的軍隊撤出了這多瑙河兩公國。

俄羅斯的撤出使多瑙河兩公國出現了政治真空地帶，奧地利帝國便派出了少量維和部隊進駐這些地區，但是並不向這兩個公國提出領土要求。奧斯曼帝國雖然提出了領土要求，但是它正處於克里米亞戰爭中焦頭爛額的時候，也不可能發兵來控制這兩個公國，因此這兩個公國出現了真

㉖ 一九五三年二月，美國總統艾森豪在第一次國情咨文中宣布「放蔣出籠」（unleashing Chiang）政策，此後美國與台灣的關係逐步加強，最終簽訂條約，美國公開承擔防衛台灣的義務。一九六一至六三年，美國總統甘迺迪改變前政府的「放蔣出籠」政策，反對蔣介石的「反攻大陸」要求，並收縮美國與中華民國政府的關係。

㉗ 《光榮與夢想：一九三二年至一九七二年美國社會實錄》，美國著名記者威廉．曼徹斯特（William Manchester）出版於一九七四年。全書對從大蕭條到水門事件的四十年間的美國社會做了詳盡的描述，涉及政治、軍事、經濟、文化、日常生活等各個方面。

㉘ 出自毛澤東，〈念奴嬌．鳥兒問答〉：「不須放屁！試看天地翻覆。」

空狀態。以前被鎮壓下去的革命家，現在終於又有了出人頭地的機會。這時他們早已看到，南方的「中華民國在台灣」是如此的不爭氣，完全依靠皇家海軍的保護。他們覺得，依靠自己的力量搞革命，那就根本沒有必要去聽這些過氣老朽的話，還不如我們自己建立一個新的國家。

於是他們在第二代革命家——羅馬尼亞民族發明家庫扎大公[29]的領導之下，提出了一個「羅馬尼亞」概念。發明「羅馬尼亞」概念的直接目的是：第一，瓦拉幾亞和摩爾達維亞兩公國可以在「羅馬尼亞」這個新名詞之下名正言順地統一起來；第二，「羅馬尼亞」的意思就是，希臘人可以說再見了，我們是古羅馬人的後代，也是跟你們平起平坐的西方文明的正宗傳人。這話的意思就是說，一九九六年的中華民國憲法不適用於武昌起義的老家湖北省，湖北人要另外建立一個「荊楚利亞」。布加勒斯特的這批新革命家通過「羅馬尼亞」這個詞，就把自己變成了古羅馬人的後代，而非古希臘人的後代。

這對他們來說其實是很簡單的事情。他們原先把自己變成希臘人的後代，也就是在自己的名字後面加一個「後綴」（suffix），什麼「科達斯」（－as）之類的，看上去很像希臘人的名字，那就足夠了。現在再把自己的名字重新拉丁化，變成什麼「德烏斯」（－us）之類的，前面四分之三的內容完全相同，後面四分之一的內容由希臘語後綴變成拉丁語後綴，然後他們就變成了拉丁人的後代。然後他們重新發明了一套歷史：「這兩個公國不是法納爾希臘人和希臘新文化運動的希臘人創造出來的新民族，而是古羅馬圖拉真皇帝建立起來的達基亞行省及古羅馬移民的後代」。

從歷史發明學的角度來講，沒有任何的歷史發明是完全真實的。比如說美國，你要說美國是清教徒的後代，那麼義大利人肯定要說我們是天主教徒，愛爾蘭人就會說我們是天主教徒，黑人就會說我們是被奴隸販子販賣來的，印第安人會說我們是原住民，你們新教徒的「五月花號神話」其實是不適用於我們的。美國尚且如此，剩下的其他國家就更不用說了。今天的羅馬尼亞居民組成成分，我前面已經介紹過了，現在不必重複，當然是極其複雜的，各方面都有。羅馬的達基亞人當然也有，但是我可以很肯定地說，羅馬的達基亞遺民從數量上來講比斯拉夫人要少得多，也比內亞的保加爾人、佩切涅格人和各個蠻族要少得多。發明羅馬尼亞的這批發明家從血緣上講不是別人，他們就是一八二一年「希臘辛亥革命」這批革命家的子孫後代，他們的父輩在學校裡面學的也是跟雅典人一樣的國語。但是他們既然決定為了在國際關係上給自己爭取地位、而把自己發明成為拉丁人的後代，他們也就決定順便把國語也改一下。當然這樣做就要依靠國語發明家和歷史學家了，例如他們的國語發明家奧古斯都．洛里昂[30]和國史發明家亞歷山德魯．迪米特里耶．克塞諾波爾[31]。我們知道這些名字的意義不大，只要知道，前者把原有的希臘化的瓦拉幾亞語加以拉丁化、變成了現在的羅馬尼亞語，後者出版了羅馬尼亞歷史上第一部羅馬尼亞史，這就夠了。這倒不是說瓦拉幾亞和摩爾達維亞以前沒有歷史學家，不是的。以前的歷史學家寫了這樣一些書——摩爾達維亞史、瓦拉幾亞史和奧斯曼帝國史，唯獨沒有羅馬尼亞史，因為根本不存在什麼「羅馬尼亞」。

這就好像是說大明國和大清國以及中華民國的湖南歷史學家寫過什麼歷史呢？寫過明史，寫過清史，寫過中華民國史，寫過湖南史，唯獨沒有寫過「湖湘尼亞民國史」，因為「湖湘尼亞民國史」在當時還沒有創造出來。是在「馬英九」們在台灣已經徹底失勢、中華民國在台灣已經不可能反攻大陸以後，湖南省境內的下一代革命家、辛亥革命的子孫覺得，把自己發明成為「漢族」、發明成為「馬英九」和「龍應台」的同胞已經沒有好處和意義了，還不如獨立作戰，自己發明出一個「湖湘尼亞民族」，建立一個「湖湘尼亞國」，然後把自己的「湖湘尼亞語」說成是源自於東南亞的語言或者是雅利安人的語言，而是跟台灣的國語和台語都毫無關係的新語言，這時候他們才會想到，我不再寫什麼湖南史，不再寫什麼明史，不再寫什麼清史，不再寫什麼中華民國史，而要寫一部羅馬尼亞史和「湖湘尼亞史」。

他們就用這種方式建立起了自稱的「羅馬尼亞聯合大公國」[32]，但是列強仍然只承認這個公國是「瓦拉幾亞和摩爾達維亞聯合大公國」。他們自己要求參加各種國際會議，但是奧斯曼帝國堅決反對他們具有獨立國家的身分。奧斯曼帝國儘管已經沒有力量渡過多瑙河打到布加勒斯特去，但是在外交上，它的外交官在國際會議上還是要發言的，所以它在各種國際會議上始終強調，無論布加勒斯特選出了什麼樣的領導人，這個領導人都只是奧斯曼帝國瓦拉幾亞和摩爾達維亞的地方領導人，根本不存在什麼「一個奧斯曼帝國、一個羅馬尼亞」或者「羅馬尼亞獨立」諸如此類的異端邪說。任何人否認「一個奧斯曼帝國」或者是承認「一邊一國」，都會與奧斯曼帝國發生嚴重的外交糾紛。列強覺得為此惹是生非很不值得，於是他們採取了現在對台灣的做法：一方面，事實承認自稱的「羅馬尼亞聯合大公國」和被稱的「瓦拉幾亞和摩爾達維亞聯合大公國」獨立，但是不派大使，只派代表處；同時，在外交場合只承認奧斯曼帝國，不承認羅馬尼亞

㉙ 多瑙河聯合公國大公庫扎（Alexandru Ioan Cuza, 1820–1873），出身摩爾達維亞貴族。在拿破崙三世主持的解決兩公國問題的一八五八年巴黎會議上，列強確認兩公國有權實現聯合，隨後庫札被選舉為聯合公國大公。他在執政期間進行各項改革，加速羅馬尼亞的近代化，但也因此引發地主及中產階級的不滿，一八六六年被迫退位後流亡海外。

㉚ 奧古斯都・洛里昂（August Treboniu Laurian, 1810–1881），羅馬尼亞歷史學家、語言學家。出身於奧地利統治的特蘭西瓦尼亞天主教神職人員家庭，曾參與一八四八年革命。他是「拉丁學派」（該學派主要起源於特蘭西瓦尼亞）的主要代表人物，認為羅馬尼亞人是純粹的羅馬人，其歷史自羅馬帝國至今未有中斷。洛里昂以西元前七五三年羅馬建城作為羅馬尼亞史的起點；同時他還編纂史上第一部《羅馬尼亞語詞典》，提倡「羅馬尼亞語」的「純潔化」，即系統去除瓦拉幾方言中的非拉丁成分（主要是斯拉夫語），盡可能地使其接近拉丁語。

㉛ 亞歷山德魯・迪米特里耶・克塞諾波爾（Alexandru Dimitrie Xenopol, 1847–1920），羅馬尼亞歷史學家，生於雅西（其父為英裔歸化東正教徒）。一八八三年起任雅西大學教授，主要著作是六卷本《圖拉真占領達契亞時的羅馬尼亞史》，力主羅馬尼亞人起源於羅馬人的理論，後經其門徒闡揚，成為羅馬尼亞的正統歷史學說。

㉜ 多瑙河兩公國實現聯合後，遭到奧地利和奧斯曼的反對。但庫札大公依靠法國皇帝拿破崙三世的支持，於一八六二年二月五日，兩公國政府正式合併，對外改稱「羅馬尼亞聯合大公國」。

獨立。

這種類似於一九二一年外蒙古的事實獨立的狀態又維持了十幾年，一直等到下一次的一八七八年，第十次俄土戰爭導致俄國干涉下的保加利亞獨立，在德國和英國的組織之下，德國的俾斯麥和英國的比肯斯菲爾德勳爵在柏林主持國際會議，安排了奧斯曼帝國的新一輪解體。直到這時，早已經事實獨立了十幾年的「羅馬尼亞聯合大公國」或「瓦拉幾亞和摩爾達維亞聯合大公國」才正式獲得歐洲列強的承認。這次正式的獨立實際上什麼也沒有改變，只不過奧斯曼帝國不得不承認既成事實而已。對於列強來說，只是把他們派駐瓦拉幾亞和摩爾達維亞的代表處改成派駐羅馬尼亞的公使館而已。也就是說，「羅馬尼亞」這個名詞在外交場合正式取代了「瓦拉幾亞」和「摩爾達維亞」這兩個使用幾百年的詞。但是直到今天，「羅馬尼亞」仍然是一個新詞，使用的時間也不過一百多年。

一八七八年以後，無論如何，儘管羅馬尼亞在匈牙利邊界方面、在俄羅斯邊界方面、在保加利亞邊界方面還有各式各樣的問題，自身的民族發明也有很大的問題，因為羅馬尼亞內部，那些非常混雜的居民要想通過義務教育的方法接受新的拉丁化的羅馬尼亞語，忘掉他們的祖先曾經很費心力學過的斯拉夫語或希臘語，還需要有幾代人的時間，但是從此以後，我們所知道的現代的「羅馬尼亞民族」和現代的羅馬尼亞國家就此站穩了腳跟。至於「大希臘主義」徹底崩潰，還要等到第一次世界大戰以後，希臘的「趙少康」或者康斯坦丁十二世國王以全力出兵安納托利亞、徹底慘敗以後，希臘才終於放棄「偉大理想」，羅馬尼亞、保加利亞、塞爾維亞這些國家才從相當於「中華民族」的奧斯曼主義和相當於「漢族」的希臘主義的雙重威脅之下徹底解放出來。

羅馬尼亞
民族發明大事記

時間	事件
106至271年	**古羅馬的「達基亞行省」與現代羅馬尼亞** 羅馬帝國的「達基亞行省」，起源於西元106年古羅馬皇帝圖拉真征服多瑙河以北的土地並設置行省，直到271年取消為止。「達基亞行省」與現代的「羅馬尼亞民族」沒有直接關係，卻是羅馬尼亞民族發明的主要材料。
15至18世紀	**奧斯曼帝國統治下的瓦拉幾亞和摩爾達維亞兩公國** 位於多瑙河下游流域的瓦拉幾亞和摩爾達維亞兩公國分別在1417年和1498年成為奧斯曼帝國的藩屬國，接受「改土歸流」的統治政策。兩公國在18世紀成為奧斯曼帝國的直屬國，不再由當地貴族統治，改由奧斯曼蘇丹委派希臘人進行統治。
1765年	**摩埃西歐達卡斯擔任「雅西王子學院」院長** 希臘民族發明家埃歐斯波・摩埃西歐達卡斯擔任位於摩爾達維亞公國的「雅西王子學院」院長，並在1780年出版「希臘民族發明運動」的代表性作品《衛道書》。此時的希臘民族發明的地理空間上包括今日的羅馬尼亞和保加利亞。
1821/3/6	**希臘獨立戰爭爆發於瓦拉幾亞和摩爾達維亞兩公國** 瓦拉幾亞和摩爾達維亞兩公國是希臘民族發明運動在巴爾幹北部的主要根據地，也是希臘獨立革命的爆發地點。日後羅馬尼亞發明家的父輩人物多數都是希臘民族發明家。
1829年	**俄羅斯占領瓦拉幾亞和摩爾達維亞兩公國** 希臘獨立戰爭後期，俄國派兵占領瓦拉幾亞和摩爾達維亞兩公國，在當地進行殖民統治，直到1850年代克里米亞戰爭結束後，俄國在歐洲列強壓力下才撤軍並結束統治。
1859/1/24	**瓦拉幾亞和摩爾達維亞組成聯合公國** 克里米亞戰爭結束後，瓦拉幾亞和摩爾達維亞在奧地利帝國的支持下組成聯合公國，由羅馬尼亞民族發明家亞歷山大・庫札擔任統治者。聯合公國在法理上仍然是奧斯曼帝國的藩屬，但已擁有自治的權利。

1862/1/22

羅馬尼亞聯合公國的誕生

庫札大公將瓦拉幾亞及摩爾達維亞聯合公國改名為「羅馬尼亞聯合公國」，正式在政治上宣稱羅馬尼亞人是「古羅馬人」的後代。

1871年

洛里昂出版《羅馬尼亞語詞典》

羅馬尼亞民族發明家奧古斯都・洛里昂出版歷史上第一部《羅馬尼亞語詞典》，該書主張「羅馬尼亞語」的「純潔化」，即系統去除瓦拉幾亞方言中的非拉丁成分（主要是斯拉夫語），使其盡可能地接近古羅馬人所使用的「拉丁語」。

1888年

克塞諾波爾出版《圖拉真占領達契亞時的羅馬尼亞史》

羅馬尼亞歷史學家亞歷山德魯・克塞諾波爾出版六卷本《圖拉真占領達基亞時的羅馬尼亞史》，該書主張「羅馬尼亞人起源於古羅馬人」的歷史理論。在羅馬尼亞民族發明家的推廣之下，該書成為今日羅馬尼亞歷史的正統學說。

1877/5/9

第十次俄土戰爭與羅馬尼亞聯合公國獨立

第十次俄土戰爭爆發於1877年4月，羅馬尼亞聯合公國獲得俄國支持，於5月9日宣布獨立，並在戰後的柏林會議獲得列強承認其合法地位。「羅馬尼亞民族」的共同體邊界至此得以確立，以後的羅馬尼亞歷史與政治發展不再涉及民族發明的問題。

保加利亞

Republic of Bulgaria

Република България

獨立時間：1908年10月5日

首都：索菲亞

三、保加利亞

「漢兒學得胡兒語，卻向城頭罵漢人」

我們今天講保加利亞的民族發明。保加利亞民族發明的特殊之處在於，它不僅僅是像羅馬尼亞，把十九世紀奧斯曼帝國定義的希臘人發明成為一個跟希臘和奧斯曼都毫無關係的新民族，而且這個發明還追溯到希臘人的傳統敵人和最痛恨的內亞蠻族身上去了。這就好像是大清國治下的十八省、大清國意義下的漢人臣民，在發明民族的時候不把自己發明成為大清國臣民或者奧斯曼人，也不把自己發明成為「漢族」或者十八省人，而是要把自己發明成為「鮮卑人」或者「沙陀人」[①]。這是民族發明史上的一個極為特殊的現象。

我們先要提一下「保加利亞」這個詞的來源。首先，「保加利亞」這個詞源於「保加爾人」[②]，但是保加爾人跟今天保加利亞的居民和

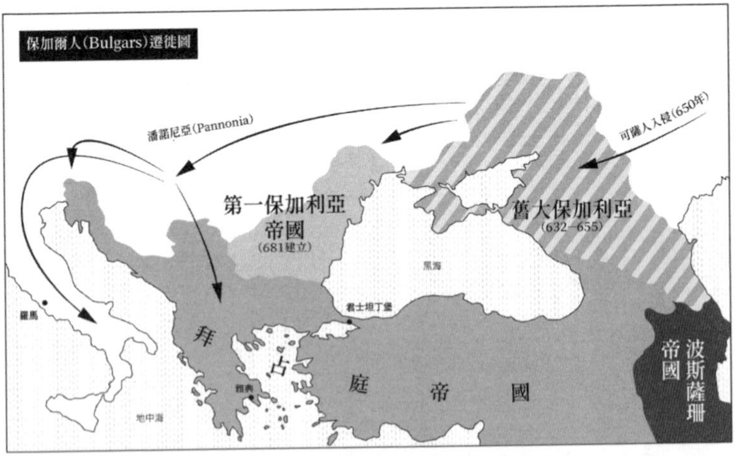

中世紀早期的保加爾人遷徙圖　來自內亞的保加爾人於中世紀早期開始進入歐洲，其中一支定居於多瑙河下游兩岸地區，先後建立第一和第二保加利亞帝國，核心統治區約相當於今天的保加利亞和馬其頓地區。

產生保加利亞民族的這些居民的關係是非常微小的。這兩者之間的關係，就像是歷史上的沙陀人和鮮卑人跟今天的山西人的那種關係。歷史上的拜占庭帝國很像是東亞的大明國，在國勢衰弱的情況下，經常受到來自內亞的各支蠻夷的入侵。這些蠻夷包括後來推翻了大明國的滿洲人，也就是奧斯曼土耳其人，也包括突厥人的一些近親，阿瓦爾人[3]、保加爾人等等。從君士坦丁堡皇帝的角度來看，你們全都是突厥人和蠻族。從東方、從安納托利亞（安納托利亞）進來的那一撥是東虜，是奧斯曼人、卡拉曼人[4]和塞爾柱人，他們是突厥人的不同分支；從西方進來的阿瓦爾人和保加爾人，從巴爾幹那個方向入侵的，也是突厥人的另一些分支，他們的首領最初也是叫做可

① 沙陀人，突厥遊牧部族，七世紀中期以後在政治上依附大唐帝國，在北庭都護府所在的庭州（今烏魯木齊周邊地區）北部一帶活動。八〇八年，沙陀遷往唐國境內，被安置在河東鎮北部（今山西中北部），長期充當唐國雇傭兵，首領賜姓李。自李克用、李存勖父子開始，沙陀人以河東為基地，先後建立起五代中的三個王朝（後唐、後晉、後漢）。後逐漸與源出河北三鎮的內亞—東北亞雇傭兵勢力融合，構成後周和北宋的核心統治集團。

② 保加爾人（Bulgars）原本在黑海北岸，於六六八年由阿斯巴魯赫（Asparukh）率領南下，定居於多瑙河下游兩岸地區，先後建立第一和第二保加利亞帝國（Bulgarian Empire，681–1018；1186–1396），核心統治區約相當於今保加利亞和馬其頓領土。

③ 阿瓦爾人（Avars），突厥語遊牧部族。於六世紀後期進入多瑙河下游區域，在以喀爾巴阡盆地為核心的中、東歐草原地區建立了阿瓦爾汗國，多次攻掠南日耳曼、義大利、巴爾幹等地區。八世紀末被法蘭克王國擊敗後，逐漸同化於當地的斯拉夫族群。十八世紀的法國漢學家德金（Joseph de Guignes）認為，阿瓦爾人起源於蒙古高原的柔然汗國，被突厥人擊敗後西逃的部分柔然人即阿瓦爾人。

④ 卡拉曼人（Karamanids）起源於亞塞拜然，在十三世紀中期隨蒙古人進入安納托利亞，並建立「卡拉曼公國」。該公國於一四八七年被奧斯曼蘇丹廢除建制，人口被分散至亞塞拜然、保加利亞、馬其頓和希臘北部等地。

汗的。對於拜占庭或者君士坦丁堡的皇帝來講的話，東虜和西虜沒什麼區別，都是蠻族。

相當於大明皇帝的拜占庭皇帝對付這些東虜和西虜的辦法也不外乎是以下這幾種。國勢強盛的時候，就像永樂皇帝和巴西爾二世皇帝那樣帶兵出征，渡過絕漠，深入各路突厥人的大本營去打他們，俘虜一萬五千人，把他們的眼睛戳瞎，諸如此類，盡可能地殺一批；在自己國勢衰弱的時候或者皇帝不能打的時候，那就像是大明國的正統皇帝（明英宗朱祁鎮）或者尼基弗魯斯皇帝⑤一樣，率兵絕漠，本來是想要打垮這些遊牧民族，結果自己反而被遊牧民族俘虜，甚至腦袋都被砍下，頭蓋骨做成遊牧民族喝酒的酒杯，遭到很慘的下場。一般的情況下，大明皇帝是不敢出塞作戰的，是守在北京城裡，等著東虜和西虜從東面南下或者從西面南下，把北京城包圍起來，然後憑著城牆固守，守到一定時間以後，用子女玉帛去收買這些蠻族，讓他們拿著金錢和美女趕緊滾蛋，等他們滾蛋了以後，自己再繼續「山外青山樓外樓，西湖歌舞幾時休？暖風熏得遊人醉，直把杭州作汴州」那種生活。而國內的希臘知識分子當然是痛心疾首，像「陸游」和「辛棄疾」那些人一樣，一面痛罵蠻族的可惡，一面痛罵自己不爭氣。但是實際上，大多數時候他們是打不贏的。出兵絕漠、像巴西爾皇帝那樣打勝仗的人是極少數，甚至像正統皇帝和尼基弗魯斯皇帝那樣能夠率兵出關打仗的人也是少數。六成以上的時候，君士坦丁堡的皇帝就像大明皇帝那樣，是採取縮頭烏龜政策、採取子女玉帛政策去對付東虜或者西虜的。

當然比較積極一點的人就會想到，我們可以「以夷治夷」，唆使東虜來反對西虜，或者唆使西虜來反對東虜，這樣我們大明就處在有利的位置上了。所以大明國在萬曆年以前，西虜（也就是蒙古人）是北京城主要的威脅，大明就經常把女真人武裝起來，讓他們去反對蒙古人；萬曆年間以後，女真人把自己發明成為滿洲人以後，東虜的威脅超過了西虜，於是袁崇煥之流在崇禎皇帝的領導之下就每年花三十多萬餉銀去收買蒙古人，把蒙古人武裝起來去反對滿洲人[6]。總之這就是「以夷制夷」。在擁有高度文明但是已經沒落的帝國看來，自己既然已經不能打了，最好的辦法就是這樣「以夷制夷」。當然滿洲人入關——對於君士坦丁堡來說就是東方的奧斯曼突厥人

⑤ 尼基弗魯斯皇帝（Nikephoros I, 750–811），出身阿拉伯人的迦珊尼德（Ghassanids）部落，原為伊琳娜女皇（Irene of Athens, 752–803）的財政總管，在拜占庭貴族支持下篡位。他先後與法蘭克王國和阿拉伯哈里發國開戰，八一一年率軍進攻保加爾人克魯姆（Krum）可汗，洗劫其首都，但撤軍時遇伏被殺，據傳頭骨被克魯姆製成酒杯。

⑥ 明國末年袁崇煥主持遼東軍事，認為「今日之計，我方有事於東，不得不修好西虜」（《明熹宗實錄》卷七十二），故大力收買喀喇沁蒙古和察哈爾蒙古人對抗滿洲，一年花費「撫賞銀」多至三十四萬兩。

攻陷了君士坦丁堡以後，西方的保加爾人就完全沒戲了。滿洲人不僅征服了十八省，而且也征服了蒙古，把大明國的全部江山都給接管了。在君士坦丁堡也是這樣的，東虜奧斯曼人不僅征服了君士坦丁堡，而且征服了整個巴爾幹，把大明國過去的版圖和過去侵略大明國、使拜占庭皇帝無法應付的這些蠻族也都統統給征服了。

從血統上來講，巴爾幹半島的居民在拜占庭皇帝統治時期一次又一次遭到各種蠻族的入侵，入侵的蠻族當然不是全都走了或者全都死了，有一部分血統也是留下來了，但是無論在哪個地方，蠻族的血統都不是最多的，最多的血統還是斯拉夫—希臘人的血統。同時，保加爾蠻族跟入侵帝國的所有蠻族一樣，它的分布也是不平均的，在多瑙河外的地區留下來的蠻族遺民比較多，在南方馬其頓留下來的蠻族遺民就比較少，中間的部分是介於兩者之間的。也就是說，如果真要從血統來講的話，古代保加爾人的血統主要是留在今天的烏克蘭和羅馬尼亞境內的，留在今天的保加利亞和馬其頓境內的反而是比較少。結果，十九世紀民族發明家的操作結果就造成了一種非常滑稽的現象：今天的保加利亞人把古代的保加爾突厥人發明成為自己的祖先，但是實際上，他們在拜占庭帝國和奧斯曼帝國境內都屬於羅馬尼亞（魯米利亞）行省；羅馬尼亞人用「羅馬尼亞」這個詞給自己命名，但是實際上，歷史上的保加爾人的血統主要是留在羅馬尼亞的。結果等於是中古時代的「保加利亞」主要變成了現在的羅馬尼亞，而中古時代的「羅馬尼亞」主要變成了現在的保加利亞。

當然等到大清國——也就是奧斯曼帝國的韃子皇帝漸漸衰弱的時候，十八省的東正教希臘人開始起了貳心、開始企圖「驅除韃虜、恢復中華」的時候，今天的羅馬尼亞、今天的保加利亞和今天的希臘是沒有任何區別的，他們都在希臘東正教的教育家和新文化運動者的活動之下學同一種白話文，參加了同一場「辛亥革命」。在這場一八二一年的「希臘辛亥革命」當中，我在關於第一、二講也曾經講過，今天希臘人的祖先、今天羅馬尼亞人的祖先和今天保加利亞人的祖先全都站在了希臘民國一邊，參加了希臘民國的革命軍。今天保加利亞人的祖先，在哈吉．米哈爾和哈吉．赫里斯托這些軍官的領導之下投靠了希臘革命軍，包括瓦拉幾亞大都督亞歷山大．伊普斯蘭提斯。他就是我在羅馬尼亞那一講中講過的，當時他自以為自己是希臘人，他以為自己是希臘革命軍的大都督，並不認為自己是「羅馬尼亞獨立軍」的大都督。投靠他的今天的保加利亞人的祖先，哈吉．米哈爾和赫里斯托這些人，都是他麾下的軍官，他們也認為自己是希臘革命軍的民軍都督麾下的人馬，並不覺得自己是另一個國家、發動的是另一場革命。

但是無論如何，正像我在上一講提到的，自稱是希臘革命軍的一個分支的伊普斯蘭提斯被奧斯曼帝國的軍隊打垮了，不得不逃走。歸附他的這撥人，同樣是講希臘語的這撥未來的、還沒有發明的保加利亞的革命先驅者，也被奧斯曼人趕得四散。然後列強進行干預，我不必重複這部分的內容。干預的結果是，南方的小希臘在英法俄列強的保護之下脫離了奧斯曼帝國，北方的瓦拉幾亞和摩爾達維亞（也就是今天的羅馬尼亞）被沙皇俄國的軍隊占領了，中間的、組成今天保加利亞的「羅馬尼亞行省」又回到了奧斯曼蘇丹的統治之下。但是奧斯曼蘇丹在列強的壓力之下宣布「維新變法」，照我們的話說就是實行「滿漢平等」，用奧斯曼主義取代「八旗主義」。「八旗主義」的意思就是，只有滿蒙八旗才能夠做大官，你們這些被征服的大明國的臣民、拜占庭帝國的臣民只能做臣民或者做小官。奧斯曼主義的意思就跟梁啟超提倡的「中華民族」是一個意思，就是說，以後大清國的臣民不分滿漢，都是同一個「中華民族」了，以後無論你是十八省的被征服者還是關外的八旗征服者，以後都可以平等做官了。

奧斯曼帝國在十九世紀中期，在列強的壓力之下、在本國的改革家的推動之下推動奧斯曼主義，也是同一個意思。就是說，歷史上的舊帳我們就不算了，過去無論你是突厥的征服者還是希臘的被征服者，無論你是滿人還是漢人（突厥人和希臘人在奧斯曼帝國的意義也就非常精確地相當於滿人和漢人在明清兩代帝國當中的意義），無論過去是誰虧欠了誰，我們從此以後都向前看，今後我們都是奧斯曼帝國平等的公民了。這樣一來西方列強也會感到滿意，說我們有「改革開放」的誠意。同時，你們這些希臘人也不要繼續鬧革命了。你們以前鬧革命是因為在我們奧斯曼帝國當中只有穆斯林才能夠做「帕夏」、做大官；現在呢，我們實行奧斯曼主義以後，你們無論是希臘人、阿拉伯人還是什麼人，任何人都可以做「帕夏」、做大官了。然後我們把奧斯曼的蘇丹改成立憲君主制，像康有為和梁啟超設想的那樣，一切權力都交給「帕夏」和大臣，將國體改成「虛君共和」。那樣的話，你們希臘人還有什麼不滿意的呢？你們辛辛苦苦革命是為了什麼呢？革命不就是為了自己當家作主嗎？現在你們留在帝國境內，你們一樣能當首相，那你何苦還要獨立呢？這就是奧斯曼帝國推行奧斯曼主義的基本動機。

推行奧斯曼主義的一個副作用是，包括奧斯曼帝國的「羅馬尼亞行省」（也就是今天的保加利亞）在內的所有地方，蘇丹以後就要讓東正教希臘人來做官了。從韃子皇帝的角度來講，他已經做出了最大限度的讓步，你們應該滿意了。但是對於羅馬尼亞行省革命失敗以後留下來的這些人來說，他們就看到目前出現了這樣的情況：本國的菁英階級，過去都是在希臘新文化運動當中講白話希臘語、後來參加革命的這批人，一下就分成了三撥。一撥人跟著瓦拉幾亞人跑到希臘去了。這些瓦拉幾亞人雖然按照我們現在的定義來講是羅馬尼亞人，但是當時的瓦拉幾亞人也是自以為自己是希臘人的。這就好像是，一九一二年和一九四九年的湖南人也以為自己跟一九四九年的台灣人一樣是中華民國的公民，跑到台灣的中華民國去做官是一點問題也沒有的。我上次提到過的希臘首相科萊蒂斯，他在近代希臘史上的意義就相當於是台灣的「馬英九」，他是希臘的「偉大理想」或者「反攻大陸」的發明者。他的理論就是，雅典不是我們希臘的首都，君士坦丁堡才是我們希臘的首都，我們在雅典只是為反攻大陸做準備而已，所以我們不是為了在小小的希臘搞建設，而是在為未來的反攻大陸做準備。當然這撥湖南人在反攻大陸的過程中還有極大的用處，所以我首先就要把官爵留給他們。

科萊蒂斯是近代希臘政黨分贓制的主要發明者。按照今天台灣的說法就是，國民黨的政治人物就是「台灣黑金政治」的始作俑者和主要受益者。黑金政治的目的是什麼呢？就是要通過裙帶關係，一方面在英國人的壓力之下，我們必須在名義上至少要實行民主、實行議會政治，不是國會選出的政府，英國人不會承認，英國人不保護我們，我們的日子過不下去；但是實際上，儘管我們已經混到台北來了，但是我們要把在台北的中華民國政府都壟斷在湖南人手裡面，讓台灣本地人、讓台南的阿公阿婆得不到政權。這個辦法當然就是，名義上要實行議會政治和選舉，實際上就要用「分贓政治」、「恩蔭政治」的方法，把大部分職務通過地下的黑箱操作和腐敗運作保留在逃亡台灣的湖南難民手中，對於希臘來說就是保留在流亡到希臘的瓦拉幾亞難民手裡面。這一套，今天的台灣人無疑是非常熟悉的，所以說太陽底下沒有新鮮事，在「希臘民國」的歷史上是原封不動地上演過一遍的。當然跑去台灣的不僅僅是瓦拉幾亞人，還有「羅馬尼亞行省人」——也就是當時還沒有被發明出來的、今天的保加利亞人。正如跑到台灣去的不僅僅是湖南的「馬英九」，自然還有一撥廣東人、江蘇人、浙江人，這些人都跟著湖南人「馬英九」到台灣搞黑金政治去了。保加利亞的菁英當中有一部分就是這樣，跟著跑到台灣去的湖南人一起跑到了希臘，到雅典去搞黑金政治去了。

第二撥保加利亞的菁英，隨著進占今天的羅馬尼亞（當時的瓦拉幾亞）的俄國軍隊，跑到俄國軍隊那裡去尋求庇護了。他們希望，俄國人畢竟是東正教徒，希望俄國人有朝一日替他們報仇雪恨。然後這些人當中又有一批人進一步搞他們的院外遊說活動，索性就跑到俄羅斯去了。請注意，當時的希臘人包括奧斯曼帝國的所有希臘人的臣民，也就是今天的塞爾維亞人、羅馬尼亞人、保加利亞人和希臘人全都包括在內的。他們就跑到敖得薩或者聖彼得堡去籌款或者是去遊說沙皇去了。這一撥人的地位就很像是清末的梁啟超和今天紐約和華盛頓的民運人士。他們認為，他們無論是湖南人還是廣東人，只要以為自己是中國人，在國內爭取民主的事業混不下去了以後，他們就跑到華盛頓來，一方面要遊說紐約的華僑給他們捐錢，好把他們的革命事業繼續推動下去，一方面又想到華盛頓去遊說美國的政治家，希望美國的政治家支持他們。這些人跑到俄國人的瓦拉幾亞占領區和俄羅斯帝國本身去，就是去幹梁啟超時代和今天的民運人士幹的這些事情。

第三撥菁英是羅馬尼亞行省的菁英中最差勁的，因為比較有能耐的人都跑路了。有資本跑路的人就是比較有能耐的人，正如在「一九四九大江大海」的時候，能跑路的人就是比較有錢、比較有知識、比較有能耐的，沒啥本事的人就只有留下來、無可奈何地迎接共產黨了。一八二八年跑路的時候，情況也是這樣的，比較有本事的人去了俄國或者希臘，比較沒本事或者比較窮的、階級地位相對比較低的人就無可奈何地留在羅馬尼亞行省內部繼續做奧斯曼帝國的臣民。但他們還是可以對奧斯曼帝國本身的改革開放抱有一定的指望，希望奧斯曼帝國在西方的壓力之下，自己的體制能夠逐漸改良，使他們在不必脫離奧斯曼帝國的情況下多多少少能夠獲得更好的地位。

對於「羅馬尼亞行省」的居民來說還有另外一個問題，就是他們不夠彪悍善戰。這個問題是屬於民風問題。我在第二講曾經提到過，羅馬尼亞有很多地方是土司領地，奧斯曼帝國花了一百多年時間才把他們改土歸流，所以他們的民風彪悍善戰。這就是為什麼在希臘民國的獨立戰爭當中，今天的羅馬尼亞人（當時的瓦拉幾亞人）發揮了特別突出的作用的緣故。你只要想一想黃興、何鍵之流的湖南人在辛亥革命和國共戰爭中發揮了多少作用，就可以看出來了。湖南人是湘西土司的後代，蠻族的作風還在，彪悍善戰的作風還在；但是比如說換到成都或者蘇州，那就不行了，當地是比較肥沃的平原地帶，民風懦弱，不大善戰，就算是當了軍官的話，也是比較小的軍官。當時的羅馬尼亞行省（今天的保加利亞）就處在這樣的狀態。當地是巴爾幹半島上肥沃的平原地區，在農業時代比起其他貧困的山區是更加富饒的，但是在工業時代，因為受落後的農業經濟拖累，反而變成了最窮的地帶。而且無論如何，平原人平時不習武、不好戰，無論你是站在哪一方，都很難當上高級軍官。

一般來說無論是在瓦拉幾亞、在希臘還是在俄羅斯，他們即使是在流亡者的團體當中也都占不到優勢地位。無論在奧斯曼帝國變法維新之前還是以後，他們在奧斯曼政治體制當中占到的地位都是非常邊緣的。這跟他們比較密集的人口和沉重的賦稅相比很不相稱。這樣一來，海內外的羅馬尼亞行省菁英（也就是現在的保加利亞菁英）不得不開始在一八三〇年以後陸續反思：我們到底出了什麼毛病，為什麼不僅是奧斯曼帝國壓迫我們，甚至希臘人也壓迫我們？這個說法就相當於是山西人開始反思：即使是在改革開放以後，我們山西人為什麼仍然是最窮的？為什麼廣東人得到的好處我們都得不到？滿洲帝國已經推翻，韃子皇帝已經變法了，說是大家都是「漢族」，我們山西人也是「漢族」，河南人也是「漢族」，廣東人也是「漢族」，為什麼我們山西人還是要這麼吃虧？這樣一來我們就要重新考慮，我們做「漢族」是不是非常有利的，我們遭受歧視是不是因為我們根本上就不是「漢族」的緣故。

這時，下一波民族發明就開始應運而生了。大體上講，流亡到台灣的那一批羅馬尼亞行省人（也就是今天的保加利亞人）跟著流亡到台灣的瓦拉幾亞人一起，他們的子孫後代也就漸漸被同化成為希臘人了。這主要是因為希臘人在英國人的保護之下已經形成了一個獨立國家的規模的緣故。他們至少有了形式上的議會政治，使他們的政治歸屬感得到了保證。但是留在奧斯曼帝國境內的和跑到沙皇俄國控制區的那撥人，在他們所處的處境當中，就像是今天留在南京的漢人和跑到紐約的漢人一樣，他們痛切地感到，他們在自己所在的地方仍然是異鄉人，仍然不是國家的主人。如果是跑到台灣去的話，可能過幾代以後他們就會覺得他們自己已經是台灣的一部分，是李登輝所謂的「新台灣人」[7]，跟台灣本土人差別不大，可以融合在一起了。所以保加利亞的民族發明是在俄羅斯帝國和奧斯曼帝國統治下的羅馬尼亞行省的希臘東正教徒當中產生的。

第一個保加利亞的民族發明家是俄羅斯帝國統治下的烏克蘭的學者尤里．維涅林[8]，他編纂了歷史上第一部保加利亞史。保加利亞史當然是歷史發明學的產物。歷史上直到十九世紀中葉，一八四〇年左右，當時生活在今天的保加利亞的居民對歷史上的保加爾人的看法，就跟明清兩代的十八省的漢人對沙陀人、鮮卑人和其他蠻族的看法一樣，覺得你們跟土耳其人沒有什麼區別。我們希臘東正教徒今天雖然軟弱、被你們征服了，但是我們還是文明人，你們都是蠻子。無論你們是東虜還是西虜，你們都是我們的敵人和蠻子。你們動不動就要入關燒殺搶掠一陣子，我們是拿你們沒有辦法，但是我們心裡面是恨你們的。維涅林的發明是歷史上第一次把中古的保加利亞和近代的羅馬尼亞行省的希臘東正教徒聯繫起來的學說。這個學說如果放到遠東就會變成這樣：有一位研究山西文化的日本人寫了一本書說，今天的山西人跟明國的漢人、清國的漢人和中華民國的漢人都不一樣，他們是歷史上的沙陀帝國的李克用、石敬瑭的後代，他們建立了晉國，跟由大宋和大明產生出來的漢人不是一家，你們不要欺騙他們。你們過去歧視和壓迫他們，現在仍然歧視和壓迫他們。他們現在之所以落到這個地步，不僅僅是由於滿洲皇帝的緣故，而且也是因為你們十八省的漢人是在欺騙和壓迫他們。他們不和你們漢人是一家，他們是來自伊朗的雅利安人後代，因為沙陀人是歷史上的白種人。你們奧斯曼突厥人是東虜、是野蠻落後的蠻族，你們十八省的漢人是腐敗沒落的東亞人，而他們山西人是晉國人，是歷史上的雅利安伊朗人，跟歐洲的雅利安人是同種，是世界上最古老文明的創造者。所以他們只要擺脫了你們，就可以創造出嶄新的文明。

維涅林那部書的要點也就是這個樣子。未來的保加利亞人——今天的羅馬尼亞人跟你們其他的希臘東正教徒不一樣，他們是保加爾蠻族的後代。保加爾蠻族跟建立今天俄羅斯和烏克蘭的蠻族是一家，跟你們腐敗的東方蠻族——像奧斯曼人、卡拉曼人、羅姆人、塞爾柱人完全不一樣。你們那些東方的蠻族簡直就跟黃種人沒有什麼區別，給歐洲帶來的除了野蠻、破壞和倒退以外沒有別的；但是他們這些跟俄羅斯人、跟瑞典人、跟烏克蘭人一家的西方的蠻族那就完全是另一回事，他們給腐敗的羅馬帝國和拜占庭帝國帶來了新的生命。正如著名的西方中心論者孟德斯鳩所說的那樣，「一切自由都來自於西方的蠻族」[9]，他們是西方的蠻族的一支，跟你們希臘東正教徒、拜占庭帝國的東方順民後裔不是同一家，跟奧斯曼所代表的東方蠻族也不是同一家。東方的蠻族是歷史上的破壞者，十分萬惡不赦，東方的順民是歷史上的腐蝕者，同樣也十分萬惡不赦。他們之所以落到這個地步，就是因為沒有認清自己真實的歷史地位。他們跟俄國人、德國人和西方的蠻族才是一家的，保加爾人也是西方的蠻族，跟日耳曼人和建立俄羅斯的那些瑞典人是同一家的。這樣一來，他們只要恢復本來的歷史地位，馬上就可以進入西方大家庭，實現脫亞入歐的偉大夢想。

當然這一套學說從考證的角度來講是很成問題的。歷史上的保加爾人跟阿瓦爾人親緣關係非常近。按照當時的流行觀點，阿瓦爾人就是在東方史籍中曾經把北魏打得很慘的那一撥柔然人。柔然人和沙陀人從血統和膚色上來講都是白種人，但是從語言和文化上來講，他們毫無疑問和奧斯曼人一樣都是來自中亞的。而且，建立奧斯曼帝國的奧斯曼人雖然是突厥人，但他們其實也不是黃種人，也是白種人。如果真要按照種族主義的方式來搞的話，你真的很難說西虜保加利亞人和東虜奧斯曼人有什麼區別。但是民族發明這玩意兒跟考據是沒有關係的，你只要有一滴水就可以吹出一個肥皂泡來，只要「羅馬尼亞行省」居民當中有那麼千分之一、萬分之一的保加爾蠻族的血液，而歷史上的保加爾蠻族跟歐洲的雅利安人有那麼一丁丁點的共同血統，哪怕它百分之九十的血統都跟東方的突厥人是一樣的，只要有百分之十的血統跟西方的蠻族是一樣的，你就攔不住歷史發明家一定要咬牙切齒地說「我們跟俄羅斯人是一家，跟西方的蠻族是一家，跟你們拜占庭人、跟你們希臘人不是一家」。無論如何，他就這麼重新發明了保加利亞的民族史。

但是這套民族史只是民族發明的第一步，還需要有人替他把這一套新發明的、當時還沒有幾個人知道的「保加利亞民族史」加以推廣。這下就需要一批負責推廣保加利亞發明的二級民族發明家。或者準確地說，他們是教育家。他們當中最重要的人就是博茲維利[⑩]。博茲維利本人也是講著希臘語長大的，但是他覺得新產生的保加利亞民族發明非常好。他是留在奧斯曼帝國轄區內的那一撥保加利亞人的新一代菁英，很希望替他自己的家鄉找出一條出路來。他看到烏克蘭人維涅林發明的這一套新的保加利亞歷史，就覺得很好，很有必要拿來推廣。但是跑到保加利亞去推

⑦ 中華民國前總統李登輝在二〇〇五年發表的〈新台灣人的意涵〉中提出：「我們反對刻板地以來台先後作為判別台灣人的標準，而以認同這塊土地，維護台灣優先，認同民主價值，來定義『新時代台灣人』。」

⑧ 尤里．維涅林（Yuriy Venelin, 1802–1839），俄國斯拉夫語言文學家，出身於匈牙利魯塞尼亞地區蒂巴瓦村（Tibava，今屬斯洛伐克）的胡楚爾人（Hutsul）族群，早年前往俄國求學並定居於此。終生致力於奧斯曼帝國魯米利亞地區的民俗和語言研究，是「保加利亞」概念的主要發明者，今天的保加利亞首都索菲亞和其他主要城市，均有以他的名字命名的街道。

⑨ 出自孟德斯鳩（Montesquieu, 1689–1755）的《法意》（*The Spirit of the Laws*）。

⑩ 博茲維利（Neofit Bozveli, 1785–1848），東正教神學家、保加利亞民族主義者。一八二九年希臘戰爭結束後，他利用原有的東正教會系統在魯米利亞地區推廣希臘語教育和希臘主義。在受到塞爾維亞主義思想啟發後，博茲維利於一八三五年開始積極鼓吹保加利亞主義及「保加利亞」東正教會的獨立。一八四四年他前往君士坦丁堡向奧斯曼當局遞交請願書，要求由「保加利亞人」擔任魯米利亞各教區主教，並在君士坦丁堡設置獨立的保加利亞教會代表，遭到蘇丹拒絕。

廣的結果是，大多數羅馬尼亞行省的居民、他企圖發明成為保加利亞人的希臘東正教徒都認為他是神經病。他折騰了一陣子以後就拍拍腦袋，想出一個辦法：我們奧斯曼帝國不是現在已經「變法維新」了嗎，現在我可以到君士坦丁堡去，向蘇丹、向韃子皇帝請願。韃子皇帝不是下詔說「以後滿漢平等，漢人已經獲得自治權」了嗎，既然漢人可以獲得自治權，我們「晉人」難道不能獲得自治權嗎？我們「晉人」不是漢人，韃子皇帝已經允許漢人自治了，我們也可以去要求允許「晉人」自治。

於是他就一路跑到君士坦丁堡去，向蘇丹陛下、向韃子皇帝上了一封請願書。請願書的內容就是：「我們保加利亞人自古以來不是希臘人。蘇丹陛下已經允許希臘人自治了，請你根據允許希臘人自治的同樣方式，允許我們保加利亞人自治。」蘇丹看到這分請願書以後就拍了一下腦袋，搜索了一下腦袋，做了一下調查研究，想想「保加利亞人」到底是些什麼人？然後就想起來了，在我們的祖先征服大明國的時候，同時還有一批蒙古人也入了關，想跟我們爭奪大明江山，我們的祖先把這批蒙古人給殺得一塌糊塗，這批蒙古人的名字好像就叫保加利亞人。但是我真沒想到，十八省的漢人當中還有一些人寧願做蒙古人的後代、做沙陀人的後代，而不願意做滿洲人或者做漢人。這事對於我來說實在是很新鮮的，而且這純粹是給我添麻煩。

我們奧斯曼帝國在西方人面前始終是處在被誤解、被壓迫的狀態，我們過去的「八旗制度」

其實也不是一個封閉體系。西方人往往誹謗我們，說我們「一黨專政」非常黑暗，非常落後，是純粹壓迫性的，但其實不是這樣呀。你想想看，英國保守黨如果競選勝利了，它會不會讓自由黨加入內閣呢？顯然不會呀，只有保守黨人才能當大臣。但是這並不能說是保守黨壓迫了英國人，因為任何英國人只要你願意加入保守黨，你就可以加入保守黨，加入了保守黨以後，那麼在勝利的保守黨內閣當中你就可以做大臣了。如果你自己不願意加入保守黨，非要加入自由黨，那是你自己的事情，不能說是保守黨壓迫了你、英國是一個專制國家吧。

雖然我們韃子皇帝是穆斯林韃子征服了大明國的產物，但是你也不能說我們壓迫了那些東正教臣民呀。我們穆斯林韃子也就相當於是英國的保守黨，我們不是一個封閉體系呀。任何希臘東正教徒，只要他願意改信伊斯蘭教，他都可以變成我們穆斯林，我們穆斯林是天下一家的，變成我們穆斯林以後，也就可以變成我們「八旗」的一員，變成我們的帕夏和大臣。我們帕夏雖然都是伊斯蘭教徒，但是如果查血緣的話，有很多都是原來的希臘東正教徒、甚至是西方的義大利人和匈牙利人改信伊斯蘭教過來的。只要你改信伊斯蘭教，照樣可以在我們奧斯曼帝國的「八旗」當中做大臣。所以我們的伊斯蘭教統治、我們的「八旗」統治也是一個開放統治，跟你們的保守黨沒啥區別。但是你們那些吃飽了撐的、吃飽了沒事幹的西方人就喜歡折騰我們東方人，一定要說我們的「八旗制度」是一個壓迫性的專制制度，我們沒有辦法，好吧，我們就聽你們的話，變法變法！從此以後滿漢一家，你現在連改信伊斯蘭教都沒有必要了，你現在就是一直當希臘東正教徒，你也照樣可以做帕夏和大臣，我是說話算話的。

現在你們本來是應該完全滿意的，結果說著說著又跑出來一個「晉人」。你一個希臘東正教徒，本來現在你不用改信伊斯蘭教就可以做大臣了，你根本就不用這麼折騰，但是你偏要折騰一下，說你不是「漢人」，你是「晉族人」，是沙陀人的後代，這個到底有什麼區別？你做漢人就已經可以做大臣了，我沒有壓迫你呀，並不是說你要發明一個「晉族」以後才能做大臣，這不純粹是給我添亂嗎？但是我們現在改革開放了，我們要讓英國人和法國人看到，我們是自由民主的，我不會迫害你們。你們山西人願意做「漢族」還是願意做沙陀族還是願意做「晉族」，這是你們自己的事情，跟我們滿人沒有關係。我請英國人來給我們做見證，我沒有迫害你們。無論你們「漢人」也好，「晉人」也好，「齊人」也好，「蜀人」也好，我都沒有迫害你們。你說你自己是「漢人」，你就做漢人好了；你說你自己是「晉人」，你就做晉人好了。唯一的條件就是，你要讓你們的其他人同意。只要所有漢人都願意承認你們是晉人，那我是沒有意見的，這關我們韃子什麼事情？我們滿洲人才不在乎你們山西人是晉人還是漢人呢。只是有一個小小的問題，我想知道，你們這撥目前自稱為「晉人」的山西人到底有多少？

然後山西民族的發明家就這樣回答說：「今天我們山西有幾百萬人口，自稱為『晉族』的人大概有五百多人，其中有一半人正在東京和紐約流亡，有一半人正在太原和大同辦教育。我們希望再過三十年就把『晉語』普及，取代漢語，使全體山西人都相信我們是『晉語』的後代而不是『漢語』的後代。」蘇丹聽了就回答說：「好吧，既然你這麼厲害，那你就去普及你的『晉族』去吧。我們沒有迫害你，但是如果漢人迫害了你，那也不關我的事情。」[11]於是我們的「晉族發明家」——也就是保加利亞發明家就帶著他的同道，跑回到當時的羅馬尼亞行省（今天的保加利亞）境內去開始大辦學校，普及他們新發明的保加利亞語。其實保加利亞語主要就是一種帶一點突厥化的斯拉夫方言，跟羅馬尼亞語和希臘語的關係是非常接近的。按照十九世紀希臘主義者的標準來看，其實也就是不同的方言。但是無論如何，他說這是一種語言，那就是一種語言了。他糾集了幾百個發明家，就開始到保加利亞、到烏克蘭、到各處去辦新興的保加利亞語學校，在新興的保加利亞語學校當中推廣他們新編的、剛剛發明出來的保加利亞歷史。

由於當時希臘東正教範圍的學校有很多是教會辦的，有一部分是像「蔡元培」這樣的開明知識分子辦的，是世俗的學校，有一部分是希臘東正教辦的學校，所以民族發明家的戰爭就在這兩部分展開。一方面，一撥民族發明家在辦新的世俗學校，這些世俗學校直接就用的是保加利亞語，這樣教出來的學生就是第一代保加利亞人；另一方面，還有一撥保加利亞民族發明家自己是知識分子，他們就到東正教希臘人的教會開辦的學校裡面去做老師，在這些學校裡面，利用別人的學校宣傳自己的主義，企圖把他自己的學生教成未來的保加利亞人。這樣一來，自然而然地就跟原來把持教育系統的東正教希臘主義者產生了衝突。所以保加利亞的中學課本一般都把這個時期的希臘主義者——把持奧斯曼帝國境內希臘語學校的希臘東正教教會領袖和教育領袖，當成是奧斯曼蘇丹的幫凶和保加利亞民族發明的天敵。

實際上這批人起的作用也就像是今天的國民黨人一樣。他們的理由是，你們山西人在辛亥革命的時候跟我們一樣是「漢族」，你們的爸爸曾經跟我們並肩戰鬥過，怎麼到了你們兒子一輩就異想天開發明出一個「晉族」的概念來跟我們作對呢？我們目前被滿人打倒了，但這是暫時的，反攻大陸的工作還在繼續準備之中。淪陷區方面，我們雖然沒有掌握政權，但是我們掌握了教育權。我們雖然不能夠奪取政權，但是我們還可以辦學校，繼續推廣「辛亥革命」的理念。只要廣大的學生都學漢語、講漢語，韃子皇帝是非常孤立的，總有一天我們還是要把他趕出去的，把君士坦丁堡、索菲亞（Sofia）、特爾諾沃（Tarnovo）⑫和所有地方都收復。你們山西人非要說自己不是漢人而是晉人，非要說自己是保加利亞人而不是希臘人，這簡直是當了滿人的幫凶，為我們的復國大業添亂，所以我一定要說你們是奧斯曼帝國的幫凶。但是實際上，這三者是三種不同的力量——奧斯曼帝國的奧斯曼主義者、奧斯曼帝國境內和希臘境內的希臘主義者、奧斯曼帝國境內的保加利亞民族發明家，這三者之間的關係就是相當於今天的共產黨、今天的「國粉」、今天的「諸夏」民族發明家[13]之間的關係。

奧斯曼帝國並沒有運用希臘主義者來壓迫未來的保加利亞人，而是因為他們在過去幾百年內在奧斯曼帝國境內一向是「滿漢分野」的，一向是只知道有奧斯曼的穆斯林和希臘的東正教徒，所以希臘這方面比較古老的學校一般都是教會辦的，出於歷史遺傳方面的原因，他們一直是用希臘語（無論是過去的教會希臘語還是現在的白話希臘語）來教育他們的子弟的。而你們的保加利亞語，你們是在這一代人剛剛發明出來的，發明時間還不滿二十年，所以就必須以進攻的方式去掌握這些學校。過不了多久，雙方之間就自然要鬧起來了。保加利亞派教師教育出來的新一代子

⑪ 在博茲維利死後，克里米亞戰爭末期，奧斯曼蘇丹在英法壓力下，於一八五六年二月十八日頒布《帝國改革詔書》，允許奧斯曼臣民不分宗教，在教育、官員選任和司法方面均享有平等權利。

⑫ 索菲亞，古名塞爾迪卡（Serdica），一八七九年後成為保加利亞首都；特爾諾沃（Tarnovo），保加利亞北部城市，保加利亞獨立後成為首都直到一八七九年，一九六五年後改名為大特爾諾沃（Veliko Tarnovo）。

⑬ 即在劉仲敬的理念和學說的影響下，致力於「諸夏」與「諸亞」各民族（例如巴蜀利亞民族、晉民族、坎通尼亞民族等）歷史文化建構的新一代青年學者。

弟自稱自己是保加利亞人，不能再接受講希臘語的學校校長和教會主教的統治。他們要求，我們自己投票選舉，選出自己的主教和校長。然後雙方的官司就打到君士坦丁堡的蘇丹那裡去，一連打了幾十年。

在最初幾十年之間保加利亞這一方面始終是打輸的。歷史上講，這些學校和教會一直是希臘人主辦的。而且，就算是今天自稱為保加利亞人的這一批民族發明家，鐵證如山，他們自己的父親和祖父也是自稱為希臘人的。所以要想從希臘人手裡面把學校搶過來，這是非常困難的事情。最後他們做到的事情不是把希臘人的學校和教會搶過來，而是把希臘人的學校和教會都分裂了。願意支持保加利亞的這批人分裂出去，建立了自己的學校，自稱保加利亞的這一批東正教徒把教會分裂了，自己拉了一撥人出去，建立了保加利亞教會[14]；原來自稱是希臘人的這一撥人繼續搞他們的希臘學校和希臘教會。等於是當時的羅馬尼亞行省（今天的保加利亞）境內，整個居民都分裂成為兩撥，一撥想要把自己發明成為保加利亞人，另一撥想要繼續把自己發明成為希臘人。

這種情況你在一九八〇年代的台灣和今天的香港就可以看得很清楚。過去有一撥台灣人想要把自己發明成為「台灣民族」，一撥人想要把自己發明成為「中華民族」。今天則有一撥香港人想要把自己發明成為「香港民族」，一撥人想要把自己發明成為「中華民族」。從一九八〇年代到現在，幾十年過去了，台灣的情況已經基本明朗化了：想要自認為是中國人的這一撥人的人數直線下降，下降到只有百分之十幾的地步；以「台灣人」自居的這撥人從百分之三十幾的起點一路上升，現在變成絕大多數人都自認為是台灣人。保加利亞境內的民族發明也是按照類似的方法展開的。一八四〇年前後，雙方的分裂剛剛開始；到了一八七〇年左右，雙方的優劣已經很明顯了，「保加利亞民族派」在人口方面、在教育方面、在文化宣傳方面都占了上風。

尤其是在新文化運動這一方面，保加利亞方面的作家學習德國浪漫派，在民謠收集方面占了上風。通過民謠收集，吸收民間的土語，用源頭活水的方式活化保加利亞的語言，使他們在語言發明方面明顯占了上風。希臘主義者就像是今天台灣和香港的國語支持者一樣，儘管他們已經進行了一次文學改良，用胡適之的白話希臘語來取代過去的古典希臘語和教會斯拉夫語，但是白話希臘語仍然背著很沉重的書面文字的包袱。最大的問題就是，白話希臘語必須讓君士坦丁堡人、伊士麥人、布加勒斯特人、特爾諾沃人和雅典人全都能夠看懂，這樣一來，它就沒有辦法充分吸收各地的方言。能夠讓所有方言的使用者都能看懂的文字，必然就是一種啞巴語言。而新一代的通俗希臘語的發明家、新保加利亞語言的發明家、新羅馬尼亞語言的發明家、新塞爾維亞語的發明家和新克羅埃西亞語的發明家都占了一個便宜：他們可以完全把蘇格拉底和君士坦丁大帝的歷史包袱拋掉，就從源頭活水、就從我們現在的人使用的方言、從台南的阿公阿婆的方言發明成為通俗希臘語，把白話希臘語踢到一邊去。特爾諾沃的阿公阿婆發明的方言就是新保加利亞語，也把古典希臘語、教會希臘語和白話希臘語扔到一邊了。塞爾維亞人和瓦拉幾亞人當然也是如法炮製。

今天的山西人如果用自己的山西方言來發明新的語言的話，也可以把大明國使用的文言文和胡適之使用的白話文統統踢到一邊去，把自己的山西方言發明成為新的「晉語」。如果他們按照保加利亞民族發明家的同樣方式去建立自己的「山西晉語學校」、跟講白話文和文言文的漢語學校競爭的話，它也可以占到一個重大便宜，這個便宜就是，他們講的是阿公阿婆的活語言。而無論是文言文還是白話文，都是只能看不能說的啞巴語言，不是你在卡拉OK的時候、在打牌的時候、在夫妻閨房裡面使用的日常語言。日常語言的生命力是要靠不斷產生的、地下不斷地湧出新的泉水來補充它，通過民謠、民謠、文學創作的方式來補充它。

結果不到三十年的時間，在一八六〇年和一八七〇年之間，保加利亞語的新文化運動在文學創作這一方面明顯勝過了白話希臘語，當然更勝過了已經沒有什麼人使用、像拉丁語一樣快要死去的教會斯拉夫語和古典希臘語。教育方面的變化必然會影響到下一代的政治方面的變化，這就是為什麼香港會發生黃之鋒的「反國教運動」⑮，而台灣會圍繞著中學課本、文言文的存廢、文言文的比例問題、台語教育的問題、各種方言教育的問題不斷產生爭議的緣故。你用什麼語言來教育下一代，就等於是發明了什麼民族。保加利亞語言發明家和保加利亞歷史發明家在學校教育這方面取得了重大勝利，預示了「羅馬尼亞行省」的未來將會屬於他們，但是最後的臨門一腳仍然是不可避免的。

在奧斯曼帝國的統治之下，你們只能爭教育權，一旦進入政治領域，奧斯曼蘇丹就要鎮壓你們。在海外，情況比較好。僑居海外的希臘社區，一八二一年時還完全以為自己是希臘人，但是到了一八四〇年以後就已經分裂了。比如說，敖得薩的希臘人在一八二一年的時候都認為自己是希臘人；到一八四〇年的時候，就有一撥人仍然認為自己是希臘人，另一撥人認為自己是羅馬尼亞人，第三撥人認為自己是塞爾維亞人，第四撥人認為自己是保加利亞人，然後他們各自組織自己的海外軍團，分別搞自己的復國大業。希臘主義者在這一點上處於非常不利的位置。儘管他們滿口都是蘇格拉底、伯里克里斯和君士坦丁，但是他們必須兩線作戰，一面要反對奧斯曼帝國，一面又要跟自己社區內部的塞爾維亞發明家、羅馬尼亞發明家和保加利亞發明家鬥來鬥去，而他們所能夠依靠的支持只有一個小小的希臘。所以「獨派」比「統派」占便宜，「統派」必須維持現狀，而「獨派」呢，只要他們自己獨立、拉一撥人分裂出來建立獨立的社區就行了。

到了一八四〇年代，敖得薩、瓦拉幾亞這些地方已經出現了一大批流亡社區，這些流亡社區的父輩都還自以為是希臘人，甚至是「希臘辛亥革命」的主要參加者和革命功臣，但是他們的兒子一輩就已經認為自己是保加利亞人，在海外建立了保加利亞社區，並從保加利亞社區當中開始籌辦保加利亞軍團。這就是民族發明的第二步。民族發明的第一步是發明民族歷史和民族語言，第二步是建立海外社區。這個過程對於保加利亞人來說，在一八四〇年和一八五〇年之間基本完成。然後海外社區進入海外軍團的準備階段，保加利亞的革命家格奧爾基[16]登上歷史舞台。他本人出身於一個希臘語教育的家庭，舅舅是一八二一年以後「希臘辛亥革命」時期的著名人物奧爾基・馬馬爾切夫。我們不必講詳細內容，我們只需要知道，他以保加利亞人的海外社區（其實這些人也是希臘海外社區的第二代）為基礎，建立了保加利亞的海外軍團，然後帶領這些海外軍團打回奧斯曼土耳其帝國境內。每隔幾年，他就要像歷史上的黃興一樣發動起義，他屢戰屢敗，但是還能屢敗屢戰。

每一次戰敗的結果都要犧牲幾百名保加利亞的海外軍團，但是好處就是，土耳其人在追殺他們的過程中間又要進行一場燒殺搶掠，然後西歐的報紙就要大肆報導一番：「土耳其人背信棄義，說好了要『維新變法』的，說好了要『滿漢一家』的，現在看來你們又開始在屠殺東正教徒了。」同時最要命的就是，在這些報導當中，「保加利亞」這個詞一再出現。可以說，一八二一年以前，土耳其人也在燒殺搶掠，但是這時候歐洲人的報導是這樣寫的：「萬惡的穆斯林屠殺了我們的基督教兄弟，難道我們能夠坐視不管嗎？」一八二一年的時候，土耳其人一模一樣地燒殺搶掠，這時西方的報導就是這樣的：「萬惡的土耳其人在屠殺我們的希臘兄弟，希臘人是歐洲文明的始祖，我們難道能坐視不管嗎？」到了一八四〇年以後，報導就變成這樣了：「土耳其人在屠殺保加利亞人，保加利亞人難道沒有人權嗎？」其實土耳其人屠殺的是同一批人，只不過這批人的爺爺自稱為東正教徒，這批人的爸爸自稱為希臘人，這批人自己就自稱為保加利亞人了。

但是西方的新聞記者哪裡管得了這麼多？他就直接了當地說「保加利亞人遭受迫害了，保加利亞人遭受迫害了」。這些新聞報導傳到西方，就會產生像格萊斯頓這樣的軟心腸派和比肯斯菲爾德勳爵這樣的硬頭腦派。硬頭腦派就會說，「我們只管國家利益，不管什麼人權民主之類的，只要奧斯曼蘇丹跟我們好好做生意，幫助我們抵抗俄國人，我們才不管奧斯曼蘇丹殺多少人

⑭ 奧斯曼《帝國改革詔書》頒布後，保加利亞民族主義者主持的中小學校，與希臘語教育系統之間的衝突日益尖銳，魯米利亞各地持續發生驅逐希臘主教的運動。一八六〇年，博茲維利的弟子、保加利亞教會自治運動領導人伊拉利昂·馬卡里奧波里斯（Ilarion Makariopolski, 1812–1875）在復活節守夜禮布道中未提及君士坦丁堡大牧首的名字，被視為保加利亞東正教會脫離君士坦丁堡總主教區的革命性行動。在俄國壓力下，奧斯曼蘇丹於一八七〇年正式承認保加利亞主教區的獨立。

⑮ 反國教運動，由香港民間團體「反對國民教育科大聯盟」發動的社會運動，反對香港特別行政區政府於二〇一二年九月開始推行的德育及國民教育科，也反對教師對學生「是否愛國」進行評估，並以如街站、聯署、遊行、集會、絕食等抗議活動，要求政府撤回德育及國民教育科的法案，引起香港社會強烈迴響。

⑯ 格奧爾基·拉科夫斯基·馬馬爾切夫（Georgi Stoykov Mamarchev, 1786–1846），保加利亞民族主義者和歷史語言學家。他精通希臘語、奧斯曼語和歐洲多種語言，致力於保加利亞民俗學、語言學研究，推廣保加利亞語文的教育和文學創作。曾多次發起武裝起義，於一八六七年病故。

呢。」軟心腸派就要跳出來說，「無論保加利亞人還是阿富汗人，他們都是人呀，是人就要有人權，你還是基督徒嗎？還算得上是自由民主的英國的堂堂大臣嗎？你怎麼能夠坐視不管？」然後兩派交替執政，最後的結果是列強又干預了。

雖然土耳其人每一次都打贏，但是他們在西方的輿論面前卻日益被動，被西方輿論描寫成為卑鄙的暴君，而保加利亞人則被描繪成為受害者。受害者不要緊，關鍵是受害者的身分由「希臘人」變成了「保加利亞人」，這實際上就是保加利亞民族發明已經成功了一半。就好像是，今天的西方報導動不動就要報導「伊拉克人殺了庫爾德人」或者是「西班牙人鎮壓加泰隆尼亞人」，這樣其實就是伊拉克人和西班牙人輸了。

西班牙主義者和希臘主義者的邏輯就是，沒有什麼加泰隆尼亞人（Catalans），加泰隆尼亞人和卡斯蒂利亞人（Castilians）都是西班牙人，庫爾德人和什葉派、遜尼派都是伊拉克人。西方輿論只要承認世界上有一種保加利亞人，而保加利亞人跟奧斯曼人和希臘人都不一樣，其實保加利亞民族發明家就已經贏了。他們只是還沒有贏得統治權而已，但是已經贏得了民族得到承認的權利，至少是西方人已經承認了。

希臘主義者必須苦口婆心地去說服西方人：「你們說錯了，這些人都是『台獨分子』呀，台灣人也是中國人呀，你們怎麼能相信世界上有一個『台灣民族』呢？香港人也是中國人，他們到處說什麼『香港民族』，那都是胡說八道的。你要記住，香港人民爭取自由民主的鬥爭是中國人民爭取自由民主的鬥爭的一部分呀，香港人是『中華民族』的一部分呀，香港人是『漢族』的一部分呀。」這樣很累的好不好？西方人的報刊上不會說「共產黨鎮壓了作為中華民族一部分的香港人民的自由民主鬥爭」，這個多累、多彆扭呀。它連「共產黨」三個字都省去了，它直接了當地說「中國人鎮壓香港人」。於是西方讀者一看後發現「噢！原來中國人和香港人打起來了，中國人和香港人不是一家的」。於是「香港人」、「香港民族」的概念就在西方人的大腦裡面紮下了根。

儘管希臘主義者苦口婆心地說保加利亞人根本就是我們希臘人，但是西方人已經形成了一種印象：保加利亞人既不是你們奧斯曼人，也不是你們希臘人，否則為什麼奧斯曼人鎮壓保加利亞人的時候你們希臘人從來沒有出過兵呢？如果保加利亞人真是希臘人的話，那麼你們希臘人怎麼不幫助保加利亞人打奧斯曼人呢？如果保加利亞人真是奧斯曼人的話，那麼你們奧斯曼人怎麼會殺保加利亞人呢？現在的情況就是這樣，如果你說香港不是一個民族，而是漢族的一部分，那麼共產黨殺漢族的時候，你們台灣的國粉為什麼不出兵去幫助你們的同胞呢？這說明你們不是一族的。如果你們共產黨說「中華民族是一家，香港也是中華民族的一部分」，那麼為什麼報紙上總是說「中國人在鎮壓香港人了，中國人在鎮壓香港人了」？如果香港人也是中國人的話，中國怎麼會自己鎮壓自己人呢？從什麼時候開始你聽說過美國人鎮壓維吉尼亞人？這不可能吧，維吉尼亞人不就是美國人嗎？所以美國人不會鎮壓維吉尼亞人，也不會鎮壓德克薩斯人。如果你說美國人和墨西哥人鬧起來了，你自然會理解說美國人和墨西哥人不是一國的。如果你聽說中國人和香港人發生衝突的話，你自然也會覺得香港人和中國人不是一國的。根據同樣的邏輯，西方人就漸漸開始以為，保加利亞人和希臘人、奧斯曼人都不是一國的。

這樣一來就自然而然造成了不可逆的效果：雖然拉科夫斯基自己在率領海外軍團打回奧斯曼境內的過程中間犧牲了，但是保加利亞民族發明卻站穩了腳跟。海外軍團的下一代，瓦西爾·列夫斯基[17]和赫里斯托·佩特科夫[18]隨著他的腳步，率領海外軍團再打回保加利亞，也付出了很大的犧牲，但是這次就有很大的不同了。第一代保加利亞海外軍團的領袖還是像拉科夫斯基這樣只會講希臘語，保加利亞語都講不俐落的；第二代保加利亞海外軍團的領袖，像列夫斯基和佩特科夫這種人，就是從小講保加利亞語、受保加利亞歷史薰陶長大的人了，對於他來說，希臘人就是完全的外國人。這就好像說是，「馬英九」一代的台灣領導人、中華民國的總統，無論他是什麼血統出身的，他至少是會講國語的、會講普通話的；但是再過二、三十年，新上台的台灣總統可能就會是只會講台語，不會講國語，也不會講「湘語」、「晉語」或者任何其他語言，歷史上的「希臘民國」跟他已經沒有什麼關係了。如果說「我父親是希臘民國開國元勳」這一點對第一代的保加利亞民族發明家還有點影響的話，那麼「我爺爺是希臘民國開國元勳」這一點對第二代和第三代的保加利亞民族發明家來說已經沒有任何影響了。

事情走到這一步，儘管保加利亞建國八字還沒有一撇，它完全在土耳其的統治之下，但是實際上，未來的保加利亞民族和保加利亞民族國家已經處在必然誕生的狀態，只等著下一次奧斯曼帝國的解體。而奧斯曼帝國出於我們都知道的原因，它那個地跨歐亞非的結構，那種複雜的語言文化結構，就使它會不斷地遇到新一代的解體危機。就算你錯過了這一次解體，不要緊，還會有下一次。保加利亞民族發明家，因為他們發明得比較晚，所以他們比我上次講到的羅馬尼亞民族

⑰ 瓦西爾·列夫斯基（Vasil Levski, 1837–1873），生於卡爾洛沃城的一個手工業者家庭。一八六二年在貝爾格勒參加塞爾維亞人反對土耳其統治的鬥爭，因作戰英勇，被稱為「列夫斯基」（意即雄獅）。一八六七年他參加保加利亞第一軍團，並計劃於次年在巴爾幹山脈中部地區武裝起義，被捕，不久獲釋。之後奔走全國各地宣傳革命，並成立祕密組織「保加利亞使徒團」。一八七三年遭奧斯曼帝國處決。

⑱ 赫里斯托·佩特科夫（Hristo Botyov Petkov），生於卡洛費爾，其父為保加利亞民族文化運動的知名人物。他早年在傲得薩接受教育，一八六七年後加入民族主義組織。他在一八七五年當選為「保加利亞中央革命委員會」（BCRC）主席，當年九月在舊扎戈拉（Stara Zagora）發動起義，未獲成功。一八七六年四月，佩特科夫於「四月起義」中陣亡。

發明家的機會要稍微差一點，他們錯過了克里米亞戰爭這一次建國的機會。但是再過二十年，又有一八七八年的第十次俄土戰爭。俄土戰爭的邏輯和理由那是另外一回事。總之這次戰爭的結果又讓奧斯曼帝國面臨新一輪的解體，而這一次解體使得保加利亞人的海外軍團得到了機會。列強再次干涉俄土戰爭，規定奧斯曼帝國必須允許今天的保加利亞（過去的羅馬尼亞行省）自治。

在這個自治的過程當中，「保加利亞」這個詞第一次在國際法意義上存在了。列強簽署條約，強迫奧斯曼蘇丹承認，保加利亞自治區必須由信奉東正教的保加利亞人自我治理。儘管這個保加利亞自治區在國際法意義上不是一個獨立國家，而是奧斯曼帝國一國兩制之下的一個保加利亞特區，但是保加利亞特區必須實行保加利亞人治保加利亞人，實行港人治港。僅僅是「保加利亞人治保加利亞」這個措辭寫進了一八七八年柏林會議的國際條約，保加利亞的國際身分就算是得到確認了。以前沒有「保加利亞」的，只有羅馬尼亞行省。中古時代的保加爾人跟柔然人一樣，它不是一個國際法上的實體。

今天你可以說，香港人在國際上有一定的交涉實力，是因為《中英聯合聲明》[19]規定了港人治港的原則，所以香港在國際法意義上是一個半主權的實體。它雖然不是主權國家，但是它有了一定的國際法的身分。但是沙陀人就沒有國際法的身分。儘管沙陀人在今天的後代可能比香港人要多得多，說不定沙陀人在山西的後代比今天香港的幾百萬居民數目要多得多，但是因為國際條約上不曾寫道「中華人民共和國成立沙陀自治區，在沙陀人的地區實行沙陀人自治」，那麼沙陀人在國際法上的地位就不能跟香港人相比。一八七八年的保加利亞人就處在沙陀人這種狀態，儘管沙陀人的後代可以發明「晉民族」，說「晉族」跟「漢族」不是一家，而且能夠使山西的絕大部分居民都只講「晉語」不講「漢語」，但是它在國際法上仍然是不存在的；一八七八年以後，它在國際法上存在了，它是一國兩制的奧斯曼帝國的一個特區。

特區建立以後事情就比較好辦了，因為你已經有了一個正式的統治機構了。雖然這個統治機構在名義上還是屬於奧斯曼蘇丹，但是它已經有了自己的憲法和議會，以後你就可以組織政黨了，保加利亞於是就產生了自己的民族自由黨和其他的黨派。這些黨派按照我們現在的話來說就是「萬惡的港獨黨派」，他們視《中英聯合聲明》如廢紙。儘管《中英聯合聲明》和《柏林條約》明確規定如同香港的保加利亞只能自治不能獨立，但是他們在土耳其的保加利亞特區的議會選舉中間肆無忌憚地提出了保加利亞獨立的口號。最終，他們占據了保加利亞地方議會的多數，通過政變的手段驅逐了土耳其人願意承認的特區首腦亞歷山大一世[20]，迎立了斐迪南一世[21]。最後，保加利亞的王室在跟俄國和西方國家串通以後宣布自稱「沙皇」而不稱大公，這就是民族發明的最後一步。

民族發明的第一步，建立國語和國史；第二步，建立海外社區；第三步，建立海外軍團打回國內；第四步，在事實獨立幾十年以後，在國際方面的交涉、當帶路黨、拉盟友這方面基本上都已經有了把握以後，把事實獨立變成正式獨立。

國際承認的保加利亞大公現在自稱為保加利亞的沙皇，跟君士坦丁堡的蘇丹和聖彼得堡的皇帝平起平坐，這就是公開宣戰了。因為大公（knayz）按爵位來說你只是一個公爵，比起蘇丹和沙皇都要低，所以你可以做蘇丹的臣民，只是一個自治區而已；但是沙皇就是最高級別，跟皇帝是一個級別。大公可以做皇帝的自治區的首腦，但是沙皇是不可能做蘇丹的臣民的。所以保加利亞人一旦自稱沙皇以後，奧斯曼蘇丹就連面子都擱不住了。這就相當於是台灣人只要還自稱為

保加利亞沙皇西美昂一世　此圖創作於1923年，為捷克畫家慕夏（Alfons Mucha）晚年的《斯拉夫史詩》（Slav Epic）系列組圖的其中一幅，畫面中央的主角為古代保加利亞人的國王西美昂一世，他被後世如慕夏般的斯拉夫民族發明家想像為「大斯拉夫民族」的祖先。

「中華民國」，那麼名義上它還可以暫時地維持和平，但它如果哪一天把自己改成「台灣民國」了，那麼戰爭就要爆發。香港人只要自己自稱是「香港特區的立法會」和「香港特區的特首」的話，那麼他們無論內部怎麼搞，名義上跟北京的面子還能夠維持過去；假如有朝一日香港立法會通過一個決定說，我們香港的首腦以後不再叫做「特首」，而叫「香港共和國總統」，那麼香港必然就跟北京進入戰爭狀態了。保加利亞人就是這個情況。

就這樣保加利亞的民族發明走上最後一步。保加利亞大公在一九〇八年發布宣言，聲稱奧斯曼帝國和國際社會承認的保加利亞大公今後不再是大公，而是獨立的保加利亞王國的「沙皇」。

⑲《中英聯合聲明》是中英就香港問題於一九八五年共同發表的一份聲明，聲明列出香港本身的資本主義制度和生活方式維持「五十年不變」。二〇二〇年六月，英國駐中國大使館針對中國官方媒體稱「《中英聯合聲明》是歷史文件，不具備現實意義」作出回應：「這份中英兩國之間的協議明確了香港的高度自治權，除外交和防禦等事項，其享有的權利和自由五十年不變（直到二〇四七年）。」

⑳亞歷山大一世（Alexander of Battenberg, 1857–1893），早年曾在普魯士及俄羅斯軍隊服役，一八七九年四月被歐洲列強任命為剛獨立的保加利亞公國的首任大公。他在統治期間試圖推翻君主立憲制度，建立君主獨裁政府，並採取反俄親英的外交政策。一八八六年，他遭到親俄派的保加利亞軍官以武力罷黜，宣告退位並流亡海外，一八九三年於奧地利逝世。

㉑斐迪南一世（Ferdinand I of Bulgaria, 1861–1948）出身薩克森地區的貴族，一八八七年至一九一八年期間保加利亞的統治者。他最初採用大公頭銜，一九〇八年正式宣布保加利亞脫離奧斯曼帝國獨立，升級為王國，他恢復古代保加利亞王國的「沙皇」稱號。一戰後被迫退位流亡。古代保加利亞人的國王西美昂一世於九一三年擊敗拜占庭帝國後，開始使用「沙皇」（Tsar）的稱號。西美昂一世之後的保加利亞統治者皆沿用沙皇稱號，直到一三九六年古代保加利亞王國被奧斯曼帝國併吞為止。

由於事實獨立而在法律上沒有獨立的保加利亞自治區不僅內部準備做得很充分，而且外交工作也做得比較好，爭取到了列強和巴爾幹其他國家的一致支持，這一步達到了對保加利亞民族發明家最有利的結果：奧斯曼土耳其不僅沒敢實際開戰，也沒敢提出任何節外生枝的條件，乖乖承認了保加利亞的獨立。當然這不是故事的結局，保加利亞的生存和法律地位雖然得到了保障，但是為了爭奪領土，還要跟奧斯曼人、羅馬尼亞人、希臘人和塞爾維亞人打仗，但這就跟民族發明沒有任何關係了。

從民族發明的意義上來講，保加利亞的民族發明家經過以上這四部曲的民族發明，最終如願以償，把一個十九世紀以前根本不存在的民族發明出來了，而且還是按照有史以來最困難的方式發明出來的。

可以說，在一八二一年左右，他們的祖先是把保加爾人和突厥人都看作是自己最凶惡的敵人的；但是等到一九一二年，他們的孫輩就自己把自己看成是內亞突厥人的後代了，反過來把他們祖先所認同的拜占庭帝國看成是自己最凶惡的敵人了。一八二一年的特爾諾沃的小學生學到的課本就是，保加爾人和突厥人如何侵略我們希臘人，義憤填膺；到了一九一二年，中學課本就變成了拜占庭皇帝如何窮凶極惡地屠殺我們保加爾人，同樣的義憤填膺。其實這兩部歷史課本講的是同一個故事，讀這兩部歷史課本的人是同一家人的祖父和孫子，他們兩人都感到義憤填膺，但是義憤填膺的對象卻恰好相反。這就叫做「漢兒學得胡兒語，卻向城頭罵漢人」[22]。假如在未來的二十二世紀，今天的山西省通過發明「晉族」最後建立了「晉蘭民國」，那麼「晉蘭民國」的小學生就會把中國侵略者痛恨入骨，正如同今天的山西小學生會把日本侵略者和滿洲侵略者痛恨入骨一樣。這並不代表他們在血統上發生了任何變化，只是民族發明學為他們製造了一種非常奇特的結果，證明在民族發明學的領域裡面只有你不敢想的，沒有你想到卻做不到的事情。

㉒ 出自晚唐詩人司空圖的《河湟有感》，全文為：「一自蕭關起戰塵，河湟隔斷異鄉春。漢兒盡作胡兒語，卻向城頭罵漢人。」本詩描寫吐番趁唐內亂之際攻占河湟（位於今天青海的河湟谷地），致使該地的「漢人」逐漸轉變為「胡人」的過程，來抒發詩人自身沉痛的心情。

保加利亞
民族發明大事記

時間	事件
7至14世紀	**第一和第二保加利亞帝國統治時期** 在西元7世紀晚期，源於黑海北方的遊牧民族「保加爾人」曾分別建立「第一保加利亞帝國」（681-1018）和「第二保加利亞帝國」（1186-1396），核心領土為今日的保加利亞和馬其頓區域。保加爾人的人種和文化不同於現代的「保加利亞民族」，卻成為日後保加利亞民族發明的主要材料。
1365年	**奧斯曼帝國建立魯米利亞行省** 奧斯曼帝國於1365年位在巴爾幹東部平原區域上建立的「魯米利亞行省」，其管轄區包括大部分今天的保加利亞核心領土。
1829年	**維涅林出版《保加利亞史》** 保加利亞民俗學者尤里・維涅林致力於魯米利亞地區的民俗和語言研究，並出版歷史上首部《保加利亞史》，是「保加利亞民族」概念的最早起源。維涅林的發明是歷史上第一次把中古的保加利亞和近代的魯馬尼亞行省的希臘東正教徒聯繫起來的學說。
1845年	**博茲維利請願設置保加利亞東正教會** 保加利亞民族發明家、東正教神學家博茲維利向奧斯曼蘇丹請願，請求在希臘東正教會之外設置獨立的保加利亞東正教主教區，並由「保加利亞人」擔任教區領袖。博茲維利的請願直到1870年才取得奧斯曼蘇丹許可，並由博茲維利的弟子伊拉利昂•馬卡里奧波里斯擔任保加利亞東正教區領袖。
1869年	**列夫斯基建立「內部革命委員會」** 保加利亞民族發明家瓦西爾・列夫斯基建立「內部革命委員會」，多次在保加利亞地區的從事武裝起義活動，此組織後於1872年併入「保加利亞中央革命委員會」。

1876/4

波特夫與保加利亞四月起義

保加利亞民族發明家赫里斯托．波特夫主導下的「保加利亞中央革命委員會」在保加利亞地區發動大規模武裝起義，遭到奧斯曼帝國強力鎮壓，波特夫陣亡。奧斯曼帝國的鎮壓引起國際輿論關注及列強的干涉，直接導致了1878年保加利亞公國的建立。

1878/7/13

保加利亞公國和東魯米利亞自治區的建立

俄土戰爭結束後，奧斯曼帝國允許原屬於魯米利亞行省的保加利亞區域自治，並成立「保加利亞公國」。「保加利亞公國」不是一個獨立國家，而是奧斯曼帝國「一國兩制」之下的「保加利亞特區」。殘餘的魯米利亞行省區域則另行建立「東魯米利亞自治省」，仍受到奧斯曼帝國的直接管轄。

1886/3/24

東魯米利亞自治區併入保加利亞公國

保加利亞民族發明家索菲亞．斯托揚諾夫領導的「保加利亞秘密中央革命委員會」在東魯米利亞自治省發動政變，迫使奧斯曼帝國同意保加利亞公國併吞東魯米利亞自治省。

1908/10/5

保加利亞王國成立並實質獨立

在歐洲列強支持下，保加利亞大公亞歷山大一世將保加利亞公國升格為王國，並重新使用「保加利亞沙皇」稱號，以此象徵保加利亞的實質獨立，且獲得奧斯曼帝國承認。「保加利亞民族發明」共同體邊界至此得以確立，以後的保加利亞歷史與政治發展不再涉及民族發明的問題。

北馬其頓

Republic of North Macedonia

Република Северна Македонија

獨立時間：1991年9月8日

首都：斯科普耶

四、馬其頓

一個希臘，兩種表述

我們今天講馬其頓。馬其頓是第二次民族發明導致第三次民族發明的絕佳案例。我們前幾講講希臘、羅馬尼亞和保加利亞的時候曾經提到，羅馬尼亞和保加利亞的民族發明是希臘民族發明後的第二次民族發明，而馬其頓的民族發明則是保加利亞民族發明後的第三次民族發明。最初的發明導致第二次發明，第二次發明再導致第三次發明，就像是樹幹分叉一樣，它們都從同一個樹根長出來的。沒有同一個樹根，也就不會有後來的分叉，保加利亞這個分叉上面也就不會有後來的馬其頓。所以馬其頓的歷史發明學，前面四分之三的部分跟希臘和保加利亞的歷史發明學是一樣的。

第一個階段是斯拉夫東正教徒在拜占庭帝國內形成了我們現在熟悉的這種順民結構。在政治上，滿足於拜占庭皇帝的專制統治；在文化上，在放棄政治權利的前提下，滿足於世界上最古老的、他們自認為最正宗的基督教信仰和希臘文化。因此用比較學術的方式稱呼他們，就是斯拉夫—希臘東正教徒，儘管其中也混雜了以後幾百年時間從內亞進來的各種各樣的蠻族的血統。拜占庭皇帝統治他們，同時應付東虜和西虜的打擊。

第二階段在東虜和西虜相互競爭以後，東虜最後打敗了西虜。東方來的蠻族，也就是奧斯曼土耳其人攻陷了君士坦丁堡，接管了拜占庭皇帝的全部土地，包括今天的馬其頓在內的土地。然後，原有的斯拉夫—希臘東正教徒在奧斯曼韃子的統治之下，變成了類似大清國漢人的那種地位：在政治上仍然是順民，但是比起過去的大明朝和拜占庭帝國來說更低了一級，變成了二級順民，穆斯林的地位都要比他們高。

第三個階段的時間點進入近代，西歐的各種新思想開始進入封閉落後的奧斯曼帝國。這時奧斯曼帝國境內，原先像大清國的漢人臣民服從韃子皇帝那樣，安分守己當順民的廣大希臘東正教徒開始接受西歐的新思想，開始仔細考慮，我們為什麼會落到現在這種處境，我們有沒有辦法改變自己的命運。於是展開了希臘的新文化運動，導致了白話希臘語的發展，最後在政治上引發了一八二一年的「希臘辛亥革命」。在這個階段，整個奧斯曼帝國的希臘東正教徒都以為自己是希臘人，包括今天的馬其頓、保加利亞和希臘，他們都像是辛亥革命時期的湖南人、湖北人和廣東人都以為自己是漢人、要反抗滿人的統治一樣，反抗拜占庭的統治。

這是巴爾幹半島近代所有民族發明共同的史前史。然後接下來，歷史就分叉了。這時，「馬其頓」純粹是一個半地理半文化的名詞，甚至連行政區名詞都不是。在前面提過的，包括了今天的保加利亞核心部分的魯米利亞行省，至少它是一個行政名詞，作為行政區劃，有一套正規的建制、有一條邊界的，就像今天的陝西省那樣；而「馬其頓」這個詞就像是「秦」一樣，它可以指這一塊地方，也可以指另一塊地方，雖有那麼一點模模糊糊的歷史上秦國的古老記憶，但是沒有人能夠說清楚「秦」的邊界到底是在哪裡，哪裡是「秦」，哪裡不是「秦」。有的時候你可以把陝西省簡化為「秦」，但是這個簡化顯然是不精確的。因為陝北延安一帶的晉語區，跟山西省的文化關係更加密切，陝南漢中則跟四川省的文化關係更加密切，所以有的時候「秦」可以作為陝西省的代稱，有的時候「秦」又只能指陝西中部的關中平原一帶。有的時候「秦」又可以不限於陝西省境內，而且還可以包括甘肅省東部、隴山一帶——這在古代是秦國的疆域，雖然現在不屬陝西省境內，但在文化上，比起劃在陝西省境內的陝北和陝南，反而跟更接近於關中平原一帶。

「馬其頓」這個概念在十九世紀也是這個樣子的。古老的亞歷山大大帝和菲利普二世的馬其頓王國早已滅亡[①]，像孔子的魯國一樣，它的人種在歷史上的多次蠻族入侵後已經替換了許多次。所以到了十九世紀，雖然有些人也用「馬其頓」這個詞，但是「馬其頓」這個詞跟「伊庇魯斯」和「伊利里亞」一樣，它所指的範圍是模糊而不明確的，就像是清朝人說「吳越」、「三秦」或者「楚」一樣，不好說是什麼地方：南京是不是「吳越」？蒙古帝國時期的南京是吳語區，但是朱元璋折騰以後又不是吳語區了[②]。大清國時代的蘇州人說自己是吳越人是理所當然的，但南京人是不是吳越人就很難說。湖南人有的時候說自己是楚人，湖北人有的時候也說自己是楚人。甘肅人有的時候說自己是秦人，陝西人有的時候也說自己是秦人，而漢中人則經常說自己不是秦人而是蜀人。「馬其頓」、「伊庇魯斯」和「伊利里亞」這些古典時代的名詞在十九世紀的意義就是這樣。當時還沒有人想到要發明馬其頓民族。

馬其頓地區在十九世紀中葉時，實際上就陷入了我在第三講中提過的保加利亞民族發明家和希臘民族發明家之間的鬥爭。在「希臘辛亥革命」失敗以後，希臘的民族發明家雖然在政治上只剩下了一個小希臘，但是在文化上仍然壟斷了原先拜占庭帝國境內所有希臘東正教的文化教育，包括今天的保加利亞和馬其頓。這些地方的學校和教會是由希臘民族發明家壟斷的，他們繼續用希臘語教育這些地方的兒童，想把他們教育成為下一代的希臘愛國者，等將來時間更加成熟以後，實現大希臘的民族事業。這時從俄羅斯又來了一撥海外社區來的保加利亞民族發明家，他們試圖把原本父親一代還認為自己是希臘人的這些人重新發明，讓他們想像自己是中古時期另一支突厥人——保加爾人的後代，把他們發明成為保加利亞人。然後這些民族發明家在奧斯曼蘇丹面前為了爭取保加利亞教會的自治、爭取保加利亞人獨立辦學的權利，不斷地引起各種各樣的社會風潮。這時，他們的活動中心就在今天的馬其頓境內，但「馬其頓」還是一個連明確的邊界都沒有的地理名詞。當時的馬其頓境內也就是希臘主義發明家和保加利亞民族發明家這兩種人在競爭，而保加利亞民族發明家在今天的保加利亞境內的勢力還沒有在馬其頓境內的勢力強。當然這些地方在當時的法律上講都是奧斯曼帝國的一部分，文化上講都是斯拉夫的希臘東正教徒。

保加利亞主義的民族發明家推動保加利亞化的主要工具就是學校和報紙。一方面要用他們新發明的保加利亞語和歷史來教育下一代的新學童，另一方面又要辦報紙推動自己的事業。這時，他們最重要的一份報紙就是佩特科．斯拉菲可夫的《馬其頓報》[③]。我們不要誤會，以為《馬其頓報》就是馬其頓民族主義的報紙。雖然現在的馬其頓歷史是這麼寫的，但是當時的《馬其頓報》屬於保加利亞主義的主要陣營，極力鼓吹包括馬其頓在內的「大保加利亞」，而要發明一個新的保加利亞民族，既脫離奧斯曼人的範疇，又脫離希臘人的範疇。也就是說，現代的馬其頓民族發明家已經收編了過去十九世紀的保加利亞民族發明歷史，當作馬其頓民族歷史的一部分。這話的意思相當於，上海辦了一份叫做《申報》[④]的報紙，「申」就是上海的意思，本來是一個地名。它的宗旨就是，上海人要說服自己，既不是相當於奧斯曼主義的中華民族的一分子，也不是相當於希臘主義的漢族的一分子，而是包括上海在內的「吳越民族」的一分子。它的名字叫《申報》，但不是說它認為「吳越民族」只包括上海，而是包括江蘇、浙江和上海在內的。《馬其頓報》的意思也是如此，它要脫離奧斯曼主義和希臘主義，發揚保加利亞主義，宣揚馬其頓和東、西保加利亞都是大保加利亞不可分割的一部分。

我在第三講提過，從十九世紀中葉開始，保加利亞新文化運動、保加利亞教會獨立運動、保加利亞民族發明推動了幾十年，最終在一八七〇年，奧斯曼蘇丹做出讓步，允許保加利亞主教區脫離希臘東正教系統獨立。當然這對土耳其人來說也是惠而不費，它原本就已經允許希臘東正教徒自治了，現在希臘東正教徒起了內訌，一部分說我要做希臘人，另一部分說我要做保加利亞人，反正你們都不要做奧斯曼人，這關我什麼事，我就順水推舟吧。你們已經鬧了幾十年了，與其持續在同一個機構、同一座學校裡面鬧來鬧去，讓老師和學生都沒有辦法好好上課，那索性你們自己愛怎麼辦就怎麼辦吧。願意當希臘人的，你們繼續去辦你們的希臘教會和學校；願意當保加利亞人的，你們就去辦你們的保加利亞教會和學校。於是大家就一分為二，保加利亞人與希臘人的教會和學校分道揚鑣。這時馬其頓又是保加利亞教會和保加利亞學校最集中的地方，不可避免地，它要在以後的保加利亞革命當中扮演格外突出的角色。

我在第三講談保加利亞時曾經提到瓦西爾．列夫斯基，他是繼格奧爾基．拉科夫斯基之後，

① 馬其頓王國是古希臘時期，位於希臘世界邊陲地帶的君主國家。菲利普二世（359–336 BC）與他的繼承者亞歷山大大帝（336–323 BC）為古代馬其頓最知名的統治者，在他們的統治期間，馬其頓人不斷侵攻希臘，在西元前三三八年透過簽署「科林斯同盟」而獲得了全希臘的霸權。從西元前三三六開始，亞歷山大大帝率領希臘聯軍，進攻波斯，最終以少勝多，滅亡波斯帝國，開創馬其頓—希臘文明的黃金時代。

② 西元一三七五年（洪武八年），朱元璋下詔頒行《洪武正韻》，以南京白話為基礎音，取代原本在南京通行的吳語及其他本地方言，作為官方的通用語言。

③ 佩特科．斯拉菲可夫（Petko Slaveykov, 1827–1895）保加利亞民族發明家、教育家，一生致力於收集民謠，以保加利亞語進行文學創作，反擊希臘主義在教育領域的影響。保加利亞獨立後曾任國民大會主席、內政部長等職，並在一八六六年至一八七二年擔任《馬其頓報》（*Makedonia*）的主編。《馬其頓報》的主要宗旨是反對大希臘主義、宣揚大保加利亞民族主義及促進保加利亞東正教會獨立。

④ 上海《申報》，於一八七二年創刊於上海，創辦人為英商安納斯脫．美查（Ernest Major），為近代東亞地區歷史最早且最具廣泛影響力的商業報紙之一。中共解放軍於一九四九年占領上海後，《申報》宣布停刊。

保加利亞獨立革命的第二波民族發明家。第一波的拉科夫斯基是受希臘語教育長大的，等於還是半個希臘人；第二波的列夫斯基受到了新發明的保加利亞語言文化更深的影響，成為比較「純粹」的保加利亞人了。他為了推動革命，一方面要以俄國和其他巴爾幹國家為基地，建立海外社區和海外組織。它的基層組織就像是在外國的同盟會和友誼社，但是既然他的目的是要在奧斯曼境內建立未來的保加利亞，那他必然要派人在奧斯曼境內建立自己的基層組織。這個基層組織就叫做「內部革命委員會」。「內部革命委員會」是常見的、比較通俗的翻譯，實際上它的意思是「國內革命委員會」。既然有「國內革命委員會」，當然就會有「國外革命委員會」⑤。「國內」和「國外」的意思，就相當於是同盟會的東京總部和國內分部。同盟會的總部是在東京，是因為韃子皇帝害得它在十八省混不下去，不得不避難，所以為了方便起見才把總部設在國外的，但它想要建立的中華民族或炎黃子孫的十八省是在國內。所以才區分了國外和國內組織。「國內革命委員會」或者「內部革命委員會」的意思就是，我們不是保加利亞革命組織的全部，我們是保加利亞革命組織的國內分支，我們的總部還在敖得薩、布加勒斯特或者貝爾格勒。總而言之，革命委員會以這種方式推動了保加利亞境內接二連三的革命。

在一八七七年第十次俄土戰爭前夕，保加利亞反對土耳其的革命進入最後關頭的時候，革命委員會把他們企圖建立的這個未來的保加利亞國劃為四大革命區，分別派不同的組織進去，各區區別差不多就像是中部同盟會和廣東同盟會[6]。革命委員會中的第四分支或者叫做第四革命分區，主要涵蓋的範圍就是今天保加利亞的西南部和今天的馬其頓共和國全土，由格奧爾基·本科夫斯基負責指揮。如果換到遠東，類似的歷史就是，國民黨中央政治會議任命派遣胡漢民去廣州建立西南政務委員會並任命他為主席。西南政務委員會負責管轄滇軍、粵軍、桂軍之類的，跟南京、上海的國民黨中央政治會議可以起到一個分庭抗禮的作用。然後又派了李宗仁到武漢去搞武漢政治分會，派閻錫山到太原去搞太原政治分會，諸如此類。站在他們自己的立場上來講，這是準備革命以後各路革命軍建立起一個統一的大保加利亞。然而，這四個革命分區的實力並不對

⑤「內部革命委員會」，保加利亞民族主義組織，一八六九年由保加利亞民族發明家瓦西爾·列夫斯基創立，一八七二年併入「保加利亞中央革命委員會」，後者為保加利亞激進民主主義者柳賓·卡拉維洛夫（Lyuben Karavelov, 1834–1879）於一八六九年在布加勒斯特創立，該組織策劃了保加利亞境內的多次起義，包括一八七六年的「四月起義」。

⑥第一革命區在「保加利亞」東北部，以特爾諾沃（Tarnovo）為中心；第二革命區在「保加利亞」東南部，以斯利文（Sliven）為中心；第三革命區在「保加利亞」西北部，以弗拉察（Vratsa）為中心；第四革命區在「保加利亞」西南部（包括今馬其頓地區），以普羅夫迪夫（Plovdiv）為中心。一說還有第五革命區，以索菲亞（Sofia）為中心。此種方式類似於東亞的同盟會，除總會外尚有十一省區的分會，包括了由胡瑛負責的中部同盟會（統籌湖北、湖南、江西、河南各分會）與陳少白負責的南部同盟會（統籌廣東、廣西、福建、雲南、蓬洲各分會）。

等。馬其頓所在的第四革命區，實際上是四大革命分區中實力最雄厚、革命準備做得最好的，也是保加利亞民族主義經過多年宣傳後扎根最深的。他們的作戰最為勇猛，給了土耳其人最大的打擊。當然這時候還沒有馬其頓語言或文字這種東西，只有保加利亞語言文字，況且保加利亞語言及文字還是剛剛才發明的，時間還不到一代人。

在保加利亞革命軍和土耳其人打得正激烈的時候俄國人插手了。土耳其人一如既往的，在自己占了上風的時候就屠殺革命者，引起了歐洲輿論的反彈。但是列強不會僅僅因為輿論上的譴責，就會採取相對應的政治行動。這時，俄國人覺得這是一個大好時機，可以把俄羅斯的勢力擴大到黑海及達達尼爾海峽，直到君士坦丁堡，於是就爆發了俄土戰爭，戰爭結果是《聖斯特凡諾條約》[7]，戰敗的土耳其把君士坦丁堡城門以外的大部分土地都割讓給了俄羅斯準備建立的大保加利亞。但這時德國、英國和其他列強都覺得，這樣的大保加利亞會變成俄羅斯的一個傀儡國，對於國際秩序的平衡來說非常不利。於是他們進行了干涉，結果就產生了一八七八年的柏林會議。

一八七八年的柏林會議結果遏制了俄羅斯的野心，大保加利亞被一分為三，分成三個不同的地區：馬其頓地區重新交還給奧斯曼帝國，以免奧斯曼帝國徹底垮台以後沙皇俄國完全控制東地中海的局勢；北方，建立保加利亞公國，由德意志巴騰堡家族的親王亞歷山大一世擔任奧斯曼帝國一國兩制的保加利亞特區大公；東南部的東魯米利亞[8]，就是魯米利亞行省殘餘的部分，也交給保加利亞人，但是總督還是由土耳其人任命。

保加利亞民族主義者看到他們試圖建立的大保加利亞被列強一分為三，而且任何一個部分都沒有獨立，當然是非常失望的。馬其頓地區完全處在奧斯曼帝國的統治之下；保加利亞公國和東魯米利亞自治區是奧斯曼帝國一國兩制之下的兩個自治區，地位相當於今天的香港和澳門。它們實際上的權力雖然已經落入保加利亞人之手了，也獲得了自由選舉議會的權利和制定地區性基本法的權利，但是作為國際法的主體來說，它仍然是奧斯曼帝國的藩屬，不享有完整的國家主權。

⑦《聖斯特凡諾條約》（*Treaty of San Stefano*），是俄羅斯與奧斯曼帝國在俄土戰爭結束後，於一八七八年在土耳其西部的聖斯特凡諾簽署的條約，本條約結束了奧斯曼帝國對保加利亞近五百年的直接統治，成立半自治的保加利亞公國。

⑧一八七八年的《柏林條約》規定，在奧斯曼帝國境內，允許馬其頓以東、巴爾幹山脈和洛多皮山脈之間的地區成立名為「東魯米利亞」（Eastern Rumelia）的自治省，以普羅夫迪夫（今保加利亞第二大城）為首府。

它們特區的首長見了奧斯曼帝國蘇丹，必須承認蘇丹才是國家元首。但是既然保加利亞的革命軍的勝利，實際上是依靠俄羅斯帝國的干涉才得以實現的，他們沒有能力單槍匹馬戰勝奧斯曼帝國，而俄羅斯帝國在外交會議上又爭不過德、英列強，所以他們也只能夠暫時接受現實。

保加利亞公國——由巴騰堡家族的亞歷山大一世擔任特首的保加利亞自治區，經過幾次選舉以後，就完全控制在保加利亞民族主義者之手了。保加利亞愛國者或者民族主義者的下一步計畫是，通過他們在保加利亞北部的保加利亞公國控制的這個事實上的政權，如何在不明顯撕毀《柏林條約》的情況下，把東魯米利亞和馬其

保加利亞公國與東魯米利亞行省　奧斯曼帝國於1878年允許原屬於魯米利亞行省的保加利亞區域自治，並成立「保加利亞公國」，殘餘的魯米利亞行省區域則另行建立「東魯米利亞自治省」，仍受到奧斯曼帝國的直接管轄。

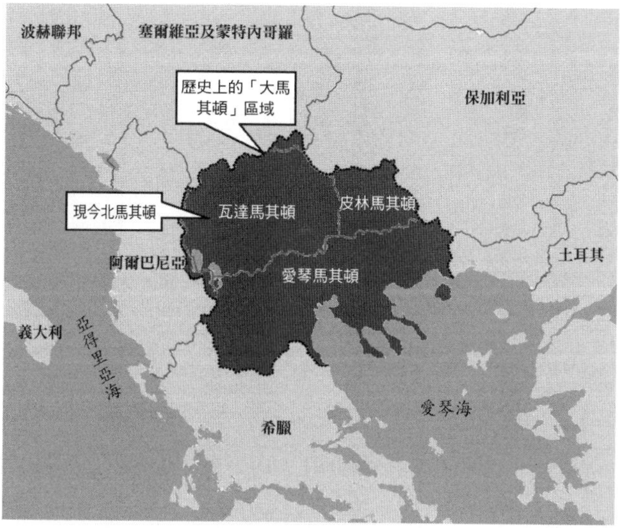

瓜分馬其頓 1913年第二次巴爾幹戰爭結束後，參戰各方將「大馬其頓地區」劃分為三部分：皮林馬其頓屬於保加利亞，愛琴海馬其頓屬於希臘，塞爾維亞獲得的瓦達馬其頓，即為今天北馬其頓的前身。

頓重新奪回來。第一步比較容易下手的當然是東魯米利亞，東魯米利亞至少是一個自治區，而馬其頓連自治區都不是。政府和議會必須對國家的正式法律和國際條約負責，當然不適合做這種事情，但是私下裡幫忙還是可以的，正如孫文在發動辛亥革命的時候經常從日本駐台灣的總督那裡得到援助。

從法律上講日本人是承認大清帝國的，有的時候（甚至是相當頻繁地）會根據大清政府的要求，把大清帝國的分裂主義分子孫文驅逐出境；但在私底下也持續提供孫文各種各樣的接濟，在孫文發動革命的時候給經費給軍火。從理論上講，孫文和他的同盟會是從黑龍會[9]拿到資助的。

如果大清政府試圖抗議的話，從法律上講，不是日本政府在支持孫文，而是日本的民間團體黑龍會在支持孫文的同盟會，民間對民間。日本作為一個有憲法的國家，政府不能夠強迫人民做不願意做的事情。政府需要尊重國際條約，承認大清國對廣東或者江蘇的管轄權，不能容許孫文以日本為基地、搞顛覆江蘇或者策劃廣東獨立的反叛活動；但是日本的民間人士，沒有擔任政府官職的黑龍會人士，拿著錢和軍火去接濟孫文，那麼日本人是無權管束他們的。就用這種陰一套、陽一套的方式，日本朝野人士最終借助孫文之手推翻了大清帝國。

保加利亞人顛覆東魯米利亞的方式也是與此類似的。從表面上講，保加利亞公國的國會、特首和政府恪守對宗主國奧斯曼帝國的義務，不能採取任何反對宗主國的措施，但是在民間方面就完全是另外一回事了。既然保加利亞公國已經是一個有憲法、有民主、有自由的地方，民間人士要做什麼或不做什麼，政府是不能都管的。如果民間人士策劃了什麼針對東魯米利亞的行動的話，那麼保加利亞公國至多根據國際上對待政治犯的通例，把這些不友好的人驅逐出境，也就算是對得起奧斯曼蘇丹了。但是實際上，保加利亞公國的朝野，無論是王室還是各黨派，暗中都是同情這些企圖分離東魯米利亞的人。分離出來後，必然要跟北部的保加利亞合併，在大保加利亞的事業上走出很大的一步。

於是我們都熟悉的「內部革命委員會」又以另外一種方式復活了，稱為「保加利亞祕密中央革命委員會」，領導人之一就是曾經參加過第四革命分區的索菲亞．斯托揚諾夫[10]。革命委員會在東魯米利亞策劃暴動，就像是孫文在廣東策劃暴動一樣，奧斯曼蘇丹拿他是沒有辦法的。他打了敗仗以後就撤到保加利亞境內去，然後奧斯曼蘇丹提出抗議，保加利亞特區政府只能夠把他驅逐出境。所謂驅逐出境，只是到海外其他什麼地方打一個圈又回來，又能策劃下一次暴動。最重要的就是，奧斯曼帝國限於柏林會議達成的協定，它不能夠直接干涉保加利亞公國和東魯米利亞自治區的內政，不然就是撕毀條約，就要面臨失去英國保護、直接跟俄國發生衝突的前景。這樣一來，奧斯曼帝國就等於是一隻手被捆在了背後。

⑨ 由頭山滿、內田良平等日本的泛亞主義者於一九〇一年在東京成立的民間組織，宗旨為驅逐滿洲地區黑龍江一帶的俄羅斯勢力，其組織名即從「黑龍江」而來。日俄戰爭於一九〇五年結束後，黑龍會開始與日本軍方合作。一九三一年九一八事變爆發後，改組為具有法西斯色彩的大日本生產黨。二戰結束後，於一九四六年遭到駐日盟軍司令部（GHQ）勒令解散。

⑩ 索菲亞．斯托揚諾夫（Zahari Stoyanov, 1850–1889），保加利亞民族主義活動家、政論家。出身農民家庭，他在一八八五年建立「保加利亞祕密中央革命委員會」，在東魯米利亞地區的普羅夫迪夫發動政變，要求和保加利亞大公國合併。一八八六年，奧斯曼帝國同意任命保加利亞大公為東魯米利亞總督，東魯米利亞併入保加利亞。

可以看出在大多數東魯米利亞人口已經被保加利亞主義者的教育機器俘獲的情況下，東魯米利亞早晚會併入保加利亞，儘管柏林會議規定這兩個區應該分離，但在革命委員會策動的一次革命或是政變以後，東魯米利亞便宣布回歸祖國。東魯米利亞和保加利亞公國的合併，就是現代保加利亞的鼻祖。但是這個合併了的公國暫時仍然是保加利亞公國，它還沒有勇氣正式宣布獨立、跟土耳其人分庭抗禮，至少在與列強和巴爾幹的其他諸國達成協議以前，它是不敢這麼做的。

兩公國合併以後，大保加利亞主義者的信心更加強大。他們認為，革命委員會既然用這種方式合併了東魯米利亞，那麼再收回馬其頓也不成問題。此時的革命委員會進入了第三代，第一代革命委員會是從希臘主義者分裂出來的保加利亞民族發明家，就是列夫斯基那一批人；第二代革命委員會是斯托揚諾夫那一批人，他們在柏林會議以後完成了奪取東魯米利亞的任務；第三代革命委員會就是我們現在要講的這個真正的「馬其頓內部革命委員會」的起源了，這個革命委員會比起最初的「內部革命委員會」，加了一連串地名，全名叫做「馬其頓和阿德里安堡內部革命委員會」。[11]

按照「大保加利亞主義」的構想，現在只有馬其頓和阿德里安堡這些地方還沒有光復，還處在異族的奴役之下，等把它們收復以後，保加利亞人的革命事業就算是大功告成了。第三代革命委員會就是這樣成立的。它的主要顛覆或者革命範圍就要變成，以保加利亞為中心，去打進土耳其人仍然繼續控制的馬其頓和阿德里安堡。這些地方的人口結構其實像是一九九〇年代的波士尼亞，是有大量的穆斯林的。別的不說，當時的馬其頓包括塞薩洛尼基這個重要城市，土耳其的民族發明家凱末爾全家都是塞薩洛尼基人。近代的大部分土耳其民族發明家來自於當時所謂的馬其頓境內，而不是來自於今天土耳其所在的安納托利亞境內。所以土耳其的民族發明其實也是在馬其頓地區發明後，再傳播到安納托利亞去，而土耳其發明家在馬其頓的根據地反而被希臘人、塞爾維亞人和保加利亞人鏟平了。

馬其頓內部革命委員會的達梅．格魯耶夫[12]這一批人在馬其頓和阿德里安堡搞了一系列革

⑪「馬其頓和阿德里安堡內部革命委員會」（Internal Macedonian-Adrianople Revolutionary Organization），保加利亞民族主義組織。一八九三年由馬其頓地區的保加利亞民族主義者成立於塞薩洛尼基，以將馬其頓地區併入保加利亞為組織宗旨。一八九七年後開始遊擊戰活動，與當地的親塞爾維亞勢力和親希臘勢力頻繁衝突。一九〇三年八月，在馬其頓和東色雷斯地區發動起義，遭到奧斯曼帝國鎮壓。一戰後，保加利亞因戰敗而喪失馬其頓，該組織在馬其頓的分支重組為「馬其頓內部革命委員會」（IMRO），對塞爾維亞（南斯拉夫）和希臘占領軍開展武裝襲擊，並多次實施暗殺政治人物的活動，被三國視為恐怖組織，遭到聯合鎮壓，一九三四年後逐漸式微。

⑫達梅．格魯耶夫（Dame Gruev, 1871–1906），保加利亞民族主義革命家。生於今北馬其頓境內。早年先後在塞薩洛尼基、貝爾格勒和索菲亞接受教育，最終接受了保加利亞民族主義思想。一八九三年與哥策．德爾切夫（Gotse Delchev, 1872–1903）和赫里斯托．塔塔爾切夫（Hristo Tatarchev, 1869–1952）等人一起創立「保加利亞馬其頓—阿德里安堡革命委員會」（Bulgarian Macedonian-Adrianople Revolutionary Committees，簡稱BMARC），即「馬其頓內部革命委員會」的前身，試圖以一八七六年「四月起義」的模式在馬其頓和色雷斯推動保加利亞民族主義運動。一九〇三年參與伊林頓—普列歐布拉茲赫尼起義時戰死，保加利亞和北馬其頓均視格魯耶夫為民族英雄。

命，這些革命的經歷很像是一八七八年《柏林條約》以前，以俄羅斯和羅馬尼亞為基地的上一代革命委員會在保加利亞搞革命的經歷。他們不斷地引起衝突，跟土耳其人打仗，但是每一次都打敗了，引起新的鎮壓。但是這一次，歐洲輿論沒有很強烈的反應。關鍵就是在於，馬其頓和阿德里安堡這些地方像今天的波士尼亞一樣，本來就有大量的穆斯林人口，所以要求他們併入保加利亞就不像是以前希臘、瓦拉幾亞和保加利亞自身鬧獨立的時候那樣名正言順。這就有點像是今天波士尼亞的那種情況，你很難說誰是理直氣壯地爭取獨立和自由的，誰只是在想搞種族清洗和衝突、想為自己的文化族群爭到更大的利益。土耳其的馬其頓方面軍⑬本身是奧斯曼土耳其帝國內立憲派的主要支持者，每一次君士坦丁堡發生保守派政變的時候，都是馬其頓方面軍去鎮壓的，青年土耳其黨、大奧斯曼主義者和未來的小土耳其主義者都產生於馬其頓方面軍，所以馬其頓對於土耳其來說也是不可缺少的一部分。所以從列強的角度來看，儘管內部革命委員會和馬其頓穆斯林衝突得很激烈，但是很難說哪一方更正義一些。這就像是，儘管波士尼亞的塞爾維亞人和穆斯林衝突激烈，但是雙方好像都可以算成是原住民，不能說波士尼亞的塞爾維亞人是外來侵略者，也不能說波士尼亞的穆斯林是外來侵略者，非要把其中一方趕出去。

所以過去在一八二一年曾經用得很順利的那種方法，現在就用得不太順利了。馬其頓內部革命委員會的革命工作也不很順利，列強不肯干預，他們自己又打不贏，所以歸根結底還是要靠母國保加利亞。這時內部革命委員會仍然認為自己是保加利亞人，認為馬其頓是保加利亞不可分割的一部分。依靠保加利亞母國而母國力量不足的話，主要就要靠外交了。這時的保加利亞雖然已經合併東魯米利亞，但在法律上仍然是奧斯曼帝國的一部分，但是它可以通過外交方式來尋找潛在的盟友，一方面可以聯絡羅馬尼亞和塞爾維亞，而這樣就要犧牲馬其頓本身的利益。本來大保加利亞人是想吞併整個馬其頓，但是單打獨鬥打不贏，得把塞爾維亞、羅馬尼亞和希臘都拉進來的話，就必須分蛋糕了。於是他們就祕密簽訂了「瓜分馬其頓」的協議[14]，準備把馬其頓北部分給塞爾維亞。這樣分蛋糕的結果是，這些國家就可以聯合起來對抗奧斯曼帝國了。

⑬ 塞薩洛尼基的第三軍（Third Army），奧斯曼帝國駐紮在希臘塞薩洛尼基的軍隊，一九〇八年青年土耳其黨人革命的諸多重要人物，如恩維爾帕夏、凱末爾都出自此軍。於一戰期間跟俄羅斯的「沙俄高加索集團軍」作戰，並負責鎮壓亞美尼亞民族解放運動。

⑭ 塞爾維亞、保加利亞、希臘和蒙特內哥羅於一九一二年締結的「巴爾幹同盟」，通過祕密協定作出一系列瓜分奧斯曼領土的安排。其中保加利亞和塞爾維亞約定，雙方以「克里瓦帕蘭卡—奧赫里德線」（Kriva Palanka-Ohrid line）為界瓜分馬其頓地區，該線東南歸保加利亞，該線西北則歸塞爾維亞。希臘也要求馬其頓部分領土，但塞爾維亞及保加利亞均不肯讓步，引發了一九一三年六月的第二次巴爾幹戰爭。

第一次巴爾幹戰爭一爆發，原先的馬其頓內部革命委員會就變成了保加利亞的一支方面軍。他們的政治工作主要就是要使馬其頓回歸保加利亞母國。現在保加利亞已經參戰，他們當然就理所當然地作為保加利亞軍隊的一部分了。但是戰爭結果並沒有讓他們完全滿意，尤其沒有讓馬其頓的保加利亞人滿意。第一次戰爭的結果是馬其頓遭到了瓜分，希臘和塞爾維亞分配到一部分，而保加利亞獲取了最大的一部分，但這已經不能讓內部革命委員會滿意了，因為他們本來是想把馬其頓全部併入保加利亞的，但是更糟的事情還在後面。接下來，巴爾幹各國由於土地分配不均（勝利者之間總是這樣的，在獲勝以前還能夠維持團結，勝利以後就要產生分配衝突，讓大家都不滿意），保加利亞人嫌自己分得少而攻擊塞爾維亞和希臘，結果變成了眾矢之的，大家聯合起來進攻保加利亞[15]。

結果又爆發了第二次巴爾幹戰爭，就是巴爾幹其他各國反過來聯合奧斯曼帝國進攻保加利亞，結果把馬其頓的大部分和阿德里安堡都從保加利亞的手裡奪了出去。阿德里安堡被恩維爾帕夏[16]拿回去，回歸了奧斯曼；而馬其頓被一分為三：馬其頓的西北部，包括今天的馬其頓共和國，稱為瓦達馬其頓（Vardar Macedonia），變成了塞爾維亞的一部分，塞爾維亞人把它發明成為「南塞爾維亞」[17]；馬其頓的南部，包括塞薩洛尼基，稱為「愛琴馬其頓」（Aegean Macedonia），歸了希臘，希臘人把他們發明成為自古以來是希臘人的一部分；過去那個馬其頓只有東北部大概百分之十五左右歸了保加利亞，稱為「皮林馬其頓」（Pirin Macedonia）。當然塞爾維亞和希臘就要用我們都熟悉的那一套國語教育——塞爾維亞語和希臘語的教育去同化他們的居民。同時希臘人還有一步，就是將日後從安納托利亞撤回來的希臘東正教徒盡可能地安排在「愛琴馬其頓」的土地上。

我們前面講過馬其頓是保加利亞民族發明最成功的地區，很多積極的保加利亞民族發明家其實是馬其頓人，但是它的大部分土地卻被劃分在保加利亞之外。這種現象在現代史上其實是相當常見的。國民黨的支持者主要在哪兒呢？在檀香山和馬來亞（Melaya），在廣東也不少，但是在

⑮ 在第一次巴爾幹戰爭中，保加利亞因將主力軍集中於東線阿德里安堡等地，導致馬其頓西北部和南部大部分地區被塞爾維亞和希臘占領。塞爾維亞拒絕撤出所占領的馬其頓土地，並與希臘締結了祕密軍事同盟。一九一三年六月三日，保加利亞攻擊馬其頓的塞、希軍隊，第二次巴爾幹戰爭爆發。除塞、希外，蒙特內哥羅、羅馬尼亞、奧斯曼帝國也先後加入戰爭。保加利亞於七月二十日求和。根據八月十日簽訂的《布加勒斯特和約》和九月三十日的《君士坦丁堡和約》，保加利亞放棄了對馬其頓大部分地區的領土要求，並將南多布羅加和包括阿德里安堡在內的東色雷斯地區分別割讓給羅馬尼亞和奧斯曼帝國。

⑯ 恩維爾帕夏（Enver Pasha, 1881–1922）奧斯曼帝國末期的三巨頭之一，與穆罕默德・塔拉特帕夏及傑馬爾帕夏合稱「三帕夏」。恩維爾帕夏是奧斯曼帝國青年土耳其黨人的領袖，一戰結束後，他在哈薩克地區參與反蘇俄的巴斯瑪奇運動（Basmachi movement），被蘇軍擊斃，得年四十歲，被現在的土耳其人視為民族英雄。

⑰ 塞爾維亞－克羅埃西亞－斯洛維尼亞王國的一個省區，存在於一九一九至一九二二年，管轄範圍包括北馬其頓、科索沃、桑札克（Sandžak）等地。

山西和河南基本就沒有。但是檀香山和馬來亞卻是在國民黨有效管轄區之外的。國民黨依靠馬來亞和檀香山這批人的支持打回國內，推翻了滿清和袁世凱，但是它的主要支持者卻被劃在了它自己的邊界之外。保加利亞在一九一三年的巴爾幹戰爭以後就處在這種狀態。

馬其頓內部革命委員會對戰爭結果是極其不滿意的，因為它的損失最大，然而它想要得到的土地卻被劃到了保加利亞境外。革命委員會的支持者主要在保加利亞境外，結果它在保加利亞以後的議會鬥爭中間也占不到上風。而保加利亞沙皇和國會的主要黨派都不敢或者是不肯違反列強同意的國際條約，把保加利亞拖進新的戰爭當中。他們預見到，在這場新的戰爭中間，保加利亞仍然會處在極其不利的狀態。然後過不了多久，內部革命委員會攻擊的對象就由過去的奧斯曼帝國，轉向為保加利亞的沙皇和主流政黨了。他們認為——這就是五四學生火燒趙家樓[18]的口號了：「我們革命了這麼多年，犧牲了如此之多，卻落到這種下場，都是因為沙皇、內閣和國會不爭氣的緣故。外爭國權，首先要內懲國賊。如果不是因為保加利亞國內有賣國賊當政的話，我們馬其頓早就獲得解放了。」當然這是發洩情緒的話。實際情況就是，保加利亞的國家力量沒有達到這一步，外交形勢也對它不利。所以保加利亞不是不想要吞併馬其頓，而是它實際上沒有這個力量。但是從內部革命委員會的觀點來看，這些事情都該怪保加利亞的政府不爭氣。

在內部壓力以及各種外部因素的影響下，保加利亞政府在第一次世界大戰當中加入同盟陣營。主要理由是，塞爾維亞和希臘加入協約國陣營，只有德國勝利了，保加利亞才能夠奪回在馬其頓失去的土地。但是結果德國輸掉了，保加利亞不得不重新簽署條約。協約國規定，它必須回到一九一二年的舊邊境[19]。這就意味著，保加利亞將會永久失去在第二次巴爾幹戰爭時期割讓給希臘和塞爾維亞的馬其頓領土。經過了這次失敗，保加利亞的大部分政治家完全放棄了收復失地的想法，尤其是執政的農民黨[20]。他們覺得已經吃過兩次虧了，以後可以不必「星辰大海」了，現在的保加利亞是小了一點，但是比起以前被土耳其人統治和壓迫的情況還是好了不少，以後的事情咱們就這麼算了吧，從此之後保境安民就好。但是馬其頓內部革命委員會是不肯罷休的，它

⑱ 火燒趙家樓，於一九一九年的中國五四運動時期，愛國學生因不滿日本在巴黎和會取得山東半島的租借權利，發起遊行並火燒交通總長曹汝霖居所「趙家樓」。

⑲ 保加利亞在一戰中戰敗後，根據一九一九年的《納伊條約》（*Treaty of Neuilly-sur-Seine*），保加利亞將西色雷斯割讓給希臘，從而喪失了愛琴海出海口。另外，與塞爾維亞的邊界也進行了一些不利於保加利亞的調整，即所謂「西部失地」。

⑳ 農民黨（Bulgarian Agrarian National Union）於一八九九年成立，代表保加利亞小農利益。該黨於一戰後成為保加利亞第一大黨，並在一九二〇年執政。該黨推行有利於小農的民粹路線，並擁有武裝組織「橙色衛隊」。一九二三年六月，農民黨政府被軍方和民族主義發動的政變推翻，之後成為保加利亞共產黨的附隨統戰組織。

成立的目的就是要收復馬其頓，如果保加利亞政府放棄了收復馬其頓的企圖，它自己就沒有存在的價值了。而且革命委員會跟一般的議會政黨不一樣，它本來就是像同盟會一樣是搞武裝鬥爭起家的，現在它的鬥爭對象，或者說暗殺活動的主要對象就轉向它眼中的賣國政府——保加利亞執政的農民黨政府當中。

馬其頓內部革命委員會的暗殺活動給它帶來了很大的壞名聲。他們刺殺了當時剛因政變下台的保加利亞首相亞歷山大・斯塔博利斯基，而且在殺了他以後，還沒有忘記像伊斯蘭國一樣，連屍體都不放過，把這個死去的前首相的右手砍了下來。理由是，斯塔博利斯基的罪惡右手簽署了一九二三年的尼什條約[21]，企圖鎮壓我們馬其頓內部革命委員會。當然這隻被砍下來的右手在國際社會一展示，也就坐實了馬其頓內部革命委員會跟當時共產黨沒什麼區別的恐怖分子名聲。這件事情在當時的意義就相當於，在一九七〇年代，義大利的赤軍旅在從事恐怖活動最激烈的時候，綁架並殺害了義大利的總理莫羅[22]。你想想，如果是一般的地主或資本家被人綁架撕票，那也罷了，還可說是治安不好，但是連一國總理都到了自身難保的地步，那是不是國將不國呢？

這時已經是第一次世界大戰後，蘇聯已經成立共產國際，向東歐所有國家都派遣了特工，也包括了中國革命的主要策劃者、延安的太上皇、柏林國會縱火案的主角——著名的格奧爾基・季米特洛夫[23]。季米特洛夫在蘇聯的指揮之下在保加利亞搞革命，當然首先要選擇可以合作的對象，用共產黨的術語說就是統一戰線。他自然而然地發現，保加利亞大多數政黨已經適應議會政治了，不願意通過選舉以外的方法奪取政權，只有兩個組織有點希望，就是馬其頓內部革命委員會及其支系「馬其頓聯邦組織」[24]。他們的基礎都在馬其頓，而不在保加利亞境內。在保加利亞境內，他們要麼就是承認失敗算了，要麼就要使用武力。凡是使用武力的政黨，都是共產黨所喜歡的，因為共產黨也是那種不可能通過選舉上台的政黨。因此共產黨很自然地就覺得，在奪取政權之前，任何願意使用暴力反對議會政治的勢力都是我們可以利用的對象，就像是今日共產黨透過統戰利用國民黨那樣。於是在一九二四年，馬其頓內部革命委員會、馬其頓聯邦組織和保加利

㉑ 亞歷山大·斯塔博利斯基（Aleksandar Stamboliyski, 1879–1923），保加利亞農民黨政治家，一戰前為農民黨制定意識形態綱領，對內主張維護小農利益，對外反對政府的擴張主義和親德路線，鼓吹巴爾幹聯邦主義。一戰後，他領導的農民黨成為議會第一大黨並組閣，任內運用威權手腕同時打擊共產主義和自由主義，致力於建立有利於小農的教育和財產體制。承認凡爾賽體系的戰後安排，與巴爾幹鄰國和歐洲各國實現和解。一九二三年三月，他與塞爾維亞—克羅埃西亞—斯洛維尼亞王國簽訂《尼什條約》，聯手打擊馬其頓內部革命委員會，此舉引起國內軍方和民族主義者不滿並於一九二三年發動政變，斯塔博利斯基最後被馬其頓內部革命委員會人員捕殺。

㉒ 義大利的赤軍旅是一九七〇年代義大利的左派武裝組織，創建者為雷納托·庫喬（Renato Curcio），主要成員為工人和學生，該組織最著名的行動是在一九七八年綁架並處決了義大利前總理阿爾多·莫羅（Aldo Moro, 1916–1978）。

㉓ 格奧爾基·季米特洛夫（Georgi Dimitrov, 1882–1949），於一九一九年開始領導保加利亞共產黨，起義失敗後流亡海外，長期從事共產國際的特務活動。一九三三年他被納粹德國以「參與柏林國會縱火案」的罪名逮捕，最後無罪釋放。一九三五年後正式成為共產國際執行委員會的總書記，前往中國負責協調莫斯科、毛澤東及中共的關係，並推動了中共的抗日民族統一戰線政策。二戰結束，季米特洛夫返回保加利亞，出任新成立的保加利亞共和國總理，直到一九四九年病逝。

亞共產黨擬定了統一戰線宣言[25]，我們可以把它理解為保加利亞版的《孫文越飛宣言》[26]。雖然這次合作很快就破裂了，但共產黨還是成功地把內部革命委員會的左派給統戰、挖走了。

在一九三四年的軍事政變[27]後，保加利亞新政府終於不再容忍馬其頓內部革命委員會及保加利亞共產黨，進行了嚴厲鎮壓。在被鎮壓的情況下，內部革命委員會比共產黨更加倒楣。共產黨每次被鎮壓以後，就迅速撤到蘇聯去了。季米特洛夫本人就跑回莫斯科去，不再指揮保加利亞的革命，但繼續作為共產國際的一個大員到處活動，指揮毛澤東和周恩來去了。共產國際的革命家是沒有祖國的，哪一個國家都可以是他的祖國，在保加利亞不搞革命，他就到中國去搞革命。而馬其頓內部革命委員會無處可去，它是一個類似國民黨的民族主義政黨，精準地說它是一個企圖發明民族的民族主義政黨，但它企圖發明的對象又被隔在自己的境外。它想把馬其頓拉到保加利亞境內，本來只能以保加利亞為基地的，但是它被當作恐怖分子狠狠地鎮壓了，連在保加利亞境內都沒有辦法立足了。這就相當於，同盟會如果在東京都沒有辦法立足，它的革命活動根本沒法繼續下去。於是保加利亞的馬其頓內部革命委員會就從此衰弱了。希臘和塞爾維亞的馬其頓內部革命委員會，原先就是流亡在保加利亞的馬其頓內部革命委員會的分支機構，在總部被保加利亞政府鎮壓後，自然也就活躍不起來了。今後的幾十年，人們幾乎沒有聽到馬其頓內部革命委員會的消息。當然這時候，無論是保加利亞、塞爾維亞還是希臘，都不認為馬其頓是一個國家，它們只是對馬其頓的歸屬有爭議。保加利亞人認為這些地方天然是歸它的，而希臘人和塞爾維亞人也都認為是歸屬自己的，而馬其頓人自己當時主要是親保加利亞。

然後歷經第二次世界大戰，戰爭結束後在史達林和狄托[28]的主導下，共產主義者席捲了大半個巴爾幹半島——除了希臘以外，希臘也差一點讓他們拿下來。這時狄托開始考慮，以前的這些爭議怎麼解決呢？例如保加利亞和源自塞爾維亞的南斯拉夫之間，最主要的歷史糾紛就是馬其頓問題。狄托提出，為了解決這個歷史糾紛，保加利亞和南斯拉夫乾脆組成一個聯邦，大家既然是同一個聯邦，那麼馬其頓歸誰還是不歸誰就不太重要了[29]。但是聯邦條件正談到一半的時候，南

㉔ 由馬其頓內部革命委員會的左傾成員於一九二一年九月成立，主張馬其頓自治和巴爾幹聯邦主義（即南斯拉夫和保加利亞共同組成聯邦），反對大保加利亞主義路線。在一九二〇年代與農民黨政府合作，共同打擊馬其頓內部革命委員會。農民黨政府倒台後，該組織又尋求蘇聯的援助，逐漸淪為共產國際的附隨組織。

㉕ 一九二四年五月六日，三方代表簽署《五月宣言》，宣布致力於在「多族群的」馬其頓地區建立獨立國家。但馬其頓內部革命委員的多數成員對該宣言背離保加利亞民族主義而感到憤怒，拒絕支持該宣言。

㉖《孫文越飛宣言》，由孫文與蘇聯外交部副部長越飛（Adolph Joffe, 1883–1927）於一九二三年共同發表，奠定了國民黨和蘇聯合作的基礎。內容主要分為四點：一，共同促成中國的統一，強調共產主義和蘇維埃制度不適用於中國。二，蘇聯願意放棄俄羅斯帝國時代對中國一切不平等條約，另行訂立新約。三，中國和蘇聯政府應共同協商東北鐵路管理問題。四，蘇聯無意令外蒙古獨立於中國之外。

㉗ 保加利亞軍事政變（Bulgarian coup d'état of 1934），一九三四年五月十九日，由保加利亞軍官組成的「環節集團」和「軍官同盟」發動軍事政變，推翻了左派的人民黨政府，以基蒙·格奧爾基耶夫（Kimon Georgiev）為首相建立新政府。新政府禁止了馬其頓內部革命委員會的活動，摧毀了該組織在佩特里奇（Petrich）的基地。此後馬其頓內部革命委員會日益衰落，除二戰期間與德國占領軍有過短暫合作外，戰後即完全停止活動。

斯拉夫跟蘇聯又鬧翻了，史達林拍了一下腦袋，覺得情況不對：南斯拉夫已經相當不聽話了，如果南斯拉夫和保加利亞合併，擁有巴爾幹半島的絕大部分領土，那是不是會形成跟足以抗衡蘇聯的力量？最好還是不要讓它們合併。既然合併的問題沒法解決，馬其頓問題就更沒法解決。

我們知道狄托在南斯拉夫為了抑制塞爾維亞人的勢力，把塞爾維亞人自稱的南塞爾維亞也劃出來，建立了一個馬其頓共和國[30]。這件事情讓塞爾維亞民族主義者很不高興，他們認為他們在瓦達馬其頓（也就是今天的馬其頓共和國）推動塞爾維亞語教育的事業已經是很有進步了。經過塞爾維亞和南斯拉夫這樣幾代人的努力，在一九四〇年代的瓦達馬其頓境內，會講保加利亞語的人跟今天的東三省，遼寧、吉林和黑龍江中會講滿語的人也差不了多少，沒有幾個了。眼看把他們同化成塞爾維亞人的事業就要成功，沒想到狄托為了打擊塞爾維亞人，把波士尼亞也劃出去了，馬其頓也劃出去了，科索沃也成立了自治省。但是狄托靠的是克羅埃西亞和斯洛維尼亞這些比較先進的地方支持，塞爾維亞人拿他沒有辦法。於是就產生了作為南斯拉夫加盟共和國的馬其頓。而希臘統治的「愛琴馬其頓」，這時候已經湧入了大批被凱末爾趕出安納托利亞的希臘東正教徒，人口結構完全變了。

最後一幕就是一九九〇年代共產主義在東歐徹底崩潰後留下了政治真空。這時，已經國際社會遺忘、被認為早已經消失的馬其頓內部革命委員會，在南斯拉夫的馬其頓共和國突然死灰復燃，而且贏得了議會選舉。接著保加利亞也成立了自己的內部革命委員會[31]，但是這個內部革命委員會在保加利亞民主化以後的議會選舉中一敗塗地，以後再也沒有翻過身來。結果，一九九〇年以後的內部革命委員會只在馬其頓執政。接下來就是克羅埃西亞人和波士尼亞人爭取獨立，爆發了克羅埃西亞戰爭和波士尼亞戰爭，馬其頓便趁這個機會宣布獨立。現任塞爾維亞總統斯洛波丹．米洛塞維奇[32]害怕兩線作戰，同時因為塞爾維亞人在波士尼亞實施了種族清洗，很像是以前土耳其在巴爾幹的大屠殺，遭到聯合國的制裁，這時候狄托就覺得，馬其頓如果獨立出去會對他有相當的好處：一方面，馬其頓是經濟上比較落後的地區，需要塞爾維亞補貼；另一方面，馬其

㉘ 約瑟普．布羅茲．狄托（Josip Broz Tito, 1892–1980），父親是克羅埃西亞人、母親是斯洛維尼亞人。一九三七年接任南斯拉夫共產黨總書記，二戰後就任南斯拉夫社會主義聯邦共和國總統，持續執政到一九八〇年過世為止。儘管他被批評為獨裁統治，但個人形象通常被視為南斯拉夫聯邦內各民族統一的象徵。美蘇冷戰期間，狄托與印度總理尼赫魯、埃及總統納瑟共同發起「不結盟運動」，奉行獨立自主的外交政策，又被稱為狄托主義。

㉙ 二戰後，南斯拉夫和保加利亞曾就兩國合併為「巴爾幹聯邦共和國」的問題進行協商。一九四七年狄托和季米特洛夫簽訂《布萊德協議》（Bled agreement），雙方同意賦予兩國境內的馬其頓人以獨立民族地位，並就馬其頓各個地區的合併、「西部失地」交還保加利亞、在兩國間廢除護照並成立關稅同盟等問題達成了一致。一九四八年六月，南斯拉夫與蘇聯關係惡化，保加利亞追隨蘇聯而與南斯拉夫斷絕關係、廢除了各項條約，進一步談判遂不再舉行。

㉚ 二戰後期，以狄托為首的南斯拉夫共產黨承認「馬其頓民族」的獨立性，支持馬其頓人在南斯拉夫聯邦內的主體地位。故一九四四年八月，南斯拉夫宣布成立「民主聯邦馬其頓」，並在一九四五年改名為「馬其頓人民共和國」，加入南斯拉夫聯邦。一九九一年獨立後改名為「馬其頓共和國」。

頓如果獨立以後，塞爾維亞就有了一個與走私的管道。

大部分周邊國家嚴格地執行對塞爾維亞的制裁政策，使塞爾維亞人感到很頭疼。如果馬其頓獨立以後，表面上執行對塞爾維亞的制裁政策，暗地裡開一個管道、搞一點走私活動，那麼塞爾維亞的壓力將會減輕很多。而對馬其頓來說的話，馬其頓如果留在南斯拉夫內部，那麼國際社會制裁南斯拉夫的時候，馬其頓就要跟塞爾維亞一起被制裁；而馬其頓一旦獨立了以後，就可以左右逢源，它可以加入國際社會對塞爾維亞人的制裁，那樣它自己就在制裁區外了，還可以得到國際援助。同時馬其頓在名義上制裁塞爾維亞的情況下，暗地裡還可以給塞爾維亞放水，搞邊境貿易，這樣它就可以兩頭占便宜。事實上馬其頓就是這麼做的。所以可以說，馬其頓內部革命委員會透過相當高明的外交手腕，使它沒有付出波士尼亞人和科索沃人那樣沉重的代價，而且左右逢源地既得到了國際社會的支持，又沒有得罪塞爾維亞，便實現了獨立。

當然從保加利亞人的看法來講，馬其頓這種獨立的方式實在令他們非常頭痛。當時的保加利亞人根本不承認世界上有一種馬其頓人，他們認為馬其頓人是一九四四年由狄托和南斯拉夫共產黨發明出來的[33]。舉個例子，「馬其頓內部革命委員會」的馬其頓語名稱：「Внатрешна Македонска Револуционерна Организација」及保加利亞語名稱：「Вътрешна Македонска Революционна Организация」大家可以清楚看到：第一，它們全都是同一套字母；第二，字母和字母之間也差得很少。前兩個單字接近二十個字母，總共只有二個字母不一樣。你如果稍微粗心一點，就以為是有人把同一個名字寫了兩遍。但不是的，一個是馬其頓語，一個是保加利亞語。但是既然這樣，大家想一想，這樣的馬其頓語跟保加利亞語有什麼區別？粵語和普通話之間的差別比這個要大多了。任何人如果把粵語寫成無論是拼音文字還是方塊字的話，至少像我這種受普通話教育的人看了以後，至少三分之一、有時一半以上都看不懂。

但是什麼叫做語言，什麼叫做方言，並不是由它們之間的差異度決定的，而是由政治決定的。如果狄托決定馬其頓的方言儘管跟保加利亞的主流語言相似度很高，但是他要建立馬其頓共

㉛ 一八九三年成立的「馬其頓內部革命委員會」（請參考注釋〔號碼排版待補〕）在二十世紀中期消失後，二十世紀有兩個政黨宣稱該組織為他們的前身，分別是在一九九〇年成立的VMRO–DPMNE，全名為「馬其頓內部革命委員會－馬其頓民族統一民主黨」，為現代北馬其頓的政黨；另一個是一九九一年成立的IMRO–BNM，全名為「馬其頓內部革命委員會－保加利亞民族黨」，為現代保加利亞的政黨。

㉜ 斯洛波丹·米洛塞維奇（Slobodan Milošević, 1941–2006）南斯拉夫政治人物，歷任塞爾維亞總統（1989–1997）、南斯拉夫聯盟共和國總統（1997–2000）、塞爾維亞社會黨創始人和領導人（1992–2001）。米洛塞維奇於一九八九年就任塞爾維亞總統後推行大塞爾維亞主義，導致一九九一年南斯拉夫解體並陷入長達八年的內戰，被西方媒體稱為「巴爾幹屠夫」。二〇〇一年，米洛塞維奇被塞爾維亞政府逮捕後、以戰爭罪移送荷蘭海牙監禁，於二〇〇六年死於獄中。

㉝ 保加利亞迄今為止的官方立場是，承認北馬其頓國家的政治獨立，但不承認馬其頓民族和馬其頓語的存在，認為馬其頓人事實上是保加利亞民族的支系，所謂馬其頓語是保加利亞語的一種方言。

和國，他就說它是一種語言了。保加利亞人誓死不肯承認它是一種語言，堅持它是保加利亞的方言，但是也爭不過狄托造成的既成事實。同時，最根本的原因是，保加利亞在過去追求「大保加利亞」時，打了幾次敗仗後已經元氣大傷，再也不敢「星辰大海」了。而且在冷戰期間，整個巴爾幹半島過去發明「大希臘主義」的這個區域裡面，只有希臘是北約和歐盟成員國；其他都是原屬於共產主義陣營，非常窮困，在外交上也很消極，它們不像希臘那樣理直氣壯，即使心裡面不滿，也只敢在自己國內做宣傳，不敢到國際社會上去鬧。只有希臘人敢公開反對馬其頓獨立，他們跟保加利亞人一樣，認為馬其頓人根本不是一個民族。由於希臘既是北約成員國又是歐盟成員國，保加利亞、馬其頓、科索沃未來是否能夠加入北約或歐洲，希臘都有一定的發言權，所以它底氣十足。

希臘公開宣布，獨立的馬其頓不該叫做「馬其頓共和國」，因為亞歷山大的那個馬其頓是希臘文化的一部分，所以你們自稱「馬其頓共和國」就是企圖吞併希臘領土，或者想要分裂希臘，各種不利於希臘。只要馬其頓人不肯改名，希臘就會在歐盟委員會及北約委員會投反對票，不讓「馬其頓共和國」加入希臘或者北約。因此馬其頓不得不做出妥協，在國際上把自己的國號叫做「前南斯拉夫馬其頓共和國」。這個稀奇古怪的國號，別人看上去覺得極其荒謬，但是台灣人應該相當熟悉，它跟「中華台北奧會」是同一個意義。如果台灣人以「中華民國」的名義或者以

「台灣」的名義參加奧運會，那麼中華人民共和國就要從頭抗議到尾，說這如何不好、如何不對了。希臘人也是這麼做的，如果馬其頓就叫馬其頓的話，希臘就要抗議了。於是北約和歐盟不得不買希臘的面子，跟馬其頓說你就不要直接叫「馬其頓共和國」吧，而改叫做「前南斯拉夫馬其頓共和國」，要不然希臘人便會指控馬其頓人圖謀不軌，意圖分裂希臘領土。

當然馬其頓自己也不是完全老實的，它在國內宣傳時也是說，希臘北部的「愛琴馬其頓」自古以來就是馬其頓的一部分，將來我們還是要收復失地的。但是在國際上，它為了贏得輿論的支持，便堅持說它是承認現有邊界的。一九九〇年復活的這個內部革命委員會是馬其頓的長期執政黨，它其實並沒有真正放棄重新發明一個「馬其頓民族」的計畫。其實，馬其頓民族就像我們剛才說的那樣，不是自己發明出來的。一九四四年以前，馬其頓本地的居民大多數認為自己是保加利亞人，有一部分則願意加入塞爾維亞和希臘；一九四四年以後，狄托把原來作為保加利亞語一個分支的馬其頓方言發明成為獨立的馬其頓文字以後，馬其頓民族才正式出現；一九四五年在新南斯拉夫聯邦內部成立馬其頓共和國以後，作為政治實體的馬其頓才正式存在；一九九〇年塞爾維亞和馬其頓和平分離後，馬其頓才獲得事實上的獨立；之後跟希臘抗爭了幾年，以「前南斯拉夫馬其頓共和國」這個不倫不類的名字加入了聯合國，最終馬其頓才獲得完整的、作為獨立國家的國際法主體的身分。但是馬其頓的國號爭議持續至今，仍然吵吵鬧鬧。直到此時此刻，希臘人仍然在義憤填膺地抗議，馬其頓人叫什麼都可以，就是不能叫「馬其頓」；馬其頓人敢把自己叫做馬其頓，這實在令人無法接受[34]。

追根究柢的說，希臘民族、保加利亞民族和馬其頓民族都是發明出來的，而且時間隔得很近，希臘是十九世紀初期發明的，保加利亞民族是十九世紀中期發明的，馬其頓民族則是二十世紀中期才發明的，它們之間的合法性相差不是很大。所以希臘人非常害怕，馬其頓的合法性一旦建立起來，就會動搖希臘的合法性。相反地，像法國、德國，他們民族發明的時間較早，大家已經習慣了，合法性較充足，所以他們就不大在乎這些雞毛蒜皮的小事。其實，德語世界的各邦國也是在一百餘年前發明出來的，他們在剛剛建立政權時也是像今日希臘人那樣神經緊張的，但是在他們已經站穩了腳跟後，就開始覺得這些巴爾幹人太歇斯底里，巴爾幹人的性格有問題、傳統文化有問題、國民性有問題，諸如此類。

當然最緊張的還是馬其頓自己。馬其頓的民族發明家最清楚，在馬其頓內部革命委員會成立之後的絕大部分時期，都是把自己看成是保加利亞政黨的。況且此時此刻，在保加利亞也留存著一個規模不大、不成氣候，堅持原有宗旨的「馬其頓內部革命委員會」。於是在馬其頓的內部革命委員會又做了一次重新包裝，把自己發明成為馬其頓民族的大救星，重新把馬其頓的歷史一直追溯到遠古的亞歷山大大帝，把一九四四年以後才建立起來的馬其頓民族說成是從古老的亞里斯多德和亞歷山大時代的馬其頓帝國直接後裔。這種說法的含意就差不多是相當於，國民黨到了台灣以後，不但沒有繼續堅持打回南京去（希臘人其實是這麼做的），而是反過來把自己做了重新包裝，說：我們台灣人自古以來就是「台灣民族」，國民黨是「台灣民族」的代理人，為了爭取「台灣民族」的獨立，我們國民黨做了重大犧牲。儘管國民黨前面四分之三的歷史都是一直企圖把台灣合併到大中華民國裡面的，但是以後的國民黨卻要說，是我們國民黨解放了台灣，實現了台灣的獨立事業。現在的馬其頓內部革命委員會也就是這麼主張的。

馬其頓的歷史和馬其頓內部革命委員會是分不開的。馬其頓內部革命委員會前四分之三的鬥

㉞ 希臘堅持「馬其頓」一詞僅指希臘北部的馬其頓省，所以不承認從前南斯拉夫獨立的「馬其頓共和國」有權使用「馬其頓」作為國名，而是將其稱為「斯科普耶共和國」（Republic of Skopje），「斯科普耶」即馬其頓首都。一九九二年，塞薩洛尼基的希臘人發動百萬人大遊行，強調「馬其頓」概念專屬於希臘。馬其頓政黨和民間輿論也提出「馬其頓再統一」、「索隆（即塞薩洛尼基）是我們的」等口號作為回擊。希臘盡力阻止馬其頓參與各種國際事務及獲得國際承認，直到一九九三年，聯合國安理會允許馬其頓暫時以「前南斯拉夫馬其頓共和國」（FYROM）的名稱加入聯合國。一九九四年，希臘對馬其頓實施全面禁運，要求馬其頓放棄現有國名。一九九五年九月，希、馬雙方簽署臨時協定，規定希臘以「前南斯拉夫馬其頓共和國」的臨時名稱承認馬其頓，希臘取消禁運，馬其頓同意更換國旗，雙方建立外交聯絡，直到此篇講稿發表的二〇一七年為止，馬其頓國名爭議仍未解決。二〇一九年，馬其頓共和國透過全民公投更名為「北馬其頓共和國」（Republic of North Macedonia），並於二〇二〇年加入北約及啟動加入歐盟的談判。

爭都是想要把馬其頓合併到保加利亞裡面，而後四分之一的鬥爭則是想要發明出一個從亞歷山大那個時代開始的「馬其頓民族」。所以他們一方面在國際社會上到處嘲笑希臘人對「馬其頓」這個詞如此神經過敏；另一方面在自己國內大規模地搞民族發明，也就是說把我們最熟悉的中學課本改了，發明一套「自古以來」的新歷史，盡可能把具有保加利亞色彩的、塞爾維亞色彩的和希臘色彩的名字統統改掉，把國內所有的地名、路名、電影院名統統換成最古老、最正宗的亞里斯多德和亞歷山大時代的馬其頓名字[35]，儘管現代馬其頓人的血統其實也是斯拉夫人，跟今日的塞爾維亞人、保加利亞人和希臘人確實差別不大。如果他們變成了新一代

馬其頓首都的亞歷山大塑像　圖為馬其頓首都斯科普耶的馬其頓廣場上的「亞歷山大騎馬像」。縱然古馬其頓人與現今的馬其頓人關係薄弱而且亞歷山大大帝從未到過斯科普耶，但是並不妨礙推動「古代化」政策的馬其頓政府將他發明為民族英雄。

的「馬其頓民族」的話，那麼就是當時人們主動認同，「我要做馬其頓民族，我就是馬其頓民族了」；要麼就是負責教育他的中學教師、報紙或者政府官員告訴他，「你以後要做馬其頓民族，然後他就變成馬其頓民族了」。

當然發明民族最主要的方式，語言、文字、紀念物、國家象徵，這些東西在一九九五年到現在的這段時間內正明火執仗地進行。西方國家看待這種肆無忌憚的去希臘化、去塞爾維亞化、去保加利亞化的做法，覺得這種發明很可笑。但他們忘記了，法蘭西共和國過去也是這樣做的。法蘭西共和國為了塑造它的國家認同，最著名的做法就是我們都熟悉的，刻著「祖國感謝偉人」的先賢祠，為什麼要如此？就是要發明法蘭西民族。法蘭西民族在一七八九年前也是不存在的，只有法蘭西君主國。君主國要依靠國王作為共同體的凝結核，但共和國的核心則需要依靠民族。過去法蘭西王國只要塑造路易十四就夠了，有一部著名的歷史專書叫做《製造路易十四》[36]便是在講路易十四如何塑造自己的政治形象。因為君主國的凝聚力就在君主身上，所以便要依靠路易十四的政治形象，便能有效維持法蘭西君主國的統治。相同的，後來的法蘭西共和國就必須塑造法蘭西民族的政治形象。因此它必須有一個先賢祠，把過去那些法蘭西王國臣民中的傑出人物，統統發明成法蘭西民族的偉人，然後來一個「祖國感謝偉人」。其實，在那些偉人當中，有很大一部分人在他們活著的時候是自認為諾曼第人或者普羅旺斯人，他們心目中的法蘭西也只是指

「法蘭西島」這個地區，而不是「法蘭西王國」。

法蘭西為了發明自己的民族，也是塑造過各種政治形象的。只不過法蘭西的民族發明從法國大革命開始後歷經了一百多年，到了二十世紀中期，也就是戴高樂將軍的這個時候，除了布列塔尼和普羅旺斯也許還有一些疑問以外，大多數人都已經覺得法蘭西民族好像是理所當然存在了。其實，回顧民族發明的歷史，並沒有什麼理所當然。而馬其頓現在所做的其實就是法蘭西在十九世紀初期從事的民族發明。因為馬其頓才剛剛開始做，所以就顯得很笨拙，給人留下一種很可笑、很神經質的印象。但是其實所有的民族發明在它的初始階段都是這樣的。況且馬其頓還有一個法蘭西民族發明沒有的特殊現象：它是民族發明後連鎖效應之下的產物。民族發明像下蛋一樣，大蛋下小蛋，一路產生新的民族發明，一路發明到馬其頓的頭上。從希臘發明出保加利亞，從保加利亞又發明出馬其頓。所以馬其頓人對於「民族本質上是發明出來的，是人為建構的政治共同體」的印象格外深刻。民族發明對於他們來說，最早也就是一九四四年、四五年的事情，是他們的祖父一代還記憶猶新的。現代馬其頓的民族發明，則是在他們剛剛成長、有生以來第一次獲得投票權以後由他們親自參與的歷史現場，對他們是有格外重大的刺激作用。這種刺激作用，就像是今天香港那些參加反國教運動和雨傘運動[37]，或是今天台灣那些參加太陽花運動[38]的學生才能夠親身體會到。

㉟ 馬其頓的「古代化」（Antiquization）政策，由當時執政的「馬其頓民族統一民主黨」政府於從二〇〇六年開始推動，引發各種國際批評及內部爭議，最後於二〇一七年停止。

㊱ 《製作路易十四》（*The Fabrication of Louis XIV*），作者為英國歷史學者彼得．柏克（Peter Burke），本書分析法國路易十四時代的各種政治宣傳文獻，包括繪畫、雕刻、文學、紀念章、戲劇等，論述十七世紀的政治宣傳者如何包裝君王形象。

㊲ 雨傘運動，又稱「雨傘革命」或「占領行動」，二〇一四年九月香港學生及民眾自發占領多個主要幹道進行靜坐及遊行，占領區包括金鐘、添馬、中環、灣仔、銅鑼灣、旺角及尖沙咀，其主要訴求為中國全國人民代表大會常務委員會撤回二〇一七年行政長官選舉及二〇一六年立法會選舉框架和候選人提名方案，爭取行政長官選舉的公民提名權，以及廢除立法會功能組別。占領群眾面對警方多次以胡椒噴霧驅散時使用雨傘抵擋，「黃色雨傘」也成為此運動的主要象徵。

㊳ 太陽花學運，又稱「三一八學運」，二〇一四年三月十七日，中國國民黨立法委員張慶忠試圖強行通過《海峽兩岸服務貿易協議》，此舉引起學生與民間團體的不滿，隔日透過占領立法院表達抗議。占領期間，民眾贈送大量「向日葵」聲援占領人士，故媒體稱之為「太陽花學運」。學運持續到四月六日，立法院院長王金平提出制定《兩岸協議監督條例》的承諾，抗議學生與民眾於四月十日退出立法院。

馬其頓
民族發明大事記

時間	事件
西元前808年至前168年	**古代馬其頓王國統治時期** 興起於西元前9世紀的古代馬其頓王國，繼前4世紀亞歷山大大帝時代後統治整個古希臘世界，直到前2世紀被羅馬人征服後滅亡。古馬其頓王國的人種和文化，與現代的「馬其頓民族國家」沒有任何關係，卻是馬其頓民族發明的主要材料。
1371/9/27	**馬里查戰役爆發，奧斯曼帝國占有馬其頓** 奧斯曼軍隊在巴爾幹東部的馬里查河擊敗了以塞爾維亞王國為首的各國聯軍，自此奧斯曼帝國併吞了馬里查河以西的區域，包括馬其頓地區。
1878/3/3	**馬其頓地區被劃歸為保加利亞領土** 原屬於奧斯曼帝國的馬其頓地區，在結束第十次俄土戰爭的《聖斯特凡諾條約》中劃歸為新成立的「大保加利亞公國」領土。
1878/7/13/	**馬其頓地區重新回歸奧斯曼帝國** 歐洲列強締結《柏林條約》並將馬其頓地區重新歸還給奧斯曼帝國，此舉催生了反抗奧斯曼統治的馬其頓民族發明運動。
1893年	**馬其頓內部革命委員會成立** 以達梅・格魯耶夫為首的馬其頓民族發明家在馬其頓地區成立「馬其頓內部革命委員會」，進行武裝反抗奧斯曼帝國的活動，例如1903年8月2日爆發的伊林頓起義。
1913/8/10	**《布加勒斯特條約》簽訂，馬其頓地區遭到瓜分** 巴爾幹戰爭結束後，參戰各方締結《布加勒斯特條約》，將馬其頓地區劃分為三部分，瓦達馬其頓屬於塞爾維亞，皮林馬其頓屬於保加利亞，愛琴海馬其頓屬於希臘。
1918/12/1/	**第一南斯拉夫王國建立「南塞爾維亞省」** 原屬於塞爾維亞的瓦達馬其頓地區，在第一南斯拉夫王國成立時被改制為「南塞爾維亞省」，「馬其頓」此時被發明為「大塞爾維亞民族」的一部分。

1923/6/14 **保加利亞首相遭刺身亡，導致馬其頓內部革命委員會式微**

馬其頓內部革命委員會受到蘇聯影響，採取更激進的反抗活動，刺殺了保加利亞首相斯塔博利斯基，因此遭到巴爾幹各國排斥及強力鎮壓，在1930年代後逐漸式微。

1929/10/3 **瓦達馬其頓省的建立**

第一南斯拉夫王國時期的「南塞爾維亞省」在第二南斯拉夫王國成立時被重新劃分為兩個省分：以瓦達馬其頓地區為核心的「瓦達省」，還有包括蒙特內哥羅及波士尼亞的「澤塔省」。

1941/5/18 **保加利亞併吞瓦達馬其頓**

二戰爆發後，德國、義大利等軸心國占領南斯拉夫王國領土，將瓦達馬其頓地區交由保加利亞統治。

1945/11/29 **狄托建立馬其頓人民共和國**

二戰結束後，瑟納普．狄托為了遏制「大塞爾維亞主義」，允許瓦達馬其頓地區獨立，並建立馬其頓人民共和國，成為「六族共和」的南斯拉夫聯邦成員國。

1990/6/17 **VMRO—DPMNE政黨成立**

VMRO–DPMNE自稱為1893年的「馬其頓內部革命委員會」政治繼承者，全名為「馬其頓內部革命委員會—馬其頓民族統一民主黨」。它成立後贏得議會選舉，成為馬其頓的主要政黨，積極推動馬其頓民族發明運動。

1991/9/8 **馬其頓獨立**

在塞爾維亞總統米洛塞維奇允許下，馬其頓從南斯拉夫聯邦中和平獨立，建立馬其頓共和國。不過希臘認為「馬其頓」僅為地理名詞，因此拒絕承認馬其頓共和國。

2006/9 **馬其頓實施「古代化」政策**

贏得議會選舉的VMRO—DPMNE政黨成為執政黨，實施「古代化」政策，以建立「馬其頓民族」與古馬其頓王國之間的歷史關聯性。

2019/2/12 **馬其頓更改國名為「北馬其頓共和國」**

馬其頓舉行全民公投，更改國名為「北馬其頓共和國」，獲得希臘承認，並在2020年申請加入歐盟。

塞爾維亞

Republic of Serbia

Република Србија

獨立時間：2006年6月5日

首都：貝爾格勒

五、塞爾維亞

「五族共和」的殘山剩水

我們今天講塞爾維亞。塞爾維亞代表了民族發明學的一個特殊類型，它不僅是奧斯曼主義留下的一個殘片，而且是奧斯曼主義的一種極端形式。一般意義上的奧斯曼主義是依託近代以前各多族群的大帝國的版圖，企圖把多種族群發明成為一個帝國民族。它失敗的原因，就在於帝國和民族恰好是相互矛盾的概念。奧斯曼主義的一般形式，正如「奧斯曼」這個詞所暗示的，它是有一個前近代的帝國作為依託基礎的。奧斯曼主義是推動「坦志麥格」改革的奧斯曼蘇丹阿卜杜勒．哈米德發明的，它依託的就是歷史上的奧斯曼帝國。其他類似的例子，如大俄羅斯主義、大德意志主義之類的，它們都依託於歷史上曾經存在過的大帝國。塞爾維亞的特殊之處在於，它是企圖用「文化民族主義」（像泛日耳曼主義、斯拉夫主義、泛突厥主義一樣的文化民族主義，對於它來說是斯拉夫主義）發明出一個歷史上本來沒有的帝國，這就是南斯拉夫。然後依靠外交協商填補國際政治的真空地帶，人為地把這個新的帝國安插進去。所以它的失敗就比奧斯曼主義的失敗更加淒慘。塞爾維亞的命運和波士尼亞的命運是聯繫在一起的。對於我們這一代人來說耳熟能詳的種族清洗、族群滅絕，總是跟塞拉耶佛（Sarajevo）和波士尼亞聯繫在一起，這就是人類迄今歷史上最極端的一種民族發明所造成的惡果。

我們回顧一下塞爾維亞的起源。當然今天塞爾維亞人的所謂祖先，在十八世紀的奧斯曼帝國統治之下，他們的故事跟我們以前講過的希臘人、保加利亞人、羅馬尼亞人和馬其頓人的故事是一樣的，他們都是類似大明國的拜占庭帝國和類似大清國的奧斯曼帝國統治之下的希臘東正教徒。但是在細節上，組成今天塞爾維亞的這個地區跟希臘、保加利亞和馬其頓有一點點不同。用東亞讀者比較容易理解的方式講，魯米利亞行省（也就是今天保加利亞）所在的大部分地區是一個相當於成都平原的地方，是一個郡縣制因素比較強、順民文化比較多、改信伊斯蘭教的人也比較多的地方，奧斯曼帝國在這裡面的統治力比較強，土地出產較多，是帝國的核心地區。作為今天羅馬尼亞前身的瓦拉幾亞公國則像是湖南，是一個土司領地，奧斯曼帝國經過了一百多年的改土歸流才把它改造成像是魯米利亞行省（也就是今天的保加利亞）的郡縣制地區。而塞爾維亞所在的地方呢，不僅比今天的保加利亞和今天的羅馬尼亞更邊陲，而且它這個邊陲的方向還很特殊，是位於東西方兩大帝國的交界線上，所以它在奧斯曼帝國中期和後期的地位比較像是明清時代的雲南，它不僅像當時的瓦拉幾亞，是一連串的土司領地，而且這些土司領地——用明帝國和清帝國的術語來講，主要不是熟番而是生番，或是說他們是邊境地帶的豪強。

可以說「湖湘尼亞」或者湖南的土司在明朝或者清朝如果做上了都指揮使就會心滿意足；但是明代的雲南布政司和清代的雲南省，這些地方的豪強一般來說是對北京的皇帝勉勉強強稱一個臣，很禮貌地承認一下你封給他的封號，但是他對內是經常要稱王的。比較強大的土司，例如像八百媳婦、瀾滄、阿瓦這三大土司①，後來發展成近代東南亞的三大王國：元代和明代的八百媳婦土司，就是今天泰國的清邁，他們是近代暹羅王國和現代泰國民族國家的起源；另一個連名字都沒有改過，寮國，也就是現在的瑯勃拉邦，就是近代寮國的起源；第三個，阿瓦，當然它是近代緬甸的起源。但是在大明國的雲南布政司、三宣六慰[2]當中，上述三個地區都還不算是最強大的。像思任發[3]、沙定洲、普名聲[4]這幾個土司，其實比寮國、泰國和緬甸這三大土司更加強大。只是由於封建主義內在的博弈，當時顯得最強大的這三大土司最後反而沒有發展成功，反倒是當時不太顯眼的另外三個比較小的土司發展成了獨立王國。但是你如果從蒙元和大明國的角度來看，我剛才提到的這六大土司當中，是很難看出它們之後的不同發展。它們的發展之所以會有不同方向，有一個重要的因素就是，在大明國時其看上去勢力最強大的、號稱疆域廣袤萬里的麓川土司，就是思任發的對內稱王的那個土司集團，被大明國派來的官兵消滅了。當然這也是因為思任發稱王後大肆招搖的緣故。

假如有朝一日要把「大不列滇」[5]發明成為「大不列滇民族」的話，那麼我必然要到大明國統治下的這些土司中，去尋找民族的起源，那麼思任發的土司集團、普名聲的土司集團或者沙定洲的土司集團必然會被我發明成為「大不列滇民族」的始祖。但是大家都可以看出，假如我要把近代的辛亥革命以後的「滇軍政府」發明成為「大不列滇民族」的話，前者由蔡鍔和唐繼堯開啟的軍政府跟歷史上的大土司——普名聲、沙定洲或者思任發其實沒有什麼關係。這幾個土司政權強大過一段時間，後來滅亡了，然後又在辛亥革命以後興起了蔡鍔和唐繼堯的滇軍政府。但是如果滇軍政府要把自己發明成為民族，要說我們自古以來就是一個民族、跟你們不一樣的話，那它必然會把過去的土司政權發明成自己的祖先。

塞爾維亞的故事其實也就是這個樣子的。在「希臘辛亥革命」以前，塞爾維亞人的故事跟巴爾幹半島其他的希臘東正教徒是差不多的。在更早以前，在今天塞爾維亞和波士尼亞的版圖之上有過幾個巨大的土司王國，它們都像是普名聲和沙定洲的集團一樣，在某個時期非常強大，但是過段時間後就被拜占庭帝國或者奧斯曼帝國消滅了。在這之中有兩個土司王國，後來被十九

① 八百媳婦，即蘭納（Lan Na, 1292–1775），泰國歷史上一個曾經控制泰北地區的王國，其國名在蘭納語中意為「擁有百萬稻田的土地」。蘭納在元代的漢字名稱為「八百媳婦」，明代稱為「八百」，清代稱為「景邁」或「整邁」。瀾滄（Lan Xang, 1353–1707），寮國歷史上的古代王國，於一三五三年建國後定都琅勃拉邦（今寮國首都），其國名在寮語中意為「百萬大象」。阿瓦（Inwa, 1364–1555），緬甸歷史上的古代王國，於一三六四年建國後統治上緬甸地區，其國名在印度巴利語中意為「寶石」。

② 三宣六慰是大明國在永樂年間（西元十五世紀初期）設置於雲南地區及今緬甸、泰國北部和寮國中部的管理機構。「三宣」是南甸宣撫司、干崖宣撫司、隴川宣撫司；「六慰」是車里宣慰司、緬甸宣慰司、木邦宣慰司、八百大甸宣慰司、孟養宣慰司和寮國宣慰司。

③ 思任發是曾統治雲南和緬甸交接處、接受大明國冊封的傣族政權「　卯土司」的統治者。他於一四一三年即位，一四三七年併吞南甸土司，引起大明國起兵征討，史稱「麓川之役」。思任發兵敗後逃往緬甸的阿瓦王國，一四四六年死去。

④ 沙定洲、普名聲皆為明代末期的雲南土司首領。王弄土司沙定洲在阿迷州土司普名聲死後併吞其領地因而勢力大增，並於一六四五年起兵反明並攻陷雲南昆明，最後於一六四七年遭到李定國率領的大西軍擊敗後滅亡。

⑤ 大不列滇（The Great Diantnam）為當代雲南民族主義者所發明的詞彙，又稱為「滇尼亞」（Diannia）或「滇蘭」（Dianland），指涉範圍為中國的雲南省及其周邊地區。

世紀的塞爾維亞民族發明家發明成為他們的歷史祖先。但是我們要弄清楚，近代的塞爾維亞王國和南斯拉夫社會主義聯邦共和國跟這幾個所謂的前塞爾維亞的土司王國的關係，類似於沙定洲、普名聲跟蔡鍔、唐繼堯的關係，也就是說，無論是從政治繼承的角度來講還是從文化傳承的角度來講，它們其實都沒有直接的關係。其中一個王國在今天塞爾維亞和蒙特內哥羅邊境上的斯塔里拉斯（Stari Ras），包含了波士尼亞的大部分土地。另一個王國是在今天的馬其頓境內，也包含了今天的科索沃和塞爾維亞的一部分土地。它們的統治中心都不在今天的塞爾維亞和波士尼亞的核心地帶。所以後來所謂的科索沃戰役⑥和塞爾維亞人自古以來抵抗土耳

科索沃之戰　由塞爾維亞畫家亞當・史蒂芬努（Adam Stefanović）創作於1871年的繪畫作品，描述古賽塞爾維亞王國與奧斯曼帝國兩軍於科索沃激戰的場景。此戰役被1840年代的塞爾維亞歷史學者稱為「科索沃神話」，成為塞爾維亞民族發明的主要材料。

其人的傳說，都是一八四〇年代以後的發明。十九世紀的人看待這些發明，就像是我們看到今天馬其頓人一天到晚給他們的廣場和學校搞正名遊戲，一定要說他們是亞歷山大大帝的後代，而且跟希臘人和保加利亞人都沒有任何關係的感覺一樣。但是年深日久，過了一百多年，大家可能就習以為常了，甚至是把科索沃戰役的神話視為理所當然了。這方面還有一個特殊的原因，下面我會再提到。

在「希臘辛亥革命」的前夕，後來成為塞爾維亞民族英雄的卡拉喬爾傑，他原本是一個反叛成性的土司首領，在奧斯曼帝國的軍事壓力之下，他便前往敖得薩投靠了希臘友誼社。這個故事

⑥ 科索沃戰役（Battle of Kosovo），古塞爾維亞王國和奧斯曼帝國於一三八九年的科索沃進行的大型戰役，塞爾維亞軍隊由大公拉扎爾·赫雷別利亞諾維奇（Lazar Hrebeljanović）率領，奧斯曼帝國軍隊則由奧斯曼蘇丹穆拉德一世（Murad I）親自統帥，雙方軍力相當，戰役結果由奧斯曼帝國獲勝，但雙方主帥皆戰死。相傳穆拉德一世遭到詐降的塞爾維亞貴族米洛斯·奧比里克（Miloš Obilić）以淬毒匕首刺殺。科索沃戰役過程的傳奇性，被後世塞爾維亞人視為民族建國神話，拉扎爾·赫雷別利亞諾維奇和米洛斯·奧比里克都被視為塞爾維亞民族英雄。

放在東亞的話，那就是相當於，雲南有一個大土司頭目跟清兵打了一陣以後，打不過清兵，他就跑到日本去投靠東京的同盟會，宣布他以後就是孫中山的信徒了，再靠著同盟會的力量打回雲南。接下來的故事發展就更簡單了，可用幾句話帶過：卡拉喬爾傑帶著同盟會的軍隊和俄國人的支持打回巴爾幹，然後又失敗了，接著列強進行了干涉，除了允許希臘獨立以外，還要求奧斯曼帝國允許邊境的這些土司王國實行自治。但即使是允許這些基督徒自治，享有自治權的土司總督仍然要由奧斯曼帝國的蘇丹挑選。也就是說，奧斯曼蘇丹既然擁有邊境土司的最高主權，他自然不喜歡卡拉喬爾傑這個造反派，於是另外挑了一個妥協性較強的米洛什・奧布雷諾維奇⑦來當這個總督，在今天的塞爾維亞境內實行一國兩制。這個一國兩制的塞爾維亞自治區，而不是上一段提到的那兩個塞爾維亞土司王國，才是近代塞爾維亞的起源。

這個塞爾維亞自治區的居民，跟邊界另一邊──也就是神聖羅馬帝國的天主教徒、今天的內地克羅埃西亞居民的祖先，實際上是同一批人。他們形成的故事是這樣的：當奧斯曼帝國推翻了拜占庭帝國、像清兵入關一樣吞併了包括土司領地在內的所有拜占庭帝國的土地的時候，今天塞爾維亞居民的祖先就面臨著一個選擇：他們要麼就像是過去侍奉拜占庭皇帝那樣繼續侍奉奧斯曼蘇丹，要麼就像是南明時期的李定國⑧，揚言寧死荒野也絕不投降韃子。於是後者就越過邊境，逃到了內地克羅埃西亞那一邊，神聖羅馬帝國收留他們，也封他們做土司首領，讓他們負責守邊。這就是神聖羅馬帝國的克羅埃西亞邊疆區的起源。

克羅埃西亞邊疆區的起源構成了今天的內地克羅埃西亞人的起源，但是沿海克羅埃西亞人是另外一回事。克羅埃西亞沿海的土地又稱為伊利里亞或者達爾馬提亞（Dalmatia），上頭的居民是義大利人的親戚，跟內地的克羅埃西亞人或內地的塞爾維亞人不是同一撥人。在古代，西羅馬帝國和東羅馬帝國劃界的時候，他們是劃在西羅馬帝國一方的。在中世紀，神聖羅馬帝國和東羅馬拜占庭帝國劃界的時候，他們是劃在神聖羅馬帝國一方的。在近代經濟發展的過程中間，達爾馬提亞變成了威尼斯共和國的殖民地或者附屬地。這個地方的菁英階級自古以來一直是講義大利語的。他們跟內地這些人，實際上直到十九世紀以前，從來沒有在同一個政權之下聯合起來過。

但是十九世紀的民族發明學促成了一個異常奇特的現象：本來是投降了土耳其人、為奧斯曼帝國打前鋒、跟著穆斯林進攻維也納、而且產生出了很多重要的奧斯曼帝國大臣和軍官——包括率領奧斯曼帝國軍隊圍攻維也納的大維齊爾索庫魯⑨的那些塞爾維亞人，他們通過「科索沃戰役神話」或者諸如此類的歷史神話，宣布他們自己是為歐洲抵抗穆斯林入侵的功臣，實際上他們在歷史上發揮的作用恰好相反；而真正是歐洲抵抗穆斯林的功臣，當時也被稱之為是希臘東正教邊區居民或者是塞爾維亞居民（當時的塞爾維亞還是一個地理名詞）、後來把自己發明成為內地克羅埃西亞的這批人，堅決否認他們在歷史上做過這些事情，他們堅持說自己跟沿海地區的達爾馬提亞義大利人是同一家，而且自古以來就是德國人，不是義大利人。

從歷史考證的角度來講，這些說法是極其牽強的。你如果要把它換到東亞的語境中，那麼故事情節就等於是：日本人打來以後，汪精衛帶著一撥人留在南京投靠了日本，蔣介石帶著一撥人去重慶投奔了美國，直到日本人被美國人打敗，戰爭結束後過了幾十年，突然有一天，汪精衛的子孫發明了一套歷史神話說：以前日本人侵略我們的時候，是汪精衛率領廣大軍民打敗了日本人；蔣介石帶到重慶的那撥人的子孫也發明另一套歷史神話說：我們從來沒有打過抗日戰爭，我們重慶人自古以來都是西藏人，是達賴喇嘛同胞的一部分。而且最後達賴喇嘛還宣布承認，古代的重慶自古以來就是西藏的一部分，蔣介石自古以來就是達賴喇嘛的屬下。最後，重慶人跟西藏人合併起來發明了一個民族，而南京人則宣布當年他們是跟著汪精衛抗日才打敗了日本人的。如果你把近代南斯拉夫各民族發明的故事搬到東亞來，那麼故事情節就會變成這樣。此時此刻的漢語居民會覺得這樣的故事簡直荒謬絕倫，但是正如我在第三講結尾說的，在民族發明學的領域裡，只有你不敢想的，沒有你想做而做不到的。至於克羅埃西亞人則是另外一回事，他們的民族發明涉及另外一套比較複雜的系統，請見本書的第九講。

從塞爾維亞的角度來講，塞爾維亞人在奧斯曼蘇丹任命的「特首」、奧布雷諾維奇家族的統治之下，根據蘇丹許諾歐洲列強所制定的一國兩制規矩實施自治時，他們仍然跟巴爾幹半島其他各國的斯拉夫希臘東正教徒沒有什麼區別。故事就這麼發展下去，直到一八四四年。這時塞爾維亞人還記得他們的歷史，包括兩年前剛被政變趕下台的「特首」奧布雷諾維奇家族在內，塞爾維亞的所有世家大族都跟土耳其人有非常密切的關係。在今天被發明成塞爾維亞人國恥的科索沃戰役結束後，塞爾維亞的王公和土司把他們的女兒嫁給了奧斯曼蘇丹，然後他們也成批地皈依了伊斯蘭教。在奧斯曼帝國對歐洲發動的戰爭當中，塞爾維亞人出力最多、打仗最英勇的。在奧斯曼帝國最著名的奴隸禁衛軍當中，出身塞爾維亞和波士尼亞的人數最多。亞洲各地的穆斯林，包括安納托利亞那些歷史悠久、三代上百年、甚至幾百年都是穆斯林的土耳其人，跟他們相比起來根

⑦ 米洛什·奧布雷諾維奇（Miloš Obrenović, 1780–1860），一八〇五年時追隨塞爾維亞民族英雄卡拉喬爾傑參加反抗奧斯曼帝國統治的武裝起義，成為起義軍的重要人物，一八一五年被奧斯曼帝國任命為塞爾維亞大公，長期統治塞爾維亞公國並實行威權主義。一八三五年在國內自由派輿論聲浪下被迫實施君主立憲制度，一九三九年在俄國及奧斯曼帝國的主導下被迫退位並流亡海外。一八五九年在加拉沙寧主導的塞爾維亞國民議會邀請之下，返回塞爾維亞復位。於一八六〇年病故。

⑧ 李定國（1621–1662），張獻忠義子，原為反明勢力的大西軍將領，在張獻忠敗亡後歸順南明永曆政權；並積極對抗滿清軍隊，先後於靖州、衡陽、桂林三次大敗清軍。

⑨ 大維齊爾索庫魯（Sokollu Mehmed Pasha，1506–1579），本名索庫魯·穆罕默德，於一五四三年任職蘇丹侍衛隊的指揮官，因為屢建功勳受到蘇萊曼一世的信任，於一五六五年成為大維齊爾，其權力如同奧斯曼帝國的「宰相」。

本沒有什麼地位。甚至可以不客氣地說，奧斯曼帝國主要是一個巴爾幹帝國，主要是由今天保加利亞人的順民祖先出錢、今天塞爾維亞人的土司祖先出兵構成的一個軍事政治結構，而亞洲地區可說只是奧斯曼帝國的次要部分，直到一八四四年，今天的塞爾維亞人的對祖先的認識、土耳其人對和歐洲人對他們的認識仍然都是如此。

今天克羅埃西亞人的祖先、其實是今天塞爾維亞人的表兄弟的那一批人，對他們的認識尤其是如此。兩者本來是一家人，但是相互之間的感情恰好是最為惡劣的，雙方都把對方看成是叛徒，跟蔣介石和汪精衛的關係一樣。他們跟美國人還可以妥協，跟蘇聯人還可以妥協，跟共產黨還可以妥協，但就

1915年塞爾維亞起義　由塞爾維亞畫家帕亞・約萬諾維奇（Paja Jovanovic）創作於1898年的繪畫作品，描述1815年爆發的塞爾維亞人反抗奧斯曼帝國的起義場景，此圖中央手執十字旗幟的人物為這次起義的領袖——塞爾維亞民族發明家米洛什・奧布雷諾維奇；這次起義的結果是塞爾維亞建立了「一國兩制」的自治區。

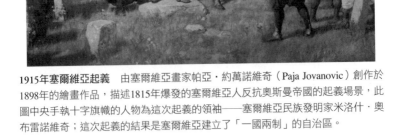

是為了他們都要說自己是孫文的正統的緣故，蔣介石的追隨者一定要把汪精衛的追隨者趕盡殺絕，相反也是如此。這都是因為，當初大明國滅亡——也就是奧斯曼帝國征服拜占庭帝國的當時，本來是同一家人，一撥人願意跟著穆斯林走，另一撥人寧願離鄉背井也要流亡到「重慶」去，跟著神聖羅馬帝國、跟著我們的基督教親戚走。這樣一來你可想而知，造成的後果就是，雙方都覺得對方才是叛徒，然後雙方的關係就是你死我活。儘管雙方的血緣關係是最親近的，但也是最水火不容的。真正同文同種的就是近代的塞爾維亞人和克羅埃西亞人，所以他們的語言也叫「塞爾維亞—克羅埃西亞語」（Serbo–Croatian）。這說明了，使用同一種語言的血緣兄弟，仍然可以因為政治選擇的不同而發明為不同的民族。

當然在一八四四年以前，塞爾維亞—克羅埃西亞語只是一種很模糊的方言，它也是更古老的斯拉夫—希臘語的一種方言。但是塞爾維亞跟希臘和保加利亞有點不同，就是因為，正如我們前面所說的，它是一個荒遠的邊區土司轄地，所以它跟富裕又靠近內地君士坦丁堡、學校多知識分子也多的保加利亞和希臘不同，它受到希臘新文化運動和希臘白話文的影響是很小的，但這並不表示他們就會把自己的方言當作國語。一八四四年以前的「一國兩制」下的塞爾維亞，沒文化的文盲老百姓說民間的方言土語，但有文化的知識分子說的是土耳其語。當時的貝爾格勒還是一個很不重要的邊界城市，塞爾維亞最重要的城市是塞拉耶佛。塞拉耶佛絕大部分居民是穆斯林和猶太人，穆斯林占壓倒多數，猶太人占一小部分。他們共同的溝通語言，不是現凱末爾發明的那種現代意義上的新土耳其語，而是老土耳其語或者說是奧斯曼語。

我們要明白奧斯曼語雖然被有些人稱之為是老土耳其語，但是它到底算突厥語的一個分支還是算波斯語的一個分支是很難說的。奧斯曼語就像是印度莫兀兒人經常使用的烏爾都語（Urdu）一樣，是受到古波斯語及波斯文化深刻影響的一種雅言，按照當時穆斯林社會的觀點來看是非常高雅的，是適合於吟詩作賦的語言。這跟二十世紀以後才臨時發明出來的，除去了波斯語成分的新土耳其語是完全兩回事。新土耳其語就不是雅言了，因為除去了幾百年長期以來就已經使用習慣了的波斯詞彙，它不得不從古代內亞的什麼突厥汗國的碑文裡面去找各式各樣的詞彙來填補空缺。在一八四四年以前，一國兩制的塞爾維亞總督轄區，上層人士跟君士坦丁堡的蘇丹和來往中東與歐洲各地的猶太商人都說通用奧斯曼語、混合奧斯曼語，普通的老百姓說誰也瞧不起的民間方言。故事直到一八四四年，民族發明家才開始介入。

民族發明家之所以介入也是有原因的。我們在前面提過，在一八二一年的「希臘辛亥革命」開始爆發時，也就是卡拉喬爾傑本人以革命黨人的身分加入同盟會的那個時代，是只有希臘主義而沒有斯拉夫主義的。到一八四〇年代，斯拉夫主義逐漸成型並開始跟希臘主義平分秋色。因為在小希臘獨立及俄軍進入多瑙河兩公國以後，本來是同一個希臘主義覆蓋的這片巴爾幹半島和安納托利亞，由於列強的介入，在政治上開始分歧了。這個分歧的模式就有點像，例如張作霖接受了日本的保護；陳炯明接受了英國的保護，儘管他們雙方在辛亥革命的時候還覺得可以共建中華民國，但是英國人和日本人插手、雙方各有各的列強保護人以後，他們就產生別的想法了。

希臘主義者的核心領土當然是在希臘。在希臘獨立以後，由於《君士坦丁堡條約》和《倫敦協定》的關係，保護希臘的主要任務就落在大英帝國的頭上了。可以說，希臘跟英國的關係就像現在的台灣跟美國的關係，或像二十世紀初古巴跟美國的關係，《倫敦協定》發揮的作用就有點像現在的《台灣關係法》和《普拉特修正案》（*The Platt Amendment*）。列強對希臘實施保護權，但是真正能夠執行保護的只有大英帝國的皇家海軍。《倫敦協定》對希臘的保護是非常具體的，其中包括，土耳其在侵略希臘的時候，列強（但實際上是只有英國人）會負責保護它；在希臘發生內亂的時候，皇家海軍和列強的多國維和部隊可以在雅典附近的比雷埃夫斯港口登陸，進入雅典強行維持秩序。英國人不是空口說白話的，開進比雷埃夫斯港和雅典維持秩序的條約權利，他們在十九世紀至少使用過兩次。俄羅斯帝國雖然實質上占領了構成今天羅馬尼亞前身的多瑙河兩公國，但是眾所周知，俄國人在海上的勢力是遠遠不如英國的。儘管它也是《倫敦協定》的簽字一方，按說干涉希臘的事情應該由英法俄三國共同進行的，但自身是陸上強國而不是海上強國的法俄兩國，很快就不得不自動退休了，讓英國人獨家承擔這個使命。

結果就是，儘管希臘主義革命者最初是拿敖得薩當基地，但是發展到最後，小小的希臘王國實際上變成了英國的保護國，這樣就使得大希臘主義者中有很大一撥人感到不滿意。他們原先設想的希臘民國是一個高度親俄的國家，但是實際上希臘王國卻走向了親英的路線，他們感到自己吃虧了。後來在保加利亞問題和塞爾維亞問題上，這一撥人的後代也感到吃虧了。最後他們這種吃虧的感覺導致了第一次世界大戰，這是後話了。總之在十九世紀中期，他們有種吃虧的感覺：他們費盡心力發明的希臘主義本來是為了俄國和全世界東正教徒團結起來的，結果搞到最後便宜了大英帝國。但是現在木已成舟，唯一的辦法就是：大英帝國無論如何只控制著希臘群島和希臘沿海的這一小部分，大英帝國對於貧窮落後、布滿群山的內地（特別是土司領地）一點興趣都沒有，如果英國人拿去了這一部分，也就只有隨它拿去了，英國還沒有拿去、目前還在奧斯曼帝國統治下的這些地區，我們還可以重新發明一次，這一次我們吸取教訓，我們不再發明希臘主義了，我們要發明斯拉夫主義。

十九世紀中期的斯拉夫主義跟最初的希臘主義一樣，也是高度親俄的。希臘主義認為，希臘東正教徒當中只有俄羅斯最強大。斯拉夫主義則認為，在斯拉夫文化和斯拉夫種族來源的各國當中，只有俄羅斯最強大。所以他們的結論是一樣的，都是要在俄羅斯的領導之下，把廣大的斯拉夫人從奧斯曼帝國的統治之下解放出來。在十九世紀中葉，他們還沒有這個膽量要求所有斯拉夫人都從神聖羅馬帝國、奧地利帝國或者普魯士王國的統治下解放出來，這時候他們的目標還僅僅只是奧斯曼帝國，直到十九世紀末，他們的野心才進一步擴張到連德國人都要推翻的程度。但是我們要注意，民族發明學這種東西都是「先射箭、再畫靶」的遊戲，也就是說，你把箭射出去以後，再在你射中的那個地方畫一個靶心，這樣你就百發百中了。你千萬不要以為，是因為巴爾幹半島的居民自古以來都是斯拉夫希臘東正教徒，所以他們才發明了希臘主義，然後才覺得我們應該親俄，或者是，巴爾幹半島的居民在種族文化上是斯拉夫人，然後他們才覺得自己跟俄國人是一家。實際情況是恰好相反，是巴爾幹半島上的親俄派政治家覺得，我們當帶路黨的時候最好是要跟著俄國人走，然後再拍拍腦袋，我們應該怎樣把自己的政治訴求合法化，怎樣發明一個自古以來的理由呢？

例如，如果我不想要台灣，那麼我就可以說台灣自古以來就不屬於中國，因為它在明代以前就跟中國根本沒有任何關係。如果我要的是朝鮮的話，我可以說朝鮮自古以來就屬於中國的，台灣自古以來就不屬於中國的，因為朝鮮早就被漢武帝征服過，那時候誰都不知道台灣在哪裡呢。但是如果我的政治決定恰好相反，我不去打朝鮮、而是要打台灣的話，那我就可以說，儘管朝鮮在漢武帝和唐太宗的時候都是你的，但是我可以忽略不計，儘管台灣在漢武帝和唐太宗的時候還沒有人知道這個地方在哪裡，但是我一定要硬著頭皮說它自古以來就是我的。西藏的狀況也是這樣的。你可以說，從漢武帝開始，西藏就不是你的；你也可以說，自從蒙古帝國或者滿洲帝國那個時代，西藏就是你的。這都是看你隨便選擇了，關鍵是要看你當時的政治動機是怎樣。

對於巴爾幹半島的塞爾維亞總督轄區這一批斯拉夫民族發明家來說的話，他們在一八四四年發明斯拉夫主義跟他們的老師在一八二一年發明希臘主義的邏輯是一樣的，本質上都是政治投機。而且政治投機的目的都是為了，我們不要做英國人的帶路黨，而要做俄國人的帶路黨。只不過原先那一批本來想要給俄國人帶路的人，帶著帶著就被國際體系給帶偏了，最後給帶到英國人懷裡面去了。然後他們覺得自己上當了，就覺得有必要重新發明一下，於是斯拉夫主義的發明就開始了。後來的南斯拉夫，也就是「大塞爾維亞」是斯拉夫主義民族發明的第一個實驗品，也是今天塞爾維亞悲慘命運的主要原因。

塞爾維亞的斯拉夫主義有兩位發明家，第一位是語言學家武克・卡拉季奇[10]。他當然不是後來在海牙上戰犯法庭的那一位拉多萬・卡拉季奇（Radovan Karadži）。語言學家卡拉季奇的功能跟全世界民族發明家當中負責語言學的那一撥人的功能是一模一樣的：運用德國浪漫主義的原則，運用格林兄弟寫《格林童話》的原則，運用安徒生通過編寫《安徒生童話》發明丹麥文的原則，把原來只不過是農民和鄉民使用的方言土語（就是今天的塞爾維亞—克羅埃西亞語）發明成為正式的國語，發明成為一種可以寫進中小學教科書的語言。第二位仁兄更重要一些，就是伊利亞·加拉沙寧[11]。加拉沙寧的重要性就是在於，他不僅在一八四四年寫出了被認為是後世「大塞爾維亞」起源的《備忘錄》，而且他還是塞爾維亞公國的內政大臣。他掌握著貝爾格勒的強力部門；掌握了強力部門，基本上就掌握了大半個國家。他要通過本國的官方檔、報紙、中學教科書之類把他認同的意識形態灌輸給全國人民，那是很容易的。

同樣在一八四〇年代，另一撥民族發明家重新發明了科索沃戰役的歷史。他們的發明方式就跟我剛才講的那樣，比如說蔡鍔決定宣布雲南獨立，他就要拍拍腦袋，到明代以前的雲南歷史中去找古聖先賢，然後他自然會說：「金庸《天龍八部》裡面的段譽是我們的先王，跟大明國打仗

⑩ 武克·卡拉季奇（Vuk Karadžić, 1787–1864），塞爾維亞與語言學家，積極收集並推廣塞爾維亞地區的民間詩歌及民俗傳說，而被稱為「塞爾維亞民俗學研究之父」，其代表作為一八一四年出版的《塞爾維亞民間詩歌》。

⑪ 伊利亞·加拉沙寧（Ilija Garašanin, 1812–1874），塞爾維亞政治家，他在一八四四年擔任內政部長時，寫下未公開的文件《備忘錄》（*Načertanije*）並以此作為個人的施政綱領。在《備忘錄》中，加拉沙寧主張建立一個包括所有塞爾維亞人居住地區的「大塞爾維亞國」，包括阿爾巴尼亞、馬其頓和希臘的大部分地區。因此，加拉沙寧被後世認為是「大塞爾維亞主義」的起源。

的土司頭目思任發是我們的先王」，把他們都發明成為「大不列滇民族」的先王。這樣發明了以後有一個重大的效果，他們把科索沃戰役發明成「代表歐洲文明的塞爾維亞人反抗穆斯林入侵的英雄偉業」，所以從今以後就有了一個塞爾維亞的天命，「塞爾維亞民族」也就此誕生了。「塞爾維亞」從地理名詞變成政治名詞，本身就是為了讓塞爾維亞人奪取實際上原本是由今天的克羅埃西亞人、當時的克羅埃西亞邊疆區的天主教徒承擔的歷史使命——為歐洲抗擊奧斯曼帝國。當然這個功勞實際上是由現代克羅埃西亞總統弗拉尼奧・圖季曼（Franjo Tu man）的祖先——當時的克羅埃西亞邊疆區的天主教徒所承擔的。但是塞爾維亞民族發明家通過這樣一個偉大的發明，就等於是把汪精衛的後代發明成為抗日英雄、把蔣介石完全抹掉一樣，因為他們發明的那些塞爾維亞人其實恰好就是投靠了伊斯蘭穆斯林、帶著奧斯曼帝國大軍進攻維也納的那一批人；不但不是為歐洲保衛維也納的主要功臣，恰好還是在土耳其統帥之下進攻維也納的主力軍。這一點是很容易考證明白的，一百個塞爾維亞民族發明家也掩蓋不了，但是歷史真相為何對於民族發明來說是沒有影響的。

科索沃戰役之所以在漢語世界的讀者當中有這麼大的影響力，其實是出於一個很荒謬的原因。這個原因其實也跟民族發明學有點關係，因為民族發明學本質上講是一種改頭換面的「政治站隊學」，它要維護誰、要傷害誰都是有明確動機的。我們大家要想想，今天的塞爾維亞人口總共不到一千萬人，再加上跟塞爾維亞人友好的或者不友好的、干涉過巴爾幹政治的那些周邊各國，加起來人數也就只有那麼幾千萬。當今世界上信誓旦旦地、無比虔誠地相信：「科索沃戰役是歐洲歷史的轉捩點，塞爾維亞人對歐洲人立下了大功。」這個理論的人當中，絕大部分不在塞爾維亞，也不在巴爾幹半島，甚至不在歐洲，他們絕大多數都在今天的中華人民共和國境內。我估計，今天人類當中可能有兩億左右的人相信塞爾維亞人是保衛歐洲、反抗伊斯蘭穆斯林侵略的英雄，而其中大概有一億五千萬是今天中華人民共和國的國民。

這個現象的形成主要應該歸因於我們親愛的江澤民同志。因為當時的塞爾維亞人與波士尼亞人及科索沃人到處打仗，塞爾維亞民族發明家重新拿著科索沃戰役的故事來證明他們屠殺科索沃人是很有道理的，說科索沃是代表土耳其人那一方面的、而他們是保衛歐洲的民族英雄時，江澤民所領導的中國是國際社會當中極少數願意支持米洛塞維奇的人。而理所當然的，中華人民共和國境內比較偏向自由派的這一撥人自然而然就變成了反塞爾維亞的人，比較忠黨愛國、比較五毛的這一撥人自然就維護塞爾維亞人了，於是他們圍繞著科索沃問題激烈論戰。當時網路還不流行，要不然一定會留下很多很有趣的故事。

在當時那些泛自由派的眼中，「江澤民」這個名字是自從勃列日涅夫、契爾年科[12]和鄧小平死後全世界最可惡的人，而柯林頓總統則是一個基本上不可能犯錯誤的神聖人物。當時他們恐怕想像不到，時間還過了不到二十年，世界已經發展到這個地步，居然會有人覺得江澤民本身就代表了走資派在中華人民共和國的最後希望。按照江澤民同志在科索沃戰爭時期的形象，那就是契爾年科和鄧小平這種人在當時的化身，「撒旦」在人世間的代理人。事情之所以發生這麼大的變化，你也就可以看出，從一九九〇年代發展到今天，中華人民共和國的政治生態是怎樣的每況愈下。

無論如何，這一次爭議就把科索沃戰役變成了中華人民共和國的那些文學青年，在咖啡館和書店裡面振振有詞地爭論政治的一個重大題目，結果製造了大批的科索沃粉或者反科索沃粉。當然這個反對或者支持都是「借他人酒杯，澆自己塊壘」，骨子裡也還是為了眼前的政治問題。所有的歷史發明學都是這樣的，所有的民族發明學也都是這樣的。所以你假如要瞭解民族發明的動機，最重要的事情不是去考證相應的歷史。歷史方面的證據，在如此漫長的歷史當中，你總可以選擇出一部分對你有利的，然後忽略掉另一部分對你不利的。關鍵是，你在做出這個選擇的時候，要達到的政治目的是什麼。

一八四四年的加拉沙寧要達到的目的很簡單，就是要把希臘東正教基督徒一方面從奧斯曼帝國的奴役之下解放出來，另一方面要把他們從萬惡的西方帝國主義的錯誤領導下解放出來，把他們拉回斯拉夫主義與大塞爾維亞的正確道路當中。這樣就少不了俄羅斯沙皇的支持，但是沙皇如果想要在離奧地利邊境這麼近的地方，像他在瓦拉幾亞或者後來的保加利亞那樣直接出兵的話，那是會引起強烈外交反應的，所以你只能打一場代理人戰爭。要打代理人戰爭之前，首先就要培養代理人。加拉沙寧的作用就是在一國兩制的塞爾維亞公國內培養出一批斯拉夫主義者，這批斯拉夫主義者要發明一個「塞爾維亞民族」，再把塞爾維亞民族引到俄羅斯帝國一方來。

於是就在一八五八年，加拉沙寧和他所在的政治勢力通過發動政變，把當時占據大公位子的亞歷山大·卡拉喬爾傑趕出了塞爾維亞公國，把已經倒向斯拉夫主義的米洛什·奧布雷諾維奇及其家族再次捧上了塞爾維亞公國的大位。這樣做等於是你在香港發動了一場政變，把董建華給趕走了，另外派上一個你喜歡的人。而奧斯曼蘇丹之所以沒有做出反應，是因為俄國人陳兵多瑙河邊境，威脅君士坦丁堡說：「塞爾維亞是在內地，是在皇家海軍炮火射程之外的。英國人在海上是大王，但在陸上我才是大王。你以為英國人可以把艦隊開到瑪律馬拉海去救你，但是我告訴你，他們不可能把艦隊開到貝爾格勒去救你的。你有本事就跟我開戰吧！」奧斯曼蘇丹跟英國人商量後發現他們對內地果然不感興趣，於是就屈服了，接受斯拉夫主義者在貝爾格勒的統治。然後我們剛才提到的加拉沙寧先生，「塞爾維亞民族」真正的始祖，就在「一國兩制」的塞爾維亞公國當上了總理和外交部長。今天的「塞爾維亞民族」，就是由偉大的民族發明家加拉沙寧及其繼承者經營了一百多年的結果。有他這樣站住腳，塞爾維亞公國實際上已經注定會發明「塞爾維亞民族」了。

但是斯拉夫主義者的偉大計畫可還沒完成。區區一個小塞爾維亞，英國人也不會在乎巴爾幹半島上多出「羅馬尼亞民族」、多出「保加利亞民族」之後再多出一個「塞爾維亞民族」。但是如果塞爾維亞民族是「大斯拉夫民族」的先鋒隊呢？它的任務如果不僅僅是建立一個小小的塞爾維亞公國，而是要把斯拉夫文化所在的每個地區都帶到沙皇俄國的領導之下呢？那就是茲事體大，不僅奧斯曼蘇丹要跳起來，大英帝國要跳起來，奧匈帝國也會跳起來，普魯士國王也會跟著跳起來，這樣一來就會引起全歐洲的大亂。以上這幾個帝國原先的政治安排，都要因為這樣一個空前巨大的民族發明而作廢。事實上，後來塞拉耶佛的一聲槍響，格雷勳爵所謂的「全歐洲的燈光都要熄滅了」[13]，一九一七年的布爾什維克革命，都是由於大斯拉夫民族的發明而造成的。這個發明動搖了舊歐洲的統治基礎，動搖了東方和西方統治結構的整個基礎，是當時前所未有、到現在也是後無來者、空前大膽的民族發明。

是因為到當時為止，最大膽的民族發明也只是奧斯曼主義這一級別的，就是把古代的帝國——神聖羅馬帝國發明成為德國，大俄羅斯帝國發明成為俄羅斯，大清帝國發明為中華民族，大奧斯曼帝國發明為奧斯曼民族之類的，這還是有點根據的，因為這樣的發明並沒有超越各帝國既有的邊境；但是「大斯拉夫民族」一旦誕生，它就要粉碎各大帝國的邊境，特別是要越過古老的東方帝國和西方帝國的邊境。這條邊境穿過了今天的波士尼亞，直到亞得里亞海（Adriatic Sea）。這條邊境古老的程度，比分割內亞和東亞的長城及山海關要古老得多，穩固得多。從人類最古老的時代開始，這條線以東是希臘文明，這條線以西是羅馬文明；羅馬帝國分裂的時候，東羅馬帝國和西羅馬帝國的邊界從今天的波士尼亞穿過；拜占庭帝國被奧斯曼帝國取代後，神聖羅馬帝國皇帝的勢力範圍和奧斯曼帝國蘇丹的勢力範圍也被這條邊界線所分割。

在「大斯拉夫民族主義」發明以前，從來沒有任何政治勢力曾經想像過把這條邊界兩方面的各個群體結合在一起。大家會認為，按照歷史的經驗，這是極其荒謬的，荒謬的程度就相當於你要把位於蒙古的哈拉和林與位於河南的駐馬店[14]統一在同一個國家那樣荒謬。在歷史上，長城兩側的民族——東亞人和內亞人無論內部的政治結構怎樣，東亞人永遠要跟內亞人打仗，內亞人也永遠要跟東亞人打仗。即使一個政治勢力暫時越過了以長城為代表的這條劃分東亞和內亞的邊境，它到了新地方去也會改變自己的身分。例如像是女真人，他們原先在「靖康之恥」的時候明顯是內亞人征服東亞的代表，但是搬到汴梁城以後過了幾代人，到金章宗（1168–1208）那一朝的時候，在蒙古人的眼中，女真人就變成「漢兒」和「漢公主」了[15]，他們反倒變成東亞人的代表了。他們一旦進入了東亞，就沒有辦法有效地管治內亞，而內亞人自然又會擁立出新的政治代理人——這一回就是蒙古人了。

像這樣的故事在歷史上發生過很多次。我們都知道，唐太宗他們的祖先也就是北魏的鮮卑人。大家往往由於受近代中華民族發明家的誤導，以為漢唐宋明是一個連續體，特別是漢唐並稱，但是漢和唐其實是兩個敵國，它們之間的關係也就是像拜占庭帝國和奧斯曼帝國一樣，是直接的敵對勢力。唐朝人的鮮卑祖先正是漢朝人的主要敵人，東漢官兵一次又一次出塞攻擊的那些鮮卑人就是後來李淵和李世民的祖先。正是在五胡亂華、漢魏帝國像拜占庭帝國一樣崩潰、鮮卑人像奧斯曼帝國一樣占領了它過去的土地以後，才建立了後來的北魏帝國、北齊帝國、北周帝國和唐帝國。這幾個帝國都是漢帝國在沙漠和

聖西里爾與聖梅特迪烏斯肖像圖　聖西里爾與聖梅特迪烏斯（Cyril and Methodius）為東羅馬帝國的東正教傳教士，於9世紀時前往斯拉夫地區傳教，並參考希臘字母發明了「西里爾字母」以便將聖經翻譯為斯拉夫地區的當地語言。他們死後被東正教會封為聖人，並在19世紀成為泛斯拉夫主義的象徵人物。

草原上的敵人，他們本來就是漢帝國的內亞敵人的後代。但是他們進了漢帝國的故地以後，也像金章宗一樣，「胡兒學得漢兒語」，開始以漢家子弟自居，把自己發明成為漢朝的繼承者，這時草原上又會出現新的突厥人，像蒙古人取代女真人一樣。結果，內亞和東亞對立的兩極格局還是打不破。

歷史上東方和西方的邊界——波士尼亞邊界、西歐的西部和東歐的東部這條邊界，是比長城更古老、更穩固的。所以直到十九世紀中葉，一八四四年以前，從來沒有人認真考慮過打破這條邊界。有很多人認為，「漫長的十九世紀」是在一九一四年結束的、「短暫的二十世紀」是在

⑫ 列昂尼德·勃列日涅夫（Leonid Brezhnev, 1906–1982）和康士坦丁·契爾年科（Konstantin Chernenko, 1911–1985），分別為一九八〇年代冷戰後期的蘇聯前後任領導人。

⑬ 原文為"The lamps are going out all over Europe"，出自於一九二五年出版的《格雷回憶錄》（*Twenty-Five Years 1892–1916*），作者為英國政治家及外交家愛德華·格雷勳爵（Sir Edward Grey）。

⑭ 作者術語，駐馬店為中國河南省中部一個地方城市，位於中國古代歷史的「中原」地帶。作者以此名稱比喻「在一個文明中最落後、處於秩序的最低階的地方」。

⑮ 比如李志常在《長春真人西遊記》中的紀錄：「七月二十五日，有漢民工匠絡繹來迎，悉皆歡呼歸禮，以彩幡、華蓋、香花前導。又有（金）章宗二妃，曰徒單氏，曰夾穀氏，及漢公主母欽聖夫人袁氏，號泣相迎，顧謂師曰：昔日稔聞道德高風，恨不一見，不意此地有緣也。」

一九一四年開始的[16]；第一次世界大戰是現代歷史所有災難的開始，包括布爾什維克主義和納粹主義災難的開始。沒有第一次世界大戰，不可能有布爾什維克主義；沒有布爾什維克主義，也不可能有納粹主義；沒有布爾什維克主義和納粹主義的教育、培養、庇護和薰陶，也不會有今天的伊斯蘭恐怖主義。可以說，包括賓・拉登，包括史達林，包括希特勒，二十世紀以來人類的一切災難都始於一九一四年塞拉耶佛的那一聲槍響。然而塞拉耶佛的那一聲槍響是誰製造的？就是一八四四年的斯拉夫主義者。一八四四年的斯拉夫主義者設計發明出來的這個「大斯拉夫民族」，注定要顛覆奧匈帝國、奧斯曼帝國和俄羅斯帝國的結構，將二十世紀的人類投入我們所知的現在這種狀態。如果沒有他們，一九一四年以後的所有事情都不會發生。這一切最關鍵的焦點都體現在塞拉耶佛和貝爾格勒之間，所以法國的密特朗總統（François Mitterrand）在波士尼亞戰爭爆發以後訪問塞拉耶佛的時候，塞拉耶佛的槍聲還沒有停息，可是讓他百感交集的。因為密特朗是法國老一輩的知識分子，他還記得一九一四年以前的歲月，沒有想到一九八九年以後，在他擔任總統的時候，塞拉耶佛的槍聲又會重新響起。

經過斯拉夫主義的一系列薰陶，新成立的塞爾維亞公國就變成了斯拉夫主義的一個先鋒兵，他們的斯拉夫主義比沙皇宮廷和俄羅斯帝國內部的斯拉夫主義者更加強大。因為沙皇本人畢竟還有一些神聖羅馬帝國時期的遺產在，他還要猶豫不決，覺得按照亞歷山大一世留下來的外交方案，沙皇俄國應該是歐洲正統君主制的堡壘，應該是跟德國、奧地利等君主國在同一陣營的，不應該支持像斯拉夫主義這樣具有高度革命性、勢必摧毀維也納會議的全部和平安排、勢必摧毀包括沙皇俄國在內的所有古老君主國的邊界和安排的可怕發明，所以在十九世紀中葉，斯拉夫主義在沙皇的宮廷中間還只是競爭性的各黨派之一。但是隨著十九世紀後期的幾次戰爭，包括我們前幾次提到過的第十次俄土戰爭，情況就發生變化了。在俄土戰爭之前的那個時候，後來所謂的塞爾維亞人迪米塔爾·奧布西奇[17]也是保加利亞中央革命委員會的一個方面軍司令，保加利亞人和塞爾維亞人在當時還沒有任何區別，因為兩國的民族發明還都處在初級階段，但是再過二十年就不是這樣了。

可以說從輸出斯拉夫主義革命的角度來看，塞爾維亞人的地位相當於是一九一九年的蘇聯，當時的蘇聯是向全世界輸出共產主義革命的大本營，今天的伊拉克和敘利亞是伊斯蘭國向全世界輸出伊斯蘭極端主義的大本營，而一八四四年到一八七八年——甚至是到一九一四年之間的塞爾維亞是向全世界輸出斯拉夫主義的大本營，輸出對象包括沙皇俄國。在貝爾格勒執政的斯拉夫主義者知道，小小的塞爾維亞支持不起他們「星辰大海」的巨大野心，只有把強大的沙皇俄國拿到自己手裡面才能夠做得到。為此，他們必須在沙皇俄國發動長期的遊說活動，也要借助外交形勢以及沙皇政體的弱點。弱點在於，因為沙皇本身是專制主義的緣故，經常像奧斯曼帝國一樣受到西方人的批評。然後沙皇俄國的公眾輿論就像是今天中華人民共和國的公眾輿論一樣，重新解讀這些批評。他們不能理解西方是因為不民主不文明才批評他們的，而要把這一點妖魔化成為，「我們俄羅斯人無論做什麼，西方人都會恨我們，所以我們只有依靠自己。」然後在俄土戰爭導致保加利亞事實獨立、英國人和德國人在國際和會上強迫沙皇做出讓步以後，就更得出這樣的結論：「我們俄國人跟西方人打交道，總是俄國人吃虧。我們俄羅斯的戰士努力打垮了土耳其人，結果得到的戰利品都讓英國人和德國人給奪去了。大保加利亞變成了小保加利亞，而且我們安置到保加利亞的王室還讓德國人趕出來了。我們俄羅斯戰士流了多少血，付出了多少犧牲，結果全讓英國人和德國人坐享其成。所以我們放棄吧，歐洲人是不可信賴的，帝國主義亡我之心不死。只有我們斯拉夫人，才是我們斯拉夫人的兄弟，只有俄羅斯海軍和俄羅斯陸軍才是斯拉夫人真正的朋友（Russia has only two allies; its army and navy.）。」這種意識形態在十九世紀末期越來越占了上風。

沙皇政府隨著革命形勢的成熟開始左右為難。一邊是自由派要自由要民主，要讓沙皇變成西方式的立憲君主制，一方面是社會主義者到處扔炸彈，要在沙皇俄國搞社會主義，另一方面又是斯拉夫主義者一天到晚這麼遊說，再加上沙皇自己也確實是在西方外交上吃了虧，他在自身力量越來越衰弱的情況下審時度勢，在面臨自由民主派、社會主義派和斯拉夫主義派這三種都具有高度群眾性的新生力量當中，只能三害相權取其輕。自由民主派是可恨的西方代理人，社會主義者則是可恨的全人類之敵。反反覆覆看起來，只有斯拉夫主義者，雖然也喊革命，但是他們至少還認東正教，至少還願意承認沙皇是東正教的領袖和所有斯拉夫人的領袖。看起來，在這三種革命思想當中，也就是斯拉夫主義對沙皇制度最友好了。於是隨著沙皇制度的衰落，沙皇宮廷便一點一滴地落入斯拉夫主義者之手了。當斯托雷平[18]在一九〇七年擔任首相的時候，沙皇的官方政府態度還不是這樣的。但在一九〇八年奧地利帝國兼併波士尼亞以後，沙皇最後一次覺得自己上當受騙了，最終便在一九一二年投入了斯拉夫主義的懷抱當中，斯拉夫主義者成功掌握了聖彼得堡

⑯ 漫長的十九世紀（Long nineteenth century, 1789–1914）及短暫的二十世紀（Short twentieth century, 1914–1991），語出英國歷史學家艾瑞克．霍布斯邦（Eric Hobsbawm）。

⑰ 迪米塔爾．奧布西奇（Dimitar Obshti, 1835–1873），保加利亞民族主義者，於一八六二年參加反抗奧斯曼帝國統治的「保加利亞第一軍團」，多次參與武裝起義，一八七三年遭到奧斯曼帝國逮捕後處死。由於他出生於當時位於塞爾維亞境內的賈科維察（Gjakova，現位於獨立的科索沃境內），故被塞爾維亞人視為民族英雄。

⑱ 彼得．阿爾卡季耶維奇．斯托雷平（Pyotr Arkadyevich Stolypin, 1862–1911），於一九〇六年擔任俄羅斯帝國首相，任內推動土地改革並致力於培養富農階級，以促進經濟發展及現代化，於一九一一年死於刺殺。

的政權，就在兩年以後引起了第一次世界大戰，然後就在三年以後斷送了沙皇尼古拉二世和俄羅斯帝國的壽命。

波士尼亞的故事是這樣的：按照塞爾維亞人發明的「大塞爾維亞」，它的核心實際上是在波士尼亞而不在塞爾維亞（當然這些並不重要，民族發明學是隨便怎麼樣都可以的，你總可以找得到有利於你的論據），但是波士尼亞不屬於一國兩制的塞爾維亞行政區管轄內。即使是在土耳其帝國已經喪失了塞爾維亞和保加利亞的時候，波士尼亞在法律上仍然是土耳其人留在歐洲的一塊飛地。土耳其人本著寧可讓敵人的敵人得到好處、也不願意讓敵人得到好處的邏輯，寧願把這塊地方放棄給奧匈帝國，也不願意放棄給虎視眈眈的塞爾維亞人和俄國人。

波士尼亞的人口結構跟一八二一年以前整個巴爾幹半島的人口結構是差不多的，都有極大比例的穆斯林人口。在巴爾幹半島的其他地方，今天的穆斯林人口之所以變得這麼少，實際上是多次革命、戰爭和種族清洗的結果。儘管這個「種族清洗」是一九九五年以後西方媒體才發明的詞彙，實際上跟種族也沒有什麼關係，清洗的雙方無論自身是塞爾維亞人、波士尼亞人還是克羅埃西亞人，就像我剛才說的那樣，他們其實是一家人，清洗的標準不是「種族」，而是「認同」，但是西方媒體既然這麼叫，我們就勉強承認它是「種族清洗」好了，反正這些名詞的用法都是約定俗成的。那些地方的土耳其人其實就是穆斯林，因為按照十九世紀歐洲的普遍用法，特別是在巴爾幹半島上，穆斯林和土耳其人是可以通用的。波士尼亞原先的東正教徒在土耳其人征服以後如果改信了伊斯蘭教，那你把他們叫穆斯林也行，把他們叫土耳其人也行，這個無所謂的，這兩個稱號是同一個意思。

這些人看到俄國人入侵羅馬尼亞和保加利亞、土耳其人的統治垮台以後，像印巴分治以後的情況一樣，大批穆斯林難民在本地無法生存，都必須背井離鄉地逃亡到邊界的另外一邊，所以他們很害怕發生同樣的事情。在他們看來，立場比較中立的奧地利帝國對他們會更好一些——而他們這個判斷也不錯。這樣，就在土耳其帝國和波士尼亞穆斯林雙方的努力之下，再加上西歐列強，無論是英國人、法國人還是德國人，沒有哪一個大國願意讓不守規矩的沙皇俄國在中歐又獲得一大片勢力範圍，於是在一八七八年，列強開會決定，把波士尼亞交給哈布斯堡帝國委託管理。

當然這個委任統治實際上是一種殖民地管理。其實一九九五年以後的波士尼亞也是由北約和歐盟委任統治的。這樣的委任統治比交給任何一個族群管理至少都要人道一些，因為無論哪一族占了上風都要殺其他人，但是哈布斯堡的皇帝本身就是一個多元族群帝國的領袖，而且他是歐洲人，他沒有動機要殺任何一方的。他從奧地利派了一些高高在上的殖民者官員，正如一九九七年以後行使「波昂權力」[19]的歐盟官員一樣，當地人在外來官員的政府中沒有任何發言權，都只能服從外國殖民者，但他們的統治是相對公正、不偏袒任何一方的，是人道和文明的，是有利於經濟發展的。波士尼亞的經濟發展和生活水準提高，主要是在這段時間內。

當然，塞爾維亞人吞併波士尼亞的企圖落空後就很不高興。在正式的戰場上，他們沒有把握打贏有德國人撐腰的哈布斯堡帝國，但是他們可以採用革命黨喜歡的暗殺手段，於是塞爾維亞的總參謀部就組織了一個名叫「黑手黨」[20]的組織，他們在波士尼亞活動的結果就是塞拉耶佛的一聲槍響和斐迪南大公的死亡。一個國家的特工人員到另一個受列強合法委任統治的國家境內面去開了一槍，殺了該國的王位繼承人，這種事情如果是在一八一二年發生的話，沙皇俄國一定會

第二南斯拉夫王國行政圖

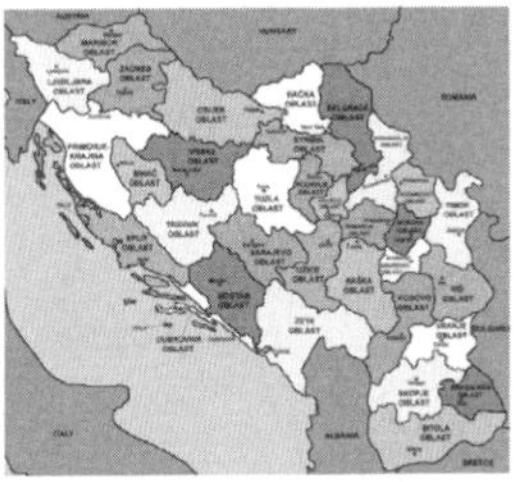

第一南斯拉夫王國行政圖

建立於1918年的第一南斯拉夫王國（圖右），在1922年推動行政改革，將國內行政區劃分為33個「州」（Oblasts），並在1929年成立第二南斯拉夫王國（圖左）時，再度將行政區重劃為9個以自然地理為名的「省」（Banates），都打亂了原有的文化與族群邊界並造成議會政治的混亂。

帶頭討伐；但是在一九一二年以後，沙皇俄國自身已經被斯拉夫主義綁架以後，沙皇俄國居然會做出他們的祖先想像不到的事情——站到了斯拉夫主義一邊，為塞爾維亞人出頭。

後來的發展我們都很熟悉，第一次世界大戰讓三大帝國——德意志帝國、俄羅斯帝國和奧匈帝國都土崩瓦解，在巴爾幹半島留下了一個巨大的政治真空。這一下塞爾維亞人總算是實現了他們的夢想，成功建立了「大南斯拉夫」，也就是第一南斯拉夫王國[21]。第一南斯拉夫王國跟「大塞爾維亞」是沒有任何區別的。首先，第一王國內部劃分為三十三個省，後來在第二南斯拉夫王國[22]時又劃分為九個省，都打亂了原有的文化與族群邊界。就像法國人把「阿爾薩斯—洛林省」

⑲ 一九九五年波士尼亞戰爭末期，在以美國為首的北約成員國及歐盟代表的監督下，波赫聯邦、南斯拉夫及克羅埃西亞三國在巴黎簽訂《岱頓協議》（Dayton Agreement），同意結束內戰並保障波赫聯邦及塞族共和國的獨立事實，並在波士尼亞設立「國際社會駐波赫高級代表辦公室」（OHR），以監督多國維和部隊執行協議內容。一九九七年，美國及歐盟再度於西德波昂（Bonn）召開國際會議，決議由歐盟各國輪流擔任高級代表，具有凌駕於當地各政權之上的絕對權力，以保證《岱頓協議》的徹底執行，此權力被簡稱為波昂權力（Bonn Powers）。

⑳ 黑手黨（Black Hand）為塞爾維亞王國軍人德拉古廷．迪米特里傑維奇（Dragutin Dimitrijević）所建立的秘密社團，全名為「統一或死亡」（Unification or Death），訴求以武裝及暴力行動促成「大塞爾維亞國家」的統一，其成員加夫里洛．普林西普（Gavrilo Princip）於一九一四年六月二十八日刺殺了奧匈帝國王儲斐迪南大公，引發了第一次世界大戰。

㉑ 第一南斯拉夫王國，即塞爾維亞—克羅埃西亞—斯洛維尼亞王國（Kingdom of Serbs, Croats and Slovenes, 1918–1929）。它是第一次世界大戰後在「南斯拉夫委員會」的主導之下，塞爾維亞、斯洛維尼亞、克羅埃西亞三個王國共組的聯合王國，國家元首由塞爾維亞國王擔任，這是第一個由「南斯拉夫民族」建立的國家，故後世又稱之為「第一南斯拉夫王國」。同時，蒙特內哥羅也召開會議，廢除本國國王後加入第一南斯拉夫王國。

劃分為「上萊茵省」和「下萊茵省」[23]是同樣的動機。按照一九一八年以後這個新南斯拉夫的政治邏輯，南部斯拉夫人是同一個民族，塞爾維亞、克羅埃西亞和斯洛維尼亞是同一個民族的三個不同的名字。塞爾維亞－克羅埃西亞－斯洛維尼亞聯合王國，以及後來的第二南斯拉夫王國，是一個「三族共和」的國家。「三族共和」的國家要繼承奧匈帝國和奧斯曼帝國的國際法地位，替協約國維持東歐的秩序。這個三族共和的民族發明，在人類歷史上其實最接近於一九一二年辛亥革命以後發明的「五族共和」。

當然按照小民族主義的原則，辛亥革命時期的「五族共和」與一九一八年的「三族共和」都不是真正的「民族」。克羅埃西亞的民族發明其實也是拼湊兩種不同族群的結果。斯洛維尼亞人到底算德國人還是算斯拉夫人，是很有爭議的。「三族共和」中發明的塞爾維亞人包含了今天的科索沃和波士尼亞的大批穆斯林人口，而這些穆斯林人口則是塞爾維亞人的死敵，他們誓死不肯承認自己是塞爾維亞人。所以這個「三族共和」的發明一開始就埋下了禍根。但它還是能夠維持這幾十年，維持這幾十年的主要原因，不是因為塞爾維亞人的統治很有效或者是兩個南斯拉夫的居民很擁護塞爾維亞人、很願意接受他們的同化，關鍵是因為國際形勢的緣故。三大帝國的解體，特別是奧匈帝國和奧斯曼帝國的解體，在中歐留下的政治真空總得有人來填補，否則的話就沒有一個國際法的主體了。一戰後的《凡爾賽條約》需要有人簽字，二戰以後的安排也需要有人直接繼承。

這個邏輯，就是一九一二年大清帝國解體以後，滿洲和蒙古可以繼續跟十八省合作建立中華民國的主要原因。主要原因就是朱邇典[24]、袁世凱以及梁啟超指出的那個事實：如果大清帝國突然垮了，那麼滿洲怎麼辦呢？大清帝國在的時候，滿洲高度自治，尊重日本和俄國的條約權利，事情還是很好解決的，大家都可以混得過去；大清皇帝一旦退位以後，如果沒有一個繼承國出來安排的話，那麼日本人和俄國人馬上就會為了滿洲打一仗，西藏和四川之間也是非打不可的，甚至十八省之間，廣東人和湖南人為了爭權力，也是非打不可的。尤其是大清帝國跟西方列強簽訂

㉒ 第一南斯拉夫王國，即塞爾維亞—克羅埃西亞—斯洛維尼亞王國在國王亞歷山大一世（Alexander I）的主導下，廢除議會政治並推行君主專制，並將國號改為「南斯拉夫王國」（Kingdom of Yugoslavia, 1929–1941）。一九四一年二戰爆發後，遭到德國、義大利、保加利亞等軸心國成員占領而滅亡。

㉓ 亞爾薩斯—洛林（Alsace-Lorraine）位於法國及德國交界處，自中世紀以來便是法蘭西王國和神聖羅馬帝國相互爭奪的爭議區域。法國大革命期間，革命政府將此區畫分為兩個獨立的省分：上萊茵省（Haut-Rhin）和下萊茵省（Bas-Rhin）。

㉔ 朱邇典（Sir John Newell Jordan, 1852–1925），英國政治家及外交官，一八七六年開始任職於英國駐大清國北京使館，一九〇六年開始擔任全權公使，在一九一一年辛亥革命期間促成袁世凱的北洋軍與革命黨之間的停戰議和及大清國宣統帝退位，為中華民國建立的關鍵人物。

的那些貿易條款，如果全都作廢的話，很多企業家都要吃大虧。所以大家都覺得，如果能夠讓袁世凱出來擔任「善後維持會」的會長、把大清帝國原有的版圖維持住的話，對大家都很方便。但是蒙古、西藏和滿洲都是只認大清皇帝的，他們絕不會承認被大清皇帝征服的這一批降虜夠資格跟大清皇帝的盟友平起平坐。蒙古人和滿洲人都是征服者，而你們十八省是被征服者。征服者和征服者聯姻、共同統治大清帝國是可以的，但是要雙方平等，這是讓征服者很難接受的。

怎麼辦呢？那就只能用「五族共和」這一個倉促設計的民族概念來彌補矛盾了。「五族」中的各族，漢、滿、蒙、回、藏，按現在的觀點來看都不是真正的民族，而是繼承大清帝國內部中多元政治實體的「憲法性政治團體」。但是當時也沒有什麼別的辦法了，只有臨時拼湊出這樣的法團來繼承，才能拼湊出「五族共和」的中華民國。有了五族共和的中華民國，在遠東的國際條約體系的安排當中，才有人來繼承大清皇帝在條約上簽字，列強在東亞的條約利益、貿易利益、揚子江的航行安全、東南沿海的海道安全、租界安全、外國企業的安全才有人負責管理。如果大家都散了，袁世凱不上台搞這個「五族共和」的中華民族，那麼一九一二年的東亞馬上就變成一九九五年的南斯拉夫了。各方的軍閥和勢力，滿洲人和蒙古人大打出手，日本人和俄國人大打出手，十八省的各路軍閥大打出手，事情馬上就沒法收場了。所以就只能讓「中華民族、五族共和」這個民族發明來填補空缺了。

列強雖然知道巴爾幹半島的形勢非常複雜，而塞爾維亞人的民族發明很不靠譜，但是他們除了接受「三族共和」的南斯拉夫發明以外，也找不出更好的填補空缺的方法。於是他們就像是在一九一二年和一九四五年承認中華民族、承認「五族共和」一樣，在一九一八年和一九四五年都承認了「三族共和」與「六族共和」的南斯拉夫。「三族共和」是第一南斯拉夫，「六族共和」是第二南斯拉夫。當然這點細節上的差異並不重要。因為篇幅關係，我就不再講三族是怎樣變成六族的具體情況了。但是實際上從憲法結構的角度來講，「三族共和」與「六族共和」的差異是不大的。

依靠國際條約扶起來的，也會隨著條約體系的變化而崩潰。列強之所以願意承認南斯拉夫「三族共和」與「六族共和」的這個發明，也就是因為中歐這一塊需要有人填空的緣故。等到冷戰結束，蘇聯崩潰，歐盟和北約東擴，中歐和東歐的政治真空終於不復存在了。擴大後的歐盟，重新肩負起一八一二年以前神聖羅馬帝國、一八四八年以前日耳曼邦聯的作用。它像以前的奧匈帝國、日耳曼邦聯和神聖羅馬帝國一樣，重新覆蓋了在一九一八年以後由於歷次革命、兩次世界大戰和冷戰造成的政治真空。在這種情況下，曾經在一九一八年為列強填補了真空、在一九四八年替列強抵禦過蘇聯人、曾經發揮過很大作用的這個南斯拉夫「三族共和」或「六族共和」的安排變得不合時宜也沒有必要了。曾經在冷戰時期左右逢源的南斯拉夫，現在變得左右不逢源，失去了列強資格而變成一個多餘的角色。蘇聯解體以後，南斯拉夫作為東歐最後一個殘存的共產主義國家，不但不能像狄托的南斯拉夫那樣左右逢源，反而變成了一個同時被俄羅斯和西方世界遺棄的物件。

於是「三族共和」與「六族共和」掩蓋之下的舊矛盾一旦爆發，南斯拉夫一下子就曝露了「大塞爾維亞」的本質。「大塞爾維亞」的塞爾維亞人必須在科索沃和波士尼亞跟過去的土耳其人（也就是現在的科索沃人）和過去的奧地利人（也就是現在的克羅埃西亞人）打仗。這些戰爭在熟悉歷史的人看來，實際上就跟一八七六年和一八四四年以前在東方帝國和西方帝國的邊境上、奧斯曼帝國的各路雜牌軍和奧地利帝國（也就是

強大的杜尚皇帝　此為塞爾維亞畫家穆拉特（Marko Murat）創作於1899年的作品，描述杜尚（Stefan Dusan）在1346年接受塞爾維亞大主教加冕為塞爾維亞帝國皇帝。「杜尚皇帝的加冕禮」象徵了古塞爾維人最強盛的時刻，近代以來常被塞爾維亞或斯拉夫民族發明家稱頌。

神聖羅馬帝國）的各路雜牌軍相互作戰的情況一模一樣。克羅埃西亞人回到了他們的祖先原有的位置上，塞爾維亞人回到了他們的祖先原有的位置上，波士尼亞和科索沃的十九世紀意義上的土耳其人、現代意義上的波士尼亞人和阿爾巴尼亞人也回到了自己原有的位置上。

塞爾維亞
民族發明大事記

時間	事件
1389/6/15	**科索沃戰役** 奧斯曼帝國在這場戰役後征服了古塞爾維亞王國，開始了對塞爾維亞地區長達五個世紀的統治。此戰役被1840年代的塞爾維亞歷史學者稱為「科索沃神話」，視為塞爾維亞人代表歐洲文明對抗穆斯林入侵的壯舉，成為塞爾維亞民族發明的主要材料。
1804/2/14	**卡拉喬爾傑與第一次塞爾維亞起義** 在卡拉喬爾傑的領導下，塞爾維亞爆發了反對奧斯曼帝國統治的起義，歷經多次鎮壓，1813年宣告失敗。卡拉喬爾傑逃亡到俄國境內的敖德薩，加入希臘友誼社並繼續從事反抗運動，直到1917年過世後，被發明為塞爾維亞的民族英雄。
1815年	**塞爾維亞公國的建立** 米洛什·奧布雷諾維奇領導了塞爾維亞的第二次起義，並成功建立了高度自治的塞爾維亞公國。這是近代塞爾維亞的起源。該公國的自治權利，直到1830年才被奧斯曼帝國正式承認。
1844年	**加拉沙寧寫作《塞爾維亞獨立備忘錄》** 塞爾維亞政治家與民族發明家伊利亞·加拉沙寧創作《塞爾維亞獨立備忘錄》，宗旨為「建立以塞爾維亞為首的南斯拉夫國」，此政治綱領是「大塞爾維亞主義」的起源。
1858/11/30	**加拉沙寧政變** 加拉沙寧發動政變，流放塞爾維亞大公，並迎立失勢已久，但親俄的斯拉夫主義者米洛什·奧布雷諾維奇再次擔任塞爾維亞大公。此舉是「塞爾維亞民族主義者」加拉沙寧為對抗其宗主國奧斯曼帝國，而尋求俄羅斯協助的一項政治行動。
1878/7/13	**塞爾維亞公國正式獨立** 在1878年列強簽署的《柏林條約》中，塞爾維亞公國獲得俄國支持，正式被國際承認並取得合法的獨立地位，並於1882年升格為塞爾維亞王國。

1914/6/28

塞拉耶佛事件與第一次世界大戰的影響

信奉「大塞爾維亞主義」的黑手黨成員在塞拉耶佛刺殺奧匈帝國王儲斐南迪大公，成為一次大戰的引爆點。一戰結果使德意志帝國、奧匈帝國及奧斯曼帝國等三大帝國相繼解體，在中歐及巴爾幹留下了政治真空。

1918/12/1

南斯拉夫王國的建立與「三族共和」

奧匈帝國的解體促使塞爾維亞王國吞併克羅埃西亞—斯洛維尼亞王國，建立「第一南斯拉夫王國」。此王國建立在以塞爾維亞人為首的「三族共和」之上，塞爾維亞人、克羅埃西亞人和斯洛維尼亞人是同一個「南斯拉夫民族」的三個不同宗族、是同一個民族的三種不同名字。

1945/11/29

南斯拉夫聯邦成立與「六族共和」

二戰結束後，約瑟普·狄托成立了南斯拉夫聯邦人民共和國（1963年改名為南斯拉夫聯邦社會主義共和國），這是一個由塞爾維亞、克羅埃西亞、斯洛維尼亞、阿爾巴尼亞、蒙特內哥羅及波士尼亞等「六族共和」組成的「南斯拉夫民族國家」。狄托提倡「六族共和」的主要目的，是為了遏制「大塞爾維亞主義」的斯拉夫民族發明思想。

1991/6/25

南斯拉夫聯邦解體

斯洛維尼亞與克羅埃西亞同時宣布獨立，南斯拉夫解體並面臨內戰危機。1992年，波士尼亞與阿爾巴尼亞也宣布獨立，南斯拉夫只剩下塞爾維亞及蒙特內哥羅，二者重組為「南斯拉夫聯盟共和國」，2003年再改為「塞爾維亞與蒙特內哥羅聯盟國」。

2006/6/5

塞爾維亞獨立

塞爾維亞與蒙特內哥羅的聯盟關係在蒙特內哥羅於2006年6月3日獨立後宣告終止；塞爾維亞隨即在6月5日獨立，建立小民族主義立場的共和國，宣告「大塞爾維主義」徹底失敗。

波士尼亞與赫塞哥維納

Bosnia and Herzegovina

Босна и Херцеговина

獨立時間：1992年3月3日

首都：賽拉耶佛

六、波士尼亞

從「三族共和」到「六族共和」

我們今天講波士尼亞[1]。波士尼亞是南斯拉夫從「三族共和」轉型為「六族共和」的一個副作用。十九世紀的波士尼亞是一個地理名詞，它有族群和宗教的差別，但是還談不上民族構建的問題。整個故事是由一八四四年，我在上一講提到的那位塞爾維亞的政治家伊利亞·加拉沙寧開始的，他是斯拉夫主義在塞爾維亞的體現者。加拉沙寧在一八四四年撰寫了《備忘錄》，是後世大塞爾維亞的起源。按照這個計畫，今天的塞爾維亞、波士尼亞、科索沃、馬其頓及阿爾巴尼亞，也就是說，原屬於奧斯曼帝國的巴爾幹西部的大部分地方，都屬於大塞爾維亞民族。

這個發明的主要競爭對手是保加利亞的發明家和希臘主義的發明家，跟在奧地利帝國統治下的、未來即將變成斯洛維尼亞人和克羅埃西亞人的那些人是沒有關係的。這個故事在一八四年增加了當時還不存在的克羅埃西亞元素，當時「大塞爾維亞」的民族發明家並沒有把奧地利帝國境內的那一撥人算進去。後來變成克羅埃西亞人的這批人，當時是匈牙利王國的一部分；後來變成斯洛維尼亞人的這一部分，當時是奧地利帝國的一部分。一八四八年的「匈牙利革命」導致了匈牙利和奧地利之間的戰爭。匈牙利的民族發明家認為，今天的克羅埃西亞這撥人毫無疑問地是匈牙利民族的一部分，他們所講的語言只是匈牙利語的一種方言。以前，匈牙利王國和所有中世紀的王國一樣，是以拉丁語為國語的，無論是後來的匈牙利語還是後來的「塞爾維亞—克羅埃西亞語」，都只是不同地方的方言而已；今後匈牙利要把自己發明成為一個民族，就要讓國內的各個地方都開始學習匈牙利語。

然後構成今天克羅埃西亞內地的這一撥人在匈牙利化政策之下就感到不高興了。他們覺得自己原來跟布達佩斯人一樣，講的都是方言，要學也一樣學拉丁語；現在你們布達佩斯方言變成匈牙利國語，而我們說的語言不僅仍然是方言，而且由原來那種被容忍的方言變成了即將被消滅的方言，因此十分不高興。於是他們在匈牙利獨立的關鍵時刻倒向了奧地利帝國，跟著奧地利帝國去鎮壓匈牙利的獨立革命。這就是我們很熟悉的「裴多菲俱樂部」[2]的歷史源頭，鎮壓的正是「生命誠可貴，愛情價更高，若為自由故，兩者皆可拋」的作者山多爾．裴多菲參加的匈牙利革

① 波士尼亞的全名為「波士尼亞與赫塞哥維納聯邦」（Federation of Bosnia and Herzegovina），全國區域主要以伊萬山（Ivan Mountain）為界，分為北方的波士尼亞區及南方的赫塞哥維納山區，前者約占全國面積百分之八十，後者約占面積為百分之二十。本書所使用的「波士尼亞」，若未特別解釋或標示地理位置，均是指涉「波士尼亞與赫塞哥維納」民族國家，而非單指波士尼亞地區。

② 裴多菲俱樂部（Petőfi Circle），於一九五五年由匈牙利勞動青年聯盟的成員組建的文學社團，最初以匈牙利詩人拜塞涅伊（Bessenyei György, 1747–1811）為名，之後改為更具有政治性及叛逆性的匈牙利民族英雄山多爾．裴多菲之名，吸引匈牙利全國各地的各類型知識分子參與討論現實政治與歷史議題，引發了一九五六年的匈牙利革命。裴多菲（Sándor Petőfi, 1823–1849），匈牙利愛國歌曲《民族之歌》的作者，在一八四八年「匈牙利革命」期間負責起草《十二條宣言》。他在一八四九年對抗俄奧聯軍的什瓦拉戰役（Battle of Segesvár）中陣亡，被後世匈牙利人視為民族英雄。

命軍。

馬克思和恩格斯這個時候正在指揮他們的追隨者參加一八四八年的歐洲革命。他們對一八四八年彌漫於整個東歐、最後終將蔓延到整個世界的民族發明狂潮下了一個簡單粗暴的站隊學定義。他們的解釋是：「凡是站在我們這一邊的就是真民族，凡是站在我們敵對勢力一邊的就是假民族。」所謂站在進步勢力這一邊的，就是站在革命勢力（歐洲的憲兵隊長沙皇俄國及其盟友奧地利帝國的敵對勢力，以及東方諸君主國的盟友的敵對勢力）這一邊的。以波蘭為代表，因為他們反對俄羅斯、奧地利以及其他被馬克思和恩格斯定義為反動勢力的各大君主國，所以他們是革命的朋友，客觀上發揮了革命的力量，所以革命者也要承認波蘭民族的存在。但是站在反革命勢力這一邊的，站在沙皇俄國和奧地利帝國這一邊鎮壓革命的種種力量，例如未來的克羅埃西亞民族發明家，他們代表的是反動勢力。

馬克思和恩格斯運用知識分子最喜歡使用的那種「地圖開疆」③、用筆桿子殺你的辦法預言：「在客觀上為革命勢力做了貢獻的波蘭民族必將發揚光大，未來的歐洲解放以後必將使波蘭復國；但是站在封建反動勢力一邊的克羅埃西亞人、伊利里亞人諸如此類的，他們必將因為站在那一邊而遭到種族滅絕；革命者在推翻反動勢力的同時，必然要對這些堅持落後的、中世紀的、反動政治遺產的敵對勢力，像消滅俄羅斯哥薩克人一樣，把他們從肉體上、文化上徹底消滅乾淨。」種族清洗和種族滅絕這件事情在世界歷史上有很多起源，這就是起源之一。我們可以去翻翻馬克思和恩格斯文集論述一八四八年革命的很多文章，他們像我們今天的大多數知識分子一樣，不能夠區分自己的願望和政治現實，於是就假定自己的筆桿子有非常龐大的力量，把自己討厭的政治力量通過筆桿子消滅殆盡。

但是這樣的「消滅」有的時候也會產生實際後果。克羅埃西亞人固然是沒有受到馬克思和恩格斯的直接傷害，但是他們打算消滅的另一撥反動勢力——哥薩克人，在布爾什維克革命以後確實遭到了肉體消滅。哥薩克人跟著沙皇俄國一路鎮壓過去，把俄國的、匈牙利的、奧地利的革命者都給鎮壓掉了，他們發揮的作用跟克羅埃西亞人是非常相似的。最後，布爾什維克得勢以後，就把烏克蘭的全體哥薩克人作為階級敵人而消滅掉了。馬克斯和恩格斯的門徒可以說替他們的祖師爺報仇了。克羅埃西亞人則因為這一次貢獻，因此他們在奧地利帝國內部的政治位階就有所提升。

克羅埃西亞作為一個民族的發明，起源於一八四八年的歐洲革命，他們透過革命的對立面——以反革命發明了民族，但這只是未來克羅埃西亞的其中一部分。一八四八年給「克羅埃西亞民族」增添了三類不同的發明家：一類發明家希望把克羅埃西亞人發明成為匈牙利人；另一類發明家希望把克羅埃西亞人發明成為奧地利—匈牙利二元帝國④當中的克羅埃西亞邦；第三類克羅埃西亞發明家對這兩者都感到不滿意，他們希望克羅埃西亞人聯合奧匈二元帝國內部的所有「非奧地利人、又非匈牙利人的其他語言和文化族群」，通過一個類似虛擬的南斯拉夫發明把他們全部團結起來，在克羅埃西亞首都札格拉布（Zagreb）的知識分子領導之下成立一個南斯拉夫聯盟，這就是南斯拉夫主義（Yugoslavism）的起源。

你要注意，斯拉夫主義、南斯拉夫主義和大塞爾維亞主義是三種不同的民族主義。最早的南斯拉夫主義者並不是在俄羅斯或者塞爾維亞產生的，而是在克羅埃西亞產生的。最主要的發明家是克羅埃西亞的一位天主教主教——約瑟普・斯特羅斯馬耶[5]，他於一八四八年提出了歷史上首次出現的「南斯拉夫」概念。此時未來的斯洛維尼亞人還以為自己是奧地利人。「南斯拉夫」這個概念主要統戰的對象是斯洛伐克人和捷克人，當時他還沒有考慮到塞爾維亞人。奧地利帝國境內的所有自稱斯拉夫人的發明家，無論多麼討厭奧地利人或者是多麼討厭匈牙利人，他們同時也都是瞧不起奧斯曼土耳其境內的所有東正教徒的。這就像是，如果你是一個香港人，無論你看英國人多麼不順眼，但是你絕不會瞧得起河南人。儘管作為香港人的你跟英國人鬧得不愉快，一天到晚說我們是中國人，而且還要看黃飛鴻、霍元甲和精武英雄陳真的電影，一天到晚罵英國是殖民主義者，就以為你將來到了河南駐馬店、會跟當地的貧下中農相處得很好，那麼你真是太不瞭解人性了。未來克羅埃西亞人的祖先和未來塞爾維亞人的祖先就處在這種狀態。

在一八六〇年代，我們剛才提到的，天才的民族發明家加拉沙寧和斯特羅斯馬耶主教拍拍腦袋，就想到了一個主意。加拉沙寧當時在奧斯曼帝國境內混得並不是好，斯特羅斯馬耶主教在奧地利－匈牙利二元君主國的境內也不是混得很開心，於是他們就搞了一次民間的會議，發表了一個「南斯拉夫宣言」[⑥]。這個宣言在當時的意義，就相當於現在的港獨分子、藏獨分子和突厥人在東京開了一次私人會議，然後發表了一個公開宣言，但沒有被任何一個列強政府承認，這樣的「南斯拉夫宣言」在將來能不能結出任何果實，在一八六〇年代他們自己心裡也是沒底的。至於列強，英國人、法國人和俄國人，根本就沒有把他們放在眼裡，沒有任何像樣的政治家願意理會

③ 中國網路用語，諷刺當事者沉浸在不切實際的白日夢當中。

④ 奧地利－匈牙利二元帝國（Austro-Hungarian Empire），建立於一八六七年《奧匈折衷方案》的條約基礎上，由奧地利帝國和匈牙利王國組成的雙元民族國家，對外政策由奧地利哈布斯堡皇室管理，內政則由兩國政府各自管理，最後於一九一八年一戰結束後解體，奧地利和匈牙利各自成立小民族國家。

⑤ 約瑟普·斯特羅斯馬耶（Josip Juraj Strossmayer, 1815–1905），羅馬天主教會主教及克羅埃西亞政治家，出身於斯洛維尼亞的克羅埃西亞人家庭，早年擔任奧地利哈布斯堡家族的宮廷牧師，一八六〇年擔任克羅埃西亞人民黨的黨魁，致力於克羅埃西亞的獨立運動，並提倡「南斯拉夫主義」。

⑥ 一八六〇年代，塞爾維亞首相加拉沙寧與克羅埃西亞政治家斯特羅斯馬耶主教達成的政治協議，雙方同意共同建立「一個獨立於奧地利帝國或奧斯曼帝國的南斯拉夫國家」。

他們。

況且這時還沒有被克羅埃西亞的民族發明家發明為「南斯拉夫民族」的沿海克羅埃西亞居民，也就是伊利里亞人和達爾馬提亞人還在搞他們自己的民族發明。儘管沿海克羅埃西亞居民從血統及文化上講，與威尼斯人和義大利人實際上更相近，但是他們誰也沒有把自己發明成為義大利人，因為「義大利人」在一八四〇年代到一八六〇年代也還是一個尚待發明的民族概念。未來的「義大利人」指的是什麼，指的是以托斯卡納為中心的民族概念，還是指的是以那不勒斯為中心的民族概念，都還很難說。倫巴底人和威尼斯人都對「義大利民族」的發明都非常冷淡，更不要說比倫巴底居民更遠的、以的里

南斯拉夫聯邦行政圖　在1945年成立的南斯拉夫聯邦，將南斯拉夫王國原本的「三族共和」擴大為「六族共和」，這「六族」分別是塞爾維亞、克羅埃西亞、斯洛維尼亞、波士尼亞、蒙特內哥羅、馬其頓等六個自治國，此外還有科索沃及佛伊弗迪納兩個自治省，其多元且複雜的族群結構，埋下日後南斯拉夫內戰的遠因。

雅斯得（Trieste）和杜布羅夫尼克（Dubrovnik）為核心的達爾馬提亞。從這些人的角度來看，如果他們不願意做匈牙利王國的臣民或者奧匈帝國的臣民，那麼他們發明什麼都可以。義大利民族發明跟克羅埃西亞民族發明、南斯拉夫民族發明、大斯拉夫民族發明和大塞爾維亞民族發明一樣，都是紙上談兵的東西。

如果我是一個現實主義者，我就要這些實際存在的政權好了。如果你是一個理想主義者，要想發明點什麼，那麼這些發明對我來說價值相同。義大利人也好，克羅埃西亞人也好，斯拉夫人也好，全都是紙上談兵，根本犯不著厚此薄彼。就像是今天的香港人一樣，他們可以選擇做大英帝國的臣民，也可以選擇做中華人民共和國的公民，也可以選擇移民到加拿大去做加拿大的公民，現實主義者就會在這幾種選擇中間選。如果你讓他選要不要做「坎通尼亞民族」[7]或者是要不要做「閩越民族」，對於他來說這兩種發明的意義是基本相同的，因為這樣的政治實體是根本不存在的。哪怕是在香港的越南人後裔，他也只能夠選擇，要麼他發明一個「香港民族」，要麼就在大英帝國、中國或者加拿大之間認同的選擇其一。既然同樣都是虛幻的，「諸夏」也好，「諸亞」也好，「坎通尼亞」也好，「閩越民族」也好，「客家民族」也好，對他們到底有什麼區別？反正都是些紙上談兵的虛幻概念。

在這些各式各樣的泡沫思想發明當中，「南斯拉夫」的發明看上去是沒有任何一點點分量的。「大塞爾維亞」和「大斯拉夫」的發明還算有點分量，因為斯拉夫主義在沙皇俄國內有一派宮廷勢力是願意支持他們的。這一派宮廷勢力通過沙皇俄國駐奧斯曼帝國的塞爾維亞自治區的領事，不斷在塞爾維亞境內掀風作浪，還發展了自己的第五縱隊[8]，就是塞爾維亞的人民激進黨。人民激進黨模仿法國的共和激進黨[9]推動公立教育制度的政策，試圖通過教育，把科索沃戰役神話和「大塞爾維亞」神話灌輸給小小的塞爾維亞自治區內的廣大學生，通過他們發明未來的「塞爾維亞民族」。

奧斯曼帝國直接管轄的波士尼亞省區，從文化上講跟塞爾維亞自治區沒有任何不同，它們之間的差別就是深圳和香港

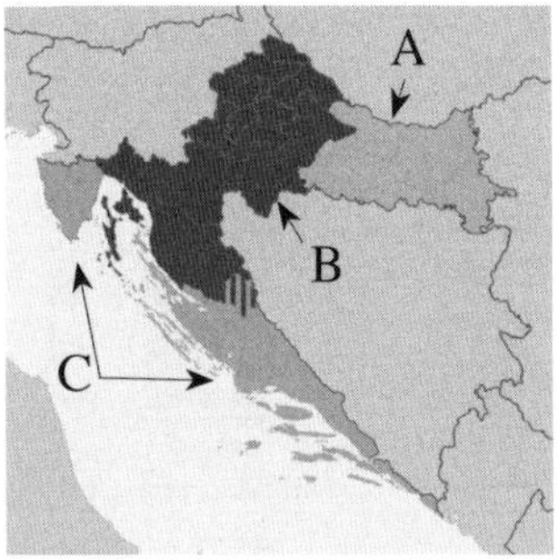

克羅埃西亞歷史區域圖　今天的克羅埃西亞主要由三個歷史區域的居民所組成，包括：A、斯拉沃尼亞，B、內地克羅埃西亞，C、達爾馬提亞及沿海克羅埃西亞。前兩者的起源為奧地利哈布斯堡皇帝設立的軍事邊疆區居民，後者則主要是威尼斯等義大利拉丁人的後裔。

波士尼亞的塞族共和國區域圖　波士尼亞於1992年宣布獨立並脫離南斯拉夫聯邦後，其境內的塞爾維亞族群旋即成立「塞族共和國」，引發「波士尼亞內戰」。內戰持續至1995年，在北約介入下內戰各方達成《岱頓協定》並宣告停火。直至今日，塞族共和國仍在波士尼亞境內保有一定的自治權利。

的差別。深圳和香港有什麼不同呢？唯一的不同就是，深圳在中國共產黨的管理之下，而香港則在英國總督的管理之下。從文化上講，他們都是「坎通尼亞人」的不同分支，而且香港有很多商人原本就是在清末民國時期從深圳那裡過來的。在一九五〇年代邊界封鎖以前，雙方之間的來往非常自由、根本就不覺得自己是兩家人的。波士尼亞和塞爾維亞之間的關係也就是這個樣子，它們純屬是地理意義上的關係。塞爾維亞境內也有很多穆斯林，波士尼亞境內也有很多東正教徒。

我在上一講提到了波士尼亞的國際糾紛，列強認為，與其讓老邁的、殘暴的奧斯曼帝國繼續統治波士尼亞，或者聽任波士尼亞落入同樣殘暴危險、由人民激進黨主政的塞爾維亞自治區手

⑦ 當代廣東民族主義者用語，意指以「廣東人」（Cantonese）為主體的民族國家。「坎通尼亞」（cantonia）一詞源於晚清時期廣東的官方英語翻譯「canton」，並加上表示地名的拉丁語系後綴「-ia」所造的新詞。

⑧ 第五縱隊（Fifth column），此用語起源於西班牙內戰（1936–1939），泛指在內部進行破壞並與敵方裡應外合，不擇手段意圖顛覆、破壞國家團結的政治組織。

⑨ 人民激進黨（People's Radical Party），於一八八一年成立，在精神上模仿法國的共和激進黨，主張大塞爾維亞主義。該黨試圖推動塞爾維亞的民主改革，實施君主立憲政體，促成了一八八八年的塞爾維亞憲法改革。在一九一七年第一南斯拉夫王國成立後，人民激進黨長期執政，於一九二九年被南斯拉夫國王亞歷山大一世下令取締而解散。

中，倒還不如交給比較溫和且客觀公正的奧匈帝國來負責託管。於是奧匈帝國接管了今天的波士尼亞這個行政區（當然當時是沒有任何波士尼亞民族的）以後，指派匈牙利人貝尼．卡洛伊[10]主管這個殖民政權。卡洛伊採取開明的政策，一面發展波士尼亞經濟，一面就像今天的馬來西亞一樣，允許波士尼亞的各族群，只要自己高興，愛怎麼辦學就怎麼辦學，愛怎麼教授語言就怎麼教授語言，跟塞爾維亞實行的那種法蘭西式的公立學校制度、強迫所有人接受塞爾維亞民族主義的發明有所不同。於是波士尼亞的族群和文化認同因此就變得更加複雜。

既然各個族群都可以興辦學校了，那麼必然的結果是，首先，克羅埃西亞人代表了波士尼亞境內文化水準最高的族群，因為既然波士尼亞變成了奧匈帝國託管的殖民地，那麼奧匈帝國唯才是舉的殖民地當局選擇的文化水準最高的教師必然會有很大一部分是匈牙利王國的克羅埃西亞發明家。這些發明家在波士尼亞學校任職的結果，就是在波士尼亞內創造了一批接受了剛發明的克羅埃西亞文化、堅信克羅埃西亞文化比奧斯曼色彩濃厚的塞爾維亞文化和波士尼亞文化都要優越得多的克羅埃西亞學生。這些克羅埃西亞學生因為自己不在克羅埃西亞境內，所以「遠距離愛國主義」（Long–distance nationalism）是特別強烈的，所以要特別強調自己的克羅埃西亞身分認同，強調自己比那些沒有接受克羅埃西亞教育的波士尼亞人和塞爾維亞人要更加優越。他們比起達爾馬提亞人和內地克羅埃西亞人，更積極地要把三個克羅埃西亞發明在一起，構建成一個克羅埃西亞民族。

另一批人則是未來的波士尼亞人的始祖，當時的波士尼亞土耳其人。他們本來是青年土耳其黨和奧斯曼主義的重要發明家，但是因為已經被劃在了奧匈帝國的殖民地當中，他們不得不另行尋找政治上的出路，組織了穆斯林聯盟。穆斯林聯盟在波士尼亞推行學校現代化的結果是淘汰了古老的奧斯曼語，推行新型的以教派為中心、而不是以民族為中心的穆斯林認同。他們把自己發明成為奧匈帝國的穆斯林居民，既不承認自己是塞爾維亞人，也不承認自己是克羅埃西亞人，而且也不承認自己是任何民族。他們在奧斯曼帝國地區，寧願接受君士坦丁堡的中央集權統治，而不願意接受希臘主義發明家、保加利亞發明家和塞爾維亞發明家的民族發明。而在奧匈帝國的統治下的穆斯林，也是寧願把自己發明成為哈布斯堡主義者，寧願做奧匈帝國的臣民，也不願意做塞爾維亞人或者克羅埃西亞人。這一點也是很容易理解的。假如你是英印帝國的一個錫克教徒，你是願意做一個印度人，還是願意做一個巴基斯坦人？或是願意做一個旁遮普民族主義者[11]？還是願意做一個泰米爾民族主義者[12]呢？結論很簡單，他們很可能願意做一個大英帝國的帝國主義者，堅決擁護英國人在印度的統治，因為一個大帝國最能公正對待向他們這樣的少數族群。如果搞起民族發明來，無論是哪一派的民族發明家占上風，他們都要吃虧。唯有大英帝國是相對上較一視同仁的，不會讓那些比較強大的民族發明家欺負他們這些弱者。所以波士尼亞的穆斯林就用這種方式把自己發明成了哈布斯堡主義者。

他們對哈布斯堡的奧匈帝國懷著今天的很多香港人對大英帝國的同樣感情。但是他們愛奧匈帝國，而奧匈帝國卻不見得愛他們。奧匈帝國就像是英國人並不怎麼想要香港一樣，並不是十分想要波士尼亞這塊土地。他們覺得他們只是波士尼亞的殖民者，而殖民地早晚是要獨立的，而且這塊殖民地要讓他們費很多心思來治理，裡面的人又不是他們的自己人。於是在最好的情況下，無論你怎樣忠於哈布斯堡家族的皇帝，你頂多是做哈布斯堡的臣民，但做不了奧地利的公民。但是未來的斯洛維尼亞人則是理直氣壯地認為，他們就是奧地利公民，認為他們跟奧地利人、跟其他的德語民族沒有任何區別，他們講的就是德語，而且做夢也不會想到，奧匈帝國竟然有朝一日會把未來的斯洛維尼亞劃出境外。但是奧匈帝國在塞拉耶佛則是一開始就講，我們在這裡是來維持秩序，防止像土耳其人在科索沃大殺塞爾維亞人、塞爾維亞人在貝爾格勒大殺穆斯林土耳其人之類的種族屠殺的。我們是為了維持和平、防止你們自相殘殺來的，並沒有打算讓你們全體香港人都自動成為大不列顛聯合王國的公民，那是不用想的。你們香港人當中的優秀分子可能會移民英國，最終變成英國的公民。但是大多數香港人只是英帝國的臣民，將會隨著英帝國的撤出而自己另找出路。大英帝國不會永久的管轄香港人，波士尼亞的穆斯林就處在這樣一種狀態。

最後一批人則是塞爾維亞的民族發明家，特別是人民激進黨在一八八〇年代以後培養出的這批新的大塞爾維亞主義者。他們根據卡洛伊實施的自由辦學政策，跑到波士尼亞來辦學，培養出了一批本來也是波士尼亞居民、但是因為受了塞爾維亞民族發明家的教育就把自己認同為「塞爾維亞人」的波士尼亞人。這一批波士尼亞的塞爾維亞學校培養出來的塞爾維亞民族主義者，他們的地位相當於什麼呢？相當於新加坡和馬來西亞的普通話學校培養出來的人。這些地方的居民原本比如是說閩南語或者客家話的，然後因為來了一批「中華民族」的發明家，無論他們是國民黨派來的還是共產黨派來的，還是自己送上門去的，但是他們只要根據馬來西亞和大英帝國的語言開放政策辦了一些新學校，既不說閩南話也不說客家話，就是要用「國語」或普通話教學，那麼

⑩ 貝尼·卡洛伊（Béni Kállay, 1839–1903），匈牙利出身的保守派政治家，曾將英國思想家彌爾（John Stuart Mill）的《論自由》翻譯成匈牙利文，其對巴爾幹地區的政治見解影響奧匈帝國外交部長安德拉希（Gyula Andrássy）甚深。一八八二年起擔任波士尼亞地區的管理者，直到一九〇三年過世為止。

⑪ 旁遮普民族主義者（Punjabis nationalists），是在錫克帝國（Sikh Empire, 1799–1849）興起後、其文化和疆域所形塑的旁遮普民族概念的產物。他們在十九世紀大英帝國殖民統治時期受到嚴重打壓。現代旁遮普民族主義者於印度一九四七年獨立後，企圖重建屬錫克民族國家。

⑫ 泰米爾民族主義者（Tamils nationalists），是位於斯里蘭卡的民族主義者，主張建立一個政教分離、奉行世俗主義與社會主義的獨立國家，與斯里蘭卡當權的僧羅迦人有深厚的歷史仇恨，目前透過「泰米爾伊拉姆猛虎解放組織」（Liberation Tigers of Tamil Eelam）從事恐怖行動。

他們培養出來的人就要教育他們的子孫：「以後你們就是中華民族了，你們是馬來西亞的中華民族的一部分或者新加坡的中華民族的一部分，跟那些血統上講跟你同樣是馬來人、但是信了伊斯蘭教、認同了大英帝國和馬來民族發明家的人以後就再也不一樣了。你們要在馬來西亞的國會當中發揮分裂性的作用，跟血統同樣是馬來人、但是信了伊斯蘭教、把自己發明成為馬來民族主義者的那些馬來人不一樣，也跟那些雖然沒有皈依伊斯蘭教、繼續相信中國文化，但是繼續說閩南語和客家話、認為自己是閩南人或者廣東人的人從此以後就不一樣了。」你在馬來西亞看到的民族發明，就是十九世紀末期在波士尼亞的民族發明翻版。

要注意他們實際上大多數都是「馬來—波利尼西亞人」（Malayo–Polynesian），一部分講了漢語而沒有皈依伊斯蘭教，就可以成為「中華民族」的發明材料了，但是在這些材料中，只有一部分人被成功發明為「中華民族」，另一部分人還是繼續自己的閩南人、客家人或者廣東人的認同。波士尼亞的情況也是這樣的。波士尼亞人的這些材料當中，只有一部分被塞爾維亞人發明成了塞爾維亞民族主義的材料。這樣，在後來一九九一年分裂波士尼亞的這種文化族群認同，在匈牙利人卡洛伊的殖民統治之下就已經基本形成了。但是我們要注意，這些塞爾維亞發明家發明出來的這些波士尼亞的塞爾維亞人，認為自己是「大塞爾維亞民族」；克羅埃西亞教師發明出來的這些波士尼亞的克羅埃西亞人，自認為自己是三個克羅埃西亞的一部分；但是哈布斯堡帝國主義者培養出來的這批哈布斯堡的穆斯林臣民並不認為自己是一個民族，他們仍然認為自己是哈布斯堡人，正如他們過去是奧斯曼人一樣，因此他們就是民族發明潮流中的落伍者。當然他們自認為自己是帝國主義者，比民族主義者要高級許多。誰都能看得出，過去的奧斯曼帝國和現在的哈布斯堡帝國，比「大塞爾維亞」、「南斯拉夫」、「大斯拉夫」這些發明家的「逼格」[13]都要高得多。但是有一個小小的問題：你愛帝國，但是帝國不愛你；你愛帝國、帝國卻拋棄了你。結果就是，你沒有自己的民族發明，結果那些已經發明出民族的民族主義者就自然而然覺得你是一塊肉，他可以把你吃下去。你是原材料，他們是已經鑄造出來的成品。你這塊原材料既然沒有固定的主人，沒有自己的發明，他們就想給你發明過去。如果你抗拒他們的發明的話，他們就要用槍指著你的腦袋。這正是後來即將出現的事情，而這在奧匈帝國殖民統治的末期已經一一具備了。

我在上一講提到的塞爾維亞黑手黨，此時一方面在貝爾格勒奪權，一方面也在波士尼亞殖民地建立了自己的地下黨——波士尼亞青年組織（Young Bosnia）。這個組織在波士尼亞的地位就像是中聯辦和地下黨[14]在香港的地位一樣。他們在香港連一個合法身分都沒有，但人人都知道他們是共產黨的分支機構，是要企圖消滅香港的民間組織的。塞爾維亞黑手黨在波士尼亞搞出來的這個波士尼亞青年組織也是這樣的，他們的目標就是要把波士尼亞併入「大塞爾維亞」當中，塞拉耶佛的一聲槍響就是他們製造出來的。當然知識分子的態度跟現實政治家不一樣，跟民間的革命家和恐怖分子也不一樣。知識分子自身沒有武力，所以發明出來的東西就會比較溫和，但是也因為如此，他們也沒有能量去兌現自己的發明。我們討論民族發明學要弄清一個基本事實：不是說話溫和、主張文明的人就是好人；他之所以說話溫和、主張文明，主要是因為他是沒有力量的人。

在一八六〇年代加拉沙寧和斯特羅斯馬耶主教發明的「南斯拉夫」，實際上是根據奧地利帝國改組為奧地利—匈牙利二元君主國的模式。他們覺得，奧地利人和匈牙利人既然可以搞一個二元君主國，那麼我們塞爾維亞人和克羅埃西亞人為什麼不能搞一個「二元南斯拉夫國」呢？克羅第亞人和塞爾維亞人在這個「二元南斯拉夫國」中的關係，就跟奧地利人和匈牙利人在奧匈帝國中的關係完全一樣。但是他們的派系在未來的克羅埃西亞當中只是極少數。未來的克羅埃西亞人當中，有很多人是主張把奧匈帝國改建為三元君主國的，使未來的克羅埃西亞人通過給裴迪南王子加冕、變成「奧地利—匈牙利—克羅埃西亞三元君主國」的方式來解決這個問題。他們當然是寧願跟文明程度較高的奧地利人和匈牙利人搞三元聯盟，也不願意跟文明程度比較低的塞爾維亞人搞二元聯盟。所以南斯拉夫主義者在克羅埃西亞人中其實只占了極少數，而在塞爾維亞人當中也是極少數。大塞爾維亞主義者和斯拉夫主義者都不贊同將納入克羅埃西亞人。他們預見到，克羅埃西亞人仗著自己逼格高、文明高、受過德國人的教育、文明程度較高，一旦進入了這個聯盟，原先奧斯曼帝國、俄羅斯帝國統治下的、比較落後和野蠻的塞爾維亞人用比較文明的方式（例如在教育和經濟領域裡面）是鬥不過這些克羅埃西亞人的。到時候，我們自己犧牲流血、千辛萬苦建立的國家，很可能會通過和平理性的方式落到這些克羅埃西亞人手裡面。所以他們也不高興。南斯拉夫民族發明家在塞爾維亞的境內也是極少數。

但是因為這種聯邦主義的發明看上去比較文明、逼格比較高，所以特別符合知識分子的希望。比如塞爾維亞的貝爾格勒大學有不少教授，像第一次世界大戰以前的亞歷克桑德·貝利奇，就對這樣的聯盟感到很高興。他覺得應該編一部「塞爾維亞—克羅埃西亞語」的聯合詞典[15]，作

⑬ 中國網路用語，最初來自北方的粗口「傻逼」和「格調」的結合，意指假裝很有格調和檔次。劉仲敬借用該詞，指代不同層級的制度或狀態。但依然有反諷的含義。

⑭ 具有中國官方背景的《新華字典》中對「地下黨」的解釋是「民主革命時期，中國共產黨在國民黨統治的地區和日本侵略軍侵占的地區，秘密進行革命活動的黨組織，通常稱為地下黨。」而作者認為位於香港的中聯辦（全稱為：中央人民政府駐香港特別行政區聯絡辦公室）也像過去的中共地下黨，負責執行某些秘密任務。

⑮ 亞歷克桑德·貝利奇（Aleksandar Belić, 1876–1960），塞爾維亞語言學家、貝爾格勒大學（University of Belgrade）教授，致力整合塞爾維亞語和克羅埃西亞語並於一九二三年出版《標準塞爾維亞–克羅埃西亞文法規範》（*Standard Serbo-Croatian Normative Guide*），後於一九二七年出版《塞爾維亞–克羅埃西亞–斯洛維尼亞百科全書》（*Serbo-Croatian-Slovene National Encyclopedia*）。

為未來的「南斯拉夫聯盟」的官方語言；他還提出，其實也可以把斯洛維尼亞人發明到這個聯盟之內，把二元聯盟變成三元聯盟，未來的南斯拉夫將是一個「三族共和」的民國，建立在塞爾維亞民族、克羅埃西亞民族和斯洛維尼亞民族「三位一體」的南斯拉夫民族之上。對外就如同顧頡剛所說的那樣：「中華民族是一個」⑯；但是對內就可以「五族共和」、漢滿蒙回藏仍然保有各自的民族文化。這個發明看上去極其公正、極其合理，但是麻煩在於，基本上除了知識分子以外沒有人支持它。塞爾維亞人和克羅埃西亞人當中支持它的人都非常之少。至於斯洛維尼亞人，他們當時還認為自己是德國人。當時斯洛維尼亞人的主要政黨是人

塞拉耶佛事件　1914年6月28日，奧匈帝國的皇儲斐迪南大公夫婦於波士尼亞的塞拉耶佛市遭到「黑手黨」刺客刺殺，是第一次世界大戰的導火線。黑手黨由塞爾維亞軍官成立，訴求以武裝暴力促成「大塞爾維亞國」的統一，其成員以塞爾維亞人及波士尼亞塞族人為主。

民黨（Slovene People's Party），跟今天在奧地利執政的那個天主教的人民黨（Austrian People's Party）是同一類黨派；況且他們講的是德語，對於把自己發明成斯拉夫人一點興趣都沒有，更別說什麼「三族共和」了。

真正政治上的發展不是依靠「三族共和」這種看起來很完美的理論，而是現實政治的發展。塞拉耶佛一聲槍響，第一次世界大戰就爆發了。塞爾維亞迅速地被德奧聯軍占領，殘餘的人馬在英法聯軍的保護之下翻山越嶺，逃到阿爾巴尼亞海岸，然後被英國艦隊運到了希臘的科孚島，然後他們就在希臘的科孚島上像坐牢一樣渡過了第一次世界大戰的大部分歲月。這時，奧地利境內那些主張南斯拉夫的流亡者跑到倫敦，跟塞爾維亞的那些流亡者一起，在倫敦組織了一個「南斯拉夫委員會」（Yugoslav Committee）。他們跟盟國的政治家協商，在解決戰後問題的時候，根據奧匈帝國模式來建立一個「三族共和」的國家，來接替奧匈帝國，填補中歐的權力真空。

他們之所以要講「三族共和」，跟貝爾格勒的戰前的知識分子的「三族共和」沒有直接關係，而是出於外交上的策略考量。奧地利帝國和匈牙利王國這兩個現實存在的政治實體已經變成英法和協約國的敵人，英法和協約國不能容許它們在戰後繼續維持帝國的規模。但是又必須有人繼承它們留下來的這個帝國的爛攤子，然而這個留下來的多語言和多族群的地方，你發明成什麼，看上去都顯得既不公平又不能持久。大塞爾維亞看上去就是斯拉夫主義的一個白手套，斯拉夫主義看上去就是沙皇帝國主義的白手套，英法都不放心讓俄羅斯帝國控制中歐這一大片土地。況且英法也知道，中歐的大多數居民即使在背棄了奧地利人和匈牙利人以後，也不會甘心服從俄羅斯人或者俄國扶植的任何政權。為了讓這些人滿意，那麼我們只有理性客觀公平一點，發明一個所有人都能接受的實體。看上去，「三族共和」的南斯拉夫，對內分為斯洛維尼亞、克羅埃西亞和塞爾維亞三族，對外是統一的「大南斯拉夫民族」，這種模式能夠使所有各方面都感到滿意。

「斯洛維尼亞民族」作為一個概念，實際上是由第一次世界大戰協約國的政治家和倫敦流亡者所組織的「南斯拉夫委員會」聯合發明出來的。它在概念上涵蓋的並不是今天的斯洛維尼亞，而是奧地利帝國境內所有願意做斯拉夫人、脫離奧地利的居民。這些居民到底有多少，居住在哪些地方，協約國心裡沒數，只是依據比較文明的西歐標準規矩說：「大家可以自由選擇。願意做奧地利人，你就繼續做奧地利人；不願意做奧地利人，我們給你準備了一個斯洛維尼亞的殼子，你們可以繼續去搞『三族共和』。在三族共和之下，你們原有的民族權利仍然會像過去在奧匈帝國境內一樣，仍然能夠得到充分的保障。根據美國總統威爾遜的「民族自決」原則，各選區自己投票，願意做什麼人就做什麼人，完全由你們自己解決。這樣應該是足夠文明民主了，希望你們大家都能夠滿意。」

第一次世界大戰開始後的流亡政治家，比如說來自阿富汗的流亡政治家不能在阿富汗本地開會，而是在賽普勒斯島上開會，在賽普勒斯制定了阿富汗未來的憲法，然後再帶回喀布爾，至於能不能執行，那是天曉得的事情，但是無論如何，我們先在美國人的主持之下在賽普勒斯把會開完、把憲法大綱制定出來以後再說。南斯拉夫委員會和塞爾維亞逃出來的那些塞爾維亞在科孚島的軍隊和流亡政府就這樣聯合開了一次會議，簽訂了一個憲法綱領，也就是《柯孚宣言》⑰。這個憲法綱領就是未來的凡爾賽和約建立的這個「三族共和」的塞爾維亞—克羅埃西亞—斯洛維尼亞聯合王國的臨時憲法。為了讓大家都滿意，南斯拉夫委員會的主要成員由克羅埃西亞人擔任，

⑯ 一九三九年二月九日，歷史學家顧頡剛於昆明《益世報．邊疆週刊》發表《中華民族是一個》，該文認為中國只存在一個「中華民族」，反對將中國的漢、滿、蒙、回、藏等群體都稱為「民族」，是「帝國主義分化和瓦解中國的策略和陰謀，『偽滿洲國』即是一例」。

⑰ 科孚宣言（The Corfu Declaration），由斯洛維尼亞人、克羅埃西亞人、塞爾維亞人及其王國代表組成的「南斯拉夫委員會」於一九一七年七二十日在希臘科孚島上發布的政治宣言，訴求在「民族自決」的原則上建立統一的「南斯拉夫國家」，並由塞爾維亞國王擔任國家元首。

但是聯合王國的國家元首則繼續由塞爾維亞的國王擔任，王國的軍隊便以塞爾維亞的流亡軍隊為核心組成。結果，王室是塞爾維亞的王室，軍官團是塞爾維亞的軍官團，但是憲法委員會和議會政治家主要是克羅埃西亞人，波士尼亞人在這個「三族共和」當中沒有地位。

「三族共和」就像是滿蒙藏回一樣，「回」並不是維吾爾人或者哈薩克人，也不是所謂的「回族」，而是所有信仰伊斯蘭教的民族——嚴格來說它並不是一個民族，而是一個有待發明為真正民族的類似泛伊斯蘭主義的文化族群概念。「三族共和」也是這樣的。塞爾維亞和克羅埃西亞因為是已經有了民族發明家，所以算是有了一個模糊的輪廓。因此斯洛維尼亞不是一個明確的地理範圍，指的是奧地利境內所有願意做斯拉夫人的居民。另外，波士尼亞的穆斯林，雖自稱是哈布斯堡君主國的忠實臣民，但是哈布斯堡的君主連奧地利和匈牙利都不要了，退位後流亡到葡萄牙去了，所以他們就變成了一批沒有君主的人。他們接下來的處境是，塞爾維亞的民族發明家堅持說「你們這些穆斯林其實是改信伊斯蘭教的塞爾維亞人」，克羅埃西亞的民族發明家也要堅持說「你們這些穆斯林其實是改信伊斯蘭教的克羅埃西亞人」，而實際上他們則變成了一群巴爾幹的孤兒。如果說台灣是亞細亞的孤兒，那麼波士尼亞的穆斯林就變成了巴爾幹的孤兒。他們仍然承認哈布斯堡君主，但哈布斯堡君主卻不要他們了。

他們不願意做塞爾維亞人和克羅埃西亞人，但塞爾維亞人和克羅埃西亞人都想把他們發明進去，因為「三族共和」這裡面到底誰占的比例高還是有現實政治的意義。例如，甘肅、寧夏和青海的馬家[18]，他們在「五族共和」的中華民國中算是哪一族呢？算是「漢族」還是算「回族」，這很成問題。因為他們是穆斯林，所以他們完全可以像今天的維吾爾人和哈薩克人一樣說自己是「回族」；但是他們又用漢字，完全可以像江蘇人和浙江人一樣把自己發明成為「漢族」。然而，青海的馬家軍中有很多人信誓旦旦地說，地球上根本沒有「回族」這種東西，蔣介石這個浙江人明明信了基督教，他都沒有把自己發明成為基督族，那麼我們信了伊斯蘭教，憑什麼把我們發明成為「回族」呢？我們是信奉伊斯蘭教的漢人，正如蔣介石是信奉基督教的漢人[19]是一個道理。

他們這麼說的理由就是因為甘肅、青海和寧夏這幾省對於他們的野心來說是太小了。他們覺得，如果不到南京政府裡面去當幾任官，簡直是死不瞑目。如果他們把自己發明成「回族」的話，就等於說他們以後只能在西北獨立建國，沒有辦法到南京去做官了，這不能讓他們滿意。因此他們一定要說自己是信仰伊斯蘭教的漢人。所以假如你是大漢族主義者，你別急著感動說他們是多有民族情操的一幫人，他們這樣說是有擴張自己權力的動機的。但是同樣在馬家軍當中，有一些勢力比較小的，論資格不可能像是馬步芳那樣跑到南京或者廣州還能做得了大官，頂多只能在本省做一些小官的人，他們就要動腦筋說，我們還不如在西北建立一個伊斯蘭國或者是建立一個穆斯林獨立王國，乾脆就不要說我們是「漢族」了，我們是「回族」。做了「漢族」，到南京去做官也輪不上我；做了「回族」，那麼在西北建立一個伊斯蘭國，我說不定還能夠做大官。馬仲英就是這些人的代表之一，當然有這種想法的也不只是馬仲英。

同一個馬家裡面，有些人說自己是「漢族」，有些人說自己是「回族」，道理到底在哪兒呢？你如果去問一九一二年的憲法制定者，「好呀，你說得很好，你們朱邇典和袁世凱商量得好好的，大清帝國以後『五族共和』了，有回族也有漢族，那你說說看，我們馬家算是回族還是漢族？」袁世凱和朱邇典解決不了這個問題，他們的意思是：「你們只要把大清帝國這個盤子接下來，把國際條約的工作給做好就行了，至於你們甘肅人、寧夏人到底願意做回族還是漢族，你們自己想辦法去解決吧。只要你們自己能夠處理好，那麼怎麼樣都可以。如果你們自己處理不好、打起來了以後，你們千萬別來找我善後。我沒有意思要讓你們打起來，也沒有意思讓你們不打，我設計這個框架完全是出於善意，要盡可能用文明的方式解決你們之間的糾葛。但是我把這麼好的框架提供給了你們，你們還是自己解決不了自己的糾紛，那是你們自己的事情，大英帝國概不負責，袁世凱概不負責，你們自己愛怎麼打就怎麼打。」波士尼亞的情況就是這樣的。波士尼亞人要把自己發明成為什麼民族，那只有他們自己才能解決，解決不了，到最後還是要打一仗的。

但是在解決民族發明的問題的時候，還有一個純粹馬基雅維利主義的技術問題，就是說，前提條件是：「帝國主義雖有一千一萬個好，也要他們願意要你。」如果大英帝國願意要上海的話，我第一個要說，上海人做中國人也好，日本人也好，吳越人也好，浙江人也好，江蘇人也好，或者是任何人也好，都沒有做大英帝國的臣民好。在大英帝國境內當一個沒有資格到威斯敏斯特去當國會議員的臣民，比起當一個中華民國的有資格當國民大會代表的公民，逼格至少相差五十級。但是前提條件是大英帝國願意要你。如果大英帝國已經不要你了，你再怎麼熱愛大英帝國也沒有用。而且，你因為熱愛大英帝國而拒絕發明「上海民族」，結果就很可能是河南駐馬店的愛國者把你發明成為「中華民族」，然後把你流放到新疆或者青海去支援邊疆去了。或者是，蘇州人或者杭州人把你發明成為「吳越民族」，把你上海的錢分出來去支援南京的建設去了。如果你機靈一點，趁著大英帝國還沒有走的時候面不改色地發明一個「上海民族」，那麼上海所有的錢都留在自己手裡面了。但是這件事情你就別指望大英帝國替你安排好，當你是一個嬰兒一樣把你扶起來，扶到權力的椅子上。大英帝國才不會這麼多管閒事呢。

波士尼亞穆斯林的問題也就是這樣的。他們的路線本來沒有錯，做哈布斯堡君主國的臣民是比做克羅埃西亞人和塞爾維亞人都要好上五十倍的事情，但是前提條件是哈布斯堡君主願意要你們，而事實證明哈布斯堡君主不要你們了。因為你們留戀帝國主義而沒有及時發明民族，所以無論你們的帝國主義逼格有多麼高級，塞爾維亞人、南斯拉夫人、克羅埃西亞人、大斯拉夫人逼格有多差；結果你們這些逼格高的人就因為發明民族晚了五十年，就要受那些早五十年發明民族的人欺負。因為發明民族早，所以我已經有了一個塞爾維亞人和克羅埃西亞人的模型，在第一南斯拉夫王國的憲法裡面便有了一個憲法主體的身分；而你波士尼亞人沒有一個憲法主體的身分，這就是很麻煩的事情。

有一個憲法主體的身分在各方面都會占便宜；沒有憲法主體的身分，那你的痛苦就要像是現在的「香港民族」發明家一樣。他們現在就很能體會到：新加坡人有一個國家主體的身分或者台灣人有一個中華民國的空殼，對他們來說是非常有利的；而你香港人呢？你什麼也不是，你頂多有一個特區立法會，這個立法會還不是自由選舉的，你簡直是一個無父無母的孤兒。新加坡人哪一點都不比你強，但就是因為人家有一個正式的身分，人家就各方面都占便宜；就算你各方面都比新加坡人強，就是因為你是孤兒，你樣樣都吃虧。在第一南斯拉夫王國境內，未來將會發明成為波士尼亞民族的這些穆斯林就要感覺到這方面的痛苦。克羅埃西亞人和塞爾維亞人可以一會兒在貝爾格勒爭權打架，一會兒發動政變，一會兒搞選舉，也可以動不動揚言說我們要獨立，我們要把你踢出去；而波士尼亞的穆斯林對政治總是無能為力、要吃悶虧的。

第二次世界大戰爆發以後，他們除了政治上的吃虧以外，還要面臨著一個更嚴重的問題，就是人身安全上的危險。因為波士尼亞是一大片山區，是打游擊戰最好的地方。塞爾維亞的民族發明家德拉查·米哈伊洛維奇⑳，通過流亡政府指揮塞爾維亞白軍，在波士尼亞的山區建立了抗日根據地——應該是抗德根據地。同時，狄托在史達林同志和保加利亞共產黨在共產國際的代表、遠東革命的總司令季米特洛夫的指揮之下，也在波士尼亞建立了一個紅色革命根據地。紅色革命根據地和白色革命根據地以波士尼亞為戰場相互之間打了起來。他們除了反擊德國人和互相打仗以外，最主要的工作就是欺負當地的穆斯林。而且欺負穆斯林這件事情做起來比欺負德國人、欺負塞爾維亞人和欺負克羅埃西亞人都要容易得多，因為穆斯林是各方中最弱勢的。名義上他們都是要打德國人，但是德國人像是遠東日本人一樣，是最難打的。所以雙方多半是以此為藉口向

⑱ 青海的馬家軍，二十世紀前半葉控制東亞地區甘肅、寧夏、青海三地的軍閥，其中馬步芳與馬鴻逵、馬鴻賓、馬步青、馬仲英合稱「西北五馬」。一九三三年蔣介石命孫殿英為青海屯墾督辦，被馬家軍擊退，史稱「四馬拒孫」。一九四九年與解放軍的戰鬥失敗，馬鴻逵、馬步芳跟隨中華民國政府撤退至台灣

⑲ 一九三九年七月二十六日，蔣介石在中國回教救國協會第一屆全國代表大會開幕典禮講話時稱：「中國有許多佛教、基督教、回教，可以說是漢族信仰宗教，佛教不能稱佛民，耶教不能稱耶民，那麼回教也不能稱回民。過去我和馬雲亭（即馬福祥，北洋寧夏護軍使）先生談過這個問題，他很明白這個道理，他認為中國的回教，多半是漢人信仰回教。」

⑳ 德拉查·米哈伊洛維奇（Draža Mihailović, 1893–1946），外號「德拉查大叔」，南斯拉夫王國將軍，於一九四一年納粹德國入侵南斯拉夫後，組織反抗勢力「南斯拉夫祖國軍」從事游擊戰，並與狄托領導的左派反抗勢力爭奪國家控制權，戰後遭到新成立的南斯拉夫聯邦政府逮捕並被槍決。

盟軍要武器要資金。而要到資金以後，多半是保存實力，偶爾打一下，盡可能地保存實力相互打。雙方的遊擊隊還都算是有點實力的，只有波士尼亞的穆斯林是沒有武裝沒有實力的，沒有武器的人最容易被欺負。

而德國人在占領了南斯拉夫以後，認為奧地利人和德國人的關係畢竟還是比較接近，原來奧地利人的臣民可以建立一個以革命組織「烏斯塔沙」（Ustasha）為主的克羅埃西亞獨立國。這個獨立國，是在第一南斯拉夫當中認為議會政治保護不了克羅埃西亞人的權利、決心武裝革命鬥爭的這一幫克羅埃西亞獨立運動家發明出來的。他們的故事是克羅埃西亞民族發明的故事，跟波士尼亞沒有關係。我們只要知道這一點就行了：

帕維里奇會晤希特勒　圖為烏斯塔莎的領導者帕維里奇（Ante Pavelić）於1941年會晤希特勒的場景。二戰爆發後，烏斯塔莎在軸心國的扶植下建立「克羅埃西亞獨立國」，被後世部分克羅埃西亞人認為這是史上第一個獨立的克羅埃西亞民族國家，其合法性引發諸多爭議，如同東亞的「滿洲國」。

這些克羅埃西亞人宣布，波士尼亞的穆斯林都是克羅埃西亞穆斯林。經過他們跟德國和義大利的外交周旋，他們把今天的波士尼亞大部分都劃進了克羅埃西亞境內。因此他們要通過學校教育同化波士尼亞穆斯林，如果他們不願意被同化，就要適當地予以鎮壓。同時，塞爾維亞白軍在米哈伊洛維奇的領導之下，在波士尼亞跟他們打仗；狄托領導的紅軍也以波士尼亞為根據地，在這裡打仗。波士尼亞的倒楣之處就在於，波士尼亞主要是山地，是打遊擊戰最好的地方，所有人都要在這裡打一打遊擊戰。因此他們就像是現在的黎巴嫩人一樣十足的倒楣，吃所有人的虧，所有人都要拿他們做發明的原材料。而他們唯一熱愛、忠心耿耿的哈布斯堡君主早已經跑到中立的葡萄牙去，下定決心不來管他們的閒事了。

只有在這種情況下波士尼亞的穆斯林才在痛苦中感到，為了維護自己的利益，做帝國主義者是不行的。香港人再怎麼熱愛大英帝國，但大英帝國卻不愛香港。香港人唯一的現實選擇就是：你到底願不願意做中華人民共和國的人呢？願意做當然可以，你可以去愛國，接受共產黨的統治，在共產黨的體系裡面去加官進爵。但不是所有人都受得了共產黨的。實在是受不了共產黨的那批人，以及就算是擁護共產黨、在共產黨的體制內也加不了官進不了爵、除了受氣以外什麼也得不到的這批人，他們還有什麼選擇呢？第一種選擇就是，你們什麼都不做、無可奈何；第二種選擇就是，既然英國人不要我們，我們又受不了共產黨，那麼我們只能夠發明出「香港民族」來了。於是他們開始主張，波士尼亞的穆斯林並不是哈布斯堡帝國主義者，也不是信伊斯蘭教的塞爾維亞人或者信伊斯蘭教的克羅埃西亞人，而是一個叫做「波士尼亞民族」的新民族國家。

大多數人——不論是米哈伊洛維奇也好、烏斯塔沙也好、德國人也好、奧地利人也好、俄國人也好，都不肯承認「波士尼亞民族」，但是一九四四年的狄托卻偏偏承認了，正如我們後來都知道的發展，他決定把舊南斯拉夫王國的「三族共和」改組為「六族共和」。這裡面的原因其實很清楚，狄托自己是克羅埃西亞人，他年輕的時候本來想移民美國去的。如果移民成功的話，他可能就不會加入共產黨了，但因為它沒有搭上移民船，留下來的結果就是加入了南斯拉夫共產黨。他在南斯拉夫共產黨之內是屬於非塞爾維亞的那批勢力，他不高興讓塞爾維亞的勢力太過於強大。他感受到，正如很多人都已經感受到的那樣，「三族共和」是不平衡的。「三族共和」當中，斯洛維尼亞人不太積極，克羅埃西亞人的人口也不夠多，占大部分人口的是經濟上最落後的塞爾維亞人。「三族共和」的不平衡性導致憲法結構沒有辦法長期穩定。在過去的第一王國時期，克羅埃西亞人之所以總是跟塞爾維亞人起衝突，就是因為他們覺得塞爾維亞人已經占據了王室和軍官團，如果通過人口優勢再把議會給了他們的話，這樣的「三族共和」跟大塞爾維亞沒有什麼區別，我們退出也罷。

正如同在中華民國的「五族共和」中，漢人的人數是不是太多了一點？滿人、蒙古人、藏人、回人都會覺得，你們漢人占了這麼多人口，如果推動公民投票、議會政治、國民大會什麼的，所謂的民主選舉跟「人口統計」有什麼不同？我們在你這個所謂的「五族共和」之下肯定要受壓迫的。但是如果漢人把自己重新發明成為「諸夏」各民族，那麼「坎通尼亞民族」和「滿洲利亞民族」的人口差別就不算很大，三千萬滿洲利亞人對三千萬坎通尼亞人，跟四萬萬漢人對三千萬滿洲利亞人就完全不是一個概念了。滿洲利亞人不可能信任四萬萬漢人跟他們一起「五族共和」的，他們會覺得這樣的「五族共和」必然是漢人對滿人的壓迫；但如果是三千萬坎通尼亞人呢？那就完全不一樣了，三千萬坎通尼亞人和三千萬滿洲利亞人的分量差不多。如果搞成「十二族共和」甚至「三十六族共和」的話，滿洲利亞人和蒙古人就會覺得自己不會再受壓迫了。

狄托覺得這個概念很好很強大，所以重要的就是重新發明「大塞爾維亞」，把「三族共和」改成「六族共和」，從「大塞爾維亞」裡再劃分出幾個民族，例如馬其頓、科索沃、波士尼亞、蒙特內哥羅之類的，這些人在原先的「三族共和」體系中，都是被劃在大塞爾維亞人裡面。現在把「大塞爾維亞」這麼一拆散，就像把「大漢族」拆成吳越人、南粵人、巴蜀利亞人和其他各族人一樣。這一下斯洛維尼亞人和克羅埃西亞人就可以放心了吧？以後豈不是可以長治久安了？儘管狄托並不是穆斯林，而且對萬惡的穆斯林資產階級民族主義者也抱著俄羅斯的布爾什維克黨人對那些立憲民主黨人的同樣鄙視，他還是認為，為了未來的第二南斯拉夫社會主義聯邦的長治久安，可以利用他們重新發明「六族共和」。

於是狄托就根據統戰的原則，把一撥波士尼亞的穆斯林資產階級民族主義者吸納入未來的「南斯拉夫共產主義者聯盟」當中，把波士尼亞人作為一個民族主體的身分第一次予以承認，同時順便把波士尼亞的方言也發明成為正式語言。他在將「三族共和」改組為「六族共和」的過程當中，把馬其頓語言和波士尼亞語言都由方言變成了正式語言。方言變成正式語言、再變成民族語言，並不代表著以前的方言和以後的民族語言在實際內容上有任何改變，只是大家的稱呼方式有所不同了。例如，以前我可以說粵語是漢語的一種方言，以後我再拍一拍腦袋說粵語和漢語是兩種不同的語言。在這之前和之後，粵語的發音我一個都不用改，粵語的單詞我也一個都不用改，只需要改一下在政府發布的官方文件措辭就行了，以後「坎通尼亞語」（Cantonese）和滿大人語（Mandarin）就是兩種語言了。所以實際上，從文學和日常應用的角度來講什麼也沒改變，只是在法律承認的角度上稍微有一點轉變而已。

對於狄托的第二南斯拉夫社會主義聯邦共和國來說，推動「六族共和」就是一個類似用「諸夏」取代「中國」的過程，在最初幾十年的產生了相對良好的效果。至少，過去第一南斯拉夫王國時期經常鬧翻天的那些矛盾，在第二南斯拉夫的最初幾十年內好像暫時被壓住了。狄托經常聯合「南共聯盟」內部的斯洛維尼亞人和克羅埃西亞人，打壓亞歷山大．蘭科維奇[21]的塞爾維亞共產黨和塞爾維亞民族勢力。當然這樣就在民族發明當中產生了許多後果。我們都知道，在希臘民族發明家開始搞希臘主義、開始搞「希臘辛亥革命」、發明相當於是「大漢族」的希臘民族之前，巴爾幹半島的東正教居民其實是沒有什麼區別的；同樣，巴爾幹半島的穆斯林居民也是沒有什麼區別的，他們統一都叫土耳其人，有的時候還自稱為奧斯曼人。但是既然要發明一個波士尼亞民族，那麼在波士尼亞赫塞哥維納社會主義共和國境內的穆斯林也就自動變成波士尼亞民族了。但是波士尼亞赫塞哥維納共和國之外的穆斯林，原來同樣是土耳其人，那麼該怎麼發明他們的民族呢？那就由當地的共和國做主了。

有些人被發明成為科索沃人。我們要注意，科索沃的阿爾巴尼亞人原先也是自稱和被稱為土耳其人；但經過了「六族共和」的二次發明以後，他們就被蘭科維奇領導的塞爾維亞共和國發明成為科索沃的阿爾巴尼亞人了。阿爾巴尼亞穆斯林和土耳其穆斯林到底有什麼區別？這是一個純粹玄學的問題，照我看是沒什麼區別的。政治家認為他們是阿爾巴尼亞人，他們就是阿爾巴尼亞人；認為他們是土耳其人，他們就是土耳其人。如果你是一個穆斯林，住在波士尼亞境內，你以後就變成了波士尼亞民族；如果你住在科索沃境內，你以後就變成了阿爾巴尼亞民族；但是如果你既不在波士尼亞共和國境內，又不在科索沃自治省境內，而是在塞爾維亞共和國境內或者是在南斯拉夫或其他什麼地方的話，那你是什麼人？看來你什麼人也不是，所以你就只能是土耳其人了。或者如果你熱愛南斯拉夫、覺得南斯拉夫比任何具體的民族都更能保護你們這些超小型文化族群利益的話，你也可以把自己發明成為南斯拉夫人。

於是原本在奧斯曼帝國統治下的巴爾幹穆斯林就這樣被發明成了四個新民族：人數最多的那一批，變成了波赫聯邦首任總統阿利雅・伊澤特貝戈維奇[22]所在的波士尼亞民族；人數比較少的一批，變成了科索沃的阿爾巴尼亞民族；人數再少的一批，變成了南斯拉夫土耳其族；最少的一批，變成了信仰伊斯蘭教的南斯拉夫民族。他們有什麼區別？答案是，什麼區別也沒有，就是發明的區別，認同的區別。選擇不完全是主動的，但是無論你是純粹自願也好還是完全被迫也好，還是介於絕對自願和絕對被迫之間的那個漫長光譜當中的某一個點也好，無論是偏向光譜的哪一邊，因為同一家人居住在不同的地點，以及處在不同的環境，做了不同的認同選擇以後，就變成了四個不同的民族，以後你們就是波士尼亞民族、阿爾巴尼亞民族、土耳其民族和南斯拉夫民族了。

最後如我們所知，狄托的第二南斯拉夫跟蘇聯鬧翻了。儘管它仍然是一個共產黨國家，卻投入了西方的懷抱，因此跟北約成員國希臘和土耳其建立了一系列的關係。關係當中就包括僑民協定，南斯拉夫境內的土耳其人可以移民到北約成員國土耳其境內。由於當時南斯拉夫是在搞共產主義，而土耳其是在搞資本主義，眾所周知，在資本主義統治下生活可以買「大彩電」，比在共產主義統治下生活要容易得多，於是許多後來的阿爾巴尼亞人——科索沃的穆斯林決定把自己的身分證改一下，把自己改成土耳其族，然後迅速地利用這個協定，一窩蜂地溜到土耳其去過資本主義的好日子去了。這個做法立刻引起了眾多人的效仿，於是很多阿爾巴尼亞的穆斯林都決定自己不願意再做阿爾巴尼亞人，而要做土耳其人。

同樣的事情就比如說，你是一個雲南人，在一九五〇年代初期民族發明還很混亂的時候，你可以拍腦袋把自己發明成為「彝族」，也可以把自己發明成為「白族」，也可以把自己發明成為

㉑ 亞歷山大・蘭科維奇（Aleksandar Ranković, 1909–1983），塞爾維亞人，曾為僅次於狄托的南斯拉夫第二號人物。反對削弱聯邦中央權力與向各共和國和自治省放權，主張取消地方自治，建立高度中央集權的單一制國家；也主張保護科索沃境內塞爾維亞人，並給予他們特權，支持以強硬手段對付科索沃境內的阿爾巴尼亞人，於一九六六年被狄托下令撤職。蘭科維奇被視為塞爾維亞的民族領袖，米洛塞維奇即為其政治思想之繼承者。

㉒ 阿利雅・伊澤特貝戈維奇（Alija Izetbegović, 1925–2003, 波士尼亞首任總統），首任波士尼亞總統。一九九二年以總統身分要求歐洲承認波士尼亞為獨立國家，遭到境內塞爾維亞裔反對，導致波士尼亞內戰（1992–1995）的爆發。

「漢族」。由於負責發明民族的知識分子和官員很少能夠弄的清楚這幾種雲南族群到底有什麼區別，所以同一家人完全可以把自己發明成為幾個不同的民族。發明成功了以後，到八十年代，發明成為「漢族」的那些人就開始拍腦袋說是，啊！我太吃虧了！發明成為「白族」的那些人，高考就可以多加很多分；而把自己發明成為「傣族」的那些人更占便宜了，「傣族」和泰族是關係很近，他們可以直接了當地跑到資本主義的泰國去，到了泰國境內就可以說自己是泰族人了。

雲南的「西雙版納人」跟寮國的佬族人和泰國的泰族人有什麼區別呢？答案是，沒有任何區別。過去西雙版納的土司、八百媳婦的土司和寮國的土司都是蒙古帝國時期統治下的土司政權，他們之間的關係就像是歐洲封建體系之下的貴族一樣，大家都是表兄弟關係。只不過後來劃分邊界的時候，西雙版納的土司被劃到清國境內，寮國的土司被劃到法國境內，清邁的土司被劃到泰王國境內，結果發展到後來就變成不同國家的民族了。但是他們之間還是沾親帶故，都是三親六戚，在寮國和泰國之間來往很方便。你如果是雲南人，把自己發明成了「傣族」，然後你跑到寮國或者泰國去，你硬著頭皮說自己是「泰族」或「佬族」，那樣一來，曼谷和清邁會有一大幫遠房表兄弟來照應你，他們會集體在泰國當局面前發誓說你就是中國境內的泰族或佬族同胞，於是你就能順利地跑到曼谷過上資產階級生活了。如果你在一九五二年犯了一次錯誤，把自己發明成為「漢族」了，那就算了，曼谷的資本主義好日子就沒你的分兒了。

南斯拉夫的土耳其人、南斯拉夫人、阿爾巴尼亞人、波士尼亞人的民族發明故事也都是這樣展開的，就看你在一九四四年之後是怎麼發明的。你要問這裡面有什麼道理，答案是，根本沒有什麼道理，唯一的道理就是政治。民族發明純粹是一個政治問題，在比較極端和邊界分布的地方表現得特別清楚，在其他表現得比較模糊的地方也是如此。如果有些人跟你說民族發明有什麼天然的種族因素、語言因素或文化因素，那麼你就可以拿這個例子去給他們看，讓他們清楚，民族發明唯一絕對不可或缺的條件就是政治選擇。有了政治選擇，其他的種族、文化、語言、歷史傳統方面的條件都是次要的，就算是完全沒有，硬著頭皮發明也是可以的，這就是民族發明的真正本質，這在波士尼亞的案例表現得極為明顯。我們所知的波士尼亞民族就是通過這樣的方式，最終在一九四〇年代發明出來的，而波士尼亞後來在一九九〇年代遭遇的種種問題，都是隨著過去而來的副作用。

波士尼亞
民族發明大事記

時間	事件
15世紀以前	**波士尼亞與赫塞哥維納早期歷史** 波赫早期居民為伊利里亞人。該地先後由羅馬帝國、東哥特人、拜占庭帝國所占領或局部占領，直到15世紀由奧斯曼帝國接管。奧斯曼帝國直接管轄的波士尼亞省區，從文化上來說，與塞爾維亞地區沒有任何不同，所以波士尼亞的民族發明早期一直和「南斯拉夫主義」、「大塞爾維亞主義」糾纏在一起。
1878/7/13	**奧匈帝國建立波士尼亞特區** 第十次俄土戰爭結束後，奧匈帝國從奧斯曼帝國手中接管了相當於今日波士尼亞的行政區（當時是沒有任何波士尼亞民族的），指派匈牙利人貝尼·卡洛伊主管這個殖民政權。在卡洛伊開明的文化政策之下，包括「南斯拉夫主義」、「大塞爾維亞主義」，以及「奧斯曼主義」等各種民族發明思想，皆流行於波士尼亞，導致長期的文化衝突。
1915/4/30	**南斯拉夫委員會在倫敦成立** 一戰期間，塞爾維亞及波士尼亞的民族發明家在倫敦成立「南斯拉夫委員會」，他們與英國為首的列強協商，企圖建立一個包括塞爾維亞（及波士尼亞）、克羅埃西亞及斯洛維尼亞的「南斯拉夫民族國家」。
1918/12/1	**第一南斯拉夫王國的建立** 一戰結束後，原屬於奧匈帝國的波士尼亞特區被併入以塞爾維亞為首建立的「第一南斯拉夫王國」。此王國建立在「三族共和」（克羅埃西亞人、斯洛維尼亞人與塞爾維亞人）的基礎上，波士尼亞穆斯林在這個「三族共和」當中沒有憲法地位。

1941/12/21

狄托建立反抗軸心國的軍事組織

第二次世界大戰期間，波士尼亞成為軸心國傀儡政權克羅埃西亞獨立國領地的一部分，但約瑟普·狄托在蘇聯的支援下，在波士尼亞山區建立軍事組織，反抗德國和義大利等軸心國勢力。二戰結束後，狄托憑恃其軍事組織的武力優勢，建立「南斯拉夫聯邦」。

1945/11/29

波士尼亞加入南斯拉夫聯邦

雖然克羅埃西亞人把今天的波士尼亞大部分都劃進了克羅埃西亞境內，認為波士尼亞穆斯林都是克羅埃西亞穆斯林，不肯承認「波士尼亞民族」，但是二戰結束後，狄托卻決定把舊南斯拉夫王國的「三族共和」改組為「六族共和」，以改變「三族共和」的不平衡性所導致的憲法結構的不穩定。所以，波士尼亞以社會主義共和國的身分加入「南斯拉夫聯邦人民共和國」，成為狄托推動的「六族共和」成員之一。

1992/3/3

現代波士尼亞的獨立與內戰爆發

脫離南斯拉夫聯邦的波士尼亞正式宣告獨立，建立「波士尼亞與赫塞哥維納共和國」。波士尼亞境內的塞爾維亞人成立「塞族共和國」，與波士尼亞政府當局爆發嚴重衝突，史稱「波士尼亞內戰」。內戰一直持續到1995年，在北約派遣維和部隊介入後才得以終止。

蒙特內哥羅

Montenegro

Crna Gora

獨立時間：2006年6月3日

首都：波多里察

七、

蒙特內哥羅

歐洲「黑龍會」的孤兒

我們今天講蒙特內哥羅（又譯作「黑山」）。蒙特內哥羅是一個特殊的存在，它在巴爾幹半島算是人口最少的國家之一，但它的歷史又是極其奇特的。它既是「斯拉夫主義」的第一個實驗品，又是「斯拉夫主義」棺材上的最後一顆釘子。它有兩種屬性截然相反且相互矛盾的國民：既是斯拉夫的，又是奧斯曼的；既是東正教的，又是穆斯林的。這兩種國民，一半跟斯拉夫主義者聯繫在一起，一半跟奧斯曼主義者——也就是今天的波士尼亞人和阿爾巴尼亞人聯繫在一起。如果「歷史是任人塗抹的小姑娘」這句話屬實的話，那麼蒙特內哥羅便是這句話的最適當證明[①]。

蒙特內哥羅在歐洲歷史上的地位，很像是俄羅斯帝國在奧斯曼帝國的巴爾幹領土裡設置了一支「關東軍」，就像是日本帝國在滿洲境內設置的那一個關東州軍事基地[②]，而這個軍事基地的關東軍不僅擾亂了滿洲的歷史，擾亂了大清國的歷史，擾亂了中華民國的歷史，也擾亂了母國——日本帝國的歷史，徹底改變了日本的憲法結構。所以假如旅順口的關東軍像蒙特內哥羅的王公和菁英一樣發明了一個「關東州民族」，成立了一個「旅順口王國」或者「旅順口共和國」，在今天又加入了類似北約的「北太平洋公約組織」的話，那我們就真的很難說歷史到底應該怎麼寫，到底是說旅順口的關東軍是日本帝國干涉亞洲大陸的一個橋頭堡呢？還是恰好相反，反過來說是旅順口的「關東州民族」徹底地改變了日本歷史的走向。

如此之少的人操縱了如此之大的帝國，在人類整個歷史和所有帝國的歷史上都是非常罕見的。在十九世紀，真正的蒙特內哥羅人只有二十五萬。把兩種相互矛盾的蒙特內哥羅人加在一起，在第一次世界大戰以前也不超過五十萬人。在第一次世界大戰以後，到二十世紀中葉，也勉勉強強才有一百萬人。而更嚴格地說，區區二十五萬的蒙特內哥羅人——其實還可以劃分得更精確一點，真正攪動歷史的蒙特內哥羅宮廷成員及菁英，恐怕總共就只有幾百個人，比最初在日本成立的同盟會和黑龍會還要少得多，但就是這批人，最後就把俄羅斯和歐洲的歷史攪得一團混亂，完全改變了歷史的發展。今天我們看到的這個小小的蒙特內哥羅，其實是它在政治上翻雲覆

① 「歷史是任人塗抹的小姑娘」此段文字源自於胡適在一九一九年五月發表的〈實驗主義〉，原文如下：「『實在』（Reality）是我們自己改造過的『實在』。這個『實在』裡面含有無數人造的分子。實在是一個很服從的女孩子，它百依百順地由我們替他塗抹起來。」胡適原文所指的「小姑娘」並非「歷史」，但在馮友蘭發表於一九五五年的文章〈哲學史與政治——論胡適哲學史工作和他底反動的政治路線底關係〉中被改寫為「歷史」，原文如下：「實用主義者的胡適，本來認為歷史是可以隨便擺弄的。歷史像個『千依百順的女孩子』，是可以隨便塗抹的。」

② 一九〇五年日俄戰爭後，日本取得俄國位於遼東半島旅順口的「關東州」軍事基地，並設立「關東都督府」作為當地軍政合一的管理機構。一九一九年四月十二日，日本將「關東都督府」轄下的陸軍部獨立為「關東軍」並以「關東州」作為主要根據地。

雨以後，從歷史的混沌中剩下來的最後一點點殘餘，跟它最初時所懷抱的偉大理想和起到的巨大作用根本不相稱。它不相稱的程度差不多像是，將旅順口北面的那個小小的瓦房店[3]，跟珍珠港、中途島、新幾內亞、基斯卡島、廣島和長崎加在一起的這個遼闊而浩瀚的太平洋相比，這樣一種巨大的、極不相稱的比例關係。

位於伊利里亞的蒙特內哥羅，不論是在古羅馬時期或拜占庭時期，都只是一個地理名詞。蒙特內哥羅就是蒙特內哥羅，僅此而已，跟湖北的荊山、武當山沒有什麼區別，從來就沒有什麼「蒙特內哥羅民族」，也談不上有什麼蒙特內哥羅行政區。歷史上的佩拉斯特（Perast）和波多里察

蒙特內哥羅主教國　圖為蒙特內哥羅主教國最後一任「佛拉基卡」（Vladika）彼得二世。自16世紀初開始，蒙特內哥羅各部落聯合建立神權性質的「主教國」以對抗奧斯曼帝國，其領導者稱為「佛拉基卡」，兼具有神聖的主教與世俗的親王身分。

（Podgorica）在行政區劃上的地位都比蒙特內哥羅要高得多。蒙特內哥羅是一片貧瘠的山區，它的居民也頂多是一些部落性質的土司，在拜占庭和奧斯曼的行省制度當中，它都是一個可以忽略不計的存在。在十八世紀中期以後，它的居民大致上分為兩種：一種是生活在比較接近平原地帶、較接近統治中心的居民，他們中間有很大一部分就像是波士尼亞和阿爾巴尼亞的平原居民改信了伊斯蘭教，就變成了奧斯曼人或者土耳其人。奧斯曼人或者土耳其人當然也不是按照血統算的，指的都是奧斯曼帝國的穆斯林；另外一批主要是居住在山區的人，保存了過去的東正教信仰，然後按照奧斯曼帝國的劃分方法，他們就被稱之為是「羅姆人」（Rum Millet），這個詞指的就是東正教徒。但不論是奧斯曼人或者羅姆人，這兩種人實際上都是從過去大明國或者拜占庭帝國那些東正教徒一脈相傳下來的。

另外還有人數比他們都少的另一種人，按照奧斯曼帝國的劃分方法——也就是相當於誰是漢人、誰是滿人、誰是回人的這種劃分方法，他們是屬於拉丁人。所謂拉丁人，就是受威尼斯共和國和義大利文化深刻影響的一些沿海居民，他們生活在今天克羅埃西亞的沿海一帶。但是整個巴爾幹半島上的居民結構本來就是混沌不清的。今天我們叫做克羅埃西亞沿海、過去叫做伊利里亞沿海的那一帶是連綿不斷的，從今天的杜布羅夫尼克、克羅埃西亞一帶算起，一直延伸到今天希臘的西北海岸，實際上包括了今天阿爾巴尼亞和蒙特內哥羅的西部海岸。這些地區有為數極少的拉丁語系居民，大略估計的話，他們的人口可能只有幾萬人，不到十九世紀蒙特內哥羅居民的十分之一。他們跟山地的東正教徒和平原的穆斯林之間的關係，差不多就像是上海租界那一批洋商和買辦跟內地吳越或者蘇北居民的那種關係一樣。他們主要是跟義大利人做生意，在政治上經常是接受威尼斯人保護的。

威尼斯人在拜占庭帝國衰落、奧斯曼帝國興起這個歷史空檔期裡，就像是倭寇在大明國衰落、滿洲人興起的那個空檔期一樣，曾經多次進入希臘海岸，控制了這個地區的沿海地帶。後來奧斯曼帝國興起、把拜占庭帝國全部吞併以後，便開始整頓邊疆的沿海地帶，開始消滅「鄭成功集團」，然後把威尼斯人和擁護威尼斯人的這撥漢奸從他們占領的地區上趕走了。雖然威尼斯人的貴族和大商人基本上都走了，但是總還有一些小商人和深刻接受威尼斯文化和義大利文化的普通人留了下來，這批人就是奧斯曼帝國劃分的所謂「拉丁人」的後代。

如果按照簡化的民族發明學思維來說的話，第一，十八世紀蒙特內哥羅山區的居民，很難說他們具備發明民族的條件。如果說他們都可以發明成民族的話，那麼地球上就沒有不能發明民族的地方了。即使是大別山區或者是武當山區，都可以按照同樣的邏輯發明「大別山民族」或者「武當山民族」了。第二，如果真的要發明民族的話，蒙特內哥羅內部的兩大族群再加上沿海地區小的拉丁人族群，為了排除衝突起見，最好的辦法就是盡可能地把他們劃分為三族，誰家的孩子就誰家自己抱回去，不要把三塊劃成一塊兒。但在最後，出於民族發明的陰錯陽差，他們還是被劃分在一起了。當然他們之間不是沒有主次之分，這就得依靠當地酋長和菁英運用外交手腕來區分主次的能力了。

這個時候俄國的凱薩琳女皇對奧斯曼帝國的戰爭開始了。在第一講提過的，這場戰爭有一部分是在希臘海岸進行的，由奧爾洛夫兄弟率領的俄國海軍，完成了俄國建國以來的一項壯舉——從波羅的海越過地中海，在義大利停泊以後一路開到希臘海岸，在希臘海岸打敗了奧斯曼帝國的海軍。過去彼得大帝雖然曾經打敗瑞典的查理十二世國王（Karl XII），但是在黑海沿岸卻未能打敗奧斯曼帝國，因此俄羅斯仍然只在波羅的海才有海軍，在黑海是沒有海軍的。直到凱薩琳女皇登基，才突破了這個歷史限制，把俄羅斯的北方艦隊一路開進了地中海。這場戰役的結果是，俄羅斯帝國和奧斯曼帝國簽署了一七七四年的《庫楚克開納吉和約》。

《庫楚克開納吉和約》不是我們現在理解的威斯特伐利亞條約體系以後的那種民族國家和民族國家之間簽署的條約，而是帝國之間帶有憲法性質的談判，因為交涉的雙方——俄羅斯帝國和奧斯曼帝國都不是民族國家，而是多族群的帝國，都兼有屬於歐洲的成分和不屬於歐洲的成分。俄羅斯帝國不僅是代表俄羅斯帝國本身作戰的，而且也是代表奧斯曼帝國境內的東正教徒作戰的。它作為拜占庭皇帝的直接繼承者，繼承了拜占庭帝國保護希臘、敘利亞各地東正教徒的權利，所以俄羅斯對土耳其的戰爭，從理論上看，可說是土耳其和拜占庭繼承者之間的戰爭。俄羅斯帝國是拜占庭帝國的行在或者流亡政權，它作為拜占庭的繼承者，繼續打這場拜占庭帝國在君士坦丁堡已經輸掉的戰爭。

所以當俄羅斯帝國打敗了奧斯曼帝國以後，它按照當代被普遍理解的「國家利益」（雖然按照後世民族國家的原則來講這根本就不能叫國家利益，但是對於俄羅斯帝國和奧斯曼帝國來講這就是最重大的國家利益），要求戰敗的奧斯曼帝國不得不做它過去一直不肯做的事情：承認俄羅斯帝國繼承君士坦丁堡皇帝的保護奧斯曼帝國境內各路東正教徒的權利。這個權利，假如要東方人想像一下，那就同等於：日本天皇繼承了大明皇帝的權利，有權保護滿洲帝國境內所有信仰孔孟之道的臣民。這樣一來，任何一個會到孔廟祭孔的蘇州人或者杭州人，當他跟滿洲人或者蒙古人發生衝突的時候，就可以理直氣壯地去找日本天皇和大日本皇軍做他的靠山，這樣一來，滿洲人和蒙古人就再也不敢欺負他了。此後奧斯曼帝國統治下的東正教徒就可以說，自從君士坦丁堡的皇帝垮台以後，你們奧斯曼帝國的穆斯林總是欺負我們，以前我們拿你們沒有辦法，但是我們現在有了新興的沙皇來做我們的靠山。有了沙皇在，比君士坦丁堡的皇帝更加強大，現在你們穆斯林就不可能再欺負我們了。

奧斯曼帝國從自己的角度來看，首先，他們作為穆斯林，繼承了穆罕默德創教以來就一直持續的優待「有經人」的傳統。穆罕默德過去曾經說過，只要猶太人和基督徒交納了人丁稅④，那麼穆斯林就有義務保護他。如果穆斯林虧待了這些「有經人」的話，「有經人」即使是找穆罕默德本人伸冤，穆罕默德也不會偏袒穆斯林。這個權利是穆罕默德給予作為伊斯蘭教先驅者的猶太教和基督教的，嚴格來說並不適用於其他宗教信徒。但是有的時候由於其他穆斯林統治者在征服或統治上的方便，這個傳統也會被從寬解釋，但那是另外一回事了，跟巴爾幹沒有什麼關係。而奧斯曼帝國，他們作為最初信仰異教、後來才改信伊斯蘭教的突厥人，在接替阿拉伯人成為了伊斯蘭世界的主要統治者、甚至兼任了哈里發的職務後，它在法統上是不可能否認伊斯蘭政體的這

③ 瓦房店，位於遼寧省南部，在帝俄和日本殖民時代是重要的工業城市，因軸承工業發達又被稱為「軸承之鄉」。作者常以「瓦房店化」比喻東亞帝國（尤指中華人民共和國）沒有任何累積技術的能力，所有技術都是外來的移植，一旦技術輸液管道切斷之後就立刻劣化，技術衰退的過程。

④ 人丁稅（Jizya）一般認為起源於《古蘭經》第九章二十九節的敘述：「當抵抗不信真主和末日，不遵真主及其使者的戒律，不奉真教的人，即曾受天經的人，你們要與他們戰鬥，直到他們依照自己的能力，規規矩矩地交納丁稅。」所謂「曾受天經的人」一般是指猶太人和廣義上的基督徒，也包括了祆教徒及印度教徒，他們以繳稅換取伊斯蘭穆斯林的保護，因此在法律上也被稱為「被保護者」。

個基本原則的。穆斯林對猶太人和基督徒傳統的尊重，就體現為眾所周知的米勒特教團自治制度。所以無論有沒有君士坦丁堡的皇帝或者俄羅斯的沙皇，奧斯曼帝國的蘇丹兼哈里發從法統上講，只要他仍然以一個虔誠的穆斯林自居，表示說要遵守沙里亞法和歷代伊斯蘭帝國的傳統，那麼他就必須以某種方式允許猶太教和基督教的社區享有自治權。

然而在一八六〇年條約體系[5]的遠東，沿海的租界或者其他什麼治外法權社區享有的自治權，實際上是遠遠比不上征服者穆罕默德二世在征服君士坦丁堡以後，在沒有遇到任何威脅的情況下主動給予熱那亞人、拉丁人和匈牙利人的自治權的。但是在奧斯曼帝國，從來就沒有人認為這種做法是「喪權辱國」，是害怕西方人的奧斯曼蘇丹，在損害國家主權的前提下對西方人的讓步。奧斯曼人一向覺得，第一，這種做法自古以來就是我們伊斯蘭教的傳統，我們的穆罕默德和他的前四位繼承者——最正統的四位哈里發[6]在征服了敘利亞以後，對戰敗的基督教徒一向是主動給予這種寬容的。同樣的，奧斯曼蘇丹穆罕默德二世在攻陷君士坦丁堡以後，對吃了敗仗的熱那亞人和西方的各種商人團體，也是主動給予他們自治權的。這根本不是什麼國恥，而是穆斯林統治者的一貫傳統而已。奧斯曼帝國在《庫楚克開納吉和約》[7]當中給予凱薩琳女皇的權利，實際上是在穆斯林的政治傳統、以及奧斯曼帝國的政治傳統之上，稍微給了俄國沙皇一個面子，僅此而已。

於是你就可以對西亞和東亞的政治傳統做出具體的對比了。儘管以西歐的標準來看，西亞算是專制國家，但是所謂西亞專制國家允許臣民享受的自治權遠比東亞的專制國家要大得多。儘管從西歐基督教徒的觀點來看，穆斯林的帝國本身就是專制主義的化身，奧斯曼帝國本身就是迫害基督教徒的一個重大的嫌疑犯，但即使是奧斯曼帝國對待基督教徒的寬容程度，也比大清帝國，無論是在一八四〇年以前、一八六〇年之前或是之後，對待國內的穆斯林社團和基督教社團，乃至於對待國內的所有臣民，都要寬容得多。西亞的任何少數派的教派或者種族團體，享受的自治權都比在東亞各帝國享受的自治權要大得多。如果說西亞的統治者按照歐洲標準就已經是極端專制的話，那麼東亞的政治體制按照歐洲標準來看就已經是沒有一個適當的形容詞可以來形容它了。奧斯曼帝國的體制在東亞人看來就已經是極其自由和開放了。

早在《庫楚克開納吉和約》簽訂之前的十八世紀初，蒙特內哥羅當地的王公（其實還只能算是酋長和土司）就敏銳地看到，俄國沙皇跟他們的東正教聯繫可以被他們利用，作為提高他們政治地位的基礎。《庫楚克開納吉和約》給予的這種權利普遍地適用於奧斯曼帝國境內的各派東正教徒。例如，它既適用於耶路撒冷的東方正教徒，也適用於君士坦丁堡的東方正教徒。但是耶路撒冷的東正教徒得到了這個權利以後，他們只是採取了一些禮儀性的行動，例如把教堂的鑰匙送給聖彼得堡的沙皇、請求聖彼得堡沙皇派出領事諸如此類對後世影響不大的動作。如果他們也具有蒙特內哥羅的政治敏銳度的話，那麼伯利恒（Bethlehem）或者耶路撒冷在二十一世紀的今天就很可能存在像蒙特內哥羅一樣小的「耶路撒冷東正教共和國」或者「伯利恒東正教共和國」。耶穌出生地的伯利恒很可能會像是今天的蒙特內哥羅一樣，要求葉爾欽總統和普丁總統保護他們的利益，支持他們跟周圍的阿拉伯穆斯林及以色列打仗，保衛他們的國家主權，但是伯利恆或耶路撒冷當地的菁英沒有這樣想。

　　而蒙特內哥羅的山地東正教徒部落的酋長和族長拍了一下腦袋，覺得俄羅斯人是一批很好利用的冤大頭，可以好好利用他們來達到他們的政治目的。於是他們就及時地抱上了俄羅斯人的大腿，向俄羅斯人推銷了後

蒙特內哥羅的山地部落戰士　此圖為1952年的紀錄照片，一群來自切沃（蒙特內哥羅語：Čevo）氏族，身著傳統服裝的蒙特內哥羅人正進行著軍事操練。「切沃」氏族是蒙特內哥羅的傳統山區部落之一，許多近代蒙特內哥羅的軍事領袖皆出自該氏族，也包括著名的女戰士瓦希里亞（Vasilija Vukotić）。蒙特內哥羅在歷史上是由各山區部落聯合建立的國家，其民族文化直到今日仍保有許多傳統氏族社會的特色。

來被我們稱之為所謂的「泛東正教主義」。也就是說，奧斯曼帝國統治下的東正教徒跟俄羅斯的東正教徒全是一家人，我們都應該擺脫奧斯曼帝國的統治，建立一個東正教徒的大帝國。這個大帝國應該定都君士坦丁堡，恢復大明國的盛世。但是我們這些在奧斯曼帝國統治之下的大明國遺民太弱小了，實現不了這個目的，所以我們只能像鄭成功和朱舜水[8]一樣，說服大日本帝國的天皇繼承大明國的遺產與疆土，十八省的臣民也共同擁戴大日本天皇，把滿洲人和蒙古人都趕出大明國的十八省。

蒙特內哥羅的王公把這一套理論推銷給了聖彼得堡的沙皇，雖然沙皇像江戶幕府的將軍一樣

⑤ 一八六〇年條約體系，即《北京條約》，是一八六〇年大清國於英法聯軍攻占北京後分別與英國、法國、俄國各自簽訂的戰敗條約。

⑥ 穆罕穆德於六三二年死後，其繼承者依序是：阿布巴克爾（Abu Bakr）、歐瑪爾（Umar）、奧斯曼（Uthman）、阿里（Ali），此四人被合稱為「正統的哈里發」。

⑦《庫楚克開納吉和約》（*Treaty of Küçük Kaynarca*），俄羅斯帝國和奧斯曼帝國於一七七四年第五次俄土戰爭結束後簽訂的和約，內容包括奧斯曼帝國需割讓南烏克蘭、北高加索地區給俄羅斯帝國，並賦予俄羅斯沙皇對奧斯曼帝國境內東正教基督徒的保護權。

⑧ 朱舜水（1600–1682），原名朱之瑜，明末清初的思想家、文史家。力圖反清復明，並協助鄭成功北伐。於一六五九年東渡日本，在水戶藩藩主德川光（水戶黃門）的保護下長期定居當地，其儒家思想激發德川光　編纂《大日本史》，希冀承接中華思想，是日本「尊王攘夷」思想的初祖。

沒有完全接受朱舜水的理由，但還是覺得他們說的也有一定的道理。蒙特內哥羅這撥人畢竟跟我們一樣，都是東正教的同胞。我們雖然不能像他們要求的那樣放下德國的利益、瑞典的利益、波蘭的利益不管，放著俄羅斯本土不管，全心全意地去攻打君士坦丁堡，但是這批人既然途窮來歸，請求我們俄羅斯帝國的保護，也只好「窮鳥入懷，獵人不殺」。沙皇抱著日本人對孫中山的那種感覺，覺得我們雖然沒有辦法幫著你們少康復國，但是給你們提供一些外交和物質援助。這事兒，我們慷慨大方、強大勇敢的俄羅斯人完全做得到。然後他們就這麼做了。結果就是，未來的蒙特內哥羅人完全抱上了聖彼得堡的大腿。當時的蒙特內哥羅其實包括了奧斯曼帝國統治下的東正教居民、穆斯林居民和拉丁居民，但是蒙特內哥羅民族發明家就經常理直氣壯地跑去聖彼得堡要援助，讓慷慨大方的俄羅斯人包養他們，正如孫文在走投無路的時候就跑到東京去，讓慷慨大方的梅屋庄吉[9]和黑龍會把包養他一樣。孫文在被包養的時候，可是理直氣壯地說，你們日本人和我們大明人都是一家人，都是華夏一家，泛亞一家，我們有「驅除韃虜、恢復中華」的共同事業，親兄弟之間還算什麼帳，你們日本人包養我是應該的。蒙特內哥羅人在被俄羅斯人包養的期間也抱著同樣理直氣壯的態度，認為你們都是應該的。

於是蒙特內哥羅在這場政治遊戲中獲得了更多的自治權，就在一八五二年宣布成立了「蒙特內哥羅公國」。在俄羅斯帝國的積極支持之下，奧斯曼帝國承認以策提涅（Cetinje）為首都的蒙特內哥羅公國享有自治權，由東正教的王公來統治。然後，在聖彼得堡的沙皇支持下，達尼洛一世[10]就當上了這個蒙特內哥羅公國的大公。蒙特內哥羅公國從法律上講仍然是奧斯曼帝國的一部分，只是它在俄羅斯皇帝的保護之下享有了宗教和司法的自治權而已。雖然達尼洛大公的家族在法律上是奧斯曼蘇丹的臣民，但是在宗教上他們是俄羅斯沙皇的親兄弟，而且他們拿沙皇當後盾時時刻刻對抗君士坦丁堡的奧斯曼蘇丹。所以可以理解，他們經常跑到聖彼得堡去活動，打沙皇的秋風。蒙特內哥羅的王公家族絕大部分都在聖彼得堡的宮廷裡面打過秋風，所以他們受俄羅斯國內政治思潮變化的影響遠比起其他人都要大得多。他們從一開始就採取綁定俄羅斯帝國、搭俄羅斯帝國便車的政策，所以他們操縱俄羅斯帝國的意志也比其他人要堅定得多。

近代俄羅斯內部的政治思潮大約是這樣變化的：拿破崙戰爭以前，沙皇亞歷山大一世繼承了他的祖母凱薩琳女皇的「啟蒙主義」西化政策。凱薩琳女皇在俄羅斯國內的政治思想史當中是親歐派的一個重要柱石。在亞歷山大一世推翻了反歐洲派的保羅一世以後，重新把俄羅斯帝國的軌道拉到親歐洲的路線上去，所以亞歷山大一世的宮廷才會培養出十二月黨人（Decembrist）這樣的強烈親歐洲、啟蒙主義的知識分子團體。但是在拿破崙戰爭（1803–1815）以後，俄羅斯的外交政策發生了變化，轉為跟俾斯麥親王和塔列朗親王[11]一夥，在維也納會議上根據正統君主制的原則維持歐洲協調，因此亞歷山大一世和凱薩琳所代表的啟蒙派、西歐派當權的時代很快就成了明日黃花。雖然亞歷山大一世本人還統治了一段時間，但是從俄羅斯歷史的角度來講，亞歷山大一世統治的最後幾年跟他的繼承者尼古拉一世統治的最初幾年是差別不大的，跟亞歷山大一世統治時期的前半截及凱薩琳女皇的時代就已經不是同一個時代了。新時代的原則是正統主義，最具體的事件就是尼古拉一世鎮壓了十二月黨人和任命卡爾・內斯爾羅德（Karl Nesselrode）作為他的外交大臣。內斯爾羅德的外交政策跟奧地利首相梅特涅的外交政策是基本一致的。但是到了一八五四年克里米亞戰爭以後，俄羅斯的政策再度發生了迅速轉變。

在凱薩琳女皇和亞歷山大一世的時代，俄羅斯的宮廷既認為自己是歐洲人，同時也

俄羅斯啟蒙運動　此為18世紀末期的俄國繪畫作品《舒瓦諾夫的畫廊》（*View of Ivan Shuvalov's art gallery*）。舒瓦諾夫為凱薩琳統治時期的俄羅斯教育部長，亦是歐洲啟蒙運動理念的積極推廣者，在他的主導下，俄國成立了史上首座藝術學院。

認為自己是歐洲文化的代表；到了尼古拉一世的時代，他們仍然認為自己是歐洲人，但是他們不再像凱薩琳和亞歷山大一世那樣喜歡歐洲人和啟蒙主義，而是像梅特涅一樣喜歡歐洲正統主義。在後來的正統主義者看來，啟蒙主義以其開明的態度，孕育了種種危險的啟蒙思想，最終導致了法國大革命，迫使整個歐洲的正統君主制都陷入動搖之中，並陷入了拿破崙戰爭的混亂當中，因此在維也納會議後如果要維持和平的話，首先就要恢復正統主義。因此尼古拉一世和他的宮廷由亞歷山大一世和凱薩琳時代相信啟蒙主義的歐洲人變成了相信正統主義的歐洲人。相信啟蒙主義的歐洲人，像法國的路易十六國王那樣是推動啟蒙主義的；相信正統主義的歐洲人，像梅特涅那

⑨ 梅屋庄吉（1868–1934），出生於日本長崎的企業家，一八九五年與孫中山相識後，長期支持其革命事業，是孫中山在日本的重要友人及贊助者。

⑩ 達尼洛大公（Danilo I, Prince of Montenegro，1826–1860），蒙特內哥羅的統治者，因拒絕出任弗拉基卡（Vladika）的教會職務，於一八五二年在俄羅斯帝國支持下，推動蒙特內哥羅從政教合一的主教國轉變為世俗公國，並擔任首任蒙特內哥羅大公，最後於一八六〇年遇刺身亡。

⑪ 全名為夏爾．莫里斯，塔列朗—培里戈爾（Charles Maurice de Talleyrand-Périgord, 1754–1838）法國政治家及外交官，一八一四年受封為塔列朗王子。塔列朗是拿破崙時期的法國首席外交官，在拿破崙失敗後基於正統性原則推動波旁王朝復辟，並在維也納會議中為法國爭取各項有利條件，一八一五年代表法國與奧地利及英國締結秘密盟約。

樣是堅持正統主義的，認為歐洲的所有正統君主都是一家人。

克里米亞戰爭（1853–1856）以後，俄羅斯人對歐洲的信心動搖了。他們覺得：「俄羅斯自亞歷山大一世打敗拿破崙以後，一直是歐洲正統主義的柱石。一八四八革命的時候，是俄羅斯人為普魯士人和奧地利人鎮壓了歐洲革命。俄羅斯人為了維持正統主義的原則，沒有放開手來支持奧斯曼帝國境內的東正教徒，因為梅特涅害怕如果大家都搞獨立的話，那麼奧地利帝國也會像奧斯曼帝國一樣分崩離析。而俄羅斯帝國本來可以從奧斯曼帝國的瓦解當中得到最大的利益，甚至可以收復君士坦丁堡，打開從彼得大帝以來一直夢寐以求的通向溫暖水域的通道。就是為了維護奧地利的正統派君主，他們才犧牲了如此巨大的機會。正統主義的維護主要依靠俄羅斯的士兵浴血奮戰，得到好處的卻是維也納的哈布斯堡皇帝，這本來就已經是俄羅斯吃虧、維也納占便宜的事情。但是就連這樣的局面都維持不下去。克里米亞戰爭爆發以後，維也納宮廷居然公然忘恩負義，站到英法聯軍一邊去，幫著土耳其人打俄羅斯帝國。這真叫做是可忍孰不可忍，俄羅斯真是白白做出無謂的犧牲呀！」

因此一八五四年以後，俄羅斯國內的政治思潮發生了急劇轉變。從十八世紀的歐洲啟蒙主義，變成十九世紀初葉的歐洲正統主義；又從十九世紀初葉的歐洲正統主義，轉向十九世紀末葉的「斯拉夫主義」。為什麼要講「斯拉夫主義」？就是因為我們俄羅斯人被歐洲出賣了。我們把歐洲的正統君主當作我們俄羅斯沙皇的一家人，但是歐洲的正統君主卻不把我們俄羅斯沙皇當成一家人。我們為普魯士國王和奧地利皇帝操碎了心、流盡了血，而等到我們要跟奧斯曼帝國的穆斯林打仗的時候，這些卑鄙的、毫無誠信的歐洲正統君主毫不猶豫地出賣了我們，跟萬惡的英國人、法國人和土耳其人站在一起。誰是俄羅斯人的朋友呢？沙皇亞歷山大三世痛定思痛，就說出了一句名言：「俄羅斯只有兩個朋友，一個是俄羅斯陸軍，一個是俄羅斯海軍。」維也納會議上曾經是俄羅斯盟友的那些正統君主，現在都不再是俄羅斯沙皇的朋友了。接著，他又說了一句跟蒙特內哥羅很有關係的話：「俄羅斯只有一個真正的朋友（sole true and loyal friend of Russia），就是蒙特內哥羅的尼古拉大公。」

俄羅斯思想家尼古拉．丹尼列夫斯基在克里米亞戰爭以後寫了一部著名的書叫做《俄羅斯與歐洲》[12]。它不僅在俄羅斯的思想史上，也在全歐洲的思想史上有著重要地位。這部書的許多觀點都可算是斯賓格勒的《西方的沒落》[13]前身。它提出的思想，在亞歷山大一世的時代、在羅蒙諾索夫[14]的時代看起來簡直是大逆不道的，但到了現在差不多就是老生常談了。今天的普丁、杜金[15]和索忍尼辛這些人，對丹尼列夫斯基的觀點基本上都是耳熟能詳，甚至可說是陳詞濫調了。丹尼列夫斯基要表達的思想其實很簡單，那就是：「俄羅斯文化從來就不屬於歐洲」，俄羅斯對應的並不是如普魯士或奧地利的歐洲國家個體，它對應的是整個歐洲文明。過去的亞歷山大一世和尼古拉一世錯誤地以為，俄羅斯跟法蘭西王國、普魯士王國和奧地利帝國是一個層次，這是錯的，俄羅斯跟歐洲整體是一個層次的，俄羅斯文化的對應並不是歐洲的某個地方性文化，而是歐洲文化整體。而且，俄羅斯文化由於在性質上跟歐洲文化有根本不同，所以不應該也不能夠像歐洲那樣推動多國體系、推動「解體論」。神聖羅馬帝國解體以後的歐洲形勢是英國、法國、普魯士、西班牙、荷蘭各個小國，這個小國林立的形勢、自私自利的資產階級國家、自私自利的多國體系是西歐文化墮落的標誌。我們俄羅斯人高尚無比，俄羅斯沙皇像一個大家長一樣保護我們全體，所以我們是不搞多國體系的，我們俄羅斯人的帝國體系比西方的多國體系更高級，我們跟他們完全不同。因此我們當然不能再信任他們，俄羅斯過去的失敗都是因為錯誤地信任了歐洲人的緣故，今後要徹底改變這種思維。

我們俄羅斯人是斯拉夫人，斯拉夫人跟歐洲人是兩個世界，歐洲人是自私自利的資產階級代表，斯拉夫人是大公無私的共產主義代表，而我們俄羅斯人是斯拉夫人的最佳代表。同時，還有很多斯拉夫人在卑鄙的異教徒——也就是我們斯拉夫東正教徒的世仇奧斯曼帝國的統治之下，還有另外一部分人斯拉夫人在不可靠的盟友奧地利皇帝的統治之下，我們俄羅斯人將會解放他們全體。當然這樣的說法是帶有濃厚的報復意味的。我們俄羅斯私人為了維持梅特涅的外交政策，不得不犧牲了很多，然後你們這些梅特涅的繼承者卻偏偏在政治上出賣我們。現在我們有辦法報復你們了。我們可以說：你們奧地利皇帝的斯拉夫臣民，儘管按照維也納和會的正統原則是哈布斯堡君主的臣民，但是按照「斯拉夫主義」的原則，自然應該服從俄羅斯的沙皇，而不是服從奧地利皇帝。這樣一來，我們俄羅斯人就同時報復了奧地利皇帝和奧斯曼蘇丹。

政治思潮是有一定的時政意義的，但是效果一般不會太好，原因在於它克服不了時差。克里米亞戰爭的背叛是一八五四年的事情，「斯拉夫主義」要產生政治倫理上的效果還要等到幾十年後。這就像是德國的兒童文學《吹牛大王歷險記》裡面的明希豪森男爵，他在美洲的火車站上跟一個火車站站長吵架，想要打他一耳光，結果這一耳光打下去的時候火車已經出站了，結果打到

⑫ 尼古拉·丹尼列夫斯基（Nikolay Danilevsky, 1822–1885），十九世紀後期俄國思想家、哲學家，反對流行於歐洲的達爾文主義，主張目的論取向的「自然神學」，於一八六九年開始發表《俄羅斯與歐洲：斯拉夫世界及羅曼—日耳曼世界的文化與政治關係》（*Russia and Europe: A Look at the Cultural and Political Relations of the Slavic World to the Romano-German World*），否認歐洲文明的優越性並強調俄羅斯文明的獨特性。

⑬ 斯賓格勒（Oswald Spengler, 1880–1936），德國思想家，致力於歷史哲學研究，於一九一八年出版《西方的沒落》，以平行對比的方式，闡述了世界各文明從興盛到衰亡的階段，猶如春夏秋冬般的季節變遷，是為「文明季候論」。

⑭ 羅蒙諾索夫（Mikhail Lomonosov, 1711–1765），俄國自然科學的奠基者，同時亦是哲學家、詩人。提出著名的「質量守恆定律」，也因系統整理俄羅斯語言及統整文法結構而被稱作「俄羅斯現代語言之父」，亦是莫斯科大學的建立者。

⑮ 亞歷山大·杜金（Aleksandr Dugin），當代俄羅斯哲學家和政治理論家，國家布爾什維克黨的組織者，也是謝爾蓋·納雷什金的首席顧問，以「第四政治理論」和「多極世界」等政治理論著稱。

下一個火車站站長的臉上了，這個站長其實跟他是無冤無仇的，結果我們可憐的吹牛大王男爵就不得不向他道歉。斯拉夫主義者企圖發明的政治倫理也是這樣的，他們報復的目的是一八五四年的奧地利帝國，但是這一耳光打下去卻報復在了一九一四年的奧地利帝國頭上，結果順便把他們自己最親愛的俄羅斯帝國也在這一記耳光之中打沒了。這種事情在「有心殺賊，無力回天」（語出譚嗣同）、想用筆桿子代替槍桿子的知識分子身上是很常見的。德國浪漫主義的民族發明家的影響，導致產生了如愛沙尼亞之類的泛日耳曼系統的各個民族，間接促成了德意志帝國的解體。「斯拉夫主義」的民族發明家對於俄羅斯帝國的解體也做了同樣重大的貢獻。

但是無論如何在一八五四年這個關鍵時刻，俄羅斯的「斯拉夫主義」思想家做出了這個發明，就被我們擅長投機的蒙特內哥羅民族發明家抓到和利用了。蒙特內哥羅民族發明家在他們最大的保護者俄羅斯帝國已經轉變了政治思潮的情況下，率先倒向了最新的斯拉夫主義發明。此時讀者大概已經發現，「泛東正教主義」這個舊發明和「斯拉夫主義」這個新發明所針對的原材料和動員對象是同一批人，主要就是奧斯曼帝國境內的東正教徒。十八世紀的泛東正教主義者要求他們把自己當成東正教徒，一八五四年以後以俄羅斯為基地的「慈善社」（Slavic Benevolent Committee）卻要求同樣一批人的兒子和孫子把自己發明成斯拉夫人。這兩者在外交上都是有利於俄國的，但是由於俄國國內的政治思潮發生了變化，所以原先講的東正教徒一家的邏輯，現在就變成了「斯拉夫主義」——「全世界斯拉夫人團結起來」這種新的發明。近代的蒙特內哥羅就是慈善社推動「斯拉夫主義」的發明產物。

前面提到，沙皇亞歷山大三世在被歐洲人氣得說出那句「只有俄羅斯陸軍和俄羅斯海軍才是俄羅斯的盟友」的名言以後，在克里米亞戰爭時又被氣得說了一句名言：「俄羅斯只有一個朋友，就是蒙特內哥羅大公尼古拉。」他說這句話主要是為了氣西方列強，意思是：「你們太靠不住了，是我們的假朋友。我們俄羅斯人懷著一片赤誠對待你們，沒想到你們這麼靠不住。算了，我還是讓到我們聖彼得堡宮廷打秋風的蒙特內哥羅人做我們的朋友吧，只有他們是對我們真心誠意的。」他主要是為了氣西方大國，但是蒙特內哥羅人聽到這句話之後當然是受寵若驚。當時蒙特內哥羅人口總共才只有二十五萬，俄羅斯帝國可是一個地跨歐亞的大國，是一個世界性的強國。不用說，俄羅斯有沒有蒙特內哥羅，對俄羅斯來說是基本沒什麼影響；蒙特內哥羅有沒有俄羅斯，對蒙特內哥羅來說影響就大了。

於是蒙特內哥羅的尼古拉大公聽到這句話以後立刻就說了一句受寵若驚的話：「我們蒙特內哥羅人代表著斯拉夫人，我們的同胞有一億多人。」請問這一億多人是哪一億多人呢？答案是，蒙特內哥羅大公尼古拉的「一億多同胞」其中有一億多是俄羅斯人，還有二十五萬是他的蒙特內哥羅臣民。這話的意義就像是，梁啟超同志早上說「我們三千萬同胞」、晚上又說「我們四萬萬同胞」。他說的「三千萬同胞」是什麼呢？是三千萬「坎通尼亞」的同胞。他說的四萬萬同胞又是什麼呢？是大清帝國的四萬萬臣民。當梁啟超這樣說的時候，無論是三千萬同胞還是四萬萬同胞，會不會跟著他走，這不好說，但是如果四萬萬同胞願意跟著他梁啟超走，那麼聲勢確實是比只有三千萬「坎通尼亞」同胞要大得多了。尼古拉大公只有二十五萬臣民，在列強面前自然是沒有發言權的，但是如果俄羅斯的沙皇願意跟他做朋友的話，他立刻就抖起來了，因為他有了一億多同胞了，現在奧斯曼的蘇丹自然不是他的對手了，全世界的穆斯林都頂不住俄羅斯沙皇的一腳，把君士坦丁堡踩在腳下都不成問題。雖然尼古拉大公管轄的二十五萬人

蒙特內哥羅的尼古拉大公　此為紀念一戰結束的作品《戰爭的萬神殿（局部）》（*Panthéonde la Guerre*），蒙特內哥羅的統治者尼古拉大公作為戰勝國的領導者之一，與其他大國並列在第一排的顯目位置（前排左方第四位）。

民是經不住奧斯曼蘇丹的馬靴一碾的，但是既然做了俄羅斯沙皇的同胞，他馬上就抖起來了。

亞歷山大三世說尼古拉大公是他唯一的朋友，這個只是說說而已。他的外交政策主要還是由外交大臣尼古拉．吉爾斯[16]主持的。吉爾斯是一個比較持平的政治家，沒有完全被斯拉夫主義者綁架。等到末代沙皇尼古拉二世當權的時候，他的宮廷就完全落到兩位蒙特內哥羅公主[17]的手中了。蒙特內哥羅的這兩位公主，米莉卡和安娜塔西亞對尼古拉二世的王后費奧多羅芙娜有巨大的影響力，而尼古拉二世則是一個耳朵很軟、常常受到王后影響的人。儘管尼古拉二世從來沒有說過他在世界上唯一的朋友就是蒙特內哥羅的兩位公主，但是蒙特內哥羅的兩位公主對俄羅斯政策

⑯ 尼古拉．吉爾斯（Nikolay Girs, 1820–1895），俄羅斯沙皇亞歷山大三世統治期間的外交官，任內積極推動俄羅斯帝國與歐洲列強之間的外交關係，也是法俄同盟（1891–1894）的奠基者。

⑰ 分別是米莉卡（Princess Milica of Montenegro, 1866–1951）和安娜塔西亞（Princess Anastasia of Montenegro, 1868–1935），其父為蒙特內哥羅大公尼古拉一世，從小被送至俄羅斯帝國接受貴族教育，成年後均與俄羅斯貴族聯姻，並活躍於聖彼得堡的宮廷。她們喜好神祕學及占星術，被俄羅斯貴族社交圈暱稱為「黑色危險」（The Black Peril）。相傳最後被處死的神秘主義者拉斯普丁（俄語意為「淫逸放蕩」）便是由她們介紹給沙皇尼古拉二世的皇后費奧多羅芙娜（Alexandra Feodorovna）。

的影響，比起尼古拉大公對亞歷山大三世宮廷的影響要大得多。

然後就順著我們以前在塞爾維亞民族發明中提到的那個故事，俄羅斯帝國的外交政策由維護歐洲正統君主制，逐步轉向支持斯拉夫主義革命家顛覆哈布斯堡帝國和奧斯曼帝國，最終引起了塞拉耶佛的一聲槍響。塞拉耶佛的一聲槍響導致了黑海海峽的封閉，在幾年之內就斷送了俄羅斯帝國羅曼諾夫王朝三百年的江山社稷，而只有五十萬人口的小小蒙特內哥羅在一九一八年被塞爾維亞人輕而易舉地占領，連一個泡沫都沒有泛起。塞爾維亞的民族發明家按照我們以前在塞爾維亞的故事中間講到過的那種方式，直接了當地實行「三族共和」。「三族共和」是斯洛維尼亞、克羅埃西亞和塞

負傷的蒙特內哥羅　此為塞爾維亞畫家喬瓦諾維奇（Paja Jovanović）創作於1882年的作品，以1876年爆發的蒙特內哥羅獨立戰爭為主題，描繪了受傷的士兵回到家鄉的場景以引起讀者的哀傷與憤慨，在當時的塞爾維亞及斯拉夫民族主義者之間引起熱烈共鳴。

爾維亞，根本否認了「蒙特內哥羅民族」的存在。當然即使是在蒙特內哥羅大公和蒙特內哥羅國王尼古拉統治的時代，蒙特內哥羅那三種相互矛盾的居民彼此之間到底有沒有一點點認同，本身也是非常可疑的。他們在被塞爾維亞吞併的過程中間，確實是談不上有什麼反抗的。但是正如我們在塞爾維亞的故事中間曾經講過的那樣，狄托用「六族共和」取代了舊南斯拉夫的「三族共和」。他希望削弱塞爾維亞的勢力，於是又重新把歷史上曾經存在過的蒙特內哥羅又從「大塞爾維亞」內挖出來，以它為中心建立了一個新省區，即澤塔省（Zeta Banovina）。

從蒙特內哥羅的歷史傳統來講，它曾經跟塞爾維亞一樣是激烈的東正教主義者和激烈的斯拉夫主義者。而在二十世紀末期，南斯拉夫開始解體的過程中間，馬其頓和波士尼亞都獨立了，克羅埃西亞和斯洛維尼亞重返歐洲了，只有蒙特內哥羅跟著塞爾維亞，堅決地要求葉爾欽總統和普丁總統派兵來維護它。別人會以為它這一回跟著塞爾維亞是跟到底了，但是其實也沒有多久。塞爾維亞在北約的打擊下很快就不行了，然後小小的蒙特內哥羅像是大多數小國一樣採取機會主義，迅速背棄了眾叛親離的米洛塞維奇和塞爾維亞，廢棄了塞爾維亞的貨幣「第納爾」，開始使用德國的馬克，然後開始使用歐元。然後，由同一個南斯拉夫共產黨直接脫胎而來、由米洛塞維奇扶植起來的米洛·久卡諾維奇（Milo Đukanovi ）政權，在科索沃危機當中國際社會制裁塞爾維亞的同時迅速地拋棄了塞爾維亞，封鎖了塞爾維亞的出海口，倒向了國際社會一邊，因為出賣和制裁塞爾維亞的功勞，搶先在塞爾維亞前面投入了北約所在的陣營。這整個過程之中起作用的仍然是採取高度外交機會主義的一小撥蒙特內哥羅的菁英。他們原先強烈地親東正教，強烈地主張把大塞爾維亞、把小南斯拉夫作為葉爾欽和普丁的俄羅斯在亞得里亞海的軍事基地，現在戲劇性地做了一百八十度的大轉身，把蒙特內哥羅變成了北約反對俄羅斯的軍事基地。

這種做法其實就像是假如關東軍真的成功建立滿洲國了，然後在日本和美國發生衝突以後，駐紮在旅順口的關東軍又迅速發動政變，拋棄了日本和滿洲國，站到美國一邊，把旅順口變成了美國的軍事基地，並在基地上面發明了一個「關東州民族」。「關東州民族」的主要成分就是居住在關東州的日本海陸軍戰士，而戰士以外的原住民在政治上是始終消極的，無論你把他們發明成為希臘人、斯拉夫人、塞爾維亞人或者蒙特內哥羅人，他們都無動於衷。只有這一小撥統治關東州的日本海陸軍軍官，首先操縱日本東京政府發動了「九一八事變」，建立了滿洲國；然後在滿洲國和日本跟美國人打起來、眼看就要打敗了的時候，又迅速拋棄了日本和滿洲國，宣布關東州獨立，宣布關東州自古以來就存在一個「關東州民族」，關東州的日本海陸軍將校自古以來都是屬於「關東州民族」，並在美國的支持下打敗了日本和滿洲國，變成了美國的盟友，加入了美國主導之下的北太平洋公約組織，最終宣布他們自古以來就是歐洲人，跟日本人、滿洲人都沒有任何關係。如果剛才我講的這套虛擬歷史故事在遠東真的發生過，那麼這個故事就是今天我們看到的蒙特內哥羅在歐洲的歷史。

蒙特內哥羅民族發明成功的主要祕訣就是，利用船小好調頭的優勢，利用少數菁英對於消極的居民完全能夠做主的這個優勢，迅速地、極端機會主義地利用國際秩序的變化，在俄羅斯人占上風的時候，就毫不猶豫地綁定俄羅斯，即使是利用「斯拉夫主義」使俄羅斯國破家亡也不在乎；接著在塞爾維亞失勢的時候毫不猶豫地拋棄南斯拉夫，緊緊抱住美國和西方列強的大腿。小國的好處就是抱大腿最方便。旅順口如果成功建立為一個獨立國家，它要利用日本的實力打倒大清國和中華民國是很容易的事情，利用美國的實力打倒日本和滿洲國也是很容易的事情。這就是蒙特內哥羅民族發明的故事。

蒙特內哥羅
民族發明大事記

時間	事件
15世紀前	**蒙特內哥羅早期歷史** 蒙特內哥羅的先民為伊利里亞人，西元前3世紀時被古羅馬征服。羅馬帝國衰落以後，伊利里亞落入哥特人之手，後來拜占庭皇帝查士丁尼一世又將該地區重新納入版圖。西元6、7世紀，斯拉夫民族抵達此地，並且和當地先民融合，建立自己的國家。其中，杜克里亞公國比較接近蒙特內哥羅的版圖在15世紀被奧斯曼帝國征服。
1774/7/21	**《庫楚克開納吉條約》和蒙特內哥羅主教國** 第五次俄土戰爭結束後，俄羅斯帝國與奧斯曼帝國簽訂《庫楚克開納吉條約》，俄羅斯沙皇取得奧斯曼帝國境內所有東正教基督徒及藩屬國的保護權，包括採取政教合一制度的蒙特內哥羅主教國。
1852/3/13	**蒙特內哥羅公國成立** 在俄羅斯帝國的支持下，蒙特內哥羅從主教國轉型為世俗公國，統治者名號從達尼洛主教改稱為達尼洛大公。蒙特內哥羅公國擁有獨立的宗教和司法自治權，但在法理上依然是奧斯曼帝國的一部分。
1869年	**《俄羅斯與歐洲》的出版與「泛斯拉夫主義」興起** 克里米亞戰爭後，「泛斯拉夫主義」成為俄羅斯帝國的主流政治思潮，其代表事件為俄羅斯思想家尼古拉．丹尼列夫斯基於1869年出版《俄羅斯與歐洲》。「泛斯拉夫主義」思潮的興起，促使俄羅斯帝國在政治上更加支持作為「斯拉夫同胞」的蒙特內哥羅公國。蒙特內哥羅民族發明家在他們最大的保護者俄羅斯帝國已經轉變了政治思潮的情況下，率先倒向了最新的斯拉夫主義發明。
1876/6/18	**「蒙特內哥羅—土耳其戰爭」爆發** 蒙特內哥羅公國在俄羅斯帝國的支持下，向奧斯曼帝國宣戰，爆發「蒙特內哥羅—土耳其戰爭」。戰爭持續到1878年3月3日，蒙特內哥羅公國獲得勝利。

1878/7/13 **蒙特內哥羅公國的獨立**

蒙特內哥羅公國在奧斯曼帝國與俄國及西方列強簽署的《柏林條約》中，正式被國際承認為獨立國家，並於1910年升格為蒙特內哥羅王國。

1918/12/1 **蒙特內哥羅被併入第一南斯拉夫王國**

1914年一戰爆發，加入協約國的蒙特內哥羅王國被奧匈帝國完全占領，直到戰爭末期才由協約國盟友塞爾維亞奪回領土。第一南斯拉夫王國成立是「三族共和」（斯洛維尼亞、克羅埃西亞和塞爾維亞）的產物，從根本上否認了「蒙特內哥羅民族」的存在。蒙特內哥羅在塞爾維亞的主導下廢除王國體制，並改為「澤塔省」，併入「第一南斯拉夫王國」，直到1941年為止。

1941/4/17 **義大利占領蒙特內哥羅**

二戰爆發後，義大利占領蒙特內哥羅全境，並成立協助軸心國的傀儡政權。

1945/11/29 **蒙特內哥羅加入南斯拉夫聯邦**

二戰結束後，蒙特內哥羅以社會主義共和國的身分加入南斯拉夫聯邦（第二南斯拉夫）。約瑟普・狄托用「六族共和」取代舊南斯拉夫的「三族共和」，為了削弱塞爾維亞的勢力，他再次把歷史上曾經存在過的蒙特內哥羅又從「大塞爾維亞」內挖出來。

1992/3/1 **蒙特內哥羅舉辦獨立公投**

1990年南斯拉夫聯邦解體，蒙特內哥羅於1992年舉辦脫離南斯拉夫聯邦的獨立公投，表決結果未通過，獨立失敗的蒙特內哥羅在同一年與塞爾維亞共組「南斯拉夫聯盟國」，2003年改為「塞爾維亞與蒙特內哥羅聯盟國」。

2006/6/3 **蒙特內哥羅正式獨立**

蒙特內哥羅再次舉行全民公投，通過後終止與塞爾維亞的聯盟關係，正式成為獨立的民族國家，並追認成立於1878年的蒙特內哥羅王國的政治合法性。

阿爾巴尼亞

Republic of Albania

Republika e Shqipërisë

獨立時間：1912年11月28日

首都：地拉那

八、阿爾巴尼亞

突厥聯邦主義的無奈發明

我們今天講阿爾巴尼亞。阿爾巴尼亞代表了民族發明學上的另一種特殊類型，跟塞爾維亞的類型非常相似，但也有一點點不同。它跟塞爾維亞的相似之處在於，它們都是為了現實政治的需要，把自己發明成為自己的敵人了。不同之處在於，阿爾巴尼亞人因為自己是穆斯林系統的後代，所以在這一方面，臨陣倒戈的色彩更加明顯。東方讀者如果想要理解這一段故事到底是怎麼回事，我們可以用以下這個比喻來說明問題，要不然巴爾幹的歷史上會有過多的糾結和特殊的名詞擾亂我們的理解力。你就可以假設一下，在滿洲兵入關滅了大明國、建立大清國以後，把一支滿蒙八旗駐防部隊派到了浙江沿海的舟山群島一帶，然後他們留在此地長期居住，負責鎮壓浙江省當地反清復明的復國勢力。等到辛亥革命的時候，浙江和江蘇都宣布獨立，宣布獨立的革命軍揚言要滿洲人和蒙古人的後代統統殺掉或者趕回到山海關以外去。這時，這批滿洲人和蒙古人的後代就來了一個急中生智，宣布他們根本不是滿洲人和蒙古人，而是明朝末年倭寇的後代，以此作為理由得到了日本帝國的承認，然後就在日本帝國的保護之下跟浙江國、江蘇國、福建國一起獨立建國了。這就是阿爾巴尼亞的故事。

阿爾巴尼亞的民族發明學和民族歷史包含了兩種截然相反、互相矛盾的部分，這是它建國過程極其倉促、民族發明過程也非常倉促的一個側面反映。這兩部分歷史，其實一部分是假的，一部分是真的，代表著兩個不同族群的不同故事。這兩個族群在真實的歷史上彼此是冤家對頭，但是在重新發明後的民族歷史上卻變成了的繼承者關係。阿爾巴尼亞今天的民族神話把自己的祖先放在喬治・卡斯翠奧蒂——也就是民族英雄斯坎德培[①]身上。斯坎德培抗擊土耳其人、抵抗奧斯曼帝國入侵的故事，變成了阿爾巴尼亞近代民族自豪感的來源。但是我們都要清楚，現在的阿爾巴尼亞人主要是穆斯林和穆斯林的後裔。你從名字上就可以看得出來，他們的名字要麼就是阿卜杜拉（Abdullah），要麼就是伊斯梅爾（Ismail），如同近代的恩維爾・霍查（Enver Hoxha）與穆罕默德・謝胡（Mehmet Shehu）。「恩維爾」就是土耳其那位恩維爾帕夏的同一個「恩維爾」，「穆罕默德」就是與先知穆罕默德的同一個「穆罕默德」。你自然難免會感到奇怪，既然他們的名字都是穆斯林的名字，他們為什麼還要抗擊穆斯林，而且還要把抗擊穆斯林的封建領主發明成自己的獨立英雄？答案當然是，這些人雖然在歷史上是存在的，但是並不是他們真正的祖先，而是他們的敵人。

今天的阿爾巴尼亞的史前史跟希臘東正教徒的史前史是一樣的，他們在類似大明國的拜占庭帝國統治之下過著東正教順民的日子。然後，在相當於是大明國的拜占庭帝國倒台、相當於是大清國的奧斯曼帝國接管的時候，居於西部亞得里亞海沿海地帶、最接近義大利的這部分沒有直接落入相當於大清的奧斯曼帝國手中，而是落入了類似倭寇的威尼斯人、拉古薩人、那不勒斯人和其他義大利各城邦的手中。這裡本來就是亞得里亞海的東岸，離義大利最近，而當時拜占庭帝國滅亡、奧斯曼帝國興起的這個中間期，恰好就是義大利的城邦結構最繁榮、最發達、對外殖民最強盛的時代。亞得里亞海東岸的沿海地帶包括了今天的沿海克羅埃西亞人，也就是奧匈帝國時代的克羅埃西亞人。我們要注意，克羅埃西亞人是有兩支的，今天的克羅埃西亞民族神話來自於匈牙利王國境內的克羅埃西亞人，而不是來自於奧地利王國境內的克羅埃西亞人或者伊利里亞人。這兩部分人能夠被拼湊在一起，靠的也是歷史發明學的技巧。另一部分就是今天蒙特內哥羅的沿海地帶，再有一部分就是今天阿爾巴尼亞的沿海地帶。這三個地帶在當時都被稱之為是伊利里亞沿海地區。伊利里亞沿海地區在文化上和經濟上都是義大利的一個分支。當

斯坎德培像　圖為17世紀畫家對斯坎德培的想像素描。斯坎德培是反抗奧斯曼帝國、鎮壓穆斯林最知名的歷史人物之一，到了現代卻被以穆斯林為主的阿爾巴尼亞發明為民族英雄及開國先烈。

地的下層人士可能會講一些方言土語，但是這些方言土語跟義大利語的差別也不是很大。上層人士當然都是講他們的義大利主人的語言，或者是威尼斯方言的義大利語，或者是拉古薩方言的義大利語，或者是那不勒斯方言的義大利語。

斯坎德培的正式名字叫做喬治．卡斯翠奧蒂，這個名字就是一個地地道道的義大利人的名字。他是那不勒斯王國（Kingdom of Naples）所屬的義大利人的一個藩屬。因為拉古薩人跟威尼斯人作戰，在義大利的城邦體系中間，拉古薩人和那不勒斯人結盟，反對威尼斯人，所以他也就相應地跟著他的宗主去反對威尼斯人。於是威尼斯人就跟奧斯曼土耳其結盟來反對他們。這在義大利的城邦體系間是非常常見的關係。在這個四邊形結盟和戰爭的過程當中，作為那不勒斯藩屬的斯坎德培率領他的公國和盟友，跟威尼斯人和土耳其人的聯盟作戰。在他活著的時候打了幾場小小的、微不足道的勝仗，在他死以後，在他兒子的領導之下就完全打了敗仗，公國領土也被威尼斯和土耳其其瓜分了。在這場戰爭當中，他的封建聯盟和後來的阿爾巴尼亞沿海地區起的作用是極其微不足道的。那不勒斯人之所以被威尼斯人和土耳其人的聯盟打敗，關鍵是在其他地方，亞得里亞海東岸的這個戰場只是一個非常次要的部分。他對這場戰爭的貢獻大概就跟伊迪．阿敏[2]率領的非洲兵團對消滅希特勒的貢獻那樣，所以也只有在阿爾巴尼亞的民族史中才把他看得很重要。而在義大利戰爭的歷史當中，無論是站在威尼斯一邊還是站在那不勒斯一邊，他所負責的這一個小小的方面軍都被看成是微不足道的。

但是無論如何，他在生前替那不勒斯人立了功。儘管後來那不勒斯人打了敗仗，他的兒子最後在喪失了亞得里亞海東岸的領地以後就跑到那不勒斯王國去，變成了王國內的一個貴族，然後他們家族的歷史就消失在義大利的歷史當中了。他們父子走後，遺留的封建領地和他的那些盟友在亞得里亞海東岸沿海地帶的封建領地，就被威尼斯人和奧斯曼土耳其人瓜分了。瓜分的土地當中，包括今天克羅埃西亞、蒙特內哥羅和阿爾巴尼亞沿海的許多城市，像是後來上海和寧波的租界一樣，劃給了威尼斯做租界，內地和山區的土地都割給了土耳其人。在威尼斯共和國邁向衰落時，這些亞得里亞海東岸、希臘阿提卡地區留下的租借領地也漸漸被奧斯曼帝國吞併了。所以等到十七末至十八世紀初的時候今天阿爾巴尼亞的這個地理區域實際上已經完全控制在奧斯曼帝國的手中。

當地在十七世紀末至十八世紀初時還剩下三種人口類型：第一種人是過去的大明國或者是拜占庭帝國遺留的希臘東正教徒。他們在文化上和政治上的特徵，跟後來建立希臘王國、羅馬尼亞王國和保加利亞王國的那些希臘東正教徒沒有什麼太大的不同。他們被稱為希臘人，也自稱為希臘人。第二種人是奧斯曼人，他們包括被奧斯曼帝國從亞洲帶到巴爾幹半島來、分布到原拜占庭帝國領地的那些封建武裝騎士，其中也包含了本來是大明國或者拜占庭帝國的臣民。他們原本是希臘東正教徒，但是在奧斯曼帝國享國日久、江山看來已經是坐穩了的情況下漸漸改變了主意，覺得信奉穆罕默德的宗教也不錯，享有各種各樣的好處，也有稅收上的優惠，方便自己在大清國或者是奧斯曼帝國中提高自己的政治地位。這種人在巴爾幹穆斯林當中是占絕大多數的。也就是說，真正從亞洲過來的、相當於是滿洲和蒙古駐防八旗的那一部分人，在後來的巴爾幹半島（包括阿爾巴尼亞的穆斯林）當中是只占一小部分。這是後來的阿爾巴尼亞的第二種居民，他們在奧斯曼帝國的米勒特制度中都被劃分為穆斯林。第三種人，照奧斯曼帝國的米勒特制度劃分是拉丁人。所謂「拉丁人」，包括了所有的西歐人，但主要就是義大利人。義大利人不一定具有義大利

① 喬治・卡斯翠奧蒂（George Castriot, 1405–1468），拜占庭帝國貴族末裔，阿爾巴尼亞地區的封建領主，早年臣服於奧斯曼帝國，於一四四三年起兵反叛，並先後與威尼斯共和國及那不勒斯王國組成軍事聯盟，共同對抗奧斯曼帝國，其優異的軍事才能使他獲得「斯坎德培」（Skanderbeg，阿爾巴尼亞語，意為亞歷山大老爺）之稱號，其黑色雙頭鷹紋章為現代阿爾巴尼亞的國徽。

② 伊迪・阿敏（Idi Amin, 1923–2003），烏干達第三任總統。早年加入英國於非洲的殖民軍隊，一九六二年烏干達獨立時任陸軍上尉，一九七一年發動軍事政變並自任為烏干達總統。在任期間政治腐敗，嚴重侵犯人權。一九七八年烏坦戰爭爆發後結束統治，流亡至沙烏地阿拉伯，於二〇〇三年過世。

血統，而像是在我剛才講過的威尼斯人、拉古薩人和那不勒斯人稱霸亞得里亞海西海岸的時候，真正到這些地方做生意和打仗的義大利人，以及在文化上羨慕他們、學習義大利語的當地王公和居民的後代。斯坎德培的家族和他的同僚都是講義大利語、信仰羅馬天主教的人。他這一家雖然後來離開掉了，但是他的同儕還留著，他們在威尼斯人撤出西海岸的時候沒有全部走掉，一部分人留在了奧斯曼帝國統治的巴爾幹半島，他們在奧斯曼帝國的米勒特中就被稱為拉丁人。直到一八二一年的「希臘辛亥革命」的爆發前夕，當時稱之為是伊庇魯斯一帶的山區和亞得里亞西部沿海地帶居民，照奧斯曼帝國的米勒特制度，他們被劃分為三種人：相當於滿蒙的奧斯曼人或土耳其人、相當於漢人的希臘東正教徒及相當於西方僑民後裔的拉丁人。

阿爾巴尼亞地方的政治形勢和文化結構跟希臘和其他地方相比起來，穆斯林（無論是原先從亞細亞來的各種穆斯林，還是原先是希臘東正教徒、後來改信伊斯蘭教的穆斯林）的勢力和人口比重，比起後來的保加利亞、羅馬尼亞和希臘來說是要大得多的。所以在「希臘辛亥革命」時，他們等於是站到了希臘革命家相反的立場上。如果說「希臘辛亥革命」的革命家像洪秀全一樣要求「驅除韃虜」的話，那麼今天的阿爾巴尼亞、科索沃、馬其頓這些地方的穆斯林人口就會像是曾國藩組織的湘軍、淮軍一樣，當地穆斯林組織起自己的民兵，堅定不移地站在土耳其人一邊，全力鎮壓希臘革命軍。如果說他們和土耳其帝國的正規軍有什麼不同的話，那麼站在希臘東正教徒的立場上來講，他們所率領的非正規軍恐怕是更可惡的一部分。土耳其的正規軍儘管經常欠餉，也經常燒殺搶掠，但是理論上講還是要守一點軍紀的，是要服從奧斯曼蘇丹及帕夏總督的命令，但是民兵可就不見得是這樣了。

民兵代表的是當地的穆斯林社區，當地的穆斯林社區和當地的希臘東正教社區是同出一源的。他們在血緣上和文化上的差別不大，而且往往是同一家人，僅僅是因為在宗教上和政治上的選擇不同，就變成了兩類人。但是正因為如此，他們的仇恨才會特別深刻。比如說，日本人到了南京以後，有一撥人跟了汪精衛，有一撥人跟了蔣介石。你可以想像，跟著蔣介石的這撥人對跟著汪精衛的這撥人的仇恨，會比他們對日本人的仇恨還要更大一些。他們會覺得，日本人打我們是應該的，我們本來就是要被打的，但是你們汪精衛這一撥人跟我們本來是一夥的，現在你們居然站到日本人這邊去了，我們是不是要恨你們恨得更厲害一點？實際上發生的事情也就是這樣的。所以在未來的阿爾巴尼亞以及在整個巴爾幹半島的形勢之下，希臘東正教徒和原先是希臘東正教徒、但是現在改信伊斯蘭教的這一撥新穆斯林之間的仇恨，比他們跟奧斯曼蘇丹之間的仇恨都還要大。

所以歷史上經常記載的以及西方媒體經常報導的所謂奧斯曼帝國殘酷鎮壓希臘東正教徒的起義，經常不是土耳其正規軍和希臘東正教徒之間的戰爭，而是改信伊斯蘭教的穆斯林民兵和希臘東正教民兵之間的戰爭。他們彼此之間都是民兵，性質上講跟一九九〇年代波士尼亞和科索沃的那些民兵相同，所以他們也不像正規軍那樣守軍紀。他們對於改變宗教信仰或者是不肯改變宗教信仰的鄰居的仇恨，比起他們對無論哪一方面的官軍的仇恨都要大得多。而且他們也不像官軍那樣受過軍事訓練，戰鬥力不如官軍，因此為了保證自己的安全，往往必須採取比官軍更狠毒的手段。但是這些差異在西方媒體的眼中卻是毫無區別的，他們也分不清楚哪些事情是奧斯曼蘇丹派來的正規軍做的，哪些是當地穆斯林社區的民兵做的。總之黑鍋都是歸咎給奧斯曼蘇丹和奧斯曼帝國。

今天的阿爾巴尼亞在一八二一年「希臘辛亥革命」的時候，主要是支持奧斯曼蘇丹的。不僅本土的阿爾巴尼亞土豪和民兵首領協助奧斯曼蘇丹，而且它還出了很多奧斯曼帝國總督級的人物，像後來發明「埃及民族」的埃及總督穆罕默德．阿里。埃及人稱阿里總督為「阿爾巴尼亞人」，但希臘人卻說他是「伊庇魯斯人」，其實這是沒區別的。今天的阿爾巴尼亞，到底算是希臘的伊庇魯斯呢，還是算是阿爾巴尼亞的山區呢？你問這句話的意義就相當於，今天的西安市是算「秦國」還是算陝西省？答案是，它既可以說算「秦國」，又可以說算陝西省，兩者在地理範圍上是沒區別的。如果有什麼爭議的話，那麼漢中到底是屬於「秦國」還是「蜀國」可能有點爭議，但是西安沒有問題，不管算是「秦國」或算是陝西省都是一樣的。「秦國」就是陝西，陝西就是「秦國」；伊庇魯斯北部就是阿爾巴尼亞，阿爾巴尼亞就是伊庇魯斯北部[③]。這兩個名詞本來都是地理名詞。後來之所以會引起爭議，是因為希臘主義者或者希臘民族發明家信誓旦旦地說，伊庇魯斯北部和南部都是希臘自古以來的一部分，當地的人頂多也就是改信了伊斯蘭教的希臘伊庇魯斯人，所以理所當然地應該歸我們希臘。而另外一批不願意歸希臘的人則信誓旦旦地說，這根本不是什麼北伊庇魯斯或者南伊庇魯斯，所謂的北伊庇魯斯就是阿爾巴尼亞內部的希臘背叛者奸細。到底誰有理，從協力廠商的角度來看，實際上是誰打贏了誰就有理。當然那是以後的事情了，在一八二一年的時候這個故事還沒有出現。

在列強的干涉之下，希臘獨立戰爭於一八三二年結束時，巴爾幹半島的絕大部分地方，除了小小的希臘王國以外，仍然都是歸屬於奧斯曼帝國的。而且，因為今天的阿爾巴尼亞、科索沃和馬其頓是以穆斯林人口為主體的部分，不像是今天的保加利亞、羅馬尼亞和塞爾維亞是以基督教人口為主體的部分，所以他們連自治權都沒有得到，而且他們也沒有要求自治權。這是不難理解的，比如說在大清國末年的時候，浙江的孔孟信徒起來要求爭取自治，說我們不願意被滿洲人統治，在列強的支持下獲得了自治，那麼浙江的駐防八旗會不會要求自治呢？不會的。如果說湯壽潛[④]在浙江要求自治的話，那是因為他覺得我是漢人，你們是胡人。胡人有很多種類，漢人也有很多種類，但是胡人和漢人都是不一樣的。我們在你們胡人的統治之下，漢人要求自治是合理的。但是杭州城的駐防八旗就覺得，我本來也是胡人，我根本不是你們漢人，你們漢人要求自治跟我沒關係，我不會要求自治。我不但不會要求自治，還會理所當然地說，我的命運是跟北京的皇室聯繫在一起的，我天生就是要支持北京的皇室。所以根據這個邏輯，今天阿爾巴尼亞、科索沃和馬其頓不但沒有要求獨立，連自治都不要求，連司法自治都不要求。

司法自治與宗教信仰是有密切關係的。意思就是，比如說我是東正教徒，那麼我的婚姻家庭結構跟你們伊斯蘭教徒是不一樣的，繼承權也是不一樣的。例如，我就不能娶姨太太，所以我的財產繼承方面跟可以娶姨太太的穆斯林就不一樣。如果用穆斯林的沙里亞法來裁判我的話，那麼對我是不公平的。所以在列強的支援下我就要求司法自治，就是說我們東正教徒跟東正教徒打官司的時候，要由東正教的法官來判案。根據同樣的道理，今天的以色列國就有很多宗教法庭，這些法庭不是用來管宗教的，而是管民法的。因為信仰不同宗教的信徒，儘管他們在法律上都是以色列公民，但是他們的婚姻關係、家庭結構和財產繼承規矩都是根據他們的宗教經典，所以以色列的政策就是，德魯茲人（the Druzes）用德魯茲人的宗教法庭，亞美尼亞人用亞美尼亞人的宗教法庭，穆斯林用穆斯林的宗教法庭，阿拉伯基督徒便用阿拉伯基督徒的宗教法庭，諸如此類，這樣可以使大家相安無事。

在「希臘辛亥革命」以後，列強為巴爾幹半島的東正教徒爭取到的自治權利是有各種不同性質的，有些是行政自治，有些是司法自治。行政自治的自治程度就比較大。比如說塞爾維亞得到了行政自治，那就是說本地可以任命一個信仰基督教的王公來擔任總督。這個總督仍然要由君士坦丁堡的蘇丹來任命，但是他還是可以管轄當地的行政事務。當然當地的法官，不用說，更是按照東正教的習慣法來辦事的。有些地方就只有司法自治。司法自治的意思就是說，當地的總督仍然不是基督徒，仍然是蘇丹隨意任命的任何人，可以是猶太人，可以是土耳其人，可以是亞美尼亞人，或者是蘇丹認為合適的任何人。但是當地的不同族群的人口在打官司的時候，無論總督是誰，都可以用自己的宗教法庭——像我剛才講到的那種以色列的宗教法庭來判案。即使蘇丹任命

③ 伊庇魯斯北部（Northern Epirus）位於現今阿爾巴尼亞南部，主要居民為希臘人，自十九世紀以來便是希臘企圖併吞的地區之一。一九一四年，此地希臘居民在希臘支持下於一九一四年成立親希臘的自治共和國，一戰期間則由希臘軍事占領，但直到一九二一年希臘戰敗給土耳其後，此地又重新歸還給阿爾巴尼亞直至今日。

④ 湯壽潛（1856–1917），清末民初的官員實業家，主張立憲變法並組織「預備立憲公會」，於一八九〇年寫作《危言》以宣揚維新思想，一九〇五年被推舉為「商辦全浙鐵路公司」的總理，斡旋於英國和清政府間，並在三年內將「蘇杭甬鐵路浙江段」竣工，從而避免了英國的介入，一九一一年辛亥革命後被推舉為首任浙江提督。

了一個亞美尼亞人來當總督，本地的穆斯林也可以找本地的伊斯蘭教法學家，也就是「穆夫提」（Mufti），讓穆夫提去用伊斯蘭教徒習慣的沙里亞法來判案。雖然總督是亞美尼亞人，但他們仍然可以享有司法自治。東正教徒，即使總督是穆斯林，同樣也可以用類似的方法實行司法自治。

「希臘辛亥革命」以後，屬於土耳其帝國管轄的那一部分巴爾幹半島，有些就像是塞爾維亞那樣取得了行政自治，有些就只有司法自治。但阿爾巴尼亞呢，是個不論是行政自治或司法自治的權利都沒有的地方。今天的阿爾巴尼亞、科索沃和馬其頓，在當時是被看成奧斯曼主義的鐵桿核心地區。當時的巴爾幹基督徒看待這些地方，就像是後來的美洲愛國者看待「加丘平」（gachupin），或者像是辛亥年間的「炎黃子孫」看待山海關外的滿洲一樣，把它看成是奧斯曼土耳其人的核心地帶，本來就是奧斯曼主義的發源地，根本就不可能是其他民族。儘管當地的穆斯林大部分是後來改信東正教的東正教人口，那一小部分真正從亞洲來的穆斯林的成分也是千奇百怪的，有些是真正從中亞來的突厥人，有些是從高加索來的，有些是從阿拉伯來的，有些是從伊拉克、埃及或者敘利亞這些地方來的，他們在投效奧斯曼帝國以前、在亞洲的時候不會認為彼此是一家人，但是入關後他們就會被認為是一家人。

我們隨時都要記住，民族不是一個種族概念，而是一個政治概念。熱那亞人（the

Genoese）、亞拉岡人（The Aragonese）和卡斯蒂利亞人在歐洲大陸，彼此之間並不相互認為是一家，在西班牙國王的宮廷之上他們每天都在爭吵；但是一旦獲得了西班牙國王的任命，都跑到美洲大陸去了，他們面對美洲的土生白人、印第安人和黑人，馬上就團結得像是一家人。在土生的美洲人面前，他們都是「加丘平」。也就是說，按照大清國的政治術語來說，他們都是關外來的旗人。至於你是漢軍旗人、蒙古旗人還是滿洲旗人，是滿洲的哪一部分旗人，那是根本無關緊要的。反正在十八省漢人的眼裡面你們就是旗人，那就對了。這些西奧斯曼人，在巴爾幹半島上的希臘東正教徒眼中也是一樣的。無論你們原先是什麼人，卡拉曼人、奧斯曼人還是其他什麼人，反正你們已經到了希臘的土地上，就都是奧斯曼人。

西奧斯曼人非常清楚，自己的命運跟奧斯曼帝國的統一和統治是緊密聯繫的。所以希臘主義者可以爭取獨立，保加利亞的民族發明家可以把他們從希臘民族中劃分出來，塞爾維亞的民族發明家也可以把他們從希臘民族中間劃分出來，但是十九世紀的穆斯林一般來說是沒有這種意願的。他們即使不是積極支持，至少也是默認了奧斯曼帝國對他們的劃分辦法，也就是拉丁人、奧斯曼人和希臘人這三分法。然後希臘人當中有一撥希臘人不願意當希臘人，一定要說自己是保加利亞人。從奧斯曼帝國的角度來講，這是你們希臘人內部的事情。而後來的阿爾巴尼亞人是劃在奧斯曼人當中的一部分。巴爾幹半島的歷次起義和戰爭當中，他們都是跟君士坦丁堡的蘇丹站在一起的。等到一八七八年巴爾幹大起義和俄土戰爭爆發的時候，阿爾巴尼亞、科索沃的西奧斯曼人組織了自己的「湘軍和淮軍」，建立了一個叫做穆斯林聯盟的政治組織，說明奧斯曼蘇丹，一面抵抗援助巴爾幹東正教徒的俄國人，一面鎮壓塞爾維亞人和保加利亞人的反抗。

從性質上來講我們要注意，這個聯盟是巴爾幹半島各地穆斯林的聯盟，而不僅僅是阿爾巴尼亞和科索沃的穆斯林聯盟，它是包括今天的羅馬尼亞、保加利亞、塞爾維亞和希臘各地的穆斯林聯盟。只是從人口結構上來看的話，馬其頓、科索沃和阿爾巴尼亞的穆斯林人口是最多的，阿爾巴尼亞的穆斯林人口是占多數的，科索沃是占壓倒多數的，

阿爾巴尼亞源於四個歷史區域　「阿爾巴尼亞」一名來自拉丁文，並非奧斯曼帝國的行政區域。現今阿爾巴尼亞的領土來自於奧斯曼帝國於1867年行政改革時制定的四個「州」（vilayet）的部分區域，這四個州分別是：科索沃州、斯庫台州、莫納提爾州、賈尼納州。「普里茲倫同盟」起初推動合併此四「州」並建立的「大阿爾巴尼亞」涵蓋範圍，遠大於現今阿爾巴尼亞的領土範圍。

馬其頓是占了接近半數的，其他各地的穆斯林基本上就是少數了。但是無論如何，這些穆斯林的政治立場都是反對列強分裂奧斯曼帝國，而希臘愛國者、羅馬尼亞愛國者、塞爾維亞愛國者和保加利亞愛國者的邏輯是恰好相反，他們就是要求列強支解奧斯曼帝國，所以雙方之間的立場是截然相反、不可調和的。但是在今天的阿爾巴尼亞史書上你卻會發現，當時一八七八年的這個穆斯林聯盟在他們的史書上卻被發明成了「普里茲倫同盟」（League of Prizren），而且這個同盟到後來成為阿爾巴尼亞愛國者爭取獨立、脫離土耳其的一個主要工具，他們把這段歷史跟塞爾維亞人、蒙特內哥羅人、保加利亞人反抗奧斯曼帝國、爭取獨立的歷史放在一起。

這種寫法是後來第一次世界大戰前夕的政治演變所造成的，他們的發明技巧如下：這些穆斯林的「湘軍和淮軍」在柏林條約結束以後還不肯撤出條約中規定劃歸希臘人、蒙特內哥羅人或者塞爾維亞人的土地，以至於列強必須把軍艦開到奧斯曼帝國的都城門口，強迫奧斯曼帝國派出正規軍去解除這些民兵的武裝；然後阿爾巴尼亞的民族發明家就把這個故事解釋成為，阿爾巴尼亞愛國者和先驅者為了爭取自己的獨立，跟奧斯曼蘇丹的官兵發生了衝突。其實這個衝突的性質是什麼呢？就是在二〇〇五年，當初以色列跟巴勒斯坦議和的時候規定把加薩走廊劃歸巴勒斯坦，以色列需要撤回在加薩走廊的移民，但是當地的移民拒絕撤出定居點，以至於當時的以色列總理夏隆不得不派出軍隊來強制執行，把這些定居點的猶太人移民強迫撤回到以色列本土去。

因為外交上你總是要討價還價的，以奧斯曼帝國為一方、巴爾幹各基督教國家為一方的戰爭打到一定程度，俄國人、英國人都開始干涉的時候，列強就要召開柏林會議了。在會議中各方都來討價還價一番，哪些土地該歸誰，哪些土地不該歸誰。結果就是，列強讓願意獨立的人自己獨立，不願意獨立的人就留在奧斯曼帝國境內。但是邊界劃分總會有些犬牙交錯的地方。在整個巴爾幹半島，奧斯曼人和希臘人，也就是說穆斯林和東正教徒，像今天的波士尼亞一樣，是犬牙交錯的。這也像是印巴分治時期的印度和巴基斯坦，你很難說哪一個地方是純粹只有穆斯林居民或者純粹只有印度人居民的，所以邊界劃分非常困難。你只能勉勉強強說是，穆斯林人口比較多的地方就劃分給巴基斯坦，穆斯林人口占少數的地方就劃分給印度，但是穆斯林人口占少數的地方並不是一個穆斯林也沒有。

那些被劃在印度境內的穆斯林很可能會覺得，我不願意留在印度，我要跑到巴基斯坦去。或者是覺得，我們穆斯林的人口雖然在整個地區算少數，但是在我們這個村還是算多數，我們可以武裝起來，堅決要把我們村劃在巴基斯坦境內，無論列強的決定是什麼，我們這個村就是要歸巴基斯坦，我們不走。而周圍的印度教徒就會說：「列強已經把這個地方劃分給我們了。你們穆斯林雖然在你們村是占多數，但是在我們省是占少數，我們省占多數的是印度教人口，所以列強把我們這個省劃分給了印度。你們這些只在本村占優勢、在本省卻是少數的穆斯林應該識相一點，遵守列強劃定的邊界，你要嘛就老老實實當印度聯邦的穆斯林公民，如果要做巴基斯坦人，你就給我『人滾地留』，帶上你的財產和家人趕緊離開，把土地給我們留下。」當時的巴爾幹半島發生的情況也就是這樣的。

當然列強無論怎麼樣劃分邊界，總不可能劃得整整齊齊，讓印度這邊一個穆斯林都不剩，讓巴基斯坦邊境這邊一個印度教徒都不剩。我們只要稍微有點常識就可以知道，無論你怎麼樣譴責萬惡的帝國主義和殖民主義不公平，其實換作你自己去劃分，也頂多是另外換一種劃分邊界的方式，也無非是讓另一批人離鄉背井而已。所以被劃分到希臘人、蒙特內哥羅人和塞爾維亞人一方的穆斯林就很不高興。在戰爭進行的過程中間，他們當然也是穆斯林聯盟的一個成員，他們就通過自己的政治組織，首先向蘇丹請願，要求蘇丹不要接受列強的把這些土地劃歸境外的要求。但是在蘇丹以大局為重、已經接受了列強的條約以後，那麼他們就要武裝反抗蘇丹了，然後在列強看來，這種行為就是蘇丹不執行條約。你已經答應了把東正教人口占多數的地方割讓出來，現在這些地方上面還有一部分穆斯林人口拒絕你的割讓，那麼奧斯曼蘇丹的任務就是，他們是你的臣民，你要負責說服教育他們接受條約，如果說服無效的話，你就要強制執行。這就是普里茲倫同盟和奧斯曼帝國官兵發生衝突的根本原因。

當然最後是「胳膊擰不過大腿」，普里茲倫同盟是打不過列強和奧斯曼蘇丹的，所以邊界最後還是被劃定了，跟印巴劃分邊界的方式差不多。穆斯林人口占多數的地方繼續留在奧斯曼帝國境內。馬其頓（包括希臘北部的塞薩洛尼基、保加利亞西南部的「皮林馬其頓」和今天的馬其頓共和國）、因為今天的科索沃和今天的阿爾巴尼亞穆斯林人口比較多，被列強劃在了奧斯曼帝國境內。而其他的地方，包括南部的希臘伊庇魯斯，北部的塞爾維亞、蒙特內哥羅、保加利亞、羅馬尼亞，儘管這些地方也有為數相當不少的穆斯林居民，他們也是普里茲倫同盟或者穆斯林同盟的成員，但是因為他們即使是在小聚居範圍內占多數，在比較大的地方也是占少數，就被列強劃給了新興的巴爾幹半島各國。這些人當中有相當大一部分人就不得不像印巴分治時期被劃在印度境內的那些穆斯林一樣離鄉背井，重新逃回到土耳其境內。

穆斯林難民刺激了奧斯曼帝國內部的政治局勢，造成極大影響。站在奧斯曼土耳其人的立場上來講，這就叫做「喪權辱國」。我們奧斯曼帝國過去繼承了拜占庭帝國和阿拉伯帝國的全部領土的，現在卻被西方帝國主義和我們內部的革命分子搞得山河破碎。現在如果我們再不變法自強，眼看就要無力回天了。到時奧斯曼帝國整個滅亡，變成西方的殖民地，或者是遭到進一步的瓜分豆剖，都是不無可能的事情。因此奧斯曼帝國當然便爆發了內部的維新變法，在變法期間，國內自然就會產生各式各樣的政治衝突和理論衝突。理論衝突是知識分子這個層面的事，政治衝突屬於土豪、軍閥和強有力的政治人物的事情。這兩部分交會在一起，就形成了自由協和黨和青年土耳其黨之間的衝突，而這個衝突就是近代土耳其和近代阿爾巴尼亞的起源。這個線索的發展是極其複雜的，可以說在每一個具體歷史細節上來講都有很多例外，但是如果要簡單粗暴地只劃粗線條、不管那些細節的話，那麼我們可以說：近代的土耳其，便是來自於產生了土耳其國父凱末爾的青年土耳其黨這個集團，他們在恩維爾帕夏的時代是奧斯曼主義的發明家，在凱末爾以後的時代是土耳其民族的發明家，他們的來源就是十九世紀末期的「青年土耳其黨」；另一個集團是「自由協和黨」，便是今天阿爾巴尼亞人的起源。

自由協和黨的外交和內政主張是互相關聯的。從外交的角度來講，他們主張奧斯曼帝國應該繼續十九世紀以來——特別是自克里米亞戰爭以來聯合英國抵抗俄國的政策。因為很明顯，俄國是拜占庭帝國在法律上的繼承者，莫斯科大公和俄羅斯沙皇自稱是第三羅馬，而拜占庭帝國是第二羅馬，所以俄羅斯帝國從一開始就是攻占君士坦丁堡、滅亡拜占庭帝國的奧斯曼帝國天敵，奧斯曼帝國和俄羅斯帝國的仇恨像大明國和大清國的仇恨一樣，是不共戴天的。而且俄羅斯是一個陸權國家，它在內亞和巴爾幹兩線擴張，這都是以奧斯曼帝國的領土為主要犧牲品的。同時，俄羅斯帝國利用自己也是東正教徒的優勢，對奧斯曼帝國境內的亞美尼亞人、希臘人和各種東正教徒有極大的號召力。而英國是一個海權國家，海權國家以貿易立國，它不貪圖領土，只要自由貿易。奧斯曼帝國只要把一億人的自由市場向它敞開，英國人就沒有理由非要支解奧斯曼帝國不可。英國人的海上生命線是經過地中海、馬爾他島和蘇伊士運河通向印度的航路，俄羅斯的南下對這條航路形成了最大的威脅。而奧斯曼帝國微弱的海陸軍對大英帝國的海軍不能構成威脅，只有俄羅斯才能對英國人構成威脅。所以英國人為了自身利益和保證地中海航道暢通的需要，便有理由維持奧斯曼帝國的存在。只要軟弱的奧斯曼帝國存在的話，那麼俄羅斯帝國就不可能打開黑海海峽深入地中海，威脅到大英帝國從直布羅陀、馬爾他島直到蘇伊士運河這條關鍵性的航道。所以無論是從自由貿易、商業利益的角度，還是從國家安全、戰略利益的角度來講，大英帝國都是奧斯曼帝國的天然盟友。

同時從內政的角度來講，大英帝國的殖民主義實行的是「因俗而治」的政策，把印度、東南亞、非洲、美洲的無數殖民地統一在大英帝國的統治下，只用了極少數的軍隊。英國人維持整個印度帝國只用了六萬軍隊，而且大部分都是本地人。它的法寶就是因俗而治。女王陛下或者國王陛下的統治是名義上的，它允許臣服於大英帝國的各附庸國和各社區繼續使用自己的習慣法。這樣，一方面大英帝國省了錢，一方面當地人也容易相安無事。自由協和黨的邏輯是，奧斯曼帝國國內的文化族群，各方面的矛盾是極其尖銳的，族群複雜是奧斯曼帝國的一個重大弱點，如果能夠採取類似大英帝國這樣的地方自治的路線，把過去的米勒特制度加以現代化，變成現代式的聯邦制度和地方自治制度，就能夠輕而易舉地解決從中世紀以來的多民族、多族群、多文化問題，把實質上是多國體系的奧斯曼帝國轉化為一個現代國家。

在他們看來奧斯曼帝國本質上是一個多元帝國，而不是法蘭西那種類型的民族國家，所以它要現代化，也只能學大英帝國，不能學法蘭西或者學歐洲的民族國家。學了歐洲的民族國家，那麼奧斯曼就必然要解體。學大英帝國，那麼最好的方式就是降低帝國的統治成本，把地方政務交給各族群的土豪來辦，讓他們以地方自治和聯邦主義的方式解決奧斯曼的問題。儘管希臘人、保加利亞人、羅馬尼亞人、塞爾維亞人和蒙特內哥羅人都已經獨立了，但是奧斯曼帝國現在殘存下來的領土內部還是有很多異質的族群，這些族群將來仍然有可能鬧獨立。例如亞美尼亞人⑤，他們不像是位居邊陲地帶的羅馬尼亞人、塞爾維亞人，就算獨立了，頂多也就像是滿洲獨立，對本土沒有直接影響。但亞美尼亞位於奧斯曼帝國的咽喉地帶，如果他們獨立了，奧斯曼帝國就會被切成好幾塊了。那怎麼辦呢？對付這件事情的最合理辦法就是，一方面進一步發揮原先舊奧斯曼帝國的米勒特制度，一方面是學習大英帝國的因俗而治和地方自治制度，進一步擴大地方權力，把過去的奧斯曼帝國改組成為一個突厥聯邦或者奧斯曼聯邦，允許地方上的頭面人物，無論是哪一種宗教還是族群的，掌握自己的事務，這樣一來就可以低成本地解決這個問題。

從知識分子的角度來講，我們可以簡單地說，在理論層面上，無論是自由協和黨是聯省自治論者，他們主張通過聯省自治方式改造「五族共和」的奧斯曼帝國。按照他們的邏輯來說的話，一個既具有大英帝國這種多元統治特點、又擁有美利堅合眾國這種聯邦主義特點的未來奧斯曼國家，可以用極低的成本實現政治轉型。但在現實政治的層面上，自由協和黨的主要支持者是地方上的土豪，特別就是「湘軍」、「淮軍」之類的軍事將領。這些將領和青年土耳其黨支持的「土耳其新軍」有著非常尖銳的矛盾，這主要是出於現實利益的原因。我們都知道，袁世凱所組建的北洋新軍是依靠大清國中央政權的撥款才建立起來的，而曾國藩、李鴻章的湘軍和淮軍則是依靠各地的地主土豪，在當地商人的支持之下徵收「釐金」[⑥]，也就是自己籌款建立的，具有強烈的民兵性質；而袁世凱的北洋新軍則具有高度的中央軍性質。從技術上講，北洋新軍產生比較晚，引進的西方技術比較新，但是從地方自治的角度來講，武器比較舊、成立時間比較早的湘軍和淮軍更接近於地方自治的類型。

奧斯曼帝國末期的形勢也就是這樣的，自由協和黨除了一幫知識分子以外，主要依靠的是穆斯林聯盟的民兵和土豪，而穆斯林聯盟最大的基地就是今天的阿爾巴尼亞和科索沃，他們依靠的當然也是在一八七八年的戰爭當中曾經保衛過奧斯曼帝國蘇丹的這批土豪，他就很像是組織民兵起來保衛大清皇帝的曾國藩、李鴻章。他們的武器裝備往往不是最先進的，因為他們既然是民兵，土豪的兵，所以他們的技術必然是相當落伍的。但是亞美尼亞的大教長和其他的東正教或者阿拉伯人的土豪酋長一樣，他們都是地方勢力，儘管他們的宗教信仰不同，使他們有可能產生宗教衝突、認同衝突的可能性；但是他們的階級利益相同，他們都是屬於地方上的大地主階級，他們的利益都是把財政資源、軍事資源和各方面的資源盡可能留在各省而不是收歸到中央去。從理論上冠冕堂皇地說，「聯邦主義」是解決奧斯曼帝國政治轉型的一條妙計，看起來很好，但是實際上也就是要求君士坦丁堡的蘇丹和大臣把權力下放給各省的土豪，而各省的土豪是誰呢？那就正是這些聯邦主義者自己。

知識分子熱愛的是聯邦主義的理想，而地方上的土豪要求的則是聯邦主義的現實利益。他們像是一九二〇年代的湖南軍閥或者四川軍閥一樣，他們想到的是，聯邦主義能夠使湖南和四川理

⑤ 亞美尼亞自十六世紀以後為奧斯曼帝國統治，儘管在米特勒制度下，信奉基督教的亞美尼亞人得以一定程度的自治，但在十九世紀後民族主義思潮的影響下，亞美尼亞人從十九世紀中期發起民族解放運動尋求獨立。

⑥ 釐金，大清國於一八五三年太平天國動亂時期為籌軍費而新設的稅目，是地方政府的重要收入之一。有過路稅（行釐）和交易稅（板釐）之分。由於利潤頗豐，故難以禁絕，直到一九三一年蔣介石的國民政府才將此制廢除。

直氣壯地獨立，不再受北京政府的約束，擴大他們自己的權力和財政資源。而知識分子則考慮的是，像美國一樣的聯邦制度有多麼的美好。奧斯曼帝國末期的自由協和黨就是這兩種人組成的。知識分子大多數在君士坦丁堡，而土豪和軍閥主要就在阿爾巴尼亞。因此奧斯曼帝國末期也就像是大清帝國末期一樣，軍閥分裂的傾向越來越強。自由協和黨在軍事方面的主要支柱就是阿爾巴尼亞軍團和阿爾巴尼亞的土豪民兵，還有安納托利亞的一部分土豪民兵，但是最強的支持者還是阿爾巴尼亞和科索沃的土豪民兵。

另一派就是我們比較熟悉的青年土耳其黨。青年土耳其黨的外交政策是主張親德不親英。他們正確地指出，大英帝國的外交政策不是為了奧斯曼帝國的好處，而是為了大英帝國自身的好處。如果說大英帝國一般來說是支持自由貿易和政治自由主義的，那也主要不是出於理想主義，而是出於維護大英帝國的國家利益。按照十九世紀的邏輯來看，十九世紀前期，大英帝國是最強大的國家，跟著大英帝國走好像是沒錯的。跟著大英帝國走、在大英帝國的保護之下遏制沙皇俄國的入侵，好像是一步好棋。但是在十九世紀末期國際形勢發生變化的情況下，這種做法就不見得是唯一的選擇和最好的計策了。普法戰爭以後，德國蒸蒸日上，直到一九一二年時，看樣子德國已經跟大英帝國平起平坐了，而且它的發展速度比大英帝國要快，要是到了一九五〇年，德意志帝國的軍事、政治實力、科技水準都勢必遠超過大英帝國。那麼，雖然我們過去跟大英帝國結盟抗俄是沒錯的，但是今天跟德國人結盟就是更好的選擇了。

十九世紀末至二十世紀初，大英帝國隨著它在國際秩序當中的地位相對衰落，它漸漸傾向於跟法國和俄國結盟。而大英帝國一旦跟俄國走近，就不再是土耳其人最好的盟友。同時，隨著俄國的外交政策逐漸走向「斯拉夫主義」，逐漸背叛維也納會議形成的正統君主聯盟，德國的對外政策在俾斯麥去職以後也漸漸走上帝國主義。德俄兩國由忠實的盟友、保守主義君主制的柱石，變成歐洲矛盾最尖銳的地方。德俄矛盾漸漸超過了英俄矛盾，那麼土耳其帝國既然作為俄羅斯帝國的天敵，它最好的盟友就不再是大英帝國，而是德意志帝國。同時，德意志帝國也代表了不同於大英帝國自由貿易體系和政治自由主義的另一條現代化道路。在十九世紀早期和中期，你要想搞現代化，那麼毫無疑問，大英帝國是世界上最進步的國家，不走自由主義的道路好像是不行的；但是在十九世紀末，情況好像就不一樣了，德國所代表的那種國家社會主義的道路、那種集權主義的道路，似乎也是一條可以選擇的發展方向，而且它好像更能速成。尤其重要的是，十九世紀末期的德國的軍事科技的優勢是由普魯士軍官團主導的。而大英帝國的強項在海軍，在陸軍方面的軍事改革是落在德國後面的。在十九世紀末期，無論是遠東的大清國、日本、暹羅，還是巴爾幹半島的各國和土耳其，它們學習陸軍的新技術，首先是到德國去學習的。所以在第一次世界大戰前夕，奧斯曼帝國練出的最後一批新軍基本上是德國教官練出來的軍隊。

青年土耳其黨的主要支持者就是這批德國教官訓練出來的新軍，他們在奧斯曼帝國當中的地位比較接近於袁世凱。你可以想像，袁世凱的新軍跟曾國藩和李鴻章的湘淮軍是必然會有巨大的利益衝突的。德國人訓練出來的新軍是按照德國那種中央集權的模式展開的——不是蘇聯那種極端的極權主義，這是兩種不同的結構，但是無論如何，它要求有一個強有力的中央政府，有一個強有力的參謀總部，把帝國各地的軍隊都牢牢地握在參謀總部的手中，在帝國鐵路網和交通系統的支援之下迅速地調動軍隊。依靠高效率的參謀總部、中央的軍官團和鐵路系統調兵作戰的方式，是德國人在普法戰爭以後發明出來的。這種模式跟自由協和黨所主張的那種地方分權的聯邦主義政治結構是不相容的，它要求君士坦丁堡的中央政府把一切資源都集中到君士坦丁堡，優先發展一支強大的中央軍。

由於資源是有限的，所以自然而然的，中央的資源多了，地方的資源少了。軍事制度跟財政制度自古以來都是有密切關係的，要想在中央練新軍，那麼你就必須削減地方上的財政資源。同時，從中央軍的角度來看，地方上的各路土豪民兵在以前還有些用處，但是在普法戰爭以後，陸軍的軍事革命一日千里的發展情況下已經沒有什麼用處了，湘軍、淮軍和綠營其實都是應該解散的東西。解散了湘軍、淮軍和綠營，把省下來的錢集中起來練北洋新軍，才是奧斯曼帝國最好的選擇。同時，根據德國提出的現代化模式，我們非但不應該搞地方分權，反而應該像是林肯消滅美國南方、俾斯麥消滅舊的日耳曼邦聯的各小邦那樣，把原先還存在的那些缺乏效率的、自由散漫的地方上各省的舊權力機構統統消滅掉，也就是「打倒土豪」，把他們的權力和資源都匯集到中央這一層面來，通過中央集權的方式實現現代化。

中央集權就是青年土耳其黨的政治綱領，而他們的理論和實踐是緊密結合的。他們的軍事支柱是以塞薩洛尼基為基地的第三軍。我們要注意，塞薩洛尼基的第三軍既是恩維爾帕夏和「統一進步委員會」的母體，也是後來的凱末爾和「安納托利亞護權協會」[7]的母體。可以說，近代的土耳其就是由塞薩洛尼基的第三軍產生出來的。奧斯曼帝國末期的政治鬥爭，在議會這一個層面是親英的自由協和黨及聯邦主義者和親德的青年土耳其黨及中央集權主義者的鬥爭，在地方上和軍隊這一層面就是馬其頓軍團和阿爾巴尼亞軍團的鬥爭。馬其頓軍團是青年土耳其黨的軍事支柱，阿爾巴尼亞軍團則是自由協和黨的軍事支柱。雙方的議會鬥爭很快就變成了軍閥鬥爭。如果中央集權主義者在議會處於劣勢、再也鬥不下去的時候，他們自然就會把袁世凱的軍隊調進京來鎮壓國民黨；如果國民黨鬥不下去的時候，他們自然就會把蔣介石的黃埔軍調進京來支持國民黨。奧斯曼帝國的情況也就是這個樣子。如果自由協和黨撐不住了，那麼阿爾巴尼亞軍團就要站出來替自由協和黨撐腰；如果青年土耳其黨撐不住了，那麼塞薩洛尼基的第三軍就要替青年土耳其黨撐腰。塞薩洛尼基在當時，我剛才已經提到，不是屬於希臘的，而是屬於馬其頓的。當奧斯曼帝國在巴爾幹的勢力全軍覆沒，馬其頓被塞爾維亞、保加利亞和希臘三國瓜分以後，凱末爾的家鄉、第三軍的駐地塞薩洛尼基才變成了現在希臘的領土。在十九世紀末期，它其實是奧斯曼人或者穆斯林人口的一個主要聚居地。

我們撇開細節不談，奧斯曼帝國在它最後一次實施議會政治、最後一次搞「戊戌變法」的這幾年內，鬥爭層級迅速由議會鬥爭升級為軍事鬥爭，結果還是筆桿子鬥不過槍桿子，議員的嘴鬥不過軍閥的槍，最後的一切還是要通過軍事政變來解決。軍事政變的結果就是，青年土耳其黨贏了。他們統帥的北洋新軍或者說是塞薩洛尼基的第三軍，裝備的武器最先進，代表了德國軍事革命的最新進展。跟它作對的阿爾巴尼亞軍團和奧斯曼帝國各地的軍團，從軍事角度來講，都比它落後了一代、一代半或者是兩代，在軍事上打不過它。所以青年土耳其黨在軍隊的支持之下奪取了政權，解散了議會，成立了統一進步委員會，以統一進步委員會代替國民議會的職權。於是自由協和黨全軍覆沒了，自由協和黨的主要政治家伊斯梅爾・捷馬利⑧便乖乖回到了他的阿爾巴尼亞老家。這位伊斯梅爾就是近代阿爾巴尼亞民族發明的核心人物。當然在青年土耳其黨搞政變的時候，他像梁啟超一樣，仍然認為自己是奧斯曼人，仍然認為自己是自由協和黨的主力，還沒有完全放棄希望，認為總有一天青年土耳其黨會交出政權，自由協和黨會回到君士坦丁堡去當權。阿爾巴尼亞的土豪在當時也基本上跟他是同一個意見。直到這個時候，也就是說在一九〇五年這個時候，阿爾巴尼亞的穆斯林土豪仍然沒有把義大利人斯坎德培當作自己的祖先，直到這時，他們仍然是把這些義大利天主教徒當作自己祖先的敵人。

但在隨後幾年巴爾幹形勢發生了戲劇性的轉變，也就是一九一二年的巴爾幹戰爭爆發了。青年土耳其黨儘管用中央集權的方式加緊演練新軍，但還是雙拳敵不過四手，還是在這次戰爭中失敗了。除了阿德里安堡以外，奧斯曼帝國在歐洲的領土完全喪失了。無論是青年土耳其黨的軍事堡壘馬其頓，還是自由協和黨的軍事堡壘阿爾巴尼亞，在戰爭結束以後都落入了巴爾幹東正教各國的手中。這時，阿爾巴尼亞的土豪民兵已經跟奧斯曼帝國的首都相互隔離了。他們的問題已經

⑦ 安納托利亞護權協會（Association for Defence of National Rights），是成立於一九一八年的奧斯曼帝國民間組織，主要成員為不滿歐洲列強瓜分奧斯曼領土的知識分子及軍人，在一九二三年由凱末爾改組為人民黨（People's Party），並於土耳其獨立後的一九二四年更名為共和人民黨（Republican People's Party），至今仍為土耳其的主要政黨之一。

⑧ 伊斯梅爾．捷馬利（Ismail Qemali, 1844–1919），自由協和黨政治家、阿爾巴尼亞民族解放運動領導人，亦為阿爾巴尼亞獨立後的第一任國家元首。早年即致力於阿爾巴尼亞字母標準化的工作，後於一九一二年發表《獨立聲明》，宣告阿爾巴尼亞獨立。

不再是能不能到下一屆的君士坦丁堡議會去大顯身手、或者是能不能在下一次軍事政變當中奪回君士坦丁堡政權的問題了，而是他們這些居住在阿爾巴尼亞的穆斯林人口在列強的善後會議當中會落到什麼樣的下場的問題。如果他們堅持像過去那樣說我們是奧斯曼人，那麼他們的敵人——塞爾維亞人、希臘人和蒙特內哥羅人就有理由說，「你們都是亞洲的侵略者，現在我們驅逐亞洲侵略者的鬥爭已經取得了勝利，希望你們『人滾地留』，你們可以回到君士坦丁堡去。你們不是說你們是奧斯曼人嗎？你們不是要講土耳其語嗎？奧斯曼帝國在哪兒？在君士坦丁堡啊，不在歐洲。這裡是歐洲，你們不是歐洲人，請你們回亞洲去。」

阿爾巴尼亞的土豪民兵要解決這個迫在眉睫的問題，已經打了敗仗的君士坦丁堡政權是靠不住了，何況這個君士坦丁堡政權是在他們的政敵青年土耳其黨的掌控之下。唯一能夠把他們從塞爾維亞人、蒙特內哥羅人和希臘東正教徒的威脅中解救出來的勢力就是西歐列強。無論巴爾幹半島的諸希臘和奧斯曼帝國打得多麼熱鬧，無論誰占了多少土地，他們最後能不能夠合法地控制這些土地，能不能夠得到國際社會的同意，歸根究底還是西歐列強說了算。西歐的列強對巴爾幹半島上雞零狗碎的爭鬥沒有直接的利害關係，所以相對於無論是東正教徒還是伊斯蘭穆斯林來說，列強的態度都會比較公正。這就像是，在二十世紀末的波士尼亞危機和科索沃危機當中，如果說誰判決會比較公正，那顯然既不是塞爾維亞人、克羅埃西亞人、穆斯林、科索沃人，也不是馬其頓人，而是德國人、法國人、美國人或者英國人，他們判案會相對公正。當然不是絕對的公正，因為地球上沒有絕對公正的人，況且在巴爾幹半島這種文化、種族認同交錯縱橫的地方，誰也做不到絕對公正。但是無論如何，對於失敗一方來說的話，與其落到自己直接的敵人手裡，還不如讓遠方的列強來決定。遠方的列強相對於當地的鄰居來說，是一個更好的、更公正的判官。所以阿爾巴尼亞和科索沃的穆斯林，包括君士坦丁堡的前議員伊斯梅爾先生，也就只能把最後的希望放在歐洲列強身上了。

但是你要在歐洲列強那裡為自己辯護，你就要有一套說辭。如果你一定要說自己是奧斯曼人，那麼就等於是幫了你們敵人的忙。希臘人、塞爾維亞人和蒙特內哥羅人已經自己簽署了條約，把今天的阿爾巴尼亞一分為二。南部的阿爾巴尼亞算是北伊庇魯斯，劃歸希臘；北部的阿爾巴尼亞算是塞爾維亞的穆斯林人口或者是將來塞爾維亞民族發明的原材料。這樣一劃分，未來就會不再有阿爾巴尼亞人了。阿爾巴尼亞穆斯林其實即使是在當時，對於民族本身還不是很感興趣，但是他們很正確地估計到，在他們自己幫著土耳其人壓迫了幾百年的東正教徒以後，要自己向那些東正教統治者俯首稱臣的話，是不會有好結果的。他們的下場多半就像是落到米洛塞維奇和卡拉季奇手裡面的那些波士尼亞穆斯林的下場一樣，這樣的日子太難過了。如果直接了當地成為奧匈帝國或者西方列強的殖民地，日子都要更好過一些。所以他們的優先選擇就是，無論如何也要把塞爾維亞人和希臘人分離出去，只要不是讓他們統治，隨便怎樣都行。他們首先是希望像波士尼亞一樣把自己變成西方列強的殖民地，因為奧斯曼帝國顯然是不可能回來了，穆斯林最好的保護人就是西方列強。但是等到他們發現西方列強對於這一片貧困的土地誰都沒有興趣，就只有拿出第二招了——發明民族。

於是他們做了一個雜技表演式的民族發明、面不改色地宣布：「你們不是說我們是亞洲蠻夷、應該滾回亞洲去嗎？好，現在我們就來證明，我們也是歐洲人。我們不是中亞蠻夷的後代，不是奧斯曼人，我們是阿爾巴尼亞人，是斯坎德培的阿爾巴尼亞聯盟的後代。我們的祖先斯坎德培，在奧斯曼帝國侵略歐洲的時候，曾經為羅馬教皇國、為那不勒斯王國、為整個基督教世界當過前鋒，打過頭陣。難道你們能拋棄我們嗎？」但是實際情況當然不是這麼回事，他們真正的祖先實際上不是斯坎德培這些講義大利語的天主教徒，而是跟斯坎德培打仗的那些效忠奧斯曼蘇丹的穆斯林人口，所以這個發明其實是相當笨拙的。但是無論如何，這個發明結果可以證明，我們阿爾巴尼亞穆斯林跟塞爾維亞東正教徒和希臘東正教徒一樣，也是歐洲人。

如果說塞爾維亞人說他們在科索沃戰役當中為保衛歐洲立下了汗馬功勞，那麼我們的斯坎德培難道不曾為保衛歐洲立下汗馬功勞嗎？你說我們的歷史發明是假的，難道塞爾維亞人的歷史發明就是真的嗎？塞爾維亞人當時不也是跟著奧斯曼蘇丹蘇萊曼一世進攻維也納嗎？他們以前也是效忠土耳其人的，現在可以把自己發明成歐洲的保衛者，那我們為什麼不能把自己發明成歐洲的保衛者呢？這個邏輯有一定的道理：你是假的，我也是假的。但是也有它沒道理的一面：塞爾維亞人雖然是假的，但他們至少還是東正教徒；阿爾巴尼亞人也是假的，但他們是穆斯林。所以可以說，阿爾巴尼亞人作為歐洲人，假的程度比起塞爾維亞人作為歐洲人還是要更假一點。但是這沒關係，阿爾巴尼亞的穆斯林在當時已經處在走投無路的狀態，所以即使破綻百出，也非得作假下去不可。

同時這個斯坎德培的民族發明還有另一層意思。老牌的列強，包括奧匈帝國在內，儘管他們也很討厭塞爾維亞，但誰都不願意賠本去占領阿爾巴尼亞。但是有一個新興列強願意，那就是義大利。義大利是列強當中最弱、最窮的。在很多歐洲列強的眼中，義大利南部如那不勒斯這些窮困的地方，比起希臘和土耳其來說好不到哪裡去，與其說是歐洲，還不如說是東方。但是義大利剛剛統一，剛剛在國際社會中間嶄露頭角，很想向全人民和全歐洲證明我也是歐洲人。要證明自己是歐洲人的一個現成辦法就是要撈一塊殖民地，所以義大利人要出兵衣索比亞，而且還在衣索比亞打了一場敗仗[⑨]。衣索比亞是一個極其窮困的地方，所有歐洲殖民大國都不稀罕這塊地方，只有一塊殖民地都沒有、有一塊哪怕是最窮的殖民地也可以增加門面的義大利人才願意要這種地方。所以阿爾巴尼亞的穆斯林在走投無路的情況下就把自己送給了義大利人，覺得只有義大利人才可能願意要他們。而事實證明，他們這個猜測是沒錯的，也只有義大利人完全是為了妝點門面，才願意賠本來要他們。

當然這也需要有點冠冕堂皇的理由，就是：「斯坎德培是誰呀？他不就是喬治・卡斯翠奧蒂嗎？他不就是一個講義大利語的那不勒斯人嗎？我們阿爾巴尼亞自古以來就是義大利的一部分，斯坎德培在阿爾巴尼亞打仗不也就是為了保護義大利嗎？所以阿爾巴尼亞和義大利自古以來就有特殊關係。我們是斯坎德培的後代，也就是說我們是義大利藩屬國的後代。我們跟義大利王國的關係，就相當於是朝鮮國跟大明國的關係一樣，你們大明國總不能對我們朝鮮國見死不救吧。現在你們新興的義大利王國不是已經混成列強了嗎，你們可不能對我們阿爾巴尼亞人見死不救哦！」雖然事實上他們的祖先就是當年斯坎德培的敵人，但是他們只要肯冒充斯坎德培的子孫，至少從理論上講就有了一定的希望把義大利人招來保護他們。

不過他們的民族發明計畫只成功了一半，沒有像塞爾維亞那樣成功。可以說，儘管塞爾維亞人和阿爾巴尼亞人都是假歐洲人，但因為阿爾巴尼亞人是穆斯林的緣故，所以他們這個歐洲人的身分比塞爾維亞人更假一些。所以在劃分領土的時候，很多阿爾巴尼亞的穆斯林占多數的領土，包括科索沃，都被劃分到塞爾維亞境內，而東正教徒占多數的土地很少會被劃分在阿爾巴尼亞境內。但是他們好歹還有一半的成功了，如果他們不及時地搞一點民族發明的話，在一九一二年就被塞爾維亞、蒙特內哥羅和希臘瓜分乾淨，地球上也就不會有阿爾巴尼亞這個國家。就是因為阿爾巴尼亞的前奧斯曼帝國的自由協和黨人及時把自己發明成為義大利的天主教徒斯坎德培的子孫，才在最後一刻，在六大列強的《倫敦會議》當中，抱上了最小、最弱的列強義大利的大腿，靠著義大利人的保護，從塞爾維亞和希臘人的壓力之下虎口餘生建立了小小的阿爾巴尼亞。如果沒有先前的民族發明，他們連這個一半阿爾巴尼亞的殘山剩水都保不住。現在阿爾巴尼亞之所以只有這麼小，那是因為有許多阿爾巴尼亞人占多數的地方都被劃歸了塞爾維亞和希臘。由於義大利在列強當中是最弱的一個，列強願意把這個小阿爾巴尼亞給它已經是很給面子了。

一九一二年的《倫敦會議》的結果產生了一個在國際社會保護之下的、由義大利代表的小小的阿爾巴尼亞。列強派遣德國的韋德親王（Prince William of Wied）去當阿爾巴尼亞大公國的領主，負責善後事宜。也就是說相當於歐盟的代表在波士尼亞那樣，在過渡期負責善後。但過渡期還沒有結束，第一次世界大戰就爆發了。然後，塞爾維亞軍隊進占了它的北部，希臘軍隊進占了它的南部，義大利軍隊進占了它的中部。如果只有希臘軍隊和塞爾維亞軍隊的話，那麼阿爾巴尼亞在戰後可能就不存在了，但是幸好還有一支義大利軍隊在。所以在一戰後，塞爾維亞人建立南斯拉夫、再次企圖吞併阿爾巴尼亞的時候，義大利人再度跳出來反對，說阿爾巴尼亞在歷史上是我們的保護國，再一次把阿爾巴尼亞給保下來了。然後阿爾巴尼亞人經過了一段義大利保護下的議會政治時期，上演了「民主不能當飯吃，民國不如大清，議會政治就是自私自利的黨派政治」這一齣現成的好戲。各黨派都歌頌自由民主，但他們都治理不了國家，政變不斷發生，人民怨聲載道。然後就發生了第三世界國家經常發生的事情：軍官艾哈邁德·索古在一九二四年發動軍事政變，然後當上了阿爾巴尼亞的「袁世凱」，大搞威權主義下的改革開放，開放外資進入市場，使專制統治下的阿爾巴尼亞獲得了一定程度的經濟發展，直到一九三九年好大喜功的墨索里尼決定吞併整個阿爾巴尼亞為止[10]。不過這後半截的阿爾巴尼亞歷史就跟阿爾巴尼亞的民族發明完全沒有關係了。

最後我們只需要清楚一點就夠了：阿爾巴尼亞人其實原先並不想發明阿爾巴尼亞民族的，他們原先是西奧斯曼人，是奧斯曼土耳其帝國的一部分，在帝國內的政治鬥爭中又是屬於聯省自治那派。後來奧斯曼帝國自身難保，阿爾巴尼亞被分隔在敵人之中，才被迫通過發明民族把自己變成了歐洲人。無論如何，他們把自己變成歐洲人這一招還是管用的。儘管他們是穆斯林，但是直到今天還很少有人質疑他們的歐洲人身分。由於他們站隊正確的緣故，搶先在他們的敵人塞爾維亞之前與北約和歐盟締結外交關係，從而保證了自己的未來比敵人會更加有利一些。從他們當初四面受敵的處境來看，他們能夠混到這一步已經是很不容易了。這點在很大程度上，就是他們在最後關頭發明民族、並把自己發明成為歐洲人所獲得的政治紅利。他們如果早一百年發明民族，搶在希臘人和羅馬尼亞人之前發明民族，可能今天的「大阿爾巴尼亞國」就會一直包括塞爾維亞南部、整個科索沃和馬其頓的大部分；如果他們再晚個十年發明民族，那麼今天地球上恐怕就不會有一個阿爾巴尼亞了，只會有希臘的「北伊庇魯斯省」和塞爾維亞的「南塞爾維亞省」。

⑨ 第一次義大利—衣索比亞戰爭（First Italo-Ethiopian War, 1894–1896），起因於衣索比亞不願履行與義大利簽署的《烏西亞利條約》（Treaty of Wuchale）而引發的戰爭。在一八九六年的阿杜瓦戰役中，衣索比亞擊敗義大利後，雙方於該年簽訂《阿迪斯阿貝巴條約》（Treaty of Addis Ababa），衣索比亞正式宣告獨立。

⑩ 艾哈邁德・索古（Ahmet Zogu, 1895–1961），阿爾巴尼亞軍人，一九二四年十二月發動軍事政變並自任為阿爾巴尼亞共和國總統，一九二八年將共和國改為阿爾巴尼亞王國，自任為國王「索古一世」（Zog I of Albania），其統治政策親近並依賴義大利，導致阿爾巴尼亞於一九三九年被墨索里尼的軍隊輕易侵占，索古遭流放海外。

阿爾巴尼亞
民族發明大事記

時間	事件
1415年以前	**古代阿爾巴尼亞** 阿爾巴尼亞人的祖先是伊利里亞人，最晚在西元前2000年前便已在該地生活。伊利里亞人屬於印歐民族，不過也有學者持不同見解。希臘人曾在阿爾巴尼亞沿海建立一些殖民貿易城邦。在西元前146年成為羅馬共和國的一部分。4世紀末先後被東羅馬帝國和斯拉夫人占領。1415年起受奧斯曼帝國統治。
15至19世紀	**奧斯曼帝國統治下的阿爾巴尼亞地區** 阿爾巴尼亞地區在15世紀後期成為奧斯曼帝國的直屬領地，由於移入大量穆斯林人口，成為奧斯曼帝國穆斯林在巴爾幹西部的主要集中地。
1463至1479年	**斯坎德培與「威土戰爭」的爆發** 拜占庭貴族後裔斯坎德培與威尼斯共和國合作，共同在阿爾巴尼亞地區阻擋奧斯曼帝國向西擴張，史稱「威尼斯土耳其戰爭」（1463-1479）。斯坎德培是反抗奧斯曼帝國、鎮壓穆斯林最知名的歷史人物之一，他公開放棄伊斯蘭教信仰，皈依天主教。他使用黑色的雙頭鷹作為標誌，代表阿爾巴尼亞是「山鷹之國」。這個標誌後來演變為今天的阿爾巴尼亞國旗及國徽標誌。雖然斯坎德培鎮壓穆斯林，卻被以穆斯林為主的現代阿爾巴尼亞「發明」為民族英雄。
1821/3/6	**阿爾巴尼亞與希臘獨立戰爭爆發** 19世紀初期的阿爾巴尼亞地區的人口以穆斯林為主，在希臘獨立戰爭爆發時，當地穆斯林社區組織的大量民兵是奧斯曼帝國抵抗希臘革命軍的主要力量之一。「希臘革命」以後，原本屬於奧斯曼帝國管轄的巴爾幹半島上，很多地區取得了行政自治或司法自治。但今天的阿爾巴尼亞、科索沃和馬其頓，在當時依舊是奧斯曼的鐵桿核心地區。

1878年

列強瓜分阿爾巴尼亞與「普里茲倫同盟」的成立

俄土戰爭結束後，列強簽訂《柏林會議》，將阿爾巴尼亞部分地區劃分給塞爾維亞、保加利亞及希臘，此舉導致當地穆斯林反對，並成立「穆斯林聯盟」政治組織，即「普里茲倫同盟」。此同盟原本是奧斯曼帝國內穆斯林組成的政治組織，在國際形勢轉變後，卻成為了阿爾巴尼亞獨立的推動者。該聯盟在今天阿爾巴尼亞的史書上也被視為阿爾巴尼亞愛國者爭取獨立、反抗奧斯曼帝國的工具。

1912/11/28

阿爾巴尼亞大公國的建立

第二次巴爾幹戰爭結束後，六大列強「倫敦會議」的結果是「普里茲倫同盟」獲得義大利的支持，產生了一個在國際社會保護之下、由義大利代表的阿爾巴尼亞公國。列強派遣德國的韋德親王擔任阿爾巴尼亞公國的領主，負責善後事宜。

劉仲敬認為，正是阿爾巴尼亞的前奧斯曼帝國的自由協和黨人及時把自己發明成為義大利的天主教徒斯坎德培的政治上的後裔，才在最後一刻的倫敦會議當中，靠著義大利人的保護，從塞爾維亞和希臘人的壓力之下虎口餘生建立了小小的阿爾巴尼亞。

這就是他們在最後關頭發明民族、並把自己發明成為歐洲人所獲得的政治紅利。如果他們再晚十年發明民族，那麼今天地球上恐怕沒有阿爾巴尼亞，只會有希臘的「北伊庇魯斯省」和塞爾維亞的「南塞爾維亞省」。

1924/6

艾哈邁德·索古政變與義大利併吞阿爾巴尼亞

阿爾巴尼亞軍官艾哈邁德·索古發動軍事政變，將阿爾巴尼亞大公國改為共和國，並自任總統，推行威權主義下的「改革開放」政策。1928年索古將阿爾巴尼亞共和國改為王國，自任為國王「索古一世」。1939年阿爾巴尼亞王國被墨索里尼主導的義大利併吞，索古流亡海外。

1946年以後

阿爾巴尼亞人民共和國

二戰結束後，阿爾巴尼亞以社會主義共和國的身分加入蘇聯主導的社會主義陣營。並在1991年以後民主化，改名為阿爾巴尼亞共和國。

克羅埃西亞

Republic of Croatia

Republika Hrvatska

獨立時間：1991年6月25日

首都：札格拉布

九、克羅埃西亞

反革命的民族發明

現在有一種很流行的說法，認為各民族國家之間的鬥爭跟民族國家內部的黨派鬥爭、或左右路線鬥爭是兩種性質完全不同的東西，其實，後者只是在民族發明已經非常完善後的「準穩態」（metastability）情況下，才會出現的狀態。如果我們追溯民族國家的起源，你就會發現，世界上大多數民族國家本身就是黨派鬥爭的產物。在同一個國家內，黨派鬥爭往往就會產生出新的民族。因為鬥爭總會有站在不同派別和相對利益的人，革命的一方和反革命的一方最終會發現，他們之間的糾紛在同一個政權之內沒有辦法解決，於是無論是誰先開頭的，只要產生了革命的民族，就會產生反革命的民族，反過來也是一樣。先不說別的，美國和英國的分離，在最初時看上去也只是英國國內常見的那種「托利黨」和「輝格黨」[①]之間的糾紛。這就是為什麼埃德蒙．柏克[②]這樣的政治哲學家堅定支持美洲革命的緣故。柏克認為美洲革命只是英國國內輝格黨和托利黨鬥爭的一部分。他作為輝格黨人，覺得美洲革命者主張的政治綱領跟老輝格黨傳統的政治綱領是完全一樣的。老輝格黨人做了許多議會鬥爭甚至流血內戰，最後砍掉國王查理一世的頭，維護的就是華盛頓將軍的原則。美國革命時的英王喬治三世和他的政府及英國東印度公司在美洲搞各種商業壟斷行為，實際上就代表了在英格蘭本土的輝格黨人在威斯敏斯特議會一貫反對的東西。從歷史的長期發展來看，如果說美洲始終掌握在輝格黨人手裡面、而英格蘭長期掌握在托利黨人手裡的話，最後的結果當然就是英國和美國各自立國。

對於中歐各國來說的話，一八四八年是一個重要的歷史節點。對於全世界的民族發明來說的話，一八四八年比一七八九年要重要得多。最早的荷蘭、英格蘭和美國的獨立革命，雖然其實也是「解體論」[3]的一部分，也就是哈布斯堡神聖羅馬帝國解體成小民族國家這個過程的開端，但是在一七八九年以前是沒有什麼典型的民族國家的。尤其是，在一八四八年以前，根據語言文化族群發明民族的做法，即使在歐洲也還是行不通的。一八四八年是一個重要的轉捩點，它使整個歐洲大陸常見的那種傳統的、保守的、天主教的絕對君主制與革命的共和主義者之間的長期鬥爭（這種鬥爭是一七八九年法國大革命以後歐洲經典的政治鬥爭），從一八四八年後轉化為眾小民

① 托利黨（Tory）和輝格黨（Whig）是十七至十九世紀英國的兩個主要政黨，兩黨的對立起源自十七世紀的英國王位繼承問題，訴求正統性的托利黨人支持作為天主教徒的約克公爵詹姆斯二世繼任國王，以清教徒居多的輝格黨人則堅決反對。

② 埃德蒙·柏克（Edmund Burke, 1729–1818），愛爾蘭裔英國作家、思想家及政治家，輝格黨人，曾擔任英國下議院的議員，他被視為英美保守主義的奠基者，代表著作為《反思法國大革命》（*Reflections on the Revolution in France*）。

③ 作者術語，意指前現代的、多元的大帝國，如歐洲的神聖羅馬帝國、中東的奧斯曼帝國及東亞的大清國瓦解為近代民族國家的歷史過程。

族國家——特別是我們耳熟能詳的波蘭、匈牙利這些眾小民族反抗德意志、俄羅斯這樣的大帝國的鬥爭。

這場鬥爭最開始的時候，正如我們從馬克思的著作和其他激進派文人的著作中所看到的那樣，並不是圍繞民族問題產生的。而是由於「激進和保守」、「革命和反動」這兩方面的路線鬥爭，使原先本來是作為革命和反革命鬥爭的一個輔助方面的地方性的小共和國，變成了革命鬥爭的最終方向。典型的就是波蘭共和國這樣的發明。反過來，革命的發明又引起了反革命的發明。反革命的發明尤其是一八四八年革命的特有現象，因為一七八九年革命儘管也是歐洲各民族發明的一個重要節點，但是在當時，反動的一方並沒有要發明民族。請注意，「反動」這個詞在這裡是一個中性詞，並不是共產黨或者國民黨宣傳家意義上的那種「反動就意味著壞人，革命就意味著好人」，這完全是兩回事。「反動」和「革命」在一七八九年的政治術語中，指的是擁護絕對君主制和天主教或者是反對絕對君主制和天主教這兩種政治立場，跟個人品德沒有關係。無論你是革命陣營的人還是反動陣營的人，你都有可能是品行很好或者品行很壞的人。有非常虔誠的天主教保守分子是道德高尚的反動派，也有非常卑鄙的、尋花問柳的、像塔列朗親王這樣的天主教反動派；革命這一方呢，有拉札爾·卡諾[4]這種道德極度高尚的共和主義者，也有像約瑟夫·富歇（Joseph Fouché）[5]這種卑鄙無恥的馬基雅維利主義者。

在法國大革命和隨後的拿破崙戰爭中，法國革命軍的基本立場是要解放全人類，把共和主義的福音傳播到全歐洲乃至於全世界的所有地方，按照拿破崙的規劃，至少是要傳播到如土耳其和埃及的遙遠東方。但是在他們做這件事的同時，因為他們並不是立刻就征服或者解放了全歐洲的，所以在他們控制的那一部分區域，他們必須建立一些地方性的政府，然後他們就把革命和共和的原則普及過去。在法蘭西革命軍和拿破崙大軍所到的地方，相繼建立了一系列共和主義的組織，例如瑞士變成了赫爾維蒂共和國，荷蘭變成了巴達維亞共和國，義大利變成了阿爾卑斯山南共和國。在法蘭西革命軍首先到達的德國境內，首先就建立了美因茲共和國[⑥]。建立美因茲共和

④ 卡諾（Lazare Nicolas Marguerite Carnot，1753－1823），法國數學家，擔任拿破崙政權的戰爭部長等職。法國共和政府推行徵兵法之後，由卡諾一手組訓出來的七十七萬新軍投入戰場，頻獲捷報。拿破崙能夠稱霸歐洲，過半原因都要歸功於徵兵制與卡諾的貢獻。

⑤ 約瑟夫·富歇（Joseph Fouché，1759－1820），法蘭西政治家，拿破崙一世時期的警政部長。大革命期間，他以兇暴鎮壓里昂起義而聲名鵲起。一八一四年，富歇參與了流放與暗殺拿破崙的密謀。拿破崙在滑鐵盧戰役戰敗後，他勾結不同的勢力以維持自己在政權中的地位。最終他使路易十八重新成為國王，並讓自己成為王國的大臣。

⑥ 一七九二年十月時法軍占領美因茨，當地隨即出現擁護革命思想的雅各賓俱樂部（成員多為當地大學生和教師），並於一七九三年三月建立「美因茨共和國」（Republic of Mainz），同年七月，普魯士及奧地利聯軍攻占美因茨，撤銷共和國。

國或者諸如此類的小共和國組織，並不意味著法蘭西革命軍或者美因茲當地的愛國者（照當時的政治術語來說這就叫「愛國者」。「共和主義者」、「愛國者」和「民族發明家」在整個歐洲十九世紀上半葉是沒有區別的詞。說你是愛國者，差不多就說你是共和派、激進派或者是民族主義派了；反過來，如果你是反愛國主義者，就說明你是君主派、天主教普世主義者和正統主義者了。這幾個稱呼彼此之間都是相互通用的）已經打算建立一個例如像是二〇一七年的烏克蘭民族這樣的政治組織，他們並不認為做一個美因茲的愛國者和做一個德國的愛國者到底有什麼區別。

如果美因茲的愛國者在法蘭西革命軍和拿破崙的支持下能夠再打一些勝仗、擴大他們的領土的話，比如說建立一個萊茵聯邦或者建立一個大日耳曼共和國都不是沒有可能的。對於他們來說，重要的是共和主義和絕對君主制這兩種根本原則之間的衝突。至於共和主義走到哪個地方，當然就要在哪個地方建立共和國。法蘭西有法蘭西共和國，荷蘭有巴達維亞共和國，美因茲有美因茲共和國，這是很自然的。我們之所以建立美因茲共和國，唯一的原因就是，我們的革命軍還沒有打進柏林和維也納。如果有朝一日我們打進了維也納，我們當然也會建立奧地利共和國，這是沒問題的。但是如果美因茲共和國長期也就僅僅是美因茲共和國了，它確實是很有可能最終變成一個美因茲民族國家。

反過來說一七八九年的反動派、正統君主制、普魯士國王、奧地利皇帝，以及支持他們的俄羅斯皇帝、凱薩琳女皇之類的，他們並沒有想到要用類似的方式，他們只能復辟傳統的君主國。屬於法蘭西國王的土地，我們重新交還給法蘭西國；屬於薩伏依公爵的土地，我們再交還給薩伏依公爵；屬於科隆大主教的土地，再交還給科隆大主教。或者頂多是調整一下邊界。如果我們覺得科隆大主教兵力太弱了，不是拿破崙的對手，那麼我們只有忍痛把科隆大主教併入普魯士王國，希望相較於萊茵河地區的小諸侯更強大一些、國富兵強的普魯士王國，能夠抵擋得住法蘭西大軍，保護並維持君主主義。也就是說，在一七八九年，民族發明的藝術其實是僅限於共和主義這一方面的，反動派這一方面不懂得民族發明，所以就處在被動弱勢的位置上。但到了一八四八年，局勢已經有所不同了。這時，革命方和反動方都掌握了民族發明學的要義，開始以民族發明為自身利益服務的工具了。

當然我們也要注意，無論是革命的一方還是反革命的一方，無論是「共和主義」的一方還是「君主主義」的一方，他們運用民族發明都是為自身的利益及政治目的做輔助的。民族發明不是最終的目的，他們不是為了建立美因茲民族或者赫爾維蒂民族而建立這些政權的，而是為了把共和主義推廣到瑞士和萊茵河畔才建立這樣的組織的。如果有其他的方式能夠使共和主義更好地在中歐推廣的話，那它也是可行的。相反，反革命一方在一八四八年也是這麼做的。對於他們來說，民族發明是達到目的的一個手段。但是經過一百多年的演化，到現在的結果，我們就可以看到，副作用超過了主作用。民族發明儘管不是任何一方的主要目的，但五港同盟實際上卻成了最大的贏家。革命的一方和反革命的一方都輸掉了，而作為側面目的的民族發明卻因為他們之間的鬥爭，變成了二十世紀和二十一世紀正統的國際政治形態。在一七八九年和一八四八年，這還是很難想像的事情。

一七八九年的民族發明有一個副作用，就是北義大利的共和主義組織「阿爾卑斯山南共和國」。在一八〇四年拿破崙稱帝之前把阿爾卑斯山南共和國改成「義大利共和國」，在稱帝之後又改成「義大利王國」。阿爾卑斯山南共和國及其演化出來的義大利王國，繼承了義大利諸邦在亞得里亞海東岸的領地，也就是「伊利里亞行省」（Illyrian Provinces）。伊利里亞行省的第一位總督是拿破崙的元帥奧古斯特·德·馬爾蒙（Auguste de Marmont）。他統治伊利里亞行省的一個主要任務就是，合併原先屬於義大利的那一部分沿海的克羅埃西亞和原先屬於奧地利哈布斯堡帝國的那一部分內地的克羅埃西亞，並用法蘭西式的統一的行政管理和學校教育把它們統一起來。馬爾蒙是近代克羅埃西亞民族當之無愧的鼻祖，但是在當時，他的這種做法毫無疑問是像法國革命軍和拿破崙慣有的各種做法一樣，是蔑視國際條約體系和歷史傳統的。在拿破崙來到中歐以前，歷史上曾經統治過中歐的任何政權都沒有把伊利里亞這兩部分——也就是今天所謂的沿海克羅埃西亞和內地克羅埃西亞統一起來，它們自古以來就是屬於不同政權的。沿海那一部分，自古以來都是義大利的一部分。它們要麼是威尼斯共和國的一部分，要麼就是拉古薩共和國及其盟國。拉古薩共和國是什麼呢？就是今天的杜布羅夫尼克，克羅埃西亞的最大港口和歷史名城。當然拉古薩的市民階級、佛羅倫斯的市民階級和威尼斯的市民階級共用著一種義大利文化，他們並不認為自己是斯拉夫人。而且，直接了當地說，當時還沒有「斯拉夫」這個詞，「斯拉夫」這個詞是十九世紀中葉發明出來的。以前雖然有「斯拉夫奴隸販子」和「斯拉夫禁衛軍」這樣的詞，但是斯拉夫自稱和被稱為民族是十九世紀中葉新一代民族發明家的產物。在拿破崙那個時代，這還是

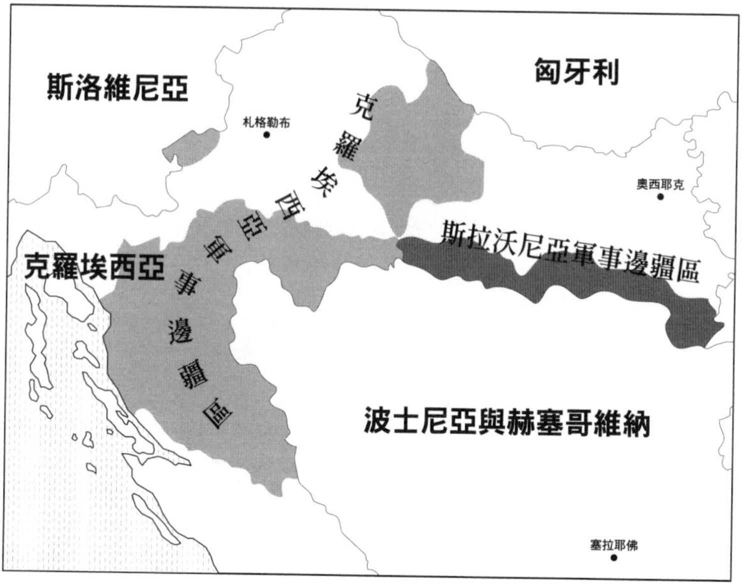

19世紀初期的軍事邊疆區分布圖　奧地利哈布斯堡皇帝為防範奧斯曼帝國並收容來自於巴爾幹的基督徒難民，於1553年建立「克羅埃西亞邊疆區」，再於1745年設立性質相同的「斯拉沃尼亞」建立相同性質的邊疆區。

聞所未聞的事情。內地的克羅埃西亞及周遭地方，在當時則是奧地利哈布斯堡帝國的屬地以及兩大邊疆區之一。

哈布斯堡帝國有幾個邊疆區，其中一個是斯拉沃尼亞邊疆區（Slavonian Military Frontier），一個是後來稱之為克羅埃西亞內地的克羅埃西亞邊疆區（Croatian Military Frontier），這兩個邊疆區都是哈布斯堡帝國與奧斯曼帝國戰爭的產物。一六九九年哈布斯堡軍隊從奧斯曼帝國手中奪取了德拉瓦河和薩瓦河之間的土地，於是在這塊土地的北部成立了斯拉沃尼亞王國，一七四五年在南部建立了斯拉沃尼亞邊疆區，這些地區後來大部分併入了今天的克羅埃西亞。克羅埃西亞邊疆區的起源則是來自塞爾維亞的流亡

流亡的塞爾維亞人　此為塞爾維亞畫家喬瓦諾維奇創作於1896年的作品，描述自奧斯曼帝國征服巴爾幹以來，大量塞爾維亞人有組織地離開家鄉並流亡西方的場景。為了收容難民及防禦奧斯曼帝國，奧地利便在邊境成立各「邊疆軍事區」，成為日後克羅埃西亞民族國家的主要起源。

者，他們不願意接受奧斯曼帝國的統治、投奔了哈布斯堡帝國以後，哈布斯堡帝國分出了匈牙利下屬的克羅埃西亞王國的部分土地，在一五五三年為他們成立了克羅埃西亞邊疆區。這一批人才是今天塞爾維亞歷史神話中對抗土耳其的那撥人的真正祖先。塞爾維亞是分裂了，堅持抗擊土耳其的這一部分人投奔到奧地利這一邊，最後變成了今天的克羅埃西亞人；投降奧斯曼帝國、跟著土耳其人去攻打維也納的那一批，變成了今天的塞爾維亞人。今天的結果卻是，跟著土耳其的那幫塞爾維亞人把科索沃戰役和對抗奧斯曼帝國的榮譽給攬到自己身上了。至於克羅埃西亞人為什麼不要這個榮譽，那是因為他們自己的民族發明有更好的素材。對於逼格比較低的塞爾維亞人來說，科索沃神話已經是他們能夠找到的最好的東西了，哪怕是冒充一下也值得；對於逼格比較高的克羅埃西亞人來說，他們有的是更好的歷史素材，這點玩意兒不算什麼。

內地的克羅埃西亞在一七八九年時仍然掌握在奧地利皇帝的手中。但是正如我們所知的，拿破崙大軍一路東征的結果是把奧地利皇帝打得招架不了，於是奧地利皇帝必須割地賠款，分割出來一部分土地交給法蘭西帝國。法蘭西帝國保護下的阿爾卑斯山南共和國和後來義大利王國的伊利里亞內地，就來自於哈布斯堡奧地利帝國的克羅埃西亞邊疆區，這是一部分。另一部分則是上面提過的威尼斯和拉古薩在亞得里亞東岸沿海的城邦國家，這些地方跟內地的克羅埃西亞邊疆區自古以來就不是一夥的。但是早在拿破崙稱帝以前，他作為法蘭西共和國一個方面軍的領袖，在眾所皆知的浪漫地翻過了阿爾卑斯山、出現在威尼斯共和國的城門口以後，他也順便占領威尼斯共和國了。於是他把原先屬於威尼斯共和國的亞得里亞東岸沿海地區，當時稱之為達爾馬提亞，也併入了阿爾卑斯山南共和國的繼承國義大利王國。然後，拿破崙封自己和奧地利公主路易絲的小兒子為義大利國王（King of Italy），準備由他來繼承自己的偉大事業。但是拿破崙還等不到小兒子長大成人，他自己就遭遇滑鐵盧了，不過這已是後話。拿破崙和馬爾蒙就運用他們習慣的統治方法，把兩個歷史上毫無關係的政治實體——內地的克羅埃西亞和沿海的達爾馬提亞合併成為法蘭西帝國的伊利里亞行省。

他們播種的結果就是在一八四一年產生了「伊利里亞運動」（Illyrian movement）及「民族黨」（People's Party），民族黨是接受法蘭西近代教育的第一批伊利里亞知識分子創建的。拿破崙在滑鐵盧慘敗以後，法蘭西軍隊撤回法國，剩下的土地都被亞歷山大一世沙皇領導的聯盟軍隊占領了。然後列強開了維也納會議以後決定，既然威尼斯共和國跟萊茵河地區的小諸侯一樣，沒有力量抵抗強大的法蘭西，那麼我們列強就必須安置一個實力足夠強大、能夠抵抗法蘭西進攻的力量在這裡，於是就把威尼斯所屬的達爾馬提亞交給了奧地利皇帝，而本來就屬於奧地利皇帝的克羅埃西亞邊疆區當然仍然是歸還給奧地利皇帝。於是組成近代克羅埃西亞的這兩部分在歷史上第一次完全屬於哈布斯堡的奧地利帝國了。但是走的只是法國人和法國軍隊，法國人建立的學校培養出的這批知識分子還留在當地。這批知識分子覺得，有必要按照法蘭西人發明法蘭西語言和民族國家的方式，把他們習慣的語言發明成為伊利里亞語。於是伊利里亞語就這麼誕生了。他們發明的伊利里亞語就是我們今天所謂的「塞爾維亞—克羅埃西亞語」（Serbo-Croatian）。不過，「塞爾維亞—克羅埃西亞語」這麼麻煩拗口的名字當時還沒有人發明出來，當時發明這種語言的知識分子直接了當就把它叫做「伊利里亞語」。

現在歷史的時鐘轉到歐洲革命全面爆發的一八四八年，包括了匈牙利革命和波蘭革命[7]。馬克思本人是全程參加了這場革命，當然他是站在激進派一邊的。儘管馬克思所屬的社會主義者在激進派、共和派的陣營當中只是一個微不足道的小兄弟，主要的鬥爭仍然還是在君主主義者和共和主義者之間的，但是他從這次革命當中學到了很多東西，有很多經驗被他用在了後來的社會主義革命當中。後來他斷定，一八四八年革命失敗的重要原因就是因為共和主義太不夠激進了，只有實行更加徹底的社會主義，才能夠達到當初共和主義者的目的，尤其是在落後的中歐——這是後話。無論如何，「神聖君主同盟」[8]的主力——俄羅斯、奧地利和普魯士在一八四八年站在了鎮壓革命的最前線，而波蘭人和匈牙利人因為既反對奧地利帝國，又反對俄羅斯帝國，都跟俄奧兩國軍隊打了一仗，自然而然就變成一八四八年法蘭西革命者、柏林和維也納起義者的天然盟友。

對於巴黎、柏林和維也納的起義者來說的話，他們要的是共和國。如果維也納和柏林取得了勝利以後，他們未必會讓波蘭和匈牙利獨立，而且肯定不會讓捷克獨立。如果德國的共和主義者在柏林得勝了，建立一個類似日後「法蘭克福國民議會」所設想的那種德意志共和國，那麼這個德意志共和國毫無疑問會包括波希米亞（也就是捷克）在內，也很有可能會包括普魯士分到的那一部分波蘭。維也納的共和主義者如果得勝了，也很可能會把斯拉沃尼亞邊疆區和克羅埃西亞邊疆區都算成奧地利共和國的一部分。但是他們沒有勝利，鬥爭正在進行當中，他們面前的君主國仍然非常強大，於是他們就需要統戰一切可以拉攏的勢力。波蘭人和匈牙利人其實能不能算共和主義者是有待商榷的，但是他們既然打擊了我們的敵人，那麼敵人的敵人就是我們的朋友，他們自然而然就要說這些人的好話，為拉攏波蘭人和匈牙利人找到理由。最合適的理由是：「波蘭人和匈牙利人自古以來就是歐洲文明的一部分，而沙皇俄國則有一半屬於個亞洲。歐洲的反動派竟然如此可惡，為了維持保守反動的君主制度，不惜將亞洲的蠻夷引進歐洲，利用韃靼人的力量來鎮壓歐洲的革命者，可見他們是多麼卑鄙無恥。而我們這些革命者不僅要維護共和主義的原則，而且事實上，歷史已經證明我們不僅是共和主義的保護者，也是歐洲文明的保護者。我們最大的敵人就是沙皇俄國。」當然在這些革命者當中，社會主義者是一小部分，但是他們也分享了這種修辭學。你如果去看馬克思和恩格斯當時的著作，他們就會說：「團結一切可以團結的力量，無論是共和派、激進派還是社會主義者，對準沙皇俄國開炮。沙皇俄國是一切邪惡的代表，任何人反對沙皇俄國都是正確的。波蘭人雖然都是貴族，根本不是什麼共和主義者，但他們反對沙皇俄國，所以他們就是好人。匈牙利人雖然打了敗仗，但是他們至少跟沙皇俄國拚了刀子，所以裴多菲是好人，匈牙利革命者是好人，我們要堅決支持他們。」

當然有了好人就有壞人。匈牙利人、奧地利人和被維也納會議劃歸到奧地利帝國的這撥未來的克羅埃西亞人的關係是微妙而複雜的。從維也納宮廷的角度來講，既然未來的克羅埃西亞是兩個邊疆區，那就算了吧，我可以把你們都合併起來，作為同一個統治實體來統治。對於奧地利人來說，這是非常合理的。但是把你們放在同一個統治實體並不是為了鼓勵你搞獨立。而匈牙利人就覺得，既然這兩個邊疆區都是我們匈牙利王國的一部分，那麼我們為什麼不把它們合併起來，發明一個匈牙利民族呢？匈牙利既然已經獨立了，趕走了奧地利人，那麼今天的匈牙利本土也好，特蘭西瓦尼亞公國（Principality of Transylvania）也好，還有今天的克羅埃西亞也好，難道不都是匈牙利的一部分嗎？於是他們通過了一個《匈牙利合併協議》（*April Laws, 1848*），把原先並不同屬於一個政治單元的各個封建領地合併成一個法蘭西式的統一政治實體。這個政治實體的語言第一次變成了匈牙利語。一八四四年以前的匈牙利，官方語言是拉丁語，跟中世紀的所有封建國家一樣，匈牙利語和其他地方的各種方言、伊利里亞方言和羅馬尼亞方言一樣，它們都不過是方言而已。但是匈牙利要模仿法蘭西共和國建立民族國家，拉丁語就不再適合做為匈牙利國語了。他們認為，布達佩斯方言，也就是今天的匈牙利語，才是最適合的匈牙利國語。

但是這樣立刻就引起了語言戰爭。札格拉布人開始反對了。他們說：「論反對土耳其人的功勞，我們比布達佩斯哪一點差勁了？憑什麼布達佩斯的方言就被你們發明成匈牙利國語了，而我們札格拉布的方言就不能變成匈牙利國語呢？我們還得學習你們的方言，這是極其不公平的事情。你們要自由要民主要解放，很好，大家一起自由民主好不好，怎麼你的自由民主對於我來說就是另外一種形式的奴役呢？我們表示強烈不滿。」匈牙利共和國表示說：「雖然你們表示強烈的不滿，但我們是從法蘭西共和國學來的這一套手段的，我們還是要通過匈牙利語言法，按照法蘭西的慣例，強制在匈牙利的各地推行匈牙利國語教育，包括你們札格拉布在內。」於是札格拉布的愛國者，包括約瑟．耶拉契奇[9]，就做了一個決定：「既然你們布達佩斯人要欺負我們，不是還有維也納在嗎？你們布達佩斯人在跟維也納吵架，又欺負我們，那我們還是找維也納合作吧。」於是一八四八年耶拉契奇就前往維也納請求哈布斯堡皇帝將克羅埃西亞人從匈牙利王國中分離出去。請注意，這時是克羅埃西亞首次被稱為一個民族，以前只有克羅埃西亞邊疆區和伊利里亞民族這個詞。伊利里亞民族是一七八九年法蘭西人替它發明的，以前也只有伊利里亞地區。而克羅埃西亞一直是一個地理名詞，從來不是民族名詞，第一次變成民族名詞是在一八四八年。

哈布斯堡皇帝一開始並沒有同意耶拉契奇的要求，但是緊接著奧地利帝國的內戰就全面爆發了，哈布斯堡皇帝一面跟維也納的革命軍打仗，一面跟匈牙利的革命軍打仗，這時俄羅斯帝國的援助軍鞭長莫及，讓哈布斯堡皇帝處在焦頭爛額的狀態，這時克羅埃西亞人的幫助就顯得非常重要了。於是哈布斯堡皇帝就立刻慷慨地拍拍腦袋說：「很好，匈牙利人跟你們不和，你們願意支持我們，那麼我們也願意支持你們。偉大的哈布斯堡皇帝封你耶拉契奇為大元帥。只要你們能夠打敗匈牙利人，一切都好商量。不過，我們現在正在維也納打巷戰，有點焦頭爛額，沒辦法出兵援助，但是我們已經支持你們了。匈牙利人想抹消你們的存在，雖然你們以前是沒人支持的，但

⑦ 一八四八年匈牙利革命及波蘭革命請參考劉仲敬，《民族發明學講稿，歐洲的感性邊疆》中關於匈牙利及波蘭的章節。

⑧ 神聖君主同盟（Holy Alliance, 1815–1848），俄國、奧地利及普魯士在共同擊敗拿破崙及法蘭西帝國後，以三國同屬於基督教陣營及君主制國家為基礎所建立的同盟，最後於克里米亞戰爭期間，因三國關係轉向對立而解散。

⑨ 約瑟・耶拉契奇（Josip Jelačić, 1801–1859），出生於斯洛維尼亞邊疆區的克羅埃西亞貴族，於一八四八年被奧地利帝國任命為陸軍元帥並負責統領克羅埃西亞地區的奧地利軍隊，於一八四九年率軍攻入布達佩斯以鎮壓匈牙利革命，一八五五年返回克羅埃西亞鎮壓當地叛亂，最終於一八五九年過世，後來的克羅埃西亞人視其為民族英雄。

從此以後你們克羅埃西亞人就不必擔心了。」於是耶拉契奇就動員了克羅埃西亞本地的民兵，跟匈牙利人打了一仗。不過，最後決定整場戰爭關鍵的是沙皇俄國的軍隊。克羅埃西亞人、奧地利人和匈牙利人還在僵持中的時候，沙皇俄國的大軍已經打進了布達佩斯，一勞永逸地解決了匈牙利的種種問題。

歐洲各國的共和主義者、激進派和社會主義者對匈牙利的淪亡感到極其傷心，對於客觀上援助了沙皇俄國和奧地利反動派的札格拉布反動派真是深惡痛絕到極點。恩格斯在憤怒之下，寫下了一份種族主義的重要文獻，也就是《民主的斯拉夫主義》[10]。他說：「萬惡的斯拉夫人本來就是全歐洲最亞洲化、最充滿奴性的民族，拖累了歐洲的進步事業。他們不但不肯被先進的日耳曼人同化，反而助紂為虐，為落後的沙皇俄國打前鋒，因此已經喪失了生存的權利。今後我們所有革命者，無論共和主義者、激進派還是社會主義者，首要任務就是要對這些萬惡的斯拉夫人展開種族滅絕，把他們從歐洲的土地上徹底消滅出去。正如把奧斯曼土耳其從歐洲趕出去、趕回亞細亞的黑暗當中去是一項進步事業一樣，消滅這些萬惡的、落後的斯拉夫民族也是我們歐洲進步各民族的正義事業，尤其是進步的日耳曼民族的正義事業。」他的話如果原封不動地錄出來，放在今天的報刊上，那麼鐵定就是種族主義的文獻，鐵定就是美國的「安提法」[11]和歐巴馬總統極度厭惡的那種東西了。當然恩格斯就像是一般的失敗的知識分子一樣，因為他在戰場上已經打不贏了，只有通過動動筆桿子的方式來發洩自己的憤怒。

但是無論如何，由於克羅埃西亞人投機反革命造成的客觀形勢，克羅埃西亞民族黨從此在戰後的奧地利帝國站穩了腳跟。奧地利帝國為了扶持他們跟匈牙利人作對，允許他們的特殊政治體制存在，鼓勵他們的語言存在。這時，在克羅埃西亞王國內部，克羅埃西亞民族黨人雖然站穩了腳跟，但是新一代更加激進的人正在產生當中。他們產生的原因在於伊利里亞語不僅是克羅埃西亞人的語言，也是奧斯曼帝國統治下的塞爾維亞自治區常用的語言，它是一種跨境語言，所以就引起了很多麻煩。塞爾維亞的故事我們已經講過，它在「希臘辛亥革命」當中從奧斯曼帝國贏得了有限的自治權，變成了奧斯曼帝國統治下的一個特區，由本地的投降派在奧斯曼帝國的支持下擔任總督。本地的激進派在失去政權以後希望通過文化教育來做到他們在軍事上做不到的事情，於是就提出成立一個塞爾維亞和克羅埃西亞的文化聯盟[12]，把一八一二年仍然稱為「伊利里亞語」的這種語言重新解釋為「塞爾維亞—克羅埃西亞語」。推動這件事情的人就是第五講提過的塞爾維亞語言學家卡拉季奇和政治家加拉沙寧。

他們的邏輯是既然伊利里亞人或者克羅埃西亞人跟我們塞爾維亞人都是用伊利里亞方言的，那麼我們可以改一下名字，把伊利里亞方言改成「塞爾維亞—克羅埃西亞語」，然後把邊界兩側，土耳其這一方的塞爾維亞人和奧地利這一方的克羅埃西亞人統一起來，發明成為一個新的

「大塞爾維亞民族」，這個「大塞爾維亞民族」在俄國的支持下同時與奧斯曼帝國和奧地利帝國劃清界線，從此以後我們都會有美好的未來。這個主義就是後來大塞爾維亞和南斯拉夫的直接起源。但是克羅埃西亞這一方面願不願意，那就很成問題了。他們在奧地利帝國的統治下，生活水準和文明程度都比土耳其人統治下的塞爾維亞人要高得多。顯然，他們並不是每一個人都願意跟大陸表叔搞在一起的。儘管他們使用同一種語言，但是深圳來的人就算是大陸表叔，香港來的人就算是大英帝國的香港臣民，這兩種人的逼格是完全不一樣的；有很多香港人寧願為英國人擦

塞爾維亞－克羅埃西亞語使用地區圖　此圖為2005年的人口調查。卡拉季奇與加拉沙寧等塞爾維亞民族發明家於1850年將「伊利里亞語」正名為「塞爾維亞－克羅埃西亞語」，其使用地區涵蓋了今天的克羅埃西亞、波士尼亞、塞爾維亞、蒙特內哥羅與部分的科索沃地區。

皮鞋，也絕不願意跟駐馬店一起民主的。這一批人自然也就會產生他們的代表，他就是權利黨（Party of Rights）的創始人安特・斯塔爾切維奇⑬。斯塔爾切維奇是第二代克羅埃西亞民族發明家，他的主要貢獻就是，堅定不移地使克羅埃西亞人和塞爾維亞人劃清了界限。

本來第一代民族發明家伊利里亞主義者，在這方面的態度是曖昧的。他們像香港的泛民派⑭一樣，覺得跟駐馬店一起民主好像也沒有什麼不好，既然大家都使用的是同一種語言，在文化上也有不少的共同之處，在遙遠的未來似乎不是不可能融合的。但是到了現實的具體狀況，大陸表叔上門攀親戚的時候，他們當中的年輕一代就像今天的「香港民族黨」⑮一樣，覺得老一輩的泛

⑩ 原載於一八四九年二月十五至十六日的《新萊茵報》（*Neue Rheinische Zeitung*），收錄於中國中央編譯館出版的《馬克思、恩格斯全集》第六卷。

⑪ 安提法（Antifa），是當代美國的「反法西斯運動」（anti-fascist political movement）簡稱。它是一個激進左翼無政府主義、反法西斯的政治運動，提倡直接付諸行動，而非政治改革的無領袖抵抗。參與者往往持反資本主義，並包含一些衍生的左翼意識形態。

⑫ 指《維也納文學協議》（*Vienna Literary Agreement*），一八五〇年，以塞爾維亞民俗學家卡拉季奇為首，塞爾維亞、克羅埃西亞及斯洛維尼亞三國的文學家在維也納共同發布的聲明，企圖發明一種全新的「塞爾維亞—克羅埃西亞語」（Serbo-Croatian），以取代「伊利里亞語」作為「大塞爾維亞民族」的共通語言。

⑬ 安特・斯塔爾切維奇（Ante Starčević, 1823–1896），克羅埃西亞的政治家，於一八六一年建立克羅埃西亞權利黨（Party of Rights），主張「大克羅埃西亞主義」以對抗「大塞爾維亞主義」，對內則實施資產階級民主並開放普選，被後世尊奉為克羅埃西亞的國父。

⑭ 泛民派又稱「民主派」，為支持「特區自治」的香港政治派系之一。雖常在普選中占多數，惟在非普選功能組別議席中卻受到限制，故難以在國會過半。被建制派及親中媒體貶化為「反對派」。

⑮ 香港民族黨，香港政治派系之一，主張香港獨立並建立「香港共和國」。該派認為香港自一八四八年劃分給英國後，就已展開跟今日的中國無涉的歷史進程，故主張「香港人」為獨立的民族，目前被香港特區政府禁止活動。

民派簡直是混蛋，我們怎麼能跟這麼可惡的人當親戚呢？這些人渾身都是落後的習慣，當街大小便，隨地吐痰，一天到晚除了做「水客」[16]以外什麼也不做。他們跑到我們神聖羅馬帝國和奧地利帝國境內來，唯一的結果就是使我們在德國人面前丟人。德國人和匈牙利人本來就覺得我們克羅埃西亞人是落後的一方，因為有了他們這些可惡的窮親戚，我們顯得更加落後了。我們憑什麼要跟萬惡的斯拉夫人搞在一起？尤其是，他們還要把塞爾維亞語和克羅埃西亞語解釋成為自古以來的斯拉夫語言和文字的一部分。「斯拉夫」這個詞就是奴隸的意思，斯拉夫人的主要代表就是萬惡的沙皇俄國，誰都知道沙皇俄國是最專制不過的，哪有我們哈布斯堡

基督教世界的堡壘　此圖為克羅埃西亞畫家奎克雷斯（Ferdo Quiquerez）創作於1892年的《基督世界的堡壘》（拉丁語：Antemurale Christianitatis，此為十五世紀以來的羅馬教皇讚美克羅埃西亞的用語）。克羅埃西亞被描繪成一位正與土耳其人搏鬥的女戰士，而她的背後則是梵蒂岡的聖彼得大教堂及天主教聖徒們。克羅埃西亞從中世紀以來的主流信仰為羅馬天主教，直至今日仍有超過八成人口是天主教徒，不同於主流信仰為東正教的大多數巴爾幹國家。

帝國又富裕又開明又進步？讓沙皇俄國來保護我們獨立，還不如在奧地利帝國的保護之下當個殖民地呢。

第二代克羅埃西亞發明家根據這種想法，在斯塔爾切維奇的領導下成立了權利黨。權利黨的特點是，它是一個堅持歐洲性的黨派。斯塔爾切維奇主要的功勞就是跟卡拉季奇打筆仗論戰。他的著作，一千句一萬句概括起來就是幾句話，翻譯成現在網路上常用的語言就是這樣的：「你才是斯拉夫人，你們全家都是斯拉夫人，我們跟斯拉夫人可是沒有任何關係的，你要記住我們克羅埃西亞人是歐洲人。」你只要理解了上面那些話，他的其餘著作就不用看了，因為他翻來覆去的各種各樣的論證都是為了達到這個目的。他的論證在一九九〇年和一九九五年的歐洲報刊上非常流行，因為冷戰結束後的克羅埃西亞首任總統弗拉尼奧・圖季曼⑰和一九九〇年代的克羅埃西亞民族發明家在反對塞爾維亞的時候主要就運用的是他們這種邏輯：「我們是羅馬天主教徒和歐洲人，你們是亞細亞的蠻夷，土耳其統治下的東正教徒，拜拜！你們是斯拉夫人，我們是日耳曼人，拜拜！你們是東方人，我們是西方人，拜拜！你們愛滾哪兒去滾哪兒去，千萬別在歐洲人面前拖累我們，讓我們丟人，拜拜！」

權利黨雖然已經成立，但是它和所有的新政黨一樣，要在政治上打敗老牌的民族黨還差很大一段距離。在奧地利帝國統治的時期，十九世紀中葉的議會選舉當中，克羅埃西亞議會選舉得票較多的黨一般來說是克羅埃西亞民族黨。克羅埃西亞權利黨一般來說只能得到很少的選票，是一個微不足道的激進的小黨。正因為它是一個激進的小黨，所以它才方便搞理論。一個黨一旦變成大黨，那就很麻煩，誰也不能得罪，見到誰都要陪著笑臉。只有別人罵你，你不能罵別人。為了拉選票，你什麼都能做。別人罵你，你也只能夠「理性、客觀、中立」地解釋，不能夠跟他對罵。小黨就不一樣了，小黨有一個好處就是，反正我也做不了執政黨，所以我可以痛痛快快地想罵誰就罵誰，想怎麼做就怎麼做。所以搞到最後，一百多年以後，克羅埃西亞民族發明的主要理論居然是從權利黨這方面來的，而不是從老一代的民族黨這方面來的。但是這絕不是說老一代的克羅埃西亞民族黨對民族發明的事業毫無貢獻——他們的階段任務就是推動經濟發展。克羅埃西亞權利黨所說的那些「我們是歐洲人，你們是亞洲人」，至少有一部分是要體現在經濟文化水準的提升上面。如果沒有克羅埃西亞民族黨及其政府利用十九世紀自由主義大發展這個時期痛痛快快地引入資本主義、使克羅埃西亞的生活水準能夠跟得上奧地利本地的工業革命的話，後來克羅埃西亞人在塞爾維亞人面前也就不會那麼有底氣。克羅埃西亞的工業革命基本上是在克羅埃西亞民族黨執政時期實現的，而克羅埃西亞的民族發明理論基本上是由在野的克羅埃西亞權利黨實現的。

到了第一次世界大戰前夕克羅埃西亞又出現第三個政黨，就是克羅埃西亞農民黨[18]。克羅埃西亞農民黨是歐洲當時普遍出現的那種普選制和政治民主化、民粹化發展的一部分。在以前還是自由主義當道的世紀，在一八三〇年的英國或者是一八四八年的歐洲，自由主義者和共和主義者堅決維護的那種國會政治，正如馬克思所說的那樣，是由地主和資產階級選舉出來的有產階級國會，貧下中農是沒有參加資格的，工人階級也沒有參加資格。所以從人口比例上來講，組成選民團、可以選舉國會議員的這一批有效選民，通常是不占人口的大多數的，有的時候占人口的六分之一，有的時候比例甚至更小。但是無論如何，只要實行有產階級選舉制，那麼有效選民團的人數是肯定達不到當地成年人口的一半的。然後隨著議會改革的逐步推行，政治逐步民主化，選民

⑯ 水客，又稱「水貨客」，多指在港、澳、陸出入的走私者。透過規避進出口稅額的方式來壓低產品價格，賺取利差，目前已有組織系統化運作。但因為組成素質低落，易滋生社會問題，香港曾於二〇一二到二〇一三年公布打擊水客的措施。

⑰ 弗拉尼奧．圖季曼（Franjo Tuđman, 1922–1999），克羅埃西亞政治家、歷史學家、軍人，現代克羅埃西亞共和國首任總統。被譽為現代克羅埃西亞「國父」。二戰時期曾參與狄托的游擊隊，二戰結束後任職於南斯拉夫聯邦陸軍，並被升為將軍，一九六一年離開現役軍隊並從事歷史研究，一九七一年因致力於獨立運動被入獄。一九八九年圖季曼成立克羅埃西亞民主聯盟（HDZ）並於隔年當選為該國首任民選總統。他於一九九一年簽署《克羅埃西亞獨立宣言》，宣布脫離南斯拉夫聯邦。

⑱ 克羅埃西亞農民黨（Croatian Peasant Party），於一九〇四年成立，宗旨為克羅埃西亞獨立，支持君主制度並主張農民利益的政黨。代表領袖為拉迪契兄弟（Autun& Stephen Radić），活躍時段為一戰前夕及戰後南斯拉夫王國時代，是塞爾維亞政黨的主要政敵。

團的人數不斷擴大。在英國體現為議會改革，在法國體現為十九世紀的數次革命。即使是在沒有革命或者革命失敗的普魯士和奧地利，在俾斯麥這樣的改革家推動的改革之下，德意志帝國最終也在第一次世界大戰前夕實現了全體男性公民的普選制。奧地利的選舉制度則是不斷地將公民權擴大，由開始的比如說年收入是多少、擁有多少土地、納稅多少才能夠參加選舉，到最後只要你是個男人就可以參加選舉。這時婦女還是不能參加選舉的，婦女能夠普遍擁有參政權是第一次世界大戰以後的事情。但是無論如何，窮人已經可以參加選舉了。於是原先沒有選票、無人理睬的無產階級也就有人理睬了。

普選權的擴張造成了新的政治變化，在英法德等工業發達、城市化走得比較快的國家，就體現為工黨和社會民主黨的崛起。工人以前因為是錢不夠、納稅額不夠，一般來說，例如在法國的路易—菲利普（Louis Philippe I，統治期間為一八三〇至一八四八年）時代，不符合選民資格門檻的人是根本不能參加選舉的，所以也沒有任何一個政黨願意尋求他們的支持；有了選舉權以後，自然而然就產生出了工人的議會代表——工黨和社會民主黨。像克羅埃西亞這樣仍然是農民比較占多數的地方，工人人數不多，而貧下中農的人數還相當多，於是就產生了農民黨。在保加利亞、克羅埃西亞這些地方產生農民黨的理由，跟在德國和法國產生社會黨和社會民主黨的理由是差不多的，都是選舉權的向下擴張，使原先沒有選舉資格的窮人也得到了選舉權。只不過在德國，主要的窮人是城市裡面的工人；在克羅埃西亞和保加利亞，主要的窮人就是在鄉下的佃農。而且在巴爾幹還有另外一個問題，就是說佃農往往租的是土耳其穆斯林地主的土地，所以獨立問題和階級鬥爭問題就聯繫在一起了，使事情變得更加複雜。當然克羅埃西亞這方面還比較簡單，保加利亞、塞爾維亞和波士尼亞在這方面的問題尤其嚴重。克羅埃西亞農民黨瞄準的就是占人口多數、財產不多、或者甚至是完全依靠租種土地為生的佃農。儘管選舉權已經獲得，但是在克羅埃西亞農民黨形成自己有效的政治傳統之前，他們得到的選票仍然是非常少的。

第一次世界大戰以前的克羅埃西亞就是這樣三分天下。已經非常富裕、吃飽了的克羅埃西亞民族黨，跟匈牙利人和奧地利人合作得很好。在奧地利帝國還沒有變成奧匈帝國的時代，克羅埃西亞人通過一八四八年的反革命行動，爭取到了跟匈牙利人同等的待遇。在奧匈二元帝國成立以後，克羅埃西亞被劃在匈牙利一邊的時候，他們也成功地在匈牙利王國之內贏得了接近於本土的自治區權利。這樣一來，克羅埃西亞的形勢就比奧斯曼土耳其統治下的那些地方好得多。那些地方要麼就是沒有自治權，要麼就是只有司法自治，要麼就是雖然有政治自治、但是不斷爆發政變，有些政變是奧斯曼蘇丹干涉的結果，有些政變是當地人自己造成的結果，總之是一個缺乏規範的議會政治。而克羅埃西亞人在奧匈帝國的統治之下，不僅享受了高度的自治，而且享受了可以跟波希米亞和德國本土相媲美的工業化大發展，生活水準全面提高，有可以跟德國、奧地利和比利時這些君主立憲國相比的規範化的議會政治和政黨政治。因此他們從各方面來看，都已經比土耳其的塞爾維亞自治區或者是後來從土耳其獨立的塞爾維亞王國要先進得多。

但是先進並不意味著沒有人抱有野心。這個克羅埃西亞自治區境內還有一個「塞爾維亞—克羅埃西亞聯盟」（Croat–Serb Coalition，一九〇五年成立），他們跟塞爾維亞境內的大塞爾維亞主義者是一家的，他們都主張塞爾維亞和克羅埃西亞建立「大南斯拉夫民族」。這些人在克羅埃西亞的地位就相當於今天台灣的國民黨、新黨和香港的大中華主義者。他們認為，小小的克羅埃西亞雖然在奧地利帝國統治之下享受著富裕文明的民主生活，但是毋庸置疑，哈布斯堡帝國的上等人還是日耳曼人，克羅埃西亞人的地位沒有辦法跟日耳曼人相比的。而且，無論如何你是一個小邦，而日耳曼是一個大民族和大邦國，你就算是將來有朝一日在文明和先進這方面超過了德國人，僅僅在於你小他大，你也是不可能跟他平起平坐的。

這個邏輯其實在今天海外的很多民運人士中也可以看到。他們最怕的就是上海獨立，一聽到「上海民族黨」⑲要使上海獨立，比起共產黨殺了他們全家都還難受。在他們心目中，總有一天推翻了共產黨以後，大中華是能夠跟美國平起平坐的富強文明民主的強國，但是如果「上海民族」單獨建立了上海共和國，無論這個上海共和國多麼富強文明民主，都只是一個小國，上海共和國不可能跟美利堅合眾國平起平坐的。你再文明民主，也滿足不了他們內心中無法割捨的大國夢。那麼上海人怎樣才能實現大國夢呢？只有一個辦法：你必須跟河南駐馬店一起民主。但是如果你要跟河南駐馬店一起民主，而有駐馬店在你就沒有辦法民主，這個問題怎麼解決呢？他們的解決方法就是視而不見，堅持說：「絕對不會有這種事情。在我們上海人先進文明的灌輸之下，駐馬店人民的素質一定會得到迅速提高，我們一定可以跟駐馬店一起民主的。」當然只要事實上他們還沒有跟河南駐馬店一起民主，這些說空話的事情誰都會說，誰也沒法證明他們說的是錯的，於是大家就這麼樣打嘴仗就好了。

第一次世界大戰以前的克羅埃西亞各陣營中就包括了獨立派和「跟駐馬店一起民主派」。第一次世界大戰結束以後，「塞爾維亞—克羅埃西亞聯盟」真的實現了「跟駐馬店一起民主」的夢想。他們通過《聖維特憲法》[20]，成立了貝爾格勒的教授最喜歡的那種「三族共和」國家。塞爾維亞的國王宣布，塞爾維亞人、克羅埃西亞人和斯洛維尼亞人是同一個「南斯拉夫民族」的三個不同宗族，是同一個民族的三種不同名字。這個理論當然是貝爾格勒的教授替他們發明出來的。這個內容跟戴季陶為蔣介石發明的民族理論是一樣的：「中華民族是一個民族，漢回滿蒙藏是同一個民族的五個不同宗族，所以中華民族是一個，中華民族是一個五族共和的實體。你如果問，為什麼它既是五族又是一族？答案是：說是一族是對的，只有一個中華民族；說是五族也是對的，一個中華民族分成了五族共和的五個宗族，但是宗族只是同一個民族的不同叫法。」正如基督教講究三位一體，你如果問他，你是不是一神論？你為什麼又講一神論又講三位一體的上帝？他們一定會給你講出一些振振有詞的道理來證明：我們第一，只信奉獨一無二的上帝耶和華；第二呢，聖子聖父聖靈還是存在的，三就是一，一就是三，諸如此類。依靠希臘哲學，他們也能夠把這話講圓。「五族共和」的理論和「三族共和」的理論其實也都是這樣的。

當然講理論是很容易的，只要限於紙上談兵的層面，你總有辦法把事情講圓，但是實際上推動起來就很麻煩了。新的「塞爾維亞—克羅埃西亞—斯洛維尼亞聯合王國」或稱「第一南斯拉夫王國」到底搞不搞議會選舉呢？好像不搞議會選舉是不可能的，但是一旦搞了議會選舉你就會發現，第一南斯拉夫王國不是法蘭西，它產生出來的是一個小黨林立的多黨議會。我們前面提到的三個黨派中，克羅埃西亞民族黨在第一南斯拉夫王國成立時解散；克羅埃西亞權利黨由於只代表少數的中產階級，所以選舉中只能獲得很少的選票；只有克羅埃西亞農民黨在大選中能夠與其他黨派競爭。而克羅埃西亞農民黨的選票，少的時候占南斯拉夫王國議會的七分之一，多的時候占五分之一。這個數目達不到執政黨的水準，但是在多黨林立的情況下，已經足以阻止塞爾維亞激進黨（People's Radical Party）和塞爾維亞民主黨（Yugoslav Democratic Party）這兩個主流政黨組織內閣了。在這兩個勢力不相上下的主流政黨之外，同時還有穆斯林聯盟（Yugoslav Muslim Organization）、蒙特內哥羅聯邦黨（Montenegrin Federalist Party）、斯洛維尼亞人民黨（Slovene

People's Party）諸如此類的小黨派。

你要注意，這些黨派都是具有高度地區性的。穆斯林聯盟基本上是一個波士尼亞的黨派，蒙特內哥羅聯邦黨當然是一個蒙特內哥羅的黨派，斯洛維尼亞人民黨是一個純粹斯洛維尼亞的黨派，克羅埃西亞農民黨是一個純粹克羅埃西亞的黨派。塞爾維亞激進黨和塞爾維亞民主黨除了在塞爾維亞本土以外，在波士尼亞、克羅埃西亞和其他一些地方也能得到一些選票。但是可想而知，就憑我剛才列出這麼多黨你也可以看出來，議會選舉是產生不出一個穩定的多數派的。每一個黨派頂天也最多只能達到議會的三分之一名額，無論怎麼樣組成聯合政府都不會是穩定的政權。結果「三族共和」搞出來的民主政府跟塞爾維亞人對克羅埃西亞人和其他各民族的專政政府沒有什麼區別，導致中央政府根本沒有辦法實施有效統治。

無論憲法怎麼改、地方政府和中央政府的許可權怎麼劃，各省的邊界怎麼樣改來改去，第一南斯拉夫王國在這方面是折騰得很厲害的，在這裡我們就不反反覆覆講了。總之結果都是一樣：無論你怎麼改，都無法形成穩定的結構。只要克羅埃西亞農民黨始終是站在反對黨的地位，那麼貝爾格勒的議會政治是不可能穩定的。克羅埃西亞農民黨如果進入政府，那麼塞爾維亞激進黨一定要誓死反對這個分裂國家的萬惡政黨。只有塞爾維亞民主黨還有可能跟克羅埃西亞農民黨組成聯合政府，但是這樣一來就要輪到塞爾維亞激進黨充當萬年反對黨和事實反動派了，它在議會中占有的席位也不比在克羅埃西亞農民黨當反對黨時的議席少，結果政府照樣無法穩定。結果就是，要麼是塞爾維亞激進黨入閣，那樣的話，克羅埃西亞農民黨是誓死不肯入閣、一定要鬥爭到底的，因此政府無法穩定；要麼就是克羅埃西亞農民黨入了閣，那麼塞爾維亞激進黨又要誓死抗爭，堅決不肯入閣，結果議會政治還是無法穩定。

這樣做的結果就是，事實上除非「南斯拉夫民族」真的是一個民族，否則的話南斯拉夫的議會政治是沒有辦法運作的。你要跟駐馬店一起民主，駐馬店不見得高興跟你一起民主。任何嘴上說的話都是空話。在以前南斯拉夫沒有成立的時候還可以說，我們上海人民跟駐馬店人民一起民主，以前的錯誤都是殖民主義者和專制獨裁者搞出來的事情，等到大家都自由民主了，一切問題都會解決的。但是事實證明，問題根本解決不了，駐馬店還是駐馬店，上海還是上海，雙方的代表在議會中間不斷打架，形成不了一個有效的政府。事實證明，法蘭西或者英格蘭能夠建立有效的議會政治，是因為他們就是只有一個民族。他們的民族發明比較成功，頂多剩下像威爾斯或者布列塔尼那樣一點小的漏洞，影響不了大局。像英格蘭，就因為留下了愛爾蘭這一個重大的漏洞，最後為了維持議會政治，還不得不把愛爾蘭人給踢出去了[21]。既然南斯拉夫民族發明的成功程度趕不上法蘭西民族，消化不了克羅埃西亞、斯洛維尼亞、蒙特內哥羅，他們的政黨始終是要在自己的名字上面掛一個「克羅埃西亞」、「斯洛維尼亞」、「蒙特內哥羅」、「塞爾維亞」之類的名字。那樣的話，議會政治就永遠運轉不了，唯一的解決辦法就是軍事政變了。

因此首先就出現了國王的個人專制，然後又產生了攝政王保羅時期由陸軍總參謀部建立的「民族集中內閣」[22]，實際上就是專制獨裁。由塞爾維亞來的國王和塞爾維亞軍官團實行的專制獨裁，在克羅埃西亞人看來毫無疑問就是比奧地利人的統治更加可惡的殖民統治，從各方面來講都是更壞而不是更好。奧地利人就算是殖民統治了，人家至少是代表了先進的歐洲文明；而你們塞爾維亞人、你們駐馬店人代表的是落後的亞洲文明。如果我們上海人或者香港人注定要做被殖民者的話，那麼我們到底是讓英國紳士做我們的統治者好，還是讓駐馬店的貧下中農做我們的統

⑲ 上海民族黨（Shanghai National Party），簡稱「滬民黨」，由中國民運人士何岸泉於二〇一八於美國紐約註冊成立，其宗旨為反專制及大一統專制政府、追求上海獨立建國及滬人治滬政策。

⑳ 《聖維特憲法》（*Vidovdan Constitution*）以塞爾維亞的東正教節日「聖維特節」命名，為一九二一年成立的「塞爾維亞—克羅埃西亞—斯洛維尼亞王國」的法源依據，但此憲法一直遭到以克羅埃西亞農民黨為首的諸多非塞爾維亞人組成的黨派抵制，其合法性備受爭議，最終於一九二一年改制為「南斯拉夫王國」時遭到廢除。

㉑ 一九一四年五月英國下議院通過自治法案，宣布愛爾蘭應該獲得一個自己的憲法和自治權，但第一次世界大戰的爆發使該法案未能生效。關於愛爾蘭在大英帝國議會政治引起的混亂，請參考劉仲敬，《中東的裂痕》中關於愛爾蘭的部分。

㉒ 「民族集中內閣」（德語：Kabinett der nationalen Konzentration）原指一九三三年三月二十三日，德國國會通過《授權法案》（Enabling Act of 1933），賦予德國總理希特勒及其內閣制定法律的行政權力，一直維持到一九四五年納粹德國覆滅為止。作者在此處借用此名詞，比喻攝政王保羅的軍事政權如同希特勒的「民族集中內閣」擁有絕對獨裁的權力。

治者好，還是乾脆讓俄國的共產國際做我們的統治者好？只要你稍微有一點常識就會說，自由民主最好，但是如果只能退而求其次的話，當然我寧可讓英國紳士做我的主人，也不願意讓俄國的共產國際或者駐馬店的貧下中農做我的主人，這個逼格相差的可不是一般的大。於是不可避免的事情就發生了：在軍事獨裁和國王專政的時期，克羅埃西亞農民黨就漸漸由體制內的議會反對黨，變成了體制外的分裂國家的革命黨。

接著第二次世界大戰就爆發了。德國人和義大利人打進了南斯拉夫，自然會利用南斯拉夫王國本來就長期持續的政治分裂，於是就在克羅埃西亞扶植了傀儡國，正式名稱叫做克羅埃西亞獨立國（Independent State of Croatia）。它的主要支持者不是克羅埃西亞農民黨，而是第六講提過的「烏斯塔沙」組織。「烏斯塔沙」在政治上講是克羅埃西亞權利黨的政治繼承者，他們是在權利黨無法參加議會選舉的時候，由議會鬥爭轉向武裝鬥爭而產生的一個政治組織。在他們產生時，克羅埃西亞農民黨還是主張搞議會鬥爭的，當然這時議會鬥爭派和武裝鬥爭派自然就要開始互罵了：烏斯塔沙認為，克羅埃西亞農民黨已經跟叛徒沒有什麼區別了；克羅埃西亞農民黨認為，烏斯塔沙其實只代表了一小撮激進分子，大多數中產階級還是希望自由民主、希望和平發展的，不能走他們的道路。德國人建立起來的那個克羅埃西亞獨立國之所以被很多人罵成是傀儡國，主要原因就是因為，它並沒有真正舉行符合西歐標準的議會選舉，而是直接就把烏斯塔沙扶上了統治者的寶座。如果真的要舉行議會選舉的話，說不定勝利者是克羅埃西亞農民黨。但是克羅埃西亞農民黨太溫和了，基本上還是走西歐模式的。照我們現在的說法，它是一個類似社會民主黨的溫和左派的政黨。不搞暴力革命鬥爭，主張搞議會鬥爭。而且它在國際上是協調主義者，主張承認凡爾賽條約。承認凡爾賽條約就必須承認南斯拉夫王國，所以它只能在南斯拉夫王國境內搞克羅埃西亞自治和議會鬥爭。這樣做就滿足不了克羅埃西亞比較激進的那一派「自治是不夠的，只有徹底獨立才能使我們滿意」的要求。

至於德國人的態度，因為希特勒的納粹德國也不是議會民主的典範，它推翻南斯拉夫王國更不是為了替南斯拉夫各少數民族出氣或者是為了在南斯拉夫推行英國式的議會政治，只不過是因為塞爾維亞人跟英法聯盟，它自然就要來一個「敵人的敵人是我們的朋友」，因此它建立起來的這個克羅埃西亞獨立國在同盟國那裡得到了「偽滿洲國」一樣的待遇。無論你國內的政治搞得有多好，但是只要你是跟德國人結盟的，我們就只能不承認你的合法性。克羅埃西亞獨立國儘管也沒有搞議會選舉，但是從民主的角度來講其實還是不如滿洲國的。滿洲國，哪怕是象徵性的政權，還是有一定的地方自治的；而克羅埃西亞獨立國是不敢舉行議會選舉的，因為一搞議會選舉就要面臨克羅埃西亞農民黨的問題。但是它的內部治理，平心而論的話，可能還是要比第一南斯拉夫王國和後來的「紅色南斯拉夫」要好一些。這是因為，德國儘管落到了希特勒手裡，但是德國軍官、商人和企業家原有的水準還是在的，他們還是維持著歐洲人的水準。所以德國人的統治，就等於是讓一批具有歐洲專業水準的專家統治，他們實際上在經濟水準上還是有很大的進步。

盟國趕走德國人以後，南斯拉夫經過了白軍和紅軍的短暫內戰，最後落到了共產主義者狄托的手中。我在本書的第六講中提過，狄托認為「舊南斯拉夫不穩定的原因就是塞爾維亞一主獨大，跟克羅埃西亞和斯洛維尼亞不平等，如果把塞爾維亞再拆一拆分一分，由『三族共和』改成『六族共和』，這個問題就解決了」，於是就產生了我們都熟悉的紅色南斯拉夫。名義上講，紅色南斯拉夫一方面實行一黨制，讓所有的資產階級黨派都遭到了取締，包括農民黨、烏斯塔沙和權利黨，它們的政治訴求只能夠通過克羅埃西亞共產黨來表達了；而另一方面實行了聯邦制，讓「大塞爾維亞主義」受到了壓制，克羅埃西亞人和斯洛維尼亞人可以說是揚眉吐氣了。但是潛規則並沒有被消滅，克羅埃西亞人傳統上歧視塞爾維亞人、斯拉夫人和亞洲人的感情仍然存在於哪怕是最忠實的克羅埃西亞共產黨員之中。只不過在共產黨一黨獨大的情況下他們不敢公開說話，但是心裡面還是照樣要想的。

比如說你想想當初新中國實行一黨制的時候，上海有很多共產黨員，你以為這些上海共產黨員很瞧得起駐馬店嗎？會因為共產黨搞形式上的民族平等，上海跟河南是同樣的地位，他們就會瞧得起河南人嗎?不是的,他們對駐馬店的歧視會以各種亂七八糟的方式體現出來,比如說體現為「膜蛤」[23]的形式。上海人或者揚州人動不動就要拿江澤民的影片出來惡搞,惡搞的內容不是江淮人,就是駐馬店人。總之,上海人總是最特殊的,總會以某種方式表現他們高人一等。儘管我是上海的共產黨員,我也絕不會認為像陳良宇[24]這樣對上海有實際建設的人會跟從駐馬店來的老幹部或者山東南下老幹部是同一個逼格的。我是共產黨員,山東南下老幹部是共產黨員,但是哪怕是在共產主義的征服已經過了幾十年以後,真正的上海租界人的後代,哪怕是已經加入了共產黨、在黨內獲得了很高的地位,他們仍然一天到晚說什麼「上只角和下只角」[25],一天到晚歧

㉓ 是指中國網民對前中共中央總書記江澤民的一些言行進行模仿惡搞的網路「迷因」(meme)行為,「膜」字取「膜拜」之意,而「蛤」則源於江澤民常佩戴一副「蛤蟆鏡」及「江澤民的外表酷似蛤蟆」的歧視觀點。

㉔ 陳良宇(1946–),中華人民共和國政治人物,生於上海,於一九八五年進入上海市黨政機關工作,二〇〇二年至二〇〇六年擔任中共上海市委書記並主政上海,在任期間與胡錦濤代表的中央政治局意見不合,於二〇〇六年九月被中共官方以「嚴重違紀問題」移送法辦。

㉕ 意指近代上海城市文化中基於地域發展差異而形成的歧視觀點:「上只角」意指先進繁榮的上海租界區,「下只角」意指租界以外較落後或偏鄉的華界區及其他城區,此觀點類似於台灣人普遍使用的「天龍國」(指台北)及「南部」。

視山東老幹部，儘管對方跟他一樣也是共產黨員。

克羅埃西亞的情況也是一樣的，例如後來的克羅埃西亞民族發明家、歷史學家和總統圖季曼，他就是這樣的典型。他不敢公開發表，但是暗地裡面卻說，無論是第一南斯拉夫王國還是第二南斯拉夫紅色聯邦，對克羅埃西亞人都是不公正的，尤其是對烏斯塔沙建立的克羅埃西亞獨立國極其不公正。照我們現在的說法就是，像李碩[26]一樣說，無論是國民黨還是共產黨，都抹煞了滿洲國做出的重大貢獻，忽視了滿洲國是比你們國民黨和共產黨更先進文明的國家。圖季曼的意思也就是這樣的。他本來在黨內已經有很高的地位了，都已經混上南斯拉夫人民軍（Yugoslav People's Army）的將軍職位了，原本可以作為老幹部退休了，但是他在南斯拉夫改革開放的過程中間還是忍不住中年改行，不做將軍了，改行做歷史學家。你要知道在共產主義國家做歷史學家是什麼意思，那就是說你要做一個「歷史發明家」；而在蘇聯解體時期和南斯拉夫解體時期作歷史學家，就要把被共產黨的歷史發明學掩蓋的歷史真相重新揭發出來。對於圖季曼來說，他要做的最主要工作就是為滿洲國翻案，要把在盟國眼中跟滿洲國處於同一地位的克羅埃西亞獨立國重新翻出來，以作為克羅埃西亞民族的正統政權。

當然塞爾維亞人是要徹底反對圖季曼的，他們不僅要用共產主義的邏輯反對他，而且還要用西方盟國的邏輯反對他。他們說：「為法西斯分子翻案和爭取資產階級自由民主是兩回事。如果你要搞人權活動，我們不反對你，如果你要搞中華聯邦或者中國自由民主，倒也罷了；如果你要重建滿洲國，那麼問題就嚴重了。你要推動中國的自由民主，只是反對中國共產黨而已；你如果要重建滿洲國，那你不僅是要反對中國共產黨，而且是要反對中華民族。而且還更加嚴重的是，你是在跟同盟國作對。你不僅是在反對我們共產黨陣營，反對我們共產黨的人多得是，而且你還是在為法西斯招魂，是在跟英國和美國作對。不行，我們要到英國和美國去告你，你圖季曼不是自由民主派，你是法西斯分子。我們可以承認周鋒鎖[27]是自由民主派，可以承認何岸泉[28]是自由民主派，但是我們一定要說你李碩是法西斯分子。周鋒鎖他主張的是中國自由民主，你李碩主張的是滿洲國獨立。所以周鋒鎖我們可以認，雖然我們共產黨容不了他，但是美國容得了他是理所當然的；你李碩嘛，我們不僅要在中國把你搞臭，而且還要在美國把你搞臭，讓美國人都知道你是日本帝國主義的走狗，你不僅反對我們中國和蘇聯，連美國都反對。」

塞爾維亞人就是這樣對付圖季曼的。他們希望，不僅塞爾維亞人和南斯拉夫人要反對他，而且英國人和美國人為了鞏固第二次世界大戰的歷史定論，絕對不能容許克羅埃西亞獨立國重新翻案，絕對不能容許烏斯塔沙組織翻案。但是後來的結果我們都看到了：克羅埃西亞真正獨立的時候，德國人第一個跳出來，率先承認了圖季曼的克羅埃西亞國家，克羅埃西亞新一代的民族發明家照樣翻案，把他們的滿洲國翻成了正統國家；而英國人和美國人對這件事情根本不置一詞，柯林頓總統不但沒有譴責德國人企圖為法西斯主義招魂，反而支持德國人反對英法，派美國軍隊去執行了德國的外交政策。後來，波羅的海沿岸小國愛沙尼亞和拉脫維亞推倒蘇聯紅軍的紀念碑，為德國黨衛軍樹碑立傳[29]；烏克蘭的民族發明家也把支持德國的烏克蘭遊擊隊員的碑立起來、推倒蘇聯紅軍的紀念碑的時候，俄羅斯的共產黨人和大俄羅斯主義者都做出了跟塞爾維亞人一模一樣的事情：「你們搞自由民主倒也罷了，搞民族發明我們實在是忍不了；你們搞民族發明倒也罷了，你們居然把親德勢力發明成為正統政權，我們實在是忍不了。我們要到英國和美國去告狀，讓柯林頓總統修理你們，讓歐巴馬總統修理你們。」但是他們反對的結

愛沙尼亞軍團紀念碑　此紀念碑位於愛沙尼亞的利胡拉鎮（Lihula），正面描繪了一位身著德式軍裝的士兵，但碑面上並未有任何納粹的相關符號，下方的碑文文字為「致1944至45年捍衛愛沙尼亞獨立的愛沙尼亞人。」二戰期間，許多愛沙尼亞人參加納粹德國軍並反抗蘇聯的侵略，其紀念價值是否具有「正當性」，在愛沙尼亞引起許多爭論，如同東亞日本的「靖國神社」爭議。

果，現在我們都已經看到了：烏克蘭人照樣把那些跟德國結盟的烏克蘭民族遊擊隊員發明成為自己的民族正統，寫進自己的歷史教科書裡面去，同時也絲毫沒有妨礙歐巴馬總統和川普總統繼續支援烏克蘭對抗俄羅斯。這就是克羅埃西亞民族發明的故事，它涉及到的當然不僅僅是克羅埃西亞。

㉖ 李碩，中國吉林省長春人，當代滿洲國民族主義者，二〇〇八年之後活躍於網路，致力於滿洲國復國運動。

㉗ 周鋒鎖（1967–），六四民運學生，一九九五年流亡至美國後，致力於人道援助及中國民主運動，於二〇〇七年成立「人道主義中國」組織。

㉘ 何岸泉，民運人士、上海民族主義者，於二〇一八年七月十八日在美國紐約成立上海民族黨（Shanghai National Party）。

㉙ 愛沙尼亞保守人民黨（EKRE）於二〇一八年發起政治運動並訴求輿論，企圖恢復二〇〇四年遭到政府拆除的「愛沙尼亞第二十師團紀念碑」，該軍團由二戰時期參加德國納粹黨衛軍（Schutzstaffel）的愛沙尼亞士兵所組成。拉脫維亞於二〇一九年三月十六日也發生類似的事件，一千餘名退伍軍人自發性的紀念在二戰時期加入納粹黨衛軍的拉脫維亞士兵，此類事件皆受到俄羅斯官方的強烈譴責。

克羅埃西亞
民族發明大事記

時間	事件
1553年	**克羅埃西亞邊疆區的建立** 奧地利哈布斯堡皇帝於1553年建立「克羅埃西亞邊疆區」，以收容來自奧斯曼帝國的塞爾維亞基督徒流亡者，繼而形成「內地克羅埃西亞」的歷史邊界。1745年，哈布斯堡皇帝也在「斯拉沃尼亞」建立相同性質的邊疆區。這兩塊封建領地在1868年合併為統一的政治實體。
1809/10/14	**拿破崙建立伊利里亞行省** 法國軍隊進入巴爾幹後，皇帝拿破崙指派總督奧古斯特・德・馬爾蒙合併了「達爾馬提亞」（後來此地被稱為沿海克羅埃西亞）和內地克羅埃西亞，建立伊利里亞行省，並推行法國式的啟蒙教育，影響了克羅埃西亞的民族發明。
1841年	**伊利里亞民族黨成立** 接受法國式啟蒙教育的知識分子為了推動「伊利里亞民族」的獨立，建立「伊利里亞民族黨」，並發明了「伊利里亞語」，這是克羅埃西亞民族發明的起源。
1848/3/15	**引發匈牙利革命的《匈牙利合併協議》** 匈牙利議會通過《匈牙利合併協議》，將匈牙利與其他封建領地，包括斯拉沃尼亞及克羅埃西亞邊疆區，合併為「大匈牙利」，導致克羅埃西亞人的不滿，並導致奧地利的干涉，繼而引發了「匈牙利革命」。
1848/4/7	**「克羅埃西亞民族」首次出現** 哈布斯堡皇帝同意民族發明家耶拉契奇的請求，將「克羅埃西亞民族」從匈牙利王國中分離出去。這是「克羅埃西亞民族」在歷史上首次被完整表述，取代了「伊利里亞民族」或「克羅埃西亞的居民」。
1861/6/26	**克羅埃西亞權利黨成立** 克羅埃西亞民族發明家斯塔爾切維奇反對《維也納文學協議》及「大塞爾維亞民族」的概念，為此建立了「克羅埃西亞權利黨」。該協議由卡拉季奇與加拉沙寧等塞爾維亞民族發明家發表，他們將「伊利里亞語」正名為「塞爾維亞—克羅埃西亞語」，試圖將塞爾維亞人與克羅埃西亞人發明為「大塞爾維亞民族」。

1868/9/24

克羅埃西亞王國的建立

克羅埃西亞人與匈牙利人締結《克羅埃西亞、匈牙利妥協協議》，合併克羅埃西亞及斯拉沃尼亞為統一的「克羅埃西亞－斯拉沃尼亞王國」（簡稱克羅埃西亞王國），並允許其高度自治。

1918/12/1

第一南斯拉夫王國的建立

一戰後期奧匈帝國解體，為了填補此地的政治真空，克羅埃西亞王國、斯洛維尼亞王國與塞爾維亞王國被合併為「第一南斯拉夫王國」。此王國建立在「三族共和」的基礎之上，克羅埃西亞人、斯洛維尼亞人與塞爾維亞人被定義為同一個「南斯拉夫民族」的三種不同名字。達爾馬提亞的大部分地區也在此時併入第一南斯拉夫王國，小部分地區則被義大利占領。

1929/4/20

克羅埃西亞獨立組織「烏斯塔沙」成立

在保加利亞首都索菲亞成立的「烏斯塔沙」組織是克羅埃西亞權利黨的政治繼承者，主張以武裝鬥爭的方式推動克羅埃西亞脫離南斯拉夫王國的獨立運動。

1941/4/10

克羅埃西亞獨立國的建立

二戰期間，德國及義大利等軸心國占領南斯拉夫後，指派「烏斯塔沙」組織建立傀儡政權「克羅埃西亞獨立國」，這是克羅埃西亞歷史上的首次獨立，領土包括了今天克羅埃西亞的大部分區域及波士尼亞、斯洛維尼亞北部。

1945/11/29

克羅埃西亞加入南斯拉夫聯邦

二戰結束後，克羅埃西亞以社會主義共和國的身分加入「南斯拉夫聯邦人民共和國」，成為狄托推動的「六族共和」成員之一。

1991/6/25/

現代克羅埃西亞的獨立

克羅埃西亞總統圖季曼追隨民族發明家斯塔爾切維奇的理念，推動克羅埃西亞脫離南斯拉夫聯邦，建立歷史上第一個獨立的「克羅埃西亞民族」國家，其民族疆域包括了三個歷史區域：內地克羅埃西亞、達爾馬提亞（沿海克羅埃西亞）及斯拉沃尼亞。

斯洛維尼亞

Republic of Slovenia

Republika Slovenija

獨立時間：1991年6月25日

首都：盧比亞納

十、斯洛維尼亞

赫爾德的民俗學與「龍牙武士」遺產

我們今天講斯洛維尼亞（又譯作「斯洛文尼亞」）。斯洛維尼亞的民族發明體現了塑造近代世界的兩種巨大力量之間的博弈，這兩種巨大力量則體現於一位承前啟後的偉大思想家約翰・戈特弗里德・赫爾德[①]身上。因為赫爾德太偉大了，所以按照現代歷史學家的科班方法研究他，你會發現他像胡適一樣，什麼專家都不像，根本研究不出什麼名堂。民俗學是赫爾德同時作為啟蒙主義者與浪漫主義者播下的種子。為什麼啟蒙主義和浪漫主義這兩個概念相反的名詞要放在一起呢？因為赫爾德本人就體現了這兩種主義之間的轉型：他的前半生是啟蒙主義和世界主義的代表，後半生是浪漫主義和民族主義的代表，這兩者在中歐的播種，他都是第一人。這就涉及到決定歐洲和現代世界命運的巨大戲劇：在封建時代結束以後，接替封建主義的兩種巨大力量，一種是啟蒙主義，一種是浪漫主義。它們的哲學背景分別是，啟蒙主義的背後是理性主義，浪漫主義的背後是先驗主義。這兩種主義有先後之分，啟蒙主義率先登場，浪漫主義緊追其後，都試圖接管封建主義遺留下來的這個世界。

它們之間的鬥爭推動了民族發明，準確地說推動了兩種不同的民族發明，就是我在第九講中提到的：革命的民族發明體現了啟蒙主義的原則，它的民族最初是被稱為PEOPLE的；反革命的民族發明體現了浪漫主義的原則，它的民族最初是被稱為NATION的。現代的民族發明是這兩種民族發明的不同比例和不同方式的混合體。事實上，革命的民族和反革命的民族，這兩種來源不同的民族發明在經過百年的博弈後，漸漸地在現代的世界政治版圖中混合起來，連他們的國民都忘記了自己原先的出身。現代的民族理論都是這兩種民族發明理論在不同程度上的混合，已經沒有哪一種民族是單用某一種純粹的民族發明理論的。第一種民族發明，啟蒙主義的民族發明理論，以PEOPLE為中心的，就是法蘭西的共和主義；第二種民族發明，以NATION為中心的，就是德意志的浪漫主義。而赫爾德的重要之處就是在於，他是德國由啟蒙主義轉向為浪漫主義的代表人物，也同時是兩種民族發明在中歐的主要推手，而他設計的模式對整個德語世界、歐洲和全世界都有極其深遠的影響。

我們現在要把歷史的鏡頭拉大一點，移到封建時代的歐洲。封建時代的歐洲是什麼呢？你要把它想像成為一個「沒有主權者的世界」。如果你是中學歷史課本和政治課本教大的那些人，或者是海耶克所謂的「二、三流的思想二道販子」[②]販賣的歷史觀點和政治哲學觀點的接受者，你將無法理解封建主義世界。什麼叫做「沒有主權者的世界」呢？是沒有國家的世界嗎？近代以後的歷史學家出於民族主義構建的需要，經常把中世紀的各種政治實體類比為現代的國家，就像是明清時期的歷史學家和通俗文學作家會把夏商周三代或者春秋戰國時代的列國諸侯類比為秦始皇以後的皇帝和國王一樣。當然，這種類比是非常失真的。中世紀是一個威權粉碎的時代，它沒有最高的政治權威。神聖羅馬皇帝像周天子和日本天皇一樣，他不是政治上真正的統治者，不是讓・布丹[3]提出主權理論以後那種主權者意義上的統治者，而是兼有道德和精神意義上的統治者。與其說神聖羅馬帝國皇帝是一個負責實際政治事務的統治者，不如說是各路諸侯精神上的共主和道德行為的楷模。他能夠真正實行有效統治的時間和地點是極其有限的。那麼皇帝的權利怎樣才能施展呢？這樣會不會天下大亂？答案是不會。

封建主義下的國際法不是我們現在理解的國際法，尤其不是外交部發言人動不動就要說的那種國際法。外交部發言人說的那種國際法，實際上是他為了實現自己的要求而發明出來的一種政治理論，跟布丹為絕對主義君主國發明出來的理論其實有很多相似之處。封建主義是有無數種權利的，各種權利形成多層次的網路結構，但是不能說任何一種權利具有排他性和獨占性。而主權的特點恰好就是排他性和獨占性，所以嚴格來說中世紀是沒有主權的。最接近於主權的兩種權利就是羅馬教廷的權利和神聖羅馬皇帝的權利。當然，這兩種權利都具有高度的精神意義，根本談不上政治上的統治權。羅馬教皇被義大利的小諸侯一次又一次地趕出羅馬[4]，即使在早期也是司空見慣的事情；但與此同時，羅馬教皇發布「通諭」（Encyclical）就能讓強大的英格蘭國王和法蘭西國王瑟瑟發抖。神聖羅馬皇帝經常是因為付不起酒錢，在佛羅倫斯或者羅馬的酒店裡面被一個普普通通的酒吧老闆扣下來，不得不賣掉自己的皇冠或者其他什麼隨身物品來還債；但是另外一方面，他在自己根本行使不了任何權利的瑞士山民眼中，在威廉・泰爾（William Tell）[5]及其夥伴眼中，是正義的唯一源泉，除了上帝只有皇帝。哈布斯堡家族君侯們橫徵暴斂的行動因為沒有得到皇帝道義上的許可，所以注定是非法的。

真實行使的封建主義權利是什麼呢？它當然不僅僅是貴族權利和教會權利，而是任何自認為和被認為有能力輸出秩序的個人和團體的各種私人權利的組合。這些私人權利形成了各種錯綜複雜的關係網路，因為每個人都會有多重身分。這種關係網路其實在現代社會——也就是說在資本主義社會仍然是這樣的。資本主義社會相對於共產主義社會之所以號稱多元社會，就是因為資本主義社會實際上是封建主義的直接繼承者，它除了把使用武力的權利轉交給了近代民族國家以

① 約翰．戈特弗里德．赫爾德（Johann Gottfried Herder, 1744–1803），德國思想家及民俗學家，其作品《論語言的起源》是德國浪漫主義時期「狂飆運動」（德語：Sturm und Drang）的思想基礎。其思想受康德和哈曼影響甚深，反對純粹理性，認為人與歷史的關係密不可分。其歷史哲學、美學概念對後世皆有深遠影響，也是語言學研究的開創者。

② 出自Friedrich August Hayek, "The intellectuals and socialism." *The University of Chicago Law Review* 16-3(1949), pp. 417-433.

③ 讓．布丹（Jean Bodin, 1530–1596），近代法國思想家及法學教授，代表作《國家六論》主張主權乃「在臣民之上，不受法律節制的最高權力」，是興起於十七世紀歐洲的「絕對君主制」的倡立者。

④ 例如喬達諾．皮耶萊奧尼（Giordano Pierleoni）於一一四四年建立一個仿效古羅馬共和制度的羅馬公社（Commune of Rome）組織，並唆使羅馬市民叛亂，將教宗路爵二世（Pope Lucius II）趕出羅馬。

⑤ 威廉．泰爾（William Tell）是起源於十四世紀的瑞士民間傳說的英雄人物，是當地人民多次反抗貴族暴政，最終建立瑞士邦聯的獨立象徵。

外，繼承了封建主義的所有特點。所以，資本主義社會中間的每一個人都是具有多重身分的。你可以想像，一個女人是某一個小孩的母親，同時她是某一個律師事務所的律師，同時在商場裡面她又是該商場的一個買主和顧客。請問這幾個身分是相互矛盾的嗎？顯然不是。上班的時候她是一位律師，在超市裡面買東西的時候她是一位顧客，下班跟孩子在一起的時候她又是一位母親。這三者的關係能夠分開嗎？顯然不能。在小孩生病的時候，雖然她正在商場裡面買東西，也會扔下商場裡面的東西去帶著孩子看病，或者說是從公司離開去帶著孩子看病。這就說明，有的時候這幾種關係會發生重疊和衝突，有的時候會發生優先順序問題。

然而，我們是不是可以從剛才的例子得出結論說，她的三重身分當中，母親的身分是壓倒一切的，壓倒了律師的身分和顧客的身分，因此在任何情況下她都首先是母親、然後才是律師和顧客呢？其實不是。她只有在孩子生病、需要緊急處理的時候，母親的身分才是壓倒一切的。如果孩子根本沒有生病，只是在家裡面玩鬧或者是在學校裡面跟其他孩子吵架，而他自己正在公司處理一項非常重要的案子的話，她就會說，這些事情等我下了班再處理，在這之前你找學校老師或者你們孩子和孩子之間自己去解決。那麼是不是說這個女人作為律師的身分始終是高於她作為母親的身分呢？當然不是，這都是看具體情況的。孩子生病的時候，她作為母親的身分是壓倒一切的；公司有緊急案件而孩子沒有什麼大事的時候，她作為律師的身分又是壓倒一切的；在需要買什麼急需品而公司沒有大事、孩子也沒有大事的時候，她作為顧客的身分又是壓倒一切的。你想要訂出一個像憲法這樣的至高法或者基本法，把她的某一項身分或者某一種關係置於最高地位，規定這三種關係之間的固定順序，顯然是不可能的。即使是她本人，也制訂不出固定的順序來。她作為一個活的人，在不斷地生孩子，不斷地處理新的案件，不斷地買新的東西，她這三種關係都是動態的、往前發展的。她在不同時期，要根據健全常識來判斷這三種關係對她的相對重要性，三種關係的優先順序也隨時隨地都在改變之中。

假如有朝一日這三種關係發生了嚴重的衝突，比如說變成了司法案件、需要裁決的時候，那麼處理這些案件的是誰呢？就是跟她一樣的有工作、會買東西、同時也在養孩子的父母，他們要根據自己的經驗和常識來判斷，這個母親在這三種義務發生衝突的時候所做出的選擇是不是合理的、是不是錯誤的。例如，在美國經常就有母親為了上班或者其他什麼原因，把孩子一個人丟在家裡，最後孩子出了事，那麼母親是不是失職呢？她在三種優先順序的選擇當中是不是犯了錯誤甚至犯了罪行呢？那麼就需要由陪審團來裁決。陪審團的成員必須是跟這個母親處於同一個階級的人，他們也都在帶孩子，也都在工作，也都在買東西，所以他們能夠根據相同的階級身分和去理解相同的情境，適當地判斷這位母親的行為在什麼情況下是正確的，在什麼情況下是不正確的。而他們做出的裁決就會構成一個先例，以後同一階級的人在面臨著類似的問題、需要裁判的時候，就要參考這些先例。然後先例越積越多，正如魯迅所說的，走的人多了就變成道路了，這些判例就變成習慣法了。

中世紀是一個司法統治的時代，所有的關係都沒有一個固定的最高關係，沒有一個固定的最高法院，它是在不斷的動態演進之中。我剛才講到的陪審團也不是獨一無二的。例如，窮人在某一位貴族領主的法庭上打輸了官司，你可以認為因為封建法通常是袒護貴族的，而教會法庭上是袒護窮人的，我可以去找主教的法庭，主教的法庭會為窮人伸冤的。或者反過來說，我認為主教的法庭偏袒了窮人，我可以去找國王的法庭，國王的法庭與貴族的法庭、主教的法庭相比是更加不偏不倚的，諸如此類。或者說你認為，因為國王自己也是一位軍事貴族，不懂得商務上的複雜事務，所以做出了錯誤的判斷，那麼你就到五港同盟（Cinque Ports）、漢薩同盟（Hanseatic League）[6]或者倫敦商人的商務法庭去，法庭陪審團的組成人員全都是商人，他們能夠比國王做出更準確的判斷。如果各個法庭做出的判斷不一樣，怎樣執行呢？答案是靠「打」，也就是武力解決。

中世紀的政治觀念並不像是絕對君主國設想的那樣，有一位壟斷臣民的所有效忠權、而且必須為臣民的所有行動負責的國王或者國家。國王有一定的權利和義務，例如他接受了臣民四十天的兵役義務、收了一定的稅，就要盡一定的義務，但是義務並不是絕對和無限制的。就像是你公司的老闆一樣，你既然為公司的老闆幹活兒，他就有必要按照你們兩人簽署的合約付給你相應的待遇。但是這個待遇是合約規定的，他不能付給你額外的待遇。例如你得了什麼重病，而保險公司不肯付給你醫療賠償，那是你跟保險公司之間的糾紛；因為那是你跟保險公司的合約，而不是你跟公司老闆的合約。你在事務所當律師，事務所老闆付給你律師的工資；你跟保險公司的糾紛，那不在事務所律師老闆的負責範圍之內。

國王的地位就跟公司的老闆一樣，他跟不同階級、不同地位的臣民簽署了不同性質的契約，這些契約構成了他所在的那個王國憲法的組成部分。契約沒有包括的部分，不在他的管轄範圍之內。例如，英國的一撥漁民和法國的一撥漁民打起來了，法國的漁民要求國王腓力二世⑦主持公道，國王就會問說：「你們有手有腳幹什麼吃的？你們為什麼不打回去？」其實那些漁民也不是真想讓國王去做些什麼，他們只是覺得，你這位國王很有道德上的威望，如果國王都說我們可以正當地打回去，那麼我們再打回去就沒有問題了。他們聽到這句話，馬上就拿起武器去打英國漁民了。而英國國王也當作沒事一樣，因為這是漁民跟漁民打架，並不等於說是英國國王跟法國國王打架。這就是中世紀的多重正義。你要說它在沒有最高權威的情況下怎麼樣才能穩定？答案就是，它有多重的司法統治和多重的正義，這些正義是依靠各式各樣的司法裁決和各式各樣的私人戰爭來維持的。

如果你理解不了，一定要問沒有最高權威、沒有統一權威的社會怎麼能不亂？其實你的問題就像是蘇聯國家計委[8]的官員責問美國人說：「你們美國沒有國家計委，一個老闆想生產什麼就生產什麼，想改行就改行，工人不聽國家計委的安排，今天不高興了就要辭職，明天不高興了就要跑到別的地方去。請問，你們的經濟陷入一片無政府狀態，你們的社會怎麼樣才能運轉呢？你們的鐵路怎麼樣才能準點到達呢？在我們蘇聯，如果說哪一個鐵路工人不接受國家計委的指令，隨隨便便就從西伯利亞跑到莫斯科去了，那我們的鐵路就要無法運轉了。如果莫斯科的經理一不高興就要跑到海參崴（Vladivostok）去，那樣的話我們的經濟就要無法運轉了。請問，為什麼你們美國的工人和你們美國的經理如此之自由，你們美國的經濟還沒有垮台？你給我解釋一下這是什麼原因。」恐怕美國的老闆是解釋不了的。

如果你找到某一位經濟學家，讓他長篇大論給你解釋什麼叫做自由市場，誰是亞當・史密斯，什麼是分工合作，什麼叫做「各人為了自身利益而自然形成的分工合作能夠實現社會正常運轉的目標，而且比起中央集權制度之下由國家計委進行的調控效率更高，從長遠看來對社會整體更加有利」，那麼一個普通的小老闆可能還回答不出來。而國家計委的官員會認為，我們蘇聯的制度具有無比的優越性。習慣了中央集權思維和絕對主義主權思維的讀者看到封建主義的這種狀態，就會像是蘇聯計畫經濟體系下的人看待美國的市場經濟一樣。他們不能理解，這樣混亂的社會居然還沒有滅亡，不但沒有滅亡，而且還產生了近代世界最強大的勢力，使奧斯曼帝國、伊朗帝國、蒙兀兒帝國和大清帝國被這些看似混亂無序的封建統治者輕而易舉地一腳踢開、踩在腳下。

近代的資本主義其實就是封建體制當中武力色彩比較少的一部分，但是它最初也享有私人戰爭的權利。例如，英國東印度公司憑一家私人公司的力量就消滅了印度很多王國，最後取代蒙兀兒帝國，統治了東方的印度。這是像嚴復這樣深諳自由主義、深諳西學的東方人感到無法理解的事情。然而在歐洲，這實在是稀鬆平常的事情。聖殿騎士團也好，醫院騎士團[9]也好，他們在東

⑥ 五港同盟（Cinque Ports），為英格蘭島南端多個沿海港口於中世紀早期結成的軍事及商業聯盟，起初的成員有：黑斯廷斯（Hastings）、新羅姆尼（New Romney）、海斯（Hythe）、多佛爾（Dover）、桑威治（Sandwich）。漢薩同盟（Hanseatic League），為十二至十三世紀由德國北部沿海城市如呂貝克（Lübeck）、漢堡、科隆、不萊梅等結成的商業聯盟，長期主導並壟斷波羅的海地區貿易，在十四至十五世紀期間達到顛峰，加盟成員達到一百六十個城市。這兩組商業共同體雖附庸於英格蘭王國及神聖羅馬帝國，但在興盛時皆享有高度的自治權利。

⑦ 腓力二世（Philip II of France, 1165–1223），法國中世紀時期的著名君主，曾參加過十字軍東征，統治期間致力於提高王權、促進商業以壓制貴族勢力，對外則透過靈活的外交手腕蠶食英國金雀花王朝位於法蘭西的封建領地。

⑧ 全名為蘇聯國家計畫委員會（The State Planning Committee），是蘇聯負責策畫「五年經濟計畫」的最高政府部門。

⑨ 聖殿騎士團（Knights Templar, 1119–1312）和醫院騎士團（Knights Hospitaller, 1099–）皆為歐洲中世紀的武裝修會，起源於第一次十字軍東征，成員以西歐封建貴族為主，遵循羅馬教皇命令而享有自外於封建法的特權，在地中海東岸建立一系列歐洲式封建政權。

歐和地中海世界進行的武裝拓殖不就是這麼回事嗎？維吉尼亞公司和哈德遜灣公司[10]開拓美洲的時候，他們享有的戰爭和外交權利一點也不比東印度公司在南亞和東亞享有的戰爭權利更少。中文世界經常把這種現象說成是殖民主義的一部分，實際上它只是封建主義自古以來的一部分，只是封建秩序在自己發育成熟以後向外移、把它的活動範圍放到了歐洲以外的廣大世界所造成的效果，僅此而已。在封建主義之下，哪怕是最強大的君王，例如法蘭西和英格蘭的國王，首先，他們從道德上講只是羅馬教廷和神聖羅馬皇帝的下屬部分，基督教世界從理論上講都要對羅馬教廷和神聖羅馬皇帝敬以道義上的遵從，但道義上的遵從和實際上的情況其實是兩件事。

隨著時間的流逝，最強大的君王，英格蘭和法蘭西的國王，特別是法蘭西國王，開始覺得：第一，哪怕是神聖羅馬皇帝這種道義上的約束，對於他來說也是很沒面子的事情；第二，在現實政治層面上，他迫切希望能夠加強自己對勃艮第公爵、法蘭德斯伯爵和各小邦、各公國之間的權力。道義上的理由和現實政治的需要，使他迫切需要給自己發明一種新的政治理論，這種新的政治理論比封建主義的習慣法對他更有利，能夠使他一方面在道義上來講不至於低於實際權力還不如他的神聖羅馬皇帝和羅馬教廷之下，一方面能使他在現實中能夠在跟勃艮第公爵和其他君侯打交道的時候獲得更大的利益。法蘭西國王這時候就需要一批知識分子來替他說話，於是就產生了「絕對主權」[11]的概念。「絕對主權」的概念是什麼？第一，它不符合提出「絕對主權」思想家實際上所處的歐洲政治形勢。當時，法蘭西國王也不過是比其他封建君主的權力要大一點。在面對英國國王撐腰的法蘭德斯伯爵和勃艮第公爵的時候，他不一定每次都能打贏，有好幾次被勃艮第公爵和法蘭德斯伯爵率領的封建諸侯聯盟——「公益同盟」[12]之類的反法聯盟一直追殺到巴黎城的城門口。最強大的法蘭西國王尚且如此，其他的君王就更不用說了。第二，在法蘭西國王的槍桿子不夠硬的時候，筆桿子可以稍微幫一下忙。你可以說你的要求是正當的，然後就會有——或者說可能有比過去更多的支持者來維護你的事業。絕對主權的概念就是這樣產生的。

所以法蘭西國王說他是「最虔誠」的國王，就是因為神聖羅馬皇帝的宗教色彩和道德色彩極

⑩ 維吉尼亞公司（Virginia Company, 1606–1624）和哈德遜灣公司（Hudson's Bay Company, 1670–）皆為英國商人於十七世紀成立的商業自治團體，在英國國王的特許之下，在北美洲建立殖民地並發展跨洋貿易。

⑪ 絕對主權（Absolute Sovereignty），十六世紀由布丹所提出，強調國家主權不受法律所規範，對內得以完整行使統治權，對外則與他國平等相處，除了上帝及自然法之外，沒有任何律條可傷害主權的最高性。

⑫ 公益同盟（League of the Public Weal），是法蘭西封建貴族於一四六五年結成的軍事同盟，發起者為夏洛萊伯爵「大膽查理」（Charles Bold），目的為反對法王路易十一世擴大國王及中央政府的權力，雙方並於一四六五年五月爆發戰役，最後以路易十一世簽署《孔夫郎條約》（Treaty of Conflans）被迫讓步而解散同盟。

為濃厚，他的權利主要不是依靠皇帝本人很能打，而是依靠他是基督在世界上的代理人之一（另一位代理人是羅馬教皇）。憑著這個特點，即使法蘭西國王能打得贏神聖羅馬皇帝，心裡面還是覺得我打他到底還是不對的。這個道理，也可見於日本戰國時代的歷史。當織田信長率軍上洛（京都）以後，聽到這個消息的上杉謙信就說，我一定要討伐這個膽敢威脅將軍的大壞蛋[13]。上杉謙信跟京都的將軍沒有一點點利害關係，跟織田信長也是無冤無仇，但是他就產生了這種道義上的憤怒。因為上杉謙信自認是日本封建道德的化身，他覺得在封建主義秩序之下，將軍尊重天皇、各路諸侯尊重將軍是理所當然的，你織田信長也不過是一位諸侯，竟然敢跑到京都去，把天皇和將軍抓在自己的手裡面，把將軍搞得走投無路，這簡直是以下剋上、大逆不道。這種感覺就像是，孔子看到魯國的貴族敢用周天子的禮樂以後，就發出了憤怒的吼聲：「是可忍孰不可忍，你一個諸侯門下的貴族，竟然敢用天子的禮樂，你是反了吧！」[14]這就是他們的感受。所以，即使是實力超過神聖羅馬皇帝的君侯，在反對神聖羅馬皇帝的時候也要忌憚，說不定在基督教歐洲的某個角落裡面會出現上杉謙信這樣的人物發出憤怒的吼聲：「儘管我跟你一點利害關係都沒有，但我純粹為了主持正義，覺得你這種大逆不道的人非受點懲罰不可。」

因此法蘭西國王的筆桿子，也就是知識分子要反擊了，要論證這種大逆不道的行為其實是很有道理的。論證的辦法有兩種，第一種，神聖羅馬皇帝不是基督在世界上的代理人嗎？因此我便要說法蘭西國王是最虔信基督的君主，這樣我跟你就平起平坐了。我也是為了基督呀，不是只有你才是為了基督。然後西班牙國王也就拍拍腦袋宣布，我是天主教君主。這兩個頭銜的目的都是針對神聖羅馬皇帝的，要分他的權利，不高興接受神聖羅馬皇帝道德上的權威。同時還有另一種更世俗的理由，這個理由是一撥羅馬法的律師和近代哲學家（他們當中最重要的就是布丹）提出的，就是我們非常熟悉的絕對國家主權理論。絕對國家主權理論認為，世界上沒有一個像是神聖羅馬皇帝或者羅馬教廷那樣的最高道德權威，道德權威是誰也不重要。我們可以稱神聖羅馬皇帝是維也納和德國的君主；我們也可以承認羅馬教皇是羅馬城和義大利的君主。但是德國和義大利以外的地方當然是由英國國王、法國國王、西班牙國王和各路地方君侯統治的，他們之間沒有高下之分；只要他們實際上能夠實施統治，他們的地位就是平等的。同時，每一個君侯在自己的轄區之內都擁有絕對權力。

當然，知識分子這樣說，是為了替法蘭西國王張目。第一，法蘭西國王實際上是沒有絕對權力的，他在自己的轄區之內只是各路封建諸侯當中地位最高的一個君侯，甚至不是實力最強的一個君侯，法蘭德斯伯爵、亞奎丹公爵或者圖盧茲伯爵比國王的權力大、地盤多、勢力更強大的時間不是只有一次兩次；第二，就算是在法蘭西國王實力比所有諸侯都強的時候，他也只是比各路諸侯高一級、強一點，能夠根據封建習慣法向諸侯提出若干要求，但是習慣法之外的要求他就沒有權利提了。比如說，老闆可以要求你在八小時之內給他工作，八小時之外要工作的話，他得跟你商量，不然你可以拒絕的。如果你拒絕了，他並不能開除你。如果他開除了你，你可以根據當初你們之間簽署的合約去告他。封建的藩屬就是這樣的，我雖然是伯爵，你是國王，我比你低一級，你打仗的時候，我帶著我手下的兵馬去給你打四十天仗，但是四十天時間一到，我就帶著我的兵馬回家了，哪怕是打到快要勝利的時候，我一轉頭你就要轉勝為敗，但這跟我沒有關係。我跟你事先簽的合約規定我每年給你打四十天仗，記住了，是四十天，不是四十五天。你在第四十天的時候正打到關鍵時刻，我帶著我的人馬走了，一點也不違反封建契約。如果你找我的麻煩的話，那是你國王陛下理虧。我第一可以跟你打仗，藩屬照樣可以跟國王打仗，第二就是可以找別的封建法庭跟國王打官司。國王不一定能打得贏仗，也不一定能打得贏官司。

如果按照布丹那種絕對主權理論的話，那就麻煩了，比如我這位伯爵是你這位法蘭西國王的下屬，我就得像羅馬帝國和奧斯曼帝國的總督一樣，絕對服從你這位國王。如果我在打仗的時候拋棄了你，那就像帝國的總督一樣，是可以撤職的。國王是享有絕對權力的君主。這樣一來，是不是對國王非常有利，而對封建諸侯非常不利呢？國王要的效果就是這樣。絕對君主制的理論，也就是現在這種主權國家理論，在開始的時候是無法有效執行的，甚至不可能執行的。但是有人這麼宣傳，對國王就是有利的。就好像說是，蘇聯其實並沒有征服美國，但是「全世界最終將會實現共產主義」的理論對誰有利呢？當然是對蘇聯有利了。假定有一撥美國人相信美國遲早要實現共產主義，那麼他們就自動地變成了蘇聯外交的幫手。中國共產黨沒有能力吞併台灣，但是如果它到處宣揚「世界上有一個中華民族，台灣是中華民族的一部分」，而且台灣還有一部分人是相信的，那是不是對共產黨有利呢？要是有一部分台灣人真的相信「台灣人是中華民族的一部分，中華民族早晚是要統一的」，那麼是對誰有利呢？當然是對共產黨有利。那麼共產黨自然要宣傳「中華民族」，哪怕是連廣東都沒有包括在蔣介石早期的中華民族理論裡，這也沒有關係。蔣介石曾在日記裡寫：「粵寇和倭寇一樣，都是我們中華民族的最大敵人」[15]現在共產黨可以借

⑬ 織田信長（1534–1582）與上杉謙信（1530–1578）皆為十六世紀日本戰國時代的封建領主。織田信長於一五七三年流放足利幕府末代將軍足利義昭，引發尊崇幕府體制的上杉謙信不滿。上杉謙信聯合其他封建諸侯如毛利輝元、波多野秀治與石山本願寺，組成第三次「信長包圍網」同盟以對抗織田信長政權。

⑭ 典故出自於《論語．八佾》，「孔子謂季氏：八佾舞於庭，是可忍也，孰不可忍也！」

⑮ 蔣介石於一九三一年九月二十三日的日記中寫道：「粵寇借倭奴之力以倒中國，而且其推出代表全為粵人，是廣東儼然化省為國，與倭夷攻守同盟以傾中央。」

用蔣介石的「中華民族」這個詞，把廣東和台灣都包括進去，這樣至少在輿論上可以有點幫助，說不定在其他地方還有更大的用處。法蘭西國王支持絕對主權國家的理論就是這樣的。

但是我們要注意，即使是在一七八九年法國大革命的前夕，哪怕是在法蘭西王國境內，法蘭西國王也從來沒有任何一天真正實踐過絕對主權理論。亞維農的教皇領地[16]、波蘭國王在洛林的領地，還有諸如此類數不盡的領地，包括猶太人的各個社團在內，他們跟法蘭西國王之間的關係都是雙邊契約式的封建關係。即使在法國大革命取消了封建義務以後，哪怕到了二十世紀凡爾賽和約簽訂的時候，絕大部分民族國家都沒有像現在共產黨的外交部發言人所說的那種權力。例如，波蘭能夠得到凡爾賽條約的認可，關鍵就是在於它跟國內的猶太人和但澤自由市簽署了特殊條約[17]；芬蘭作為一個獨立國家的存在，關鍵就是在於它跟奧蘭群島上的瑞典人簽署了特殊條約[18]；而義大利王國必須承認阜姆自由邦[19]的權利，才能夠得到國際聯盟的承認。當然，德國和波蘭也有但澤自由市之類的問題，數也數不清。直到今天，沒有哪一個所謂的民族國家曾經實現過十七世紀以來提倡的絕對主權理論，哪怕是被希特勒和史達林清洗過兩次的波蘭也沒有。

在封建法傳統最為深厚的英語國家，國內法很明顯是高於國際法的。例如像葡萄牙王國，它是一個王國，但是在英國人的幾十部「葡萄牙關係法」當中，堂堂的葡萄牙王國就像區區的法蘭德斯伯爵領地一樣，是受英格蘭王國和大英帝國保護的地區。如果你要問葡萄牙王國的絕對主權還算不算數，英國法官的答案會是：「這跟我沒有關係。我根據英國的國會法規定，英國國會既是封建主義的最高司法機構，又是眾多立法機構之一，我作為一個普通法的律師和普通法的法官，我根據無數的判例可以判斷，英國跟葡萄牙之間歷年來簽署的條約、英國威斯敏斯特國會通過的『與葡萄牙關係法』和諸如此類的相應法律是合法的，我要根據以往的判例來判決。至於你們外國人，你們歌德或者其他什麼歐洲人說『這是不公平的，葡萄牙王國或者法蘭德斯伯爵的領地怎麼會變成英國保護的地方，這違反了一八一五年維也納和會的各種條約協定』，那麼我只能說，按照我看到的判例，這些累積幾百年的慣例比你一八一五年剛剛簽署的條約更重要，自古以

⑯ 法國的亞維儂（Avignon）於十四世紀的「巴比倫之囚」（Babylonian Captivity）事件後，成為羅馬教皇於封建法上的私人領地並享有特權，直到十八世紀法國大革命時期被革命政府以國家名義收回。

⑰ 第一次世界大戰結束後，美、英、法等列強在「凡爾賽會議」中支持波蘭獨立，但需保障位於德國和波蘭邊境交界處、居民九成以上為德國人、原屬於德國的「但澤市」（Danzig）自治權，並支持成立「但澤自由市」（Free City of Danzig）。

⑱ 奧蘭群島（Åland Islands）本為瑞典領土，於一九一七遭到芬蘭軍隊占領。芬蘭國會於一九二〇年通過的《奧蘭自治法案》（the Act on the Autonomy of Åland），賦予奧蘭群島居民自治權，保障其政治中立、不設軍事設施及免服芬蘭兵役，並得到「國際聯盟」（League of Nations）認可。當芬蘭於一九九五年加入歐盟時，與歐盟簽訂奧蘭議定書，再次保障奧蘭群島的自治及中立權利。

⑲ 阜姆（義大利語：Fiume）是位於亞得里亞海、以商業貿易為主的海港都市，最初於一七一九年，在神聖羅馬帝國皇帝的允許下取得自治權。直到第一次世界大戰結束後，該城的歸屬問題在義大利和南斯拉夫王國的爭奪下，成為國際重要事件。一九二〇年，在美國總統威爾遜的提議下，義大利和南斯拉夫妥協，共同促成「阜姆自由邦」（Free State of Fiume）的成立。「阜姆自由邦」成立後政治動亂不斷，遂於一九二四年遭到義大利和南斯拉夫瓜分。阜姆現在為克羅埃西亞所屬的里耶卡城（克羅埃西亞語：Rijeka）。

來就是這樣，所以我判慣例勝。」然後這種行為在歐洲各國，包括威瑪公國的大臣歌德看來，那就是英國人認為國內法高於國際法，如果英國簽署的國際條約跟國內法發生衝突了，那麼英國法庭的裁決將以國內法為優先依據。像現在美國的《台灣關係法》就是這種情況，如果美國跟外國簽署的條約跟美國國會立的法律相衝突，那麼任何一個美國法庭都會判國內法贏。

然後，一八一五年的德國人就要咆哮起來：「英國人太霸道了，極其不公平。我們普魯士王國和奧地利都是國際法高於國內法的。如果國王簽署一個國際法，那麼國內的法官是非得執行不可的。如果國內的法律跟國王簽署的條約發生衝突，那麼他們必須根據國王的意志，首先執行條約。為什麼唯獨你們英國例外？你們負責簽署條約的英國外交大臣居然還不如肯特郡一個地方法院的法官有力。你們英國的巴麥尊勳爵跟拿破崙三世簽署了同盟條約，然後拿破崙三世到英國去控告一撥法國流亡者在英國搞顛覆活動，企圖顛覆拿破崙三世政權，結果英國法官居然判拿破崙三世敗訴，請問你們的首相跟我們的皇帝簽署的條約算不算數？」同樣的事情發生在奧地利哈布斯堡皇帝、普魯士國王跟英國法官發生糾紛的時候，歌德大臣就要憤怒地責問卡斯爾雷外交大臣，你們英國外交大臣簽署的條約算不算數？但他得到的回答是，英國是一個司法統治的國家，它繼承了中世紀司法統治的傳統，外交大臣不算什麼。外交大臣簽署的條約不是不管用，它只是普通法法官可以引用的眾多先例之中的一種。司法統治是多元統治，各種各樣的契約身分同時存在。就像我前面提到的那位母親一樣，她的律師的身分、母親的身分和顧客的身分同時存在，哪一個身分在哪一個具體情況優先，第一由她本人來判斷，第二由與她同階級的陪審團來判斷。沒有任何一個判例是絕對的，每一個新的判例都可以為舊的判例增加分量，但也不是說法官一定只能依據舊的判例進行判決。總之，這就叫「司法統治」。

「司法統治」在與英國簽署條約的歐洲大陸君主——今天就是在跟美國政府簽署條約的外國統治者看來，英國和美國把國內法淩駕於國際法和國際條約之上，這就是英美霸權主義的體現。然後他們可能會根據布丹和眾多絕對君主制愛好者發明的主權國家理論說：「你們這樣是不對的，在我們推翻了英美霸權主義之後，我們早晚要改變它」，諸如此類的願望。但是就英國與法蘭德斯、比利時、葡萄牙的關係來看的話，基本上沒戲。英國的司法統治籠罩著法蘭德斯地區已經持續了整整八百年，一直到了歐盟建立的現代，比利時、荷蘭、西班牙和法國都已經加入了歐盟，相應的判例仍然存在於英國普通法的巨大記憶庫當中，任何時候要用都可以用，相應的判例仍然是有效的。現在沒有人再談論英國對法蘭德斯地區的做法是不是霸權主義，是不是侵犯國家主權了，那是因為法蘭西和西班牙已經放棄了對法蘭德斯地區的領土要求的緣故，所以大家就不去爭吵了。就像是英國國會至今仍然擁有隨時可以執行「褫權法案」[20]的權力，這種權力可以指名誅殺任何一個妨礙國會的人；它只是目前不使用而已，不使用不代表作廢，它可以隨時拿出來用。假設有一天，英國國家安全受到極為嚴重的威脅，麥卡錫主義（McCarthyism）在英國國會興起的時候，這些法律隨時都可以拿出來用。這時一定會有一撥淺薄的自由派知識分子跳出來說：「你們這樣做跟希特勒有什麼區別？」但是這樣說是沒有用處的，普通法是有牙齒的，它有從封建制度繼承下來的牙齒，而且這個牙齒非常銳利。

法國大革命是布丹所提出的絕對主義理論在全歐洲真正推廣的第一步。它做到了法蘭西國王不敢做的很多事情，因為封建君主的個人統治被民族發明取代了。法蘭西國王無論多麼強勢，他始終是封建制度的一部分，他不可能徹底反對封建制度的，即使對他自己有極大的利害關係，他反封建也不是徹底的。要想建立布丹所設計的那種絕對主權，就必須發明「民族」，也就是根據啟蒙主義的原則，把原先是各個等級的人民發明成為一種完全平等、均質的共同體，用「想像的人民」來取代君主。法蘭西民族通過法蘭西共和國的名義，可以做到法蘭西君主國做不到的許多事情。然後這種邏輯如果推廣到全歐洲各地，那麼布丹所設想的那種由平等的各個地方性國家組成的國際社會就要成為現實了。這樣的社會，第一是沒有封建主義情況下的那種羅馬教廷和羅馬皇帝的道德威望；第二呢，各國內部的封建團體對王權的侵蝕將會在國民公會的統一之下喪失大部分效力。法蘭西大革命創造了「立法國」的傳統，這跟英美體系的「司法國」不一樣的地方，最簡單地說就是「中央集權」。巴黎的國會做出的決定和通過的法律，都是執行拿破崙法典的法蘭西法官裁決的依據。並不是說法蘭西法官的地位比國會議員低，法蘭西也是一個三權分立的國家，只不過立法權和司法權是分得很開的，國會立了法，法官負責執行和解釋，但是法官是沒有解釋法律和發明法律的權力的。但是英國的普通法法官是不認這一套的，他像封建主義下的各個法官一樣，他隨時有權造法。立法國把權力集中到中央一層，大大削減了司法系統的權力。

由法蘭西共和國開啟的這種革命的民族發明模式，從理論上講，將會自然而然地形成伊曼努爾・康德[21]設想的那種歐洲變成各大共和國、然後各大共和國通過一個國際聯盟式的組織團結起來的情況。但是康德所設計的的各民族國家之間完全平等的大聯盟，是需要在各國實力平等的情

⑳ 源自於英國中世紀時期的普通法慣例，於一五四二年英王亨利八世（Henry VIII）統治時期的上議院制定為正式的法律，適用於犯下叛國罪或特殊重罪的公民，可剝奪其法律權利及沒收財產。其起訴流程與普通公共法案所規定的程序相同，即律師可聽取被告人的陳述，被告人也可要求證人在兩院（上議院及下議院）為其作證。採用這種議會審判形式最著名的案例是一六四一年對犯下叛國罪的斯特拉特福德伯爵溫特沃思〔Wentworth, Earl of Strafford〕的審判，此審判方式自十八世紀以來不再被使用。

㉑ 伊曼努爾・康德（Immanuel Kant, 1724–1804），德國哲學家，代表其思想核心的三大著作被稱為「三大批判」，即《純粹理性批判》、《實踐理性批判》和《判斷力批判》，分別闡述他對知識、倫理及美學的觀點，對後世哲學影響極為深遠。

況下才能做到的。現實情況中，有很多國家堅持過去的封建君主體制，拒絕接受共和主義原則。而接受共和主義原則的政治勢力當中，法蘭西共和國無疑是最強大的，因此接受共和主義跟接受法蘭西的霸權變成了一回事，正如在二十世紀，接受共產主義跟接受蘇聯的霸權其實是一回事。於是康德理想上的各國家一律平等的國際聯盟，在現實中就會變成拿破崙主導下的法蘭西革命軍對法國陣營內的各個小國——無論是赫爾維蒂共和國或是義大利共和國的霸權式專政。而不願意接受法國霸權式專政的國家——是政治勢力，不能說國家，我剛才犯的這個錯誤其實就跟明代歷史學家說「堯舜禹湯都是皇帝」是一樣的錯誤，因為現在民族國家是主流意識形態，所以我們動不動就會把以前的政治實體都說成是民族國家。總之，反對法國式及啟蒙主義式民族發明的政治勢力和思想家都必然要向另一方面去尋找思想資源和政治資源，從而導致了反革命的民族發明。

革命的民族發明催生了反革命的民族發明，體現在很多地方，首先就體現在第九講提到的「伊利里亞行省」。伊利里亞行省是拿破崙建立的義大利王國的一個分支機構。「伊利里亞」這個詞是拉丁天主教徒、跟法蘭西有文化連結的啟蒙思想家——例如瓦倫丁．沃德尼克[22]這種人最喜歡的概念。沃德尼克就是伊利里亞主義的積極支持者。他在歌頌偉大的革命軍統帥拿破崙的時候說：「法蘭西重新點起了希臘的火炬，左手擁抱高盧，右手擁抱希臘，掃盡了中世紀的黑暗，把伊利里亞人民帶進了啟蒙的光明之中」（出自沃德尼克的詩作《重生的伊利里亞》）。如果沃德尼克的理想實現了，那麼包括現在的克羅埃西亞和斯洛維尼亞的「伊利里亞」，就要像現在的義大利發明成為義大利民族一樣，發明成為一個親法的「伊利里亞民族國家」，但並不是所有人都喜歡這個概念。我們在第九講時已經提過，法蘭西建立的「伊利里亞行省」是由兩個部分組成的，一部分是拿破崙越過阿爾卑斯山征服了義大利之後，從威尼斯和拉古薩之類的義大利城邦在亞得里亞海北岸和東岸的領地中割讓出來的，另一部分是奧地利的哈布斯堡帝國從它跟奧斯曼帝國長期交戰時所建立的東部和南部邊區割讓出來的。伊利里亞主義者的支持者主要來自於拉丁天主教徒，受義大利文化薰陶比較深厚的那一邊；而受到日耳曼文化薰陶比較深厚的那一邊，對拿破崙和法國人支持的這個革命的民族發明——伊利里亞主義是看著十二分不順眼的。但是時代在進步，連哈布斯堡家族都支撐不住的封建制度，他們已經不可能要求全部恢復。這時，他們迫切地需要思想資源。就在同一時間，在拿破崙占領下的日耳曼地區，思想家赫爾德的思想正在轉型中。

赫爾德和歌德一樣，他一生橫跨了兩個時代。在他的背後是啟蒙主義和世界主義的時代，在他的面前是民族主義和浪漫主義的時代。他既是啟蒙主義和世界主義的集大成者，也是民族主義和浪漫主義的播種者和先驅者。在他的腳下，成長起來了如路德維希．阿爾尼姆[23]、約翰．費希特[24]這些新一代的浪漫主義者和民族主義者，他們都是吸著赫爾德和歌德這兩位巨人的乳汁長大的。然而赫爾德和歌德本人的思想傾向——至少早期的思想傾向如同康德，他們都是啟蒙主義者和世界主義者。他們早期都曾經一度非常熱愛法蘭西文化，認為法語是文明的語言。歌德辱罵德國、熱愛法國的言辭是連篇累牘的[25]。但是理想主義最終還是敵不過現實政治。他們發現，在拿破崙的領導之下，法國統治的歐洲似乎並不比封建的歐洲更加美好。說白了就是，法國人在哪裡都坐了頭一把交椅，而且他們對待理應跟他們是完全平等的兄弟姊妹一樣的各共和國——美因茨共和國、巴達維亞共和國、赫爾維蒂共和國的態度，跟征服者對待被征服者沒有什麼不同。啟蒙主義者設想的理想天地是一個「人人平等、自由民主」的樂園，各共和國像兄弟姊妹一樣相愛，等於是一種褪去了基督教色彩的博愛主義理想。他們可沒有想到讓日耳曼地區的各共和國跪在拿破崙的面前。特別是，在拿破崙連「法蘭西共和國」的外衣都撕了下來、加冕為法蘭西帝國的皇帝以後，他們就更加失望了。

但是現實政治的力量是無情的，法蘭西的革命軍在變成拿破崙的帝國軍隊以後，仍然是所向披靡的。然後拿破崙於一八一〇年娶了瑪麗．路易莎以後，最強大的哈布斯堡家族看上去都已經投降了。拿破崙封他與奧地利公主路易莎的兒子為羅馬王，意思就是讓他繼承查理曼的偉業，繼承神聖羅馬帝國的偉業，今後奧地利的皇帝不再是神聖羅馬皇帝了，拿破崙和奧地利公主的兒子（這個未來的羅馬王）就是未來全歐洲的統治者，未來全歐洲的統治者將要在法蘭西文化和啟蒙運動的統治之下繁榮昌盛，在理性主義的統治下步入康莊大道，一掃過去封建的分裂和黑暗。在這個偉大進步的圖景之中，很不幸，除了天主教要被掃到一邊以外，而且日耳曼的語言和文化都要像普通話推行以後的廣東方言、四川方言和吳越方言一樣被掃進歷史的垃圾堆。今後你們都講滿大人語就行了，滿大人語可以滿足你們的一切需要。你們要忘掉你們的廣東方言，要記住，廣東方言、閩南方言都是野蠻人和落後分子的語言。你們要把你們的子弟送進普通話學校，永遠忘記你們未開化的祖先語言。這樣你們就可以到巴黎或者北京去，大家一起享受啟蒙主義的大快樂。這就是拿破崙和他周圍的啟蒙思想家為德國和全歐洲規劃的美好未來。

㉒ 瓦倫丁・沃德尼克（Valentin Vodnik, 1758–1819），斯洛維尼亞的詩人，是受西格蒙德·佐伊斯贊助的重要文人，活躍於啟蒙時代後期。其作品形式簡潔，內容和主題形式也貼合群眾，表現濃厚的自由主義氛圍及愛國情操；同時在新聞界也頗有影響力，創辦了斯洛維尼亞的第一份報紙。

㉓ 阿爾尼姆（Ludwig Achim von Arnim, 1781–1831），德國民間傳説的研究者、戲劇家、詩人和故事寫作家。德國浪漫主義文學團體「海德堡派」的重要成員之一。他出版的《少年魔法號角》，收錄了農夫、牧人及遊唱詩人歷代相傳的民謠。

㉔ 約翰・費希特（Johann Gottlieb Fichte, 1762–1814），德國哲學家，是承繼康德之後德國唯心論的奠基者，同時亦是富有愛國主義的教育家。哲學上提倡「認識論」，並主張「絕對自我」的概念；教育上則提倡從教會手中搶回教育權，由國家控制。一八〇六年拿破崙占領柏林期間，費希特發表了《告德意志國民書》，激發了德國國家主義，被視為德國「國家主義之父」。

㉕ 例如歌德比較有名的一句話是：「普魯士人天性殘酷，文明之後則會更加凶猛。」（The Prussian is cruel by birth; civilization will make him ferocious.）

曾經支持過法國啟蒙主義理想的老一輩思想家如歌德和赫爾德，面對這個理想，感到無比的恐懼。但是，全人類自由民主博愛、全人類建立康德式的國際聯盟這個理想，確實是他們曾經衷心熱愛和支持過的，而實踐他們自己理想的拿破崙，如黑格爾所說的通過「馬背上的世界精神」[26]，在現實政治層面上把他們踩進了塵埃之中，而且讓他們的子孫後代永遠做法國人的奴僕。他們又憤怒又無可奈何，很難否認自己的過去，但是又不願意接受現實。這時，赫爾德就拍了拍腦袋（當然也不是像拍腦袋這麼簡單，思想潮流的醞釀必然是在周圍環境的長期刺激下、在跟他有共同想法的許多思想家的互動和刺激下才產生出來的），提出了民俗學、語言學、人類學和浪漫主義的原理。這裡我就不詳細解釋了，因為我在以前的文章裡，例如在《發現人民、創造民族——從大眾文化到民族國家》[27]這樣的文章中間曾經寫過很多次。近代的民族發明，特別是反革命的民族發明，先驗主義的民族發明，就是從他這條路線中間產生出來的。他在哲學上引用康德哲學關於「物自體」[28]的理論，用先驗主義反對法蘭西的理性主義。

如果按照理性主義的原則，歐洲統一於法語、用法語普通話取代拉丁語文言文似乎沒有什麼不對，但是先驗主義不這樣認為。先驗主義有一點跟英國經驗主義是一樣的，就是它認為世界是廣大的，理性涵蓋不了世界的全體。涵蓋不了的那一部分，英國思想家大衛．休謨[29]和喬治．貝克萊[30]是用「經驗」來解決的；而康德和他在哲學上的繼承人，如赫爾德及費希特，他們都主張這一部分是屬於「先驗」的。到底是「經驗」更合理還是「先驗」更合理，那是另外一回事，但他們共同的特點是，他們認為由拿破崙和法蘭西革命軍所代表的那種政治勢力是涵蓋不了全部的人類生活。從理性的角度來講，法蘭西共和國很好很強大，但是有一部分東西是理性涵蓋不了的，就是你牙牙學語的時候從你的老保姆和老祖母那裡學來的東西，就像是大野狼和小紅帽，格林童話和安徒生童話裡的故事。那些用你童年時代學的方言土語講的故事，對你來說是溫暖親切的；在你年紀大了、上了法語學校後用法語學到的知識，對你來說是冷漠生疏的。從道理上來講，法語教師給你講的一切都是完全正確的；但是感情上來講，你仍然留戀著不識字的老祖母和

㉖ 出自德語"die Weltseele zu Pferde"，黑格爾在一八〇六年十月十三日的私人信件中，如此描述他見到拿破崙的激動心情。

㉗ 《發現人民、創造民族——從大眾文化到民族國家》，原文見：https://www.lzjscript.com/archives/1550。

㉘ 物自體（德語：Das Ding an sich），康德哲學體系中的一個重要觀念。簡單而言，物自體就是「事物自身」，然而基於人類認知能力的限制、個人經驗的影響等等，對於物自身，卻又沒有辦法徹底地了解。

㉙ 大衛．休謨（David Hume, 1711–1776），蘇格蘭的哲學家、歷史學家。其代表作《人性論》駁斥了因果關係理論，認為因果關係只是人類習於思考的型態，但並不能說明兩者間的關聯；反對純粹理性，主張感情（或說「同情」）亦是道德判斷的重要依據，《英國史》則是其史學上的代表作品。

㉚ 喬治．貝克萊（George Berkeley, 1685–1753），出生於愛爾蘭的英裔哲學家，與休謨、洛克並列為英國經驗主義三大代表人物，其代表作《視覺新論》主張「深度知覺」是透過視覺、印象、觸覺和運動覺聯合起來的結果，故深度知覺必須透過學習產生，其名言「存在就是被感知」體現了他對物質世界客觀存在的懷疑，及對經驗主義的奉行。

老保姆給你講的狼和小紅帽的故事。你留戀鄉土、留戀不識字的農夫和樵夫唱的民謠，本能地反感行政官和學校教師給你講述開明的拿破崙法典和隨之而來的各種各樣的福利。這種分歧是無法解決的，理性不是生活的全部。

感性的那一部分在文學上通過浪漫主義發洩出來，在哲學上通過先驗主義發洩出來，從政治上通過反動的民族發明發洩出來。反動的民族發明家冷嘲熱諷地說，法蘭西的民族發明無非是讓全世界各民族都變得像法國人一樣，而我們德國人和波蘭人跟法國人是不一樣的。你們不要嘲笑我們留戀封建制度的遺產，不要嘲笑我們留戀天主教或者路德教的遺產，不要嘲笑我們留戀那些基督教來臨以前異教時代的遺產。我們總是要聽歌劇《萊茵的黃金》[31]，要聽異教時代維京武士的故事，要聽華格納的歌劇。華格納的歌劇也是德國浪漫主義在精神上和藝術上反攻法國理性主義的一部分。約翰．溫克爾曼[32]的希臘哲學之愛，歌德的希臘哲學之愛，費希特發掘中世紀的德國，奧古斯特．施萊格爾[33]翻譯莎士比亞、到印度中世紀文獻中尋找思想資源，他們所做的一切都是要在精神上打一個翻身仗，要擊潰法蘭西理性主義和拿破崙在日耳曼的崇拜者。對於赫爾德來說，他從事的就是通過收集民俗故事及民謠來重新發明民族的這個過程。這個過程體現於安徒生童話和格林童話，體現於「哥廷根七君子」的研究成果[34]。他們的民族發明播下了波希米亞民族、愛沙尼亞民族的種子，同時也播下了我現在要提到的斯洛維尼亞的種子。

斯洛維尼亞的主體，包括講德語的城市萊巴赫（Laibach），雖然已經變成拿破崙的伊利里亞行省內的一部分。有很多人都像沃德尼克一樣，衷心擁抱了拿破崙的伊利里亞主義。這時，反動派葉爾奈伊・科皮塔爾[35]出現了，他原先也是伊利里亞地區的居民，但是在拿破崙建立伊利里亞行省的時候逃到了哈布斯堡帝國。流亡的科皮塔爾拿起了赫爾德的理論，開始發明民族，發明了斯洛維尼亞語。這種語言無論是面對貴族的拉丁語還是市民階級的德語，都只能算是鄉下的農民和樵夫、鄉下的阿公阿婆、給你講大野狼和小紅帽這種不科學不文明的亂七八糟故事的老祖母和老保姆使用的語言。除了沒文化的社會邊緣人以外，沒有人使用斯洛維尼亞語。他重新整理斯

㉛ 德國十九世紀浪漫主義劇作家華格納（Wilhelm Richard Wagner, 1813–1883）以日耳曼遠古神話故事為主題創作的系列歌劇《尼伯龍根的指環》中的第一部。

㉜ 約翰・溫克爾曼（Johann Joachim Winckelmann, 1717–1768），德國的考古學家和藝術史學家，一七六三年被任命為羅馬城的文物總監，並對龐培古城展開挖掘工作，其代表著作為闡述古典美學價值及鑑賞方法的《古代希臘羅馬美術史》。

㉝ 奧古斯特・施萊格爾（A. W. von Schlegel, 1767–1845），德國詩人、翻譯家，致力於將莎士比亞的作品翻譯成德文，也是歐洲第一位梵文教授；與兄弟弗里德里希・施萊格爾（Friedrich Schleiermacher, 1768–1834）同為德國浪漫主義時期的代表人物。

㉞ 哥廷根七君子事件（Göttingen Seven）是指七位於一八三七年抗議漢諾威國王廢棄憲法的大學教授，分別是民俗和語言學家格林兄弟（Brothers Grimm）、歷史學家達爾曼（Friedrich Dahlmann）、法律學者威廉・阿爾布雷希特（Wilhelm Albrecht）、東方學家埃瓦爾德（Heinrich Ewald）、文學家格維努斯（Georg Gervinus）和物理學家威廉・韋伯（Wilhelm Weber），該七位學者聯名簽署公開信提出異議，結果全部遭到解職，引發了遍及全德的抗議浪潮。

㉟ 葉爾奈伊・科皮塔爾（Jernej Kopitar, 1780–1844），斯洛維尼亞的語言學家，致力於古代斯洛維尼亞語的研究，翻譯並注解斯洛維尼亞語現存最古老的文獻《佛萊辛手稿》（*Freising manuscripts*）。

洛維尼亞語，發明了斯洛維尼亞民族，去對抗拿破崙及其追隨者發明的「伊利里亞民族」。沒有革命的民族發明，就不會有反革命的民族發明的反擊。近代的「斯洛維尼亞民族」，是天主教徒和保守勢力在反擊拿破崙和進步勢力發明「伊利里亞民族」的過程中間產生的。支持「斯洛維尼亞民族」發明的，一般是受日耳曼文化薰陶比較深的天主教反動派；而支持「伊利里亞民族」的，一般是受法國和義大利文化薰陶比較深的啟蒙主義者。這兩個陣營之間的衝突，隨著維也納會議的召開而暫時得到了解決。組成今天斯洛維尼亞的各個地方，無論是原先來自於哈布斯堡帝國還是原先來自於義大利各城邦的地區，在維也納和會的政治家的安排之下都回歸到了哈布斯堡帝國的統治之下。這時的克羅埃西亞和斯洛維尼亞還是沒有任何區別的。

然後在接下來的幾十年間，在我上次提到的斯塔爾切維奇這些克羅埃西亞民族發明家跟塞爾維亞人打筆戰的過程中，斯洛維尼亞人開始感覺到他們跟克羅埃西亞人不同，然後也打起筆戰來了。克羅埃西亞民族發明家，包括那位一天到晚都在說：「你們全家都是斯拉夫人，你才是斯拉夫人」的斯塔爾切維奇，在他的觀點中，斯洛維尼亞人不過就是山地的克羅埃西亞人而已，他們都不是塞爾維亞人和斯拉夫人，都是受日耳曼文化影響的歐洲人，斯洛維尼亞人和克羅埃西亞人是一家，理所當然應該被發明為克羅埃西亞的一部分。而科皮塔爾和他的繼承人則表示說，我們受日耳曼文化的影響更深，我們根本就是日耳曼人好不好。你們不高興做塞爾維亞人，這是我們完全理解的，但是你們也要體諒我們，我們還根本不願意做克羅埃西亞人呢。你們覺得你們比塞爾維亞人高貴，我們是可以理解你們的，但是你們要記住，我們斯洛維尼亞人比你們克羅埃西亞人更高貴，我們可是更接近維也納呀。你們想要我們支持你們跟塞爾維亞人劃清界限，你們就得支持我們跟你們克羅埃西亞人劃清界限。歧視鏈是天下最重要的東西，你們不要以為我們跟你們一起反對東方人，就會跟你們是一家。

在一八四八年以前，這些筆戰是無關緊要的，因為當時匈牙利王國還沒有得到復興。未來的匈牙利王國，所謂的匈牙利王冠領地（Lands of the Hungarian Crown），跟未來的捷克（也就是所謂的波希米亞王冠領地Lands of the Bohemian Crown）和克羅埃西亞的巴昂領地（Ban of Croatia）一樣，都是奧地利帝國管轄下的不同邊區。斯洛維尼亞也不過是奧地利的卡林西亞（Carinthia）諸邊區而已，都是封建多元體系下跟奧地利皇帝簽署了不同契約的各個組成部分，一時也很難看得清楚到底是哪個邊區的地位更高一些。這個道理如同我在前面講過的，你很難判斷一個女人到底是母親的身分占優勢、律師的身分占優勢還是顧客的身分占優勢。同樣屬於哈布斯堡皇帝的眾多封建領地，你一定要把歧視鏈整理清楚，說是誰比誰高一級，到底是匈牙利高還是波希米亞高，克羅埃西亞高還是斯洛維尼亞高，這個事情也是沒法說得清楚的。然後，大家就要各顯神通。在一八四八年這場革命當中，革命的一方和反動的一方都開始大顯身手了。最後的結果就是，在革命失敗以後，奧地利貴族和匈牙利貴族都感到有必要以比過去封建主義更清晰的方式界定哈布斯堡帝國內部的權利和義務了。於是產生了《奧地利—匈牙利折衷方案》[36]，把原來的哈布斯堡帝國一分為二，一部分變成了匈牙利王國的領地，一部分變成了奧地利王國的領地。

這些領地仍然是高度自治的，並不像是中央集權的法蘭西共和國一樣。雖然理論上講大家都是法蘭西民族，享有高度的自由民主平等，但是所有人選舉完巴黎的國會以後，就把所有的權力都交給了巴黎的國會。巴黎的國會雖然是全國人民，包括了阿爾薩斯人、洛林人、諾曼第人、布列塔尼人共同選舉出來的，但是在選舉之後，一切權力都歸了巴黎的國會，無論是阿爾薩斯、洛林、布列塔尼還是諾曼第，各省的地方政府什麼也不是，只能乖乖地服從巴黎的國會了。而匈牙利王國和奧地利王國都不是這樣的，它們雖然把哈布斯堡帝國一分為二了，但它們境內都還有很多具有各種封建特權的領地，例如克羅埃西亞就是巴昂領地，波希米亞就是波希米亞王冠領地，它們各自仍然保有很多原來封建主義時代的各不相同的、高度多元化的特權，這些特權最終將會變成它們各自推行民族發明的基礎。在這次分割當中，通過國王和貴族之間的討價還價，原先邊界並不清楚的克羅埃西亞和斯洛維尼亞被一分為二。克羅埃西亞被放在了匈牙利一邊，變成了匈牙利的一個特殊自治區；而斯洛維尼亞則被放在了奧地利一邊，變成了奧地利的南方邊區。

接下來的發展就是，匈牙利王國境內的大匈牙利主義者和斯洛伐克民族發明家、克羅埃西亞民族發明家、塞爾維亞民族發明家、羅馬尼亞民族發明家開始打了幾十年的文化戰爭。匈牙利的民族發明家很希望用匈牙利語取代拉丁語，一統匈牙利王國境內的所有居民；而上述的各路民族發明家則把匈牙利民族發明家看成自己的最大敵人，寧願到奧地利去尋找朋友，寧願到俄羅斯去尋找朋友，一定要反對匈牙利人的霸權和暴政。在奧地利這一方面，波希米亞人原來的貴族和新興的資產階級極力想發明出一個「波希米亞民族」出來，想讓奧地利派一個親王去當他們的國王，或者乾脆就由奧地利皇帝兼任波希米亞國王。後來在塞拉耶佛遇刺的那位斐迪南就是這種主張的積極支持者，所以他跟捷克人的關係其實是非常好的。但是這種理論主要的反對者其實還不是德國人或者捷克人，而是匈牙利人。匈牙利人看到，匈牙利人現在已經跟奧地利人平起平坐了。他們非常不高興讓波希米亞人、羅馬尼亞人、塞爾維亞人、克羅埃西亞人或者是世界上任何人能夠跟匈牙利人和奧地利人一樣平起平坐。二元帝國對他們來說是足夠好了，他們非常不高興把二元帝國變成「三元帝國」或者「五元帝國」（五元帝國這個觀念是捷克人非常喜歡的）。主要就是由於匈牙利王國頑固的反對，奧匈二元帝國的政治結構才得以一直維持下去。

與此同時，在各路民族發明家大顯身手的情況下，泛日耳曼民族發明家就像是今天的「國粉」和「大中華主義發明家」一樣感到十二分不滿意了。在過去的封建主義時代，哈布斯堡皇帝是至高無上的，無論你們原先是屬於哪一個文化群體或者種族群體，你們都是維也納這位皇帝的屬下。現在你們匈牙利人也自治了，克羅埃西亞人也自治了，波希米亞人也自治了，大家都自治了，我們講日耳曼語、講德語的這批人反而變成最吃虧的了。你有沒有搞錯，我們才是主體民族好不好。哈布斯堡帝國的江山能夠打下來，能夠在歷次革命當中屹立不搖，不就是我們講德語的這撥人的功勞嗎？我們是經濟最繁榮、文化最發達的，我們跟皇帝是一家，為什麼在我們的哈布斯堡帝國當中，你們都自治了，偏偏我們還沒有自治呢？我們反而變成最吃虧的了。在二元帝國當中，奧匈兩方完全平等，但是奧地利一方承擔了百分之七十的財政開支，而匈牙利一方只承擔百分之三十，這一點已經讓我們講德語的民族快受不了，結果沒想到你們波希米亞人還要站出來再插我們一刀，我們是可忍孰不可忍。

於是他們就產生了葉爾欽式的想法[37]：「蘇聯是什麼東西？蘇聯不就是烏克蘭人、高加索人和中亞人共同剝削我們俄羅斯人的工具嗎？我們俄羅斯人也要獨立呀，你不要以為只有立陶宛人才會想獨立，我們俄羅斯人也很想獨立好不好。俄羅斯人一旦獨立了以後，立刻把你們高加索人和中亞人踢出去，我們再也不用貼錢補助你們了，也不用將我們俄羅斯的無數先烈流血打下來的江山分給你們這些被征服者了。」他們也就產生了類似的泛日耳曼主義思想，泛日耳曼主義思想的要求就是「皇漢主義」，我們才是主體民族好不好。要嘛在我們哈布斯堡帝國當中，我們講德語的這批人是一等公民，你們當二等、三等、四等、五等公民，我們沒意見；要嘛一律平等的話，總不能只有你們自治，我們講德語的泛日耳曼民族也要求發明民族，建立一個泛日耳曼共和國。

這樣一來還得了嗎？如果說立陶宛獨立了，那麼蘇聯還能存在；如果俄羅斯也獨立了，蘇聯還能存在嗎？所以戈巴契夫是一定不能答應的，哈布斯堡家族也是一定不能答應的。哈布斯堡家族對於其他各民族要求自治還可以妥協，對於泛日耳曼主義者則是採取了堅決鎮壓的做法。哈布斯堡帝國的「鐵環內閣」[38]，就是堅決支持各民族中的貴族大團結、堅決鎮壓泛日耳曼民族勢力

㊱《奧地利—匈牙利折衷方案》（*Austro-Hungarian Compromise of 1867*），為奧地利帝國於義大利戰爭和普奧戰爭失利後，為避免帝國分裂而與匈牙利王國簽訂的政治法案。該方案不僅恢復了匈牙利王國的傳統地位，也恢復一八四八年匈牙利議會提出的十二點原則，並以此為基礎建立「奧匈雙元帝國」。

㊲ 指蘇聯末代主席及俄羅斯聯邦首任總統鮑利斯・葉爾欽（Boris Yeltsin, 1831–2007）。葉爾欽是個充滿爭議的政治人物，西方國家大多數對其讚美。俄羅斯民族主義者、俄羅斯左派、大多數俄羅斯民眾，甚至一些前蘇聯異見人士則認為他是俄羅斯的民族罪人。

㊳ 哈布斯堡帝國的「鐵環內閣」（Iron Ring, Taaffe's cabinet），為奧匈帝國的愛德華・塔菲伯爵（Eduard Taaffe, 11th Viscount Taaffe）於一八六七到一八七九年所領導的保守派內閣，在其執政期間企圖成立有別於奧匈帝國的「波希米亞王國」，但遭到德國和捷克的自由主義者反對而失敗，最終於一八七九年解散。

的政權。「鐵環內閣」的成員包含了日耳曼貴族、波希米亞貴族和各個族群的貴族，堅決鎮壓各地民族勢力，尤其是要鎮壓主要以小資產階級和講日耳曼語的廣大中下階級為基礎的泛日耳曼民族黨[39]。未來的希特勒同志，就是從泛日耳曼民族黨宣傳的那種「深感哈布斯堡帝國『胳臂向外彎』、向著匈牙利人和斯拉夫人、歧視我們德語居民」的氣氛當中成長起來的。

泛日耳曼民族黨有兩項政治主張，第一是反對猶太人，第二是反對斯拉夫人和匈牙利人。因為在他們看來，哈布斯堡帝國一視同仁、多民族共治的政策，結果就是養肥了萬惡的少數民族，把我們主體民族給壓得喘不過氣來。按照他們的理論來說，波希米亞是什麼？是日耳曼民族尚未同化的北部邊區。斯洛維尼亞是什麼？是日耳曼民族尚未同化的南部邊區。於是，在奧地利帝國境內的波希米亞和斯洛維尼亞地區，民族發明家的文化戰爭也就如火如荼地展開了。一方是泛日耳曼主義者，一方是波希米亞民族發明家和斯洛維尼亞民族發明家，雙方之間的鬥爭一直持續到第一次世界大戰結束。在哈布斯堡帝國解體之後，根據我們在第五講塞爾維亞、第九講克羅埃西亞中提到的方式，克羅埃西亞、塞爾維亞和斯洛維尼亞地區被凡爾賽會議的善後外交家劃入了新的南斯拉夫王國。於是南斯拉夫王國的議會迅速變成了克羅埃西亞農民黨和塞爾維亞激進黨你死我活的戰場。有了塞爾維亞激進黨，克羅埃西亞農民黨一定不能滿意；有了克羅埃西亞農民黨，塞爾維亞激進黨就一定不能滿意。然後在雙方鬥爭的同時，比較中立的斯洛維尼亞人就變成了雙方的統戰物件。雙方都知道，老大和老二快要打起來的時候，爭取老三的支援是至關重要的，所以斯洛維尼亞人反倒得到了很好的待遇。所有的穆斯林、阿爾巴尼亞人、馬其頓人之類的都對塞爾維亞人怨聲載道，克羅埃西亞人恨不得活剝了塞爾維亞人的皮，但是無論克羅埃西亞人還是塞爾維亞人，都對斯洛維尼亞人很友好。

當然，斯洛維尼亞人即使在這個時候到底是斯洛維尼亞人還是德國人都是很難說的。儘管他們為了在南斯拉夫王國中間爭取憲法地位，願意自稱為斯洛維尼亞人，願意把萊巴赫改稱為盧比亞納（Ljubljana），但他們的政黨結構跟維也納的政黨結構當時是一樣的，現在還是一樣的。他們有兩大政黨：第一個就是支持天主教會的天主教人民黨，是以鄉村為基礎的保守勢力；第二個則是社會民主黨，是以城市為基礎、以城市工人階級和小資產階級為基礎的政黨。早在佛洛伊德於維也納讀書的一八七〇年代，天主教人民黨和社會民主黨就已經是維也納的兩大主流政黨。第三個非主流政黨就是我們剛才介紹過，希特勒在年輕時代曾經支持的泛日耳曼民族黨。從佛洛德時代一直到二十一世紀的現在，維也納的兩大黨一直是這兩大黨，而斯洛維尼亞無論是在奧地利統治之下還是在南斯拉夫統治之下，他們的兩大黨也是這兩大黨，天主教人民黨和社會民主黨，讓人懷疑他們到底是德國人還是斯洛維尼亞人。因此可以說，南斯拉夫的「斯洛維尼亞人」其實只是被列強劃進了南斯拉夫境內的德語居民的一塊政治上的護身符而已。

在南斯拉夫解體的時候，斯洛維尼亞的獨立是最輕鬆的，因為大塞爾維亞支持者最大的敵人是波士尼亞人和克羅埃西亞人，他們不願與鞭長莫及的斯洛維尼亞發生衝突。克羅埃西亞人和波士尼亞人為了爭取獨立，當然也沒有理由反對，所以斯洛維尼亞的獨立基本上是水到渠成、沒有流血，輕而易舉就成功了，而克羅埃西亞和波士尼亞的獨立還必須要打幾場血戰。所以斯洛維尼亞的歷史在這一階段是非常平淡乏味的，基本上沒有什麼仗好打，沒有什麼傳奇故事好說，它符合了孟德斯鳩所說的「歷史紀錄讀來平淡的國家是有福的」（Happy the nations whose annals of history are boring to read）那種典範。但是，斯洛維尼亞民族是什麼呢？它是赫爾德播下的眾多龍牙武士（Dragon's teeth）的一部分。正如我前面說的那樣，赫爾德從啟蒙主義轉向浪漫主義不為別的目的，就是不希望在他的孫子那一代仍然受法國人的統治。雖然在他進行民族發明的時候沒有預料到，拿破崙的統治連「二世而亡」都沒有做到，很快就被俄國人和歐洲聯軍打垮了。赫爾德原先的預期是，拿破崙將會子孫萬代，當他的孫子長大的時候，正是拿破崙二世在羅馬統治歐洲的時代。知識分子沒有槍桿子，沒有辦法的赫爾德，只有用筆桿子為拿破崙帝國種下禍根。赫爾德的民族發明就像是希臘神話中卡德摩斯（Cadmus）播下龍牙武士一樣，他把龍牙種在土地裡面，土地裡面就會長出許多武士來。長大後的龍牙武士會拿起武器，完成播種者的未竟之業[40]。赫爾德和歌德的想法都是這樣的。

這就是為什麼你看後來德國浪漫主義的歷史，你會發現：第一，赫爾德和歌德他們的學說從「蛋頭學者」（Egghead）的學術規範來看是極不嚴謹的；第二，他們的想法是前後矛盾的，從世界主義迅速轉向民族主義；第三，他們自己願意在自己的有生之年堅持世界主義，但是卻很願意培養一幫看上去非常反動、非常激進的民族主義青年作為自己的繼承者。按說如果只講理論的話，這些人應該是他們自己所代表的那種傾向的死敵，但他卻對這些人非常友好，可以說像是我對「遠古邪惡」[41]和對「諸夏」民族發明家那樣友好。這種矛盾是怎麼樣造成的？答案就是，他們覺得自己已經老了，而拿破崙的兵威不可擋，他們自己也擋不住，而拿破崙家族和啟蒙主義的霸權還將長期進行下去，但他們不甘心。他們自己不能做的事情，像知識分子所說的那樣，我不爭一刻而爭千秋，我做不到的事情，要讓我的子孫後代去做。而知識分子的後代並不是他血統上的後代，並不是他生出來的孩子，而是他辦的學校教出來的弟子。

赫爾德雖然是世界主義者和啟蒙主義者，但是他要發明一套浪漫主義的方法論，發明一套先驗主義、浪漫主義和民族發明學理論。任何人拿起這套民族發明學理論，就可以到山野村夫、阿公阿婆的方言民謠當中去，到那些講法語、講普通話的資產階級看不到的地方，從側面打擊他們。從阿公阿婆、窮人、樵夫、漁民當中發掘新的力量，把窮人、樵夫、漁民、把講大野狼和小紅帽的沒有文化的家庭主婦和老祖母的力量發掘出來，讓他們像播在地上的龍牙一樣，長出未來的波希米亞人、克羅埃西亞人、斯洛維尼亞人。即使是布拉格的資產階級和柏林的資產階級、柏林的知識分子和維也納的知識分子都已經拜倒在法語文化和拿破崙大軍的鐵蹄之下，已經放棄了反攻復國的希望，不要忘記，愛沙尼亞的漁民、菲士蘭（Frisians）的漁民、瑞士的山民、克羅埃西亞的邊區居民、斯洛維尼亞的邊區居民、波希米亞沒有文化的樵夫和農民將會撿起貴族和資產階級已經放棄的旗幟，他們將會由龍牙成長為武士。等他們長大的時候，將會運用他們的民族語言為武器，把文化上的武器轉化為政治上的武器，為在耶拿和奧斯特里茨戰役[42]中一敗塗地的中歐諸民族復仇。他們將會拿起武器，驅逐法國侵略者，驅逐拉丁文化和啟蒙主義，重新解放中歐。

但是歷史的發展發生了一次小小的偏差——拿破崙居然迅速地滅亡了，以至於他播下的龍牙武士，在長大後會驚訝地發現，他們的敵人居然不是拿破崙的子孫，而是哈布斯堡皇帝和霍亨索倫皇帝的子孫，居然是泛德意志主義者。他們的敵人不再是法國的啟蒙主義者，而是德國的泛德意志主義者。假如我在今天發明了「諸夏」以後，明年就發生了政變，而共產黨不復存在了，那麼我發明出來的「諸夏」也要面臨新的敵人，這些敵人將會和共產黨一樣，是大一統主義者。民族發明就像是生物體產生抗體一樣，針對的是某些具體的目標，針對的是病毒和細菌攜帶的某些抗原。它的抗原有某些特徵，那麼身體的免疫系統就會設計出針對這些抗原蛋白質或者醣類的相應抗體。然後這些抗體會在設計者墓木已拱以後，還在一路追殺任何攜帶這些抗體的生物體，無論它是外來的細菌和病毒還是其他什麼東西。赫爾德設計產生的民族發明傳統，要反對的就是任何企圖像拿破崙一樣建立帝國主義和啟蒙主義、建立吏治國家的人。然而他播下的種子生長出來的龍牙武士沒有殺到早已滅亡的拿破崙的子孫，卻殺到了剛剛興起的俾斯麥的子孫。但是這已經無關緊要了，他播下的龍牙武士就是要對抗任何企圖以「吏治國家」方式統一歐洲的人。至於他是法國人還是德國人，已經是次要問題了。其實我發明「諸夏」，原本是準備讓它去對抗共產黨的，假如共產黨明年就在政變中倒台了，那麼我播下的種子將來長大以後恐怕就要對抗跟共產黨

㊴ 泛日耳曼民族黨（Pan-German Party），十九世紀下半葉於奧地利興起的泛日耳曼主義政黨，創建者為奧地利政治家喬治．里特．馮．舍納爾（Georg Ritter von Schönerer, 1842–1921），主張奧地利帝國及德意志帝國應該合併為一個所有日耳曼人的「大民族國家」。

㊵ 在古希臘神話中，英雄卡德摩斯（Cadmus）遵循神諭，前往希臘半島中部的彼奧提亞（Boeotia）修建卡德摩亞堡。在建堡之前，他和巨龍交戰，將其殺死後，遵循雅典娜的勸告，拔下巨龍的牙齒播入土地，之後生長出一些全副武裝的武士「斯帕托斯」（Spartoi）。這些武士在自相殘殺後只剩下五人，他們幫助卡德摩斯成功建立了卡德摩亞堡並成為底比斯（Thebes）城邦的始祖。

㊶ 「遠古邪惡」為二〇一〇年代初起源於中國網路「豆瓣網」的知識分子沙龍，本書作者劉仲敬也是其中成員。

㊷ 指拿破崙戰爭期間的耶拿戰役（Battle of Jena-Auerstedt, 1806）和奧斯特里茨戰役（Battle of Austerlitz, 1805），拿破崙於這兩場戰役分別擊敗普魯士軍隊及奧地利—俄羅斯聯軍，促使第三次反法同盟瓦解，拿破崙成為歐洲霸主。

具有相同特徵、同樣企圖在東亞建立大一統帝國的政治勢力，而不是我朝思暮想地想要除掉的共產黨人。

赫爾德當年播下的龍牙武士，在一八四八年以後影響了整個中歐、在一九一九年以後構建了整個東歐，然後在一九四五年以後流傳到全世界的這種民族發明模式，就是這樣產生出來的。知識分子既有力又無力，既弱小又強大。弱小是因為他在當時的現實政治中沒有武器，也是因為他設計出來的武器將來注定會掌握在他無法控制的後代子孫手裡，他們打擊的目標不一定是他最初設想的目標，甚至像「迴力鏢」一樣，會打擊到自己的子孫後代，這一切都是他無法控制的；但他也很強大，他種下龍牙就會長出武

卡德摩斯的龍牙武士　由法國畫家魯本斯（Peter Paul Rubens）創作於17世紀的繪畫，描繪了古希臘神話英雄卡德摩斯殺死巨龍並將其牙齒播入土地後，生長出一些全副武裝的武士，他們最終幫助卡德摩斯成功建立了新的城邦。

士，就會收到相應的結果，他既然是抗體的設計者，這些抗體針對專門的抗原，因此就算這些抗體最後打擊到的物件不是他最初針對的物件，但因為抗原是相同的，歸根究底也會是他憎惡和反對的物件。因此，龍牙武士也仍然會以知識分子意想不到的方式，實現他生前所未能實現的夢想。這就是赫爾德播種龍牙武士的故事，近代的捷克、近代的愛沙尼亞、近代的斯洛維尼亞都是他播種的結果，斯洛維尼亞只是其中的一個事例而已。

斯洛維尼亞
民族發明大事記

時間	事件
6至8世紀	**卡拉塔尼亞公國** 從六世紀起，斯洛維尼亞民族的祖先——古斯拉夫人漸漸在此地定居。7世紀時當地興起了第一個斯洛維尼亞族國家，即卡拉塔尼亞公國。745年該國被法蘭克帝國吞併，許多斯拉夫人自此轉信天主教。
14世紀	**成為哈布斯堡王朝的封建領地** 斯洛維尼亞成為哈布斯堡王朝的封建領地、即卡林西亞諸邊區的一部分。
1809/10/14	**拿破崙建立伊利里亞行省** 法國軍隊進入巴爾幹後，皇帝拿破崙指派總督奧古斯特·德·馬爾蒙合併克羅埃西亞及斯洛維尼亞，建立伊利里亞行省，並推行法國式的啟蒙教育，影響了斯洛維尼亞的民族發明。
19世紀上半葉	**科皮塔爾發明斯洛維尼亞語** 葉爾奈伊·科皮塔爾（Jernej Kopitar, 1780-1844），在拿破崙建立伊利里亞行省的時候流亡到哈布斯堡帝國。他拿起了赫爾德的理論，致力於古代斯洛維尼亞語的研究，翻譯並注解斯洛維尼亞語現存最古老的文獻《佛萊辛手稿》，從而發明了斯洛維尼亞語。該手稿也是歷史上第一個以拉丁字母書寫的斯拉夫語言。
1915/4/30	**南斯拉夫委員會發明「斯洛維尼亞民族」** 一戰期間成立於倫敦的「南斯拉夫委員會」發明了「斯洛維尼亞民族」的政治概念，並企圖建立一個包括塞爾維亞、克羅埃西亞及斯洛維尼亞等三種民族的「南斯拉夫民族國家」。

1918/12/1

第一南斯拉夫王國的建立

奧匈帝國在第一次世界大戰戰敗後旋即崩潰，為了填補此地的政治真空，克羅埃西亞、斯洛維尼亞與塞爾維亞被合併為「第一南斯拉夫王國」。此王國建立在「三族共和」之上，克羅埃西亞人、斯洛維尼亞人與塞爾維亞人是同一個「南斯拉夫民族」的三個不同宗族，是同一個民族的三種不同名字。然而南斯拉夫王國內的「斯洛維尼亞民族」其實只是被列強劃進了南斯拉夫境內德語居民的一塊政治上的護身符。

1945/11/29

斯洛維尼亞加入南斯拉夫聯邦

第二次世界大戰時，軸心國入侵南斯拉夫，斯洛維尼亞大部分由納粹德國、義大利王國及匈牙利所兼併。二戰結束後，斯洛維尼亞以社會主義共和國的身分加入「南斯拉夫聯邦人民共和國」，成為約瑟普・狄托推動的「六族共和」成員之一。

1991/6/25

現代斯洛維尼亞的獨立與十日戰爭

南斯拉夫時期的斯洛維尼亞是六個加盟共和國當中最富裕的一個。南斯拉夫領導人狄托於1980年逝世後，斯洛維尼亞政府開始進行一系列的政治、經濟改革，並於1990年通過公投，宣告獨立，並建立「斯洛維尼亞共和國」。在脫離南斯拉夫聯邦後，斯洛維尼亞遭到南斯拉夫聯邦抵制，雙方爆發為期十天、傷亡輕微的衝突，史稱「十日戰爭」。戰爭結束後，南斯拉夫聯邦正式承認斯洛維尼亞獨立。

在南斯拉夫解體的時候，斯洛維尼亞的獨立最為輕鬆。因為大塞爾維亞支持者最大的敵人是波士尼亞人和克羅埃西亞人，而克羅埃西亞人和波士尼亞人為了爭取獨立，也沒有理由反對斯洛維尼亞的獨立。所以該國的獨立基本上是水到渠成、沒有流血，而克羅埃西亞和波士尼亞的獨立還必須要打幾場血戰。斯洛維尼亞的歷史在這一階段是非常平淡乏味的，它符合了孟德斯鳩所說的「歷史紀錄讀來平淡的國家是有福的」那種典範。

附錄

從封建體系到民族國家

以中印邊境衝突為例

今天我們談論的主題是中印的邊境衝突[1]。在這次邊境衝突中，雙方都引用歷史依據來為自己的現實政治訴求提供幫助，但是一般的讀者可能不能理解歷史依據的複雜性，因為不丹這個政治實體和我們現在理解的民族國家是有重大差異的。任何語言本身都具有歧義性，也就是說，一個名詞可以有狹義的解釋，也可以有廣義的解釋，而漢語的模糊性更大，所以「國家」這個詞可以解釋成為一個擁有政治權利的政治實體，也可以解釋成為一個NATION，就是現代意義上的民族國家，擁有主權、完整領土和明確邊界的國家。按照前一種定義，不丹當然是一個國家，它是一個政治實體；按照後一種定義，不丹其實不是一個NATION，不是一個有明確邊界的民族國家。這就可以說明，為什麼衝突發生在西藏、不丹和錫金[2]三者的交界點上、但卻是印度軍隊出現在這個地方。中國讀者若按照近代以來國民黨和共產黨推廣的那種歷史教育，很可能會以為是印度人侵略不丹，並將不丹當作自己的附庸國來對待，否則為什麼發生衝突時，不是中國軍隊和不丹軍隊出現，卻是印度軍隊和不丹軍隊同時出現？

回顧近代以前的人類歷史，大多數地方和大多數時間的政治制度是現在所謂的封建制度，封建制度之下是沒有民族國家和明確邊界這些事情的。我們可以說，封建制度比起近代民族國家制度，其實更接近自發秩序，因此它的權利關係有更大的靈活性，權利安排也更加個人化；但在近代民族國家而言，各國擁有主權和明確的領土邊境，在這條邊境之內，主權國家的權利被認為是沒有任何區別的。無論是在首都還是在離邊界線一公分的地方，兩者之間的權利是沒有任何區別的。權利是按照成文法的方式規定的。國際法包括國際條約，國際條約也是成文的。國際條約當中通常包括兩個鄰國之間對兩國邊界的共識，邊界這一邊的土地比如說屬於中國，另一邊屬於印度。哪怕是只差十公尺，中國的權利都是無可爭議和絕對的；十公尺之外，印度的權利就是無可爭議和絕對的。

但是這樣的安排在西發利亞體系[3]之前的歐洲或全世界任何地方，都是不存在的，存在的是封建主義的安排。封建主義的安排是個人化的私人權利，也就是說，私人契約取代公共領域。或

① 二〇一七年中印邊境衝突（2017 China India border standoff，2017年6月16日至8月28日），或稱洞朗衝突（Doklam standoff），因邊境主權歸屬問題，中國與印度雙方軍隊，在中印及不丹三國邊境交界處的洞朗地區進行長達二個月的軍事對峙。

② 錫金（Sikkim）位於印度邊境，北接中國，東鄰不丹，西面尼泊爾，曾為獨立的世襲君主國，又稱錫金王國，在一九七五年舉行公民投票，通過廢除君主制，並於同年加入印度，成為印度的第二十二個邦。

③ 西發利亞體系（Westphalian System）以結束一六一八年至一六四八年，歐洲三十年戰爭的西發利亞和約（Peace of Westphalia）為基礎，隨著歐洲影響力而影響全世界的近代國際秩序體系，核心原則為承認交戰各國主權存在及相互平等。

者說得更正確一點，公共領域當時尚未出現，所有的權利都是私人和私人之間的契約關係。例如，某某武士很能打，而某某學者的威望很高，那麼他們之間可以達成一個對雙方都有利的協定：需要打仗的時候，學者可以要求武士的保護；而武士需要讓他的孩子受教育的時候，可以要求學者負責對他的孩子進行教育。那麼這樣一個協定，假如在沒有一個中央政府這樣的公共權力存在的情況下，他們之間的契約其實就是一個封建契約。比如說封建領主跟農民的契約就是，農民出一部分的糧食給封建領主，封建領主在農民遇上危險的時候對農民實施安全保障。封建領主跟教士的關係，就跟我剛剛說的跟學者的關係差不多。教士對封建領主提供合法性的支援、提供文化教育，而封建領主對教士提供武力的保護。

領主和領主之間也是多層次的。戰鬥力比較強的領主就可以有很多附庸，那些附庸也是小的領主。小的領主需要保護的時候，就要求助於比他更善戰的、更大的領主。但他們之間的關係也不是單向的，甚至可能是循環的。也就是說，一個領主可以有很多個不同的保護人，不同的保護人之間的關係也許是平行的、完全平等的，也許相互之間也有別的保護和附庸的協定。但是這無關緊要，他們之間產生作用的就是他們之間的那一個契約。實際上可能出現這樣的循環狀態：張三是李四的領主，李四是王五的領主，但是王五同時又是張三的領主。這在現代民族國家當中是不可能出現的事情，但在封建體系之下是經常出現的。

十七世紀以前的不丹無疑就是這樣一個領主政治實體。不丹國家體制的產生，跟十六、十七世紀之間藏傳佛教和蒙古封建體系的成熟有密切關係，也就是說它被捲入了這個封建體系當中。近代西藏和藏傳佛教文化所籠罩的這個地區，包括今天印度的一部分、印度與中國之間的這一系列小國和蒙古人統治的廣大地區，它們不是像現代民族國家那樣通過一個條約和談判建立起來的，而是通過長期的自發演變建立起來的。大體上就是說，不丹的封建領主一方面跟遠及孟加拉的印度各領主之間存在著複雜的宗藩關係，另一方面又跟達賴喇嘛屬下的西藏各寺院、各領主以及負責保衛達賴喇嘛的蒙古封建領主有著各種各樣的契約。在十七世紀達賴五世[4]當政、康熙皇帝當政的那個時期，不丹人和達賴喇嘛之間的協定是：不丹人定期向達賴喇嘛交付一些亞熱帶產品，包括稻米在內，並取得了在西藏境內擁有一些封建莊園和封建領地的權利，同時不丹本身的佛教僧侶也可以到西藏去朝聖，或者是學習藏傳佛教的經典文獻。

這一些條件都是私人性質的，並不會妨礙不丹本身跟錫金（當時稱為哲孟雄[5]），或者達賴喇嘛的另一些封建附庸（比如說門巴人[6]）發生衝突、仲裁解決不了的時候要使用武力。從理論上講，達賴喇嘛作為一個宗教權威，像歐洲的羅馬教廷一樣，經常被他的各種藩屬邀請出來調停他們之間的糾紛，包括領土糾紛；但在調停不下的時候，也可能武力解決。這時候，藏軍甚至是蒙古軍隊或者滿洲軍隊就會出現了。最先出現的是蒙古軍隊。在不丹人、門巴人和哲孟雄人發生的幾次衝突（這些衝突包括現在發生衝突的那個地點，也就是春丕谷（Chumbi Valley），哲孟雄和不丹的交界地帶）當中，雙方在達賴喇嘛無法調停的時候，最後各方就兵戎相見。達賴喇嘛派來一支藏軍和一些蒙古人的軍隊，而不丹人的領主則停止向達賴喇嘛提供稻米。這些衝突的性質都不嚴重，在十七世紀反反覆覆發生過很多次。解決以後，雙方大體就恢復到原來的地位。

哲孟雄、尼泊爾（當時稱為廓爾喀）和不丹都要向拉薩交納貢金，所以從這個意義上來講，可以說它們是西藏的藩屬國。但是我們要注意，當時是遠及孟加拉的穆斯林王公都在向達賴喇嘛交錢，而這些交的錢和物資或者土特產之類的東西在法律上的解釋是很成問題的。你可以把它解釋成為貢品，那就是證明這些封建王公是西藏的藩屬，也可以把它解釋成為施主對佛教寺院的一種施捨，若按照這種方式解釋的話，雙方之間的關係其實就是平等性質的。儘管他們給達賴喇嘛送禮，但是這只是說明他們認為達賴喇嘛德高望重值得尊敬，並不能證明他們承認自己的領土是受制於達賴喇嘛的。甚至是在英國人占領了孟加拉以後，英國駐孟加拉的總督沃倫．黑斯廷斯也幹過跟穆斯林王公一樣的事情，他也派代表去過西藏，給過達賴喇嘛一些土特產[7]。如果西藏人的歷史解釋方法像現在的國民黨和共產黨對中國歷史的解釋方法那樣，那麼西藏人就可以說「孟加拉自古以來都屬於西藏，尼泊爾、哲孟雄和不丹自古以來都屬於西藏」，但這其實是個建構方法的問題。

近代的民族國家在企圖建立的過程中間，為了確定它自己對邊界的所有權，通常都會把歷史上的封建關係解釋成為自己的絕對統治權，但這一點通常得不到鄰國之間的認可。最後，像歐洲，阿爾薩斯—洛林（Alsace–Lorraine）也好，波蘭的加利西亞（Galicia）邊境和西里西亞（Silesia）邊境也好，都是經過幾百年的戰爭和外交才穩定下來，達成所有各方都能同意的解決方法。而不丹、錫金和西藏這方面的問題就是，亞洲歷史的發展比歐洲更晚。西發利亞體系在十七世紀的歐洲開始確定，到凡爾賽條約，一九一九年的時候，就已經完全確立；而在亞洲，是在清朝末年的時候才剛剛開始引進。因此，西藏本身、尼泊爾、不丹和錫金之間的封建權利，應

④ 五世達賴喇嘛羅桑嘉措（1617–1682），又稱「偉大的五世」，在位期間結束西藏分裂局面，建立統一的政權，並成為西藏政教合一的最高領袖。

⑤ 哲孟雄（Dremojong），錫金王國的藏語古稱，意思為「稻米」或「米穀」。

⑥ 門巴人（Monpa people），居住於中印邊界的少數民族，自十七世紀以來，門巴人接受藏傳佛教格魯派（黃教）為主流宗教，與西藏拉薩政權締結各種政治關係。

⑦ 沃倫．黑斯廷斯（Warren Hastings，1732–1818）於一七七三年任英屬印度總督時擊敗不丹後，隔年派遣喬治．柏格爾（George Bogle）率使團出使西藏商討善後事宜，並進獻水晶寶瓶等禮物。

該怎樣轉變為民族國家之間的關係，就成為一個懸而未決的問題。

關鍵就是，相鄰的兩個大國，印度和中國，自身的民族國家轉型都是很成問題的。它們都繼承過去英印帝國和大英帝國的帝國結構，而帝國結構本身不是民族國家的結構，它包含著多重的宗藩關係。像印度，既有英國人的直轄領地，又有很多土邦，各土邦的關係是不平等的，它們彼此之間還有多重的宗藩關係，它們跟英國女王和英國駐德里的印度總督或副王之間的關係也是各有各的特殊條約，也就是高度個人化的條約。例如，孟加拉是英印帝國的屬地，但是孟加拉同時又是不丹的藩屬。不丹人在中國的清朝時期曾經一再對孟加拉發動戰爭，戰爭的結果一般是孟加拉人向不丹人送禮，換取不丹人結束戰爭；而同時，孟加拉人和不丹人都在給拉薩的達賴和班禪喇嘛送禮，有時還要求班禪喇嘛仲裁他們之間的糾紛。那麼這就等於說，不丹也好，錫金也好，尼泊爾也好，孟加拉也好，它們都同時跟英國女王和印度皇帝有宗藩關係，同時又跟西藏的達賴喇嘛有宗藩關係，而西藏的達賴喇嘛又同時跟蒙古的從俺答汗[8]以來的各位可汗以及從康熙皇帝以後的各位滿洲皇帝之間有著多重的宗藩關係。

這些關係都是可以有很大的隨意解釋的餘地的，你可以把它解釋成為佛教意義上的施主和僧侶之間的關係，也可以把它解釋成為稱臣和進貢的關係。那麼這個邊界怎麼劃呢？你可以說，不丹和孟加拉都是西藏的藩屬，應該把西藏發明成為一個現代民族國家，然後把這些地方都發明成為西藏領土；也可以說，印度應該發明成為一個現代的民族國家，印度繼承英印帝國的所有條約權利，那麼不丹也好，西藏也好，錫金也好，最後都要變成印度的領土。中國方面當然也可以——不是可以，而是已經根據歷史上的這些封建關係，宣布西藏自古以來就是清帝國的領土，因此也就是中華民國和中華人民共和國的領土。像春丕谷地這個地方，在封建時代是有多重歸屬關係的，哲孟雄的王公、不丹的王公、英印帝國的官員和西藏的僧侶在當地都是有莊園的。這些莊園，你可以把它解釋成為私有財產制度之下當地這些官員和領主自己購買的私有財產，也可以把它解釋成為封建主義之下的藩屬關係。

同時，這些宗藩關係是相互纏繞的。像不丹人在跟尼泊爾人和孟加拉人發生糾紛的時候，他如果是不接受達賴喇嘛提出的仲裁，那麼他就要面臨封建制度之下經常會出現的一種情況：他本身在達賴喇嘛的直轄領地——在拉薩附近也有很多封建莊園，如果他不服從達賴喇嘛的仲裁，達賴喇嘛實際上是可以根據領主的權利，沒收不丹王公在錫金的莊園，作為懲罰不丹王公的手段。實際上，這種事情在英法百年戰爭的時候就已經發生過幾次。當時，英格蘭國王因為領有法國西南部地區加斯科涅（Gascony）的封建領地，所以是法蘭西國王的藩屬；但是英格蘭國王在英格蘭本地的領地並不是法蘭西國王的藩屬。同時，蘇格蘭的國王因為領有英格蘭的某些封建領地，變成英格蘭國王的藩屬；而且蘇格蘭又通過外交關係，是法蘭西國王的盟友。結果就是，英格蘭和蘇格蘭發生外交糾紛的時候，法蘭西國王可以通過沒收英格蘭國王在加斯科涅的領地，從而保護他在蘇格蘭的盟友，對英格蘭施加壓力——儘管蘇格蘭國王為了不放棄他在英格蘭的領地，仍然要對英格蘭國王效忠。

這樣複雜的關係，比起現代民族國家那種兩個國家無論大小強弱、從理論上講都要派出級別相等的外交人員相互交涉的情況來說，要複雜而困難得多。所以，封建關係轉化為現代民族關係，要把模糊不清、交錯縱橫的封建領地劃分成為明確的邊界，是一個極其困難的過程。我們要先確定這個基本前提，然後才能理解，圍繞著不丹和西藏的這一系列交涉，無法簡單地像是國民黨和共產黨的國恥教育[9]那樣說成是英帝國主義對中國的侵略，或者說是近代殖民主義之下中國的喪權辱國，或者說是印度人對不丹的侵略或者對中國的侵略，或者說是西方帝國主義惡意地企圖通過西藏問題分裂中國的圖謀。這些解釋方法其實都是用事後的觀念來套以前的事情。在達賴五世和不丹王公發生糾紛的時候，在康熙皇帝和雍正皇帝的時代，誰都沒有領土國家的觀念，誰都不認為邊界一側和邊界另一側有著天差地別的差別。不丹王公在他自己的直轄領地之內有西藏僧侶的避暑地和封建莊園，他在西藏境內也有自己的封建莊園。

而春不谷地這個交錯地帶，你說它是英印帝國的領土，是可以的，因為它是英印帝國的一個避暑勝地和商埠要地，是英印帝國官員購置土地和財產的地方。它在英印帝國歷史上的重要性跟大吉嶺（Darjeeling）差不多，英印帝國沒有必要放棄它繼承下來的這些封建權利。同時，不丹本身也是英印帝國的一個藩屬。它在相當於清朝中葉（也就是十八世紀中期）的時期發生封建糾紛的時候，不丹這一派要求班禪喇嘛出面干涉，而另一派要求英印帝國出面干涉。最後是，班禪喇嘛拒絕支持，而英印帝國出面干涉了。後來的不丹王室接受英印帝國的仲裁權，也跟英印帝國簽署條約。在清朝末年的時候，不丹跟西藏發生類似的封建糾紛（Civil conflict）的時候，英國人又跟不丹簽署了《普納卡條約》（*Treaty of Punakha*，1910），規定不丹的外交由英國人負責指導，不丹的安全也由英印帝國負責保護。也就是說，如果清帝國或者西藏人想要欺負不丹的時

⑧ 劉仲敬的相關評論如下：「蒙古可汗和西藏教宗一五七八在青海湖南岸的會談酷似查理曼皇帝和利奧教皇的會見，奠定了近代蒙藏關係的基礎。俺答汗尊格魯派上師為達賴，達賴尊可汗為轉輪王。蒙古人扮演了日耳曼蠻族的角色，以其武力保護教會。近代以來，俄羅斯人和滿洲人加入了蒙古人的行列。」

⑨ 劉仲敬的相關評論如下：「近代所謂的殖民主義和國恥，意味著歐洲貴族接替內亞貴族，繼續統治東亞的殖民地。而東亞作為殖民地的歷史，從殷商沿著太行山南下到洛陽開始，從鮮卑人、蒙古人、契丹人、女真人、滿洲人南下以來，地位一直沒有改變，始終是被殖民的地方。直到西方殖民者撤退後，蘇聯和共產國際接替西方殖民者和日本殖民者的地位，東亞人的地位仍然沒有改變，他們始終是被殖民者，只不過他們的殖民者換了人，從內亞換成東北亞人，然後又從東北亞人換成歐洲人和日本人，最後換成俄國人和共產國際。為什麼蒙古人、滿洲人和共產國際都需要大一統主義或者中華民族這個意識形態呢？因為這個意識形態就是為外來殖民者統治東亞而準備的。」詳見《滿洲國：從高句麗、遼金、清帝國到二十世紀，一部歷史和民族發明》。

候，英印帝國有義務保護不丹。英印帝國撤退以後，印度變成了英印帝國在法律上的繼承者。也就是說，印度實際上是繼承了很多封建權利，其中包括它對錫金和不丹實施保護。錫金和不丹如果對外發生衝突的時候，印度軍隊有義務出兵。這就是這次印度出兵的法理依據。同時，它也在西藏本地繼承英印帝國在西藏境內的一些通商權和莊園的保護權。

這樣的權利，跟中華人民共和國自己宣稱自己是一個民族國家、不能容許自己境內有任何治外法權（extraterritoriality）的理論是相矛盾的。但是這個宣稱僅僅是宣稱而已。例如在西藏邊境一帶，中國外交部所謂的「傳統習慣線」，實際上不是一條簡簡單單的線，而是一個分層次的、像千層餅一樣的網路結構。它涉及的東西不是一條邊界，而是百納被[10]式的無數條邊界，把無數個小封建領地拆分開來。這些封建領地一般對西藏來說都有一定的進貢義務，但對印度也同樣有一些進貢義務，但是這些進貢義務和封建權利的深淺程度是不一樣的。錫金是比較弱的，它的依附性比較強，封建義務也比較多，尼泊爾和不丹則相對更大一些。所以，尼泊爾現在獲得一種近乎是主權國家的權利，不丹仍然沿用英印帝國和不丹簽署的那種保護性的、外交受印度指導的權利，而錫金就乾脆被印度吞併，變成印度聯邦當中的一個邦。

中國和印度之間達成過一系列相當於君子協定的外交斡旋，這些外交斡旋的性質類似於一九三〇年代，日本和俄國在滿洲問題上達成的交換性協議：中國承認印度對錫金的主權，而印度則承認中國對西藏的主權。這件事情其實也是清末以來，大清帝國企圖用民族國家的外交邏輯來解決內亞邊疆問題的長期進程的一環，這不是個一刀切的過程。清帝國在早期跟英國人發生交涉的時候，並不能夠明確區別像西藏這樣的領地和像緬甸這樣的藩屬國之間到底有什麼區別。清朝的主管官員經常是出於怕事或者省事的目的，對像拉達克（Ladakh）[11]或者是像尼泊爾之類的事務不加干涉。在尼泊爾跟英國人發生衝突的時候，嘉慶皇帝和他的繼承者都一直主張，夷人和夷人之間發生衝突，這跟我們沒有關係，我們沒有必要多管閒事。把他們的事情放到我們自己的議事日程上面，勞師傷財，這對我們大清來說根本談不上是有利。當地官員如果採取息事寧人的政策，拒絕尼泊爾要求清朝干預的圖謀，是會得到皇帝獎賞的[12]。

這個態度真正發生改變，還是在一八九五年甲午戰爭以後，特別是一九五〇年庚子拳亂以後。甲午戰爭發生的情況實際上是，清朝在朝鮮由明清時期延續下來的這種宗藩關係轉化為現代民族國家的交涉過程中出現嚴重問題，結果清朝、韓國和日本之間對過去的封建關係的解釋發生了嚴重衝突，最後像歐洲一樣，通過戰爭方式來進行解決。解決的結果是，朝鮮人由大清藩屬的王國變成跟大清皇帝平起平坐的大韓帝國，由朝鮮國王改成大韓帝國的皇帝，這才解決了這個問題。而大清的外交部門感到自己在東方受到了損失，就企圖在西方獲得補償，於是就企圖在內亞方面收回它在東部沿海地帶遭到的損失。所以從此以後，清朝的外交部門在跟西方外交部門發生交涉的時候，就不再像以前那樣採取多一事不如少一事的政策，而是盡可能地把歷史上的宗藩關係都解釋成為民族國家之間的關係。

但是這個解釋方法是它單方面的要求，英國方面的外交部門直到抗日戰爭時期仍然堅持，清朝和清朝的繼承者在西藏方面只享有宗主國的權利，並不享有領土主權。宗主國的權利是一種非常鬆散的關係，雙方之間的關係是象徵性的。因此儘管雙方都提出了各種相互矛盾的權利訴求，實際上在真正要實施能夠執行的外交方略的時候，必須得把所有利益相關方都召集起來開會。例如像清朝末年的清英藏三方協商和中華民國初年的中英藏三方會議[13]，這些其實都是為了解決歷史遺留問題。英國人的政策就是，他們希望能夠擱置歷史遺留問題。無論西藏、不丹這些地方的法理地位是什麼樣的，他們希望原有各方實際上已經享受到的各種權利都沿襲不變，在各方都尊重原有權利的情況下，該做生意的繼續做生意，該收地租的繼續收地租。如果有任何一方想要變更原來封建時代的現狀，那麼大英帝國和英印帝國政府要求它首先跟英國人商量。不經英國人的同意，任何一方都不能夠單方面地改變現狀。

而清朝自一九〇五年清末新政以後，開始企圖把大清帝國解釋成為一個民族國家，繼承清朝的中華民國也企圖繼承清朝外交部門最後這段時間的權利訴求，因此對英國人這方面的要求採取不予承認的態度。之所以採取不予承認的態度，就是因為它希望採取改變現狀的措施，改變現狀則意味著對西南邊疆的各封建領主、土司之類的採取改土歸流的政策。像趙爾豐把川軍派到西藏，就是這一措施的具體體現，意圖就是在武力威脅之下，強迫西藏的僧侶和封建領主承認他們跟大清皇帝之間的關係是一個從屬性的關係，因此西藏的外交和領土都應該由大清帝國代管。但是這些措施導致達賴喇嘛的出逃，使西藏問題更加難以解決[⑭]。辛亥革命以後，川軍瓦解，四川宣布獨立，川軍急於回四川參加革命，結果導致了駐西藏的川軍完全瓦解，殘餘的川軍經過英屬印度，從海道回國，而達賴喇嘛又從他在印度的避難所回到西藏。

之後，達賴喇嘛跟中華民國的關係就很像是甲午戰爭以後清朝跟日本的關係一樣：清朝原本

⑩ 用不同布塊拼接、縫製而成的薄被。

⑪ 拉達克（Ladakh）位於喀什米爾山區東南部，現今印度與巴基斯坦的邊境地帶。

⑫ 在一八一四年英尼廓爾喀戰爭（Gorkha War）爆發後，尼泊爾向清廷求援遭拒，嘉慶帝下旨稱：「披楞（英國）在廓爾喀西南，與唐古特（西藏）不通聞問，素無仇隙，豈有越境遠來與唐古特構釁之理。自系廓爾喀與披楞連年爭鬥，求助天朝屢幹駁飭，是以妄言聳聽，希圖賞賜金銀，遂其私願。所言實不可信。瑚圖禮（駐藏大臣）等繕檄駁斥，所辦甚是。」

⑬ 即一九一三年至一九一四年的西姆拉會議（Simla conference）。

⑭ 一九〇六年，趙爾豐（1945–1911）任川滇邊務大臣，於西藏推行改土歸流政策，遭到強烈反彈及抵制，便以武力強行鎮壓。一九一〇年川軍進入拉薩，於拉薩大昭寺槍殺僧眾多人，當晚達賴喇嘛十三世出走印度。

堅持封建主義的國際體系，但被日本人打敗後，就開始效法日本，把內部的封建結構改組為近代民族國家，具體就是體現在對西藏和內亞其他各邦加強權力；西藏也是這樣的，西藏最初跟清朝和英印帝國發生關係的時候，也是非常堅持自己那種中世紀的封建體系，不願意接受近代民族國家的關係，但是自從被趙爾豐的川軍打敗後，他們才承認，原本那種封建體系過於鬆散，抵抗不了清朝方面的壓力，於是達賴回國以後，就開始在西藏採取類似日本的明治維新和清朝的清末改良主義運動的類似措施。這些措施有一個基本特點，就是企圖把封建主義重新解釋為民族國家，通過加強中央集權的方式削弱封建領主的權力。

但是達賴在這方面的改革其實是不徹底的。一直到一九五二年，西藏都只有幾千名軍隊，遠遠沒有日本在明治維新後建立的強大海陸軍體系，也不及清末新政後袁世凱建立的北洋軍那麼強大，這是西藏在一九五二年跟中華人民共和國的談判時，處於極端不利地位的一個根本原因。西藏缺乏一支強大的現代化軍隊作為自己的談判籌碼。儘管英國人要求各方，不要單方面改變現狀，但實際上他們並不打算深入干涉西藏的局勢。也就是說，當中華人民共和國派兵進駐西藏的時候，它不能指望英國人的軍事援助，也不能指望大英帝國的繼承者——印度的軍事援助。這就是為什麼中華人民共和國現在能夠對歷史上的西藏的大部分地區實施有效控制、而且聲稱自己是西藏主權的唯一合法繼承人的根本原因。而印度的外交部門為了換取中國對錫金問題的承認，實際上是承認中國對西藏的主權，只是根據民主國家保護政治流亡者的公約，允許西藏流亡者在印度獲得安全保障。但是這並不表明印度支持西藏流亡者，或承認「西藏是一個被占領的主權國家，要求中國退出西藏」的訴求。這種訴求會使印度捲入把西藏從中國占領之下分割出來的軍事義務，而這個義務是印度目前不願意承擔的。

但是春丕谷地的問題就不是這樣了。春丕谷地是位於一個三角地帶，位於錫金、不丹和西藏三者之間的三角地帶。當地的文化無疑是受藏文化的深刻影響的，但是歷史上看，當地的封建領主一般來說是更多地承認英印帝國的封建權利，而英印帝國在當地實施有效治理和近代化建設的程度是遠遠超過西藏當局的。因此即使不丹人像尼泊爾人一樣獲得了完整的國家主權，可以主導自己的外交，它也非常不可能放棄這片對它來說相當重要，而且早在達賴五世時代，就已經被達賴承認是不丹享有的封建領地的地區。所以，印度目前代替不丹出頭，並不是很多中國讀者所設想的那樣，是印度對不丹的侵略，假如不丹獲得完整的國家主權以後，不丹的立場就會完全不一樣。

實際上，不丹如果像尼泊爾一樣獲得了完整的國家主權，它很可能會採取比印度更加激進的邊界政策。印度領土廣大，對這塊地方可能並不是很重視；而不丹的領土狹窄，這塊地方對它的重要性比對印度的重要性要大得多。印度在其他地方——例如在中亞、東南亞也繼承英印帝國的很多遺產，它為了在其他方面的利益，有可能把這塊土地的利益當作可以交換的籌碼，就像它拿錫金和西藏兩個問題相互交換一樣；但是對於不丹來說，它沒有任何可以交換的籌碼，所以它對這塊地方的要求多半會更加強硬、更加不能妥協。類似的情況，你就可以從塔吉克斯坦（Tajikistan）的帕米爾邊界問題看出。俄羅斯帝國和清朝之間長期以來在這些地方的領土糾紛，性質上很接近於春丕谷地的糾紛，但是俄羅斯帝國擁有廣大的領土，有很多可交易的專案，所以它在這方面的立場是比較模糊的；蘇聯繼承俄羅斯帝國以後，實際上像是印度繼承大英帝國以後一樣，是強化、而不是弱化它對這些地方的權利要求；而塔吉克斯坦在蘇聯解體、自己獨立以後，它對這方面的權利要求又比過去的蘇聯更加強硬。最後中華人民共和國在跟塔吉克斯坦進行權利交涉的時候，實際上是比起大清帝國和中華民國面對俄羅斯帝國和蘇聯的時候做出更多的領土讓步[15]。

弔詭的是，假如維吾爾人像塔吉克人從俄羅斯和蘇聯獲得獨立一樣從大清帝國、中華民國和中華人民共和國獲得獨立，那麼塔吉克人可能會更吃虧，因為我們假設的這個維吾爾國家跟已經存在的塔吉克斯坦國家、假定可能存在的完整主權的不丹國家一樣，它的領土更小一些，利益更單純一些，更承受不起損失。一個假定的維吾爾國家很可能會覺得，帕米爾山谷對它的安全是非常有必要的，損失這塊領土對它來說是承受不起的。但是，損失這塊領土對於大清帝國、中華民國和中華人民共和國來說是承受得起的、也不在乎的。大清帝國、中華民國和中華人民共和國的主要利益不是在於在塔吉克斯坦邊境多得或者少得一塊領土，而是要防止維吾爾人和西藏人從大清帝國的歷史遺產中間獨立出去。因此，如果塔吉克人和俄羅斯帝國或蘇聯願意幫助大清帝國、中華民國和中華人民共和國壓制維吾爾人的獨立運動的話，實際上這些帝國繼承人都會比較願意在領土上做出讓步。而維吾爾人如果獲得獨立，它在領土問題上就會寸步不讓。

西藏方面也是這樣。春丕谷地可以說是跟四川的利益毫無關係，跟廣東的利益也毫無關係，但是對於西藏人的利益來說就關係很大。假如西藏是一個獨立國家的話，它在春丕谷地是寸步不

⑮ 十九世紀後期以來，清國和中華民國均聲稱擁有帕米爾地區主權，但並未得到其他利害關係方尤其是俄、英兩國認可。一八八四年俄清《續勘喀什噶爾界約》規定，從烏孜別裡山口往南，「俄國界線轉向西南，中國界線一直往南」，帕米爾高原大部分地區為歸屬待議區。一八九一年後，俄國實際控制這一地區。蘇聯解體後，塔吉克斯坦繼承此地區的領土主張。中國和塔吉克斯坦分別於一九九九年和二〇〇二年簽署《中塔國界協定》和《中塔國界補充協定》，並於二〇一〇年四月二十七日最終簽訂《中塔國界線勘界議定書》。依約，中國放棄二點八萬平方公里，約占爭議領土百分之九十六的比例，塔國則同意將薩雷闊勒嶺以北一一五八平方公里土地劃入中國，約占爭議地區百分之四。

能讓的，不僅它對春丕谷地有歷史權利，它對不丹和錫金本身也有歷史權利。它可以說，達賴喇嘛完全有權利要求直到孟加拉灣的領土主權，它容許不丹獨立已經是大慈大悲，根本沒有理由出讓春丕谷地的封建權利。但是中華人民共和國為了防止西藏獨立，會認為防止西藏獨立是最重要的國家利益，而在西藏的邊境上多增一塊領土或者少增一塊領土是非常次要的利益。因此它很可能會認為，只要印度人或者不丹人願意承認中國對西藏的主權、願意幫助他們對流亡不丹和印度的西藏流亡者多壓一把的話，它就很容易在邊境問題上做出讓步，願意出讓比西藏人本身願意出讓的更多的利益。由於這方面的弔詭因素，所以實際上，繼承大清帝國疆土的中華人民共和國，在內亞邊疆問題上、在單純的領土問題上的強硬程度，比起像塔吉克斯坦或者尼泊爾這樣的比較接近於民族國家的小型國家來說的話，願意做出的讓步實際上是更多的。因此，印度外交部門實際上是完全可以通過犧牲西藏流亡者的利益，來換取它在邊界上的更多的有利地位。

有很多中國國內的網民，或者說是比較狂熱的、通常被稱為「皇漢」的種族主義分子經常說，中國共產黨是黃俄勢力，並不真正代表中國，諸如此類的，因此願意犧牲中國人民的利益去討好外國。這個理論實際上是有一定的依據的，但是這個依據並不是說中國共產黨的決策層有什麼主觀惡意，而是說，中國共產黨既然已經繼承了從大清帝國以來的這個帝國結構，它為了維持這個帝國結構，就必須做出相應的犧牲。其他人如果繼承了相應的帝國遺產，也是必須做類似犧牲的。國民黨在這方面並不例外。國民黨最初也是極端反對大清帝國的這個歷史邊疆的，它認為滿洲蒙古都不是真正的中國，只有明朝留下的十八省才是這樣的中國，它在建國過程中間曾經多次許諾，如果能夠建立起山海關內的中華民國，它會很高興地把滿洲送給日本的；但是等到它最後北伐成功，獲得了更多的政治資本，它就開始像過去的北洋政府一樣，要求繼承大清帝國的歷史邊疆了[16]。

這時的中國共產黨作為共產國際的一個分支機構，它不僅在一九三六年明確支持朝鮮和台灣的獨立，而且在它革命的過程當中曾經多次把西藏稱為外國。像毛澤東在回憶長征的時候就曾經

⑯ 據內田良平回憶，早在一八九八年，孫文就曾向其表示：「吾人之目的原在滅滿興漢，革命成功之時，即使以諸如滿、蒙、西伯利亞之地悉與日本，當亦無不可。」孫文在辛亥革命前流亡日本時，亦多次闡明「滿蒙可任日本取之，中國革命目的在於滅滿興漢，中國建國在長城以內，故日本亟應援助革命黨」。一九一二年二月三日，已就任中華民國南京臨時政府大總統的孫文在與日本特使森恪的會談中再次表示「當此次舉事之初，餘等即擬將滿洲委之於日本，以此希求日本援助中國革命。但日本疏遠餘等，不相接近」，若日本向其「火速提供資金援助」，「余或黃興中之一人可赴日本會見桂〔太郎」公，就滿洲問題與革命政府之前途，共商大計。」此後，孫又多次對桂太郎、上原勇作、河上清等人作出「日本真正理解中國，能協力建設新中國，即使將滿洲等地提供給日本也沒有關係」等內容的談話，直到一九二〇年代容共聯俄政策確定後才不再發表類似言論，參見楊天石：《孫中山與「租讓滿洲」問題》。

說過：「我們拿了藏人的一些糧食，這是我們對外國人欠下的唯一債務」⑰。這時的中國共產黨是堅決反對國民黨要求繼承大清帝國歷史遺產的企圖的，它在每一次西藏人和國民政府發生衝突的時候都通電支持西藏人。但是在它有希望打倒國民黨以後，也就完全把過去自己曾經多次支持西藏獨立和大清帝國遺產解散的歷史承諾拋在腦後，也拿起了國民政府過去的衣缽，要求大清帝國留下的所有領土都是中華人民共和國的領土。在中華人民共和國最終跟蘇聯決裂以後，在繼承共產國際的民族理論已經沒有前途以後，它越來越多地接受了北洋政府在一九二〇年代和國民政府在一九四〇年代的國家建構理想——所謂的建立一個由多民族複合的中華民族。

我們從歷史上看，這種民族建構方式實際上是跟斯托雷平時代的斯拉夫主義和恩維爾帕夏時代的奧斯曼主義非常相似的建構方式。這種建構方式在班納迪克·安德森的《想像的共同體》當中被稱為「官方民族主義」⑱，但是它實際上不是「官方民族主義」，而是「帝國假民族主義」。民族主義的產生本身就是在各地方性族群解構帝國、瓦解帝國的過程中產生的，而「官方民族主義」或者帝國民族主義（例如奧斯曼主義）的特點就是，要求把帝國邊境之內的各個族群重新發明成為一個統一的民族。這樣的困難當然很大。波蘭民族主義之所以能夠建立，就是要把俄羅斯帝國、哈布斯堡帝國和德意志帝國境內的所有講波蘭語的居民統一起來，瓦解這些帝國，建立一個以語言族群為基礎的波蘭民族國家。

這樣的民族國家的邏輯如果推行的話，那麼歷史上繼承下來的那些多元帝國，無論是神聖羅馬帝國、大俄羅斯帝國、奧斯曼帝國還是清帝國，都注定會解體，解體成為一系列類似波蘭的民族國家。這個邏輯如果運用到奧斯曼帝國當中，那就是土耳其人、敘利亞人、希臘人、保加利亞人各自分別建國；運用到俄羅斯境內就是，不僅波蘭人要建國，而且烏克蘭人也要建國，甚至是大俄羅斯本部的像弗拉基米爾（Vladimir）或者諾夫哥羅德（Novgorod）這樣的歷史邦國也可以解散俄羅斯帝國，把自己重新恢復為古代的多國體系；如果放在大清帝國的境內，那麼不僅滿洲、蒙古、突厥、西藏這些地方可以像波蘭和烏克蘭一樣建國，就是大明朝的十八省，也完全可以像孔子時代那樣建立諸夏的多國體系。實際上，這就是凱末爾主義[19]的路線。

這樣建立多國體系的好處就是，這樣建立起來的每一個小民族國家自身都能夠變成像波蘭和法國那樣的歐洲式的民族國家，它加入歐洲的西發利亞體系是一點困難都沒有的；但如果保留了俄羅斯帝國、奧斯曼帝國或者大清帝國這樣的邊疆，那你就沒有辦法加入歐洲國際體系了。一個俄羅斯或者一個奧斯曼的體量就相當於是整個歐洲聯盟，如果它加入了整個歐洲聯盟，那麼歐洲聯盟還能是歐洲麼？但是相反，波蘭人如果不強調自己斯拉夫人的出身，而強調自己的歐洲性，把波蘭人發明成為一個歐洲民族國家，那它加入歐盟就沒有任何困難了。同樣，烏克蘭人如果加入了普京的歐亞聯盟[20]，它就沒有希望加入歐盟了；如果脫離了普京的歐亞聯盟，甚至讓克里米亞或者東部這些講俄語的地方獨立，那麼它將來像波蘭一樣加入歐盟就變得非常容易了。

東亞的問題，包括中國和印度這方面的問題就是，它在近代民族國家建構的時間表，比起俄羅斯和奧斯曼帝國來說都晚了幾十年甚至是一百多年，所以圍繞著不丹和西藏邊境這些領土之間的衝突實際上不是對應於現代波蘭和烏克蘭的衝突，而是對應於十九世紀末期神聖羅馬帝國解體過程當中哈布斯堡帝國和奧斯曼帝國在巴爾幹邊境的衝突。奧斯曼帝國自稱是匈牙利王國的繼承者，哈布斯堡帝國也自稱是匈牙利王國的繼承者，它們各自割取了舊匈牙利王國的一部分土地，而這些土地上的主要居民偏偏又是羅馬尼亞人和塞爾維亞人。這樣做就是，兩個超民族的大帝國之間的領土要求，匈牙利王國這個地方性邦國的領土要求，羅馬尼亞、塞爾維亞這些沒有自己民族國家的語言族群的建國要求，三方是交織在一起的。這正是目前不丹邊境發生的事情的實況。

尼泊爾和不丹都是像歷史上的匈牙利邦國那樣，本身是地方性邦國而不是超級帝國，沒有帝國的野心，但是它自身之內也有多族群，因此很難建立起近代民族國家，同時它自身也受到像中國和印度這樣的帝國繼承人的保護、沒有完整的外交權利的邦國；而西藏人、門巴人、廓爾喀人、泰米爾人這樣的歷史族群，則變成沒有國家的族群。泰米爾人和錫金人在印度的聯邦制國家之內還可以部分地實現自己的民族要求，因為它雖然不是獨立的國家、加泰隆尼亞那樣的准國家或者是像香港和歷史上的佛蘭德領地這樣的部分主權實體，但是它至少是聯邦制度之下的一個邦，可以獨立地發展自己的語言文化，可以滿足自己部分的民族要求；而西藏呢，在中國的體制之內，連這樣的部分的權利都得不到。從這些族群的觀點來看，印度和中國之間的衝突實際上跟過去奧斯曼帝國和哈布斯堡帝國的衝突一樣，跟他們的利益是不相干的，而且都會犧牲他們自己的利益，例如在邊界劃分的時候把同一個語言的族群一部分劃分在中國、一部分劃分在印度；而對於不丹這樣的類似匈牙利王國的小邦來說的話，它自身是一個多族群的實體，所以它不可能建立像波蘭或者羅馬尼亞這樣的近代民族國家，它的選擇餘地就僅僅是在中國和印度這兩個帝國結構當中選擇比較尊重它歷史權利的一方。

⑰ 參見愛德加．斯諾（Edgar Snow）：《西行漫記》，第五篇〈長征〉，第四節〈過大草地〉。

⑱ 班納迪克安．德森認為「官方民族主義」（Official nationalism）是歐洲各舊統治階級無力抵擋民族主義浪潮，為避免被群眾力量顛覆，乾脆採用民族主義原則，並使之與舊的「王朝」原則結合的一種馬基維利式策略。原本只在統治階層間橫向聯姻，缺乏明確民族屬性的歐洲各王室競相「歸化」民族，以此掌握對「民族想像」的詮釋權，然後透過自上而下的同化工程，控制群眾效忠，鞏固王朝權位。參見班納迪克．安德森（Benedict Anderson），《想像的共同體：民族主義的起源與散布》，第六章，〈官方民族主義和帝國主義〉。

⑲ 劉仲敬的相關評論如下：「而我提出的諸夏和諸亞這種觀念，那就相當於是波蘭民族帝國和大奧斯曼帝國統統解體，就是像畢蘇斯基和凱末爾主張的那樣，大俄羅斯帝國和大奧斯曼帝國統統解體，內部的各個文化共同體各自建立自己的民族國家。」

⑳ 歐亞經濟聯盟（Eurasian Economic Union），亦稱為歐亞聯盟，是一個由俄羅斯、白俄羅斯、哈薩克、吉爾吉斯、亞美尼亞等五個前蘇聯成員國為加深經濟、政治合作而組建的國際組織，由二〇一一年時任俄羅斯總理的普京提議建立。

例如，匈牙利王國就肯定會選擇哈布斯堡帝國，因為哈布斯堡帝國一方面是比較先進的歐洲人，另一方面對歷史上的封建權利比較尊重；而奧斯曼帝國則更有可能推行中央集權的改革，毀掉歷史上的封建權利。不丹人的情況也是這樣的，它是寧可選擇英印帝國和印度聯邦的，因為英印帝國和印度聯邦對歷史上的封建權利的尊重性比較多，它們雖然也要對不丹實施保護的權利，不容許不丹跟印度或者英印帝國平起平坐，但是它對不丹的要求不多，不丹被它吞併的可能性也比較小；相比之下，中國對印度的要求就要苛刻得多，中國共產黨政權比起承認諸多封建權利的英印帝國和保留了聯邦制度的印度共和國來說的話，中央集權的程度是更高的，更不能容忍西藏原有的封建權利和西藏歷史文化的特殊性。所以不丹人在比較了一下西藏在中國的待遇和錫金在印度的待遇以後就可以得出結論說，不丹寧可維持跟印度的傳統關係，也不願意變成一個獨立主權國家，然後失去印度的保護，面臨著中國方面的壓力。

當然，這只是歷史長期進程的一部分。十九世紀巴爾幹半島的衝突，跟現在西藏高原和不丹亞熱帶叢林之間的衝突在性質是一樣的。但是，一百多年過去了，實際上所有的大帝國都解體了，所有像不丹和匈牙利王國這樣的歷史性邦國也都瓦解了。東歐和巴爾幹半島都按照語言民族和小民族主義的原則重新劃分了邊界，所以現在歐盟才能夠順利擴展到東歐和巴爾幹半島。而俄羅斯和土耳其還處在這個過程的中間階段，烏克蘭和俄羅斯的邊界仍然劃不清，土耳其和庫爾德人的衝突仍然是如火如荼。庫爾德人仍然像歷史上的波蘭人一樣，被分割在幾國當中，伊拉克、敘利亞、伊朗和土耳其都繼承了部分的帝國遺產，所以導致庫爾德問題沒有辦法解決。但是，今天普京的俄羅斯和埃爾多安的土耳其，等於是，跟過去斯托雷平的俄羅斯和恩維爾的土耳其相比，已經在帝國解體的過程中間走了一半。因此，它們的西部邊境，像是面對歐洲這個方向的邊境，例如波蘭和烏克蘭的邊境，希臘和保加利亞的邊境，已經沒有問題了；只有在東部，面對亞洲的那個方向，帝國轉化為民族國家的過程還沒有走完，因此才會有現在的克里米亞糾紛，才會有中亞各國——烏茲別克和吉爾吉斯之間的糾紛。

而在最東方，就是在中國、印度和俄羅斯的三角地帶，也就是西方學者通常所謂的內亞地區，則是帝國遺產保留得最完整的地區。中華民國和中華人民共和國無法實現民主化的一個重要原因就是，它的國家建構是沒有辦法解決的。像日本或韓國那樣的民主國家，都是在民族共同體的問題得以解決以後才建立起來的；而你只要是繼承了過去的帝國遺產，你的國內的族群結構如此複雜，就使你沒有辦法實現民主。所以，不丹在西藏邊境的這些衝突現在是沒有辦法解決的。中國和印度雙方在解決這個衝突的過程中間，都不會像是波蘭這樣的民族國家那樣把劃清邊界、盡可能地使邊界跟民族邊界相一致看成是主要的目的，而是會盡可能地使邊界不符合族群分布，盡可能地維護自己的帝國遺產。如果實在是做不到，寧可保持現狀和保持模糊，也不要讓自己境內的各個亞國家實體產生獨立的願望、發明自己的「民族利益」。因此在這個基本盤之內，它們雙方都會把維持帝國遺產當作自己主要的國家利益，把劃清邊界當作極其次要的利益。

因此可以斷定，在短期之內的話，雙方都不會採取太激進的措施，太激進的措施很容易使國際政治和國內政治相互勾連，導致帝國遺產的最終解體；但是如果從長時段來看，國家建構的問題沒有辦法解決，遲早還會引起新的問題。像中國這樣的大清帝國的繼承者和共產國際的繼承者，將來早晚都逃不了俄羅斯帝國、奧斯曼帝國和蘇聯曾經面對的民族國家建構問題。期望中國能夠走向現代化、文明化、民主化道路的人士，如果解決不了這個問題的話，他們的訴求最終還是會無法實現的。